명유학안 역주明儒學案譯註

An Annotated Translation of "Records of the Ming Scholars"

【1권】

명유학안 역주 【1권】 明儒學案譯註 一

An Annotated Translation of "Records of the Ming Scholars"

—

1판 1쇄 인쇄 2023년 9월 22일

1판 1쇄 발행 2023년 10월 13일

—

저 자 | 황종희黃宗羲

역주자 | 윤상수 · 강경현 · 이봉규

발행인 | 이방원

발행처 | 세창출판사

신고번호 · 제1990-000013호

주소 · 서울 서대문구 경기대로 58 경기빌딩 602호

전화 · 02-723-8660 팩스 · 02-720-4579

http://www.sechangpub.co.kr | e-mail: edit@sechangpub.co.kr

—

ISBN 979-11-6684-239-9 94150

979-11-6684-238-2 (세트)

—

이 역주서는 2018년 대한민국 교육부와 한국연구재단의 지원을 받아 수행된 연구임.

(NRF-2018S1A5A7032306)

—

이 책은 한국연구재단의 지원으로 세창출판사가 출판, 유통합니다.

명유학안 역주明儒學案譯註

An Annotated Translation of "Records of the Ming Scholars"

【1권】

황종희黃宗羲 저

윤상수 · 강경현 · 이봉규 역주

세창출판사

간행사

황종희는 명말청초의 혼란한 시기를 온몸으로 부딪히면서 살았던 실천적 사상가이자 사상사가思想史家이다. '경세를 위한 경사지학經史之學'을 지향했던 그는 망국의 한을 학문 탐구로 승화시켰다. 미래의 정치사상을 담은 『명이대방록』을 저술함과 아울러 과거 명대의 학술을 체계적으로 정리하고 비판적으로 계승하는 작업을 했다. 그 작업의 성과물이 바로 『명유학안』이다. 그것은 중국 최초의 학술사이자, 명대 유학 연구의 필독서로 평가받고 있다.

명대 유학의 주요 특징은 '내 마음[吾心]'에서의 '자득自得'을 중시한다는 점이다. '내 마음'의 공부이기 때문에 문호에 기대거나 남을 모방하지 않고 자기의 고유한 형체와 정신을 발휘한다. 학문을 통해 일가一家를 이룬 이들이 자신이 터득한 공부법을 간명하게 요약한 것이 '종지宗旨'이다. 종지는 그의 공부가 힘을 얻은 득력처得力處이자, 후학을 학문의 세계로 이끄는 입문처入門處이기도 하다.

유학자들은 공자와 같은 성인이 되고자 한다. 명대 유학은 사람이라면 누구나 성인의 마음을 본래 지니고 있다고 여긴다. 그것이 바로 '본심本心'이다. 본심대로 살려고 몸과 마음을 다해 애쓰는 것이 '공부'이고, 공부를 통해 도달한 지평이 바로 '경지'이다. 그런데 공부를 통해 도달한 경지는 다름 아니라 본심이 실현된 것이다. 황종희는 이것을 가리켜 "마음에 본체가 없고, 공부가 도달한 곳이 바로 그 본체이다[心無本體, 功夫所至, 卽其本體.(明儒學案原序)]"라고 말한다. 공부법과 그 경로는 달라도 도달한 궁극적

지평은 동일하다는 것이다. 이것이 명대 유학을 바라보는 황종희의 기본적인 관점이다.

명대 유자들마다 그 학문 '종지'는 다르지만, 그들이 도달한 지평은 동일하다. 이런 시각에서 황종희는 명유들이 각자 힘을 써서 터득한 학문 종지를 밝히는 데 심혈을 기울인다. 그리고 '종지'를 기준으로 문파를 구분하고, 동일 문파에서 그 근원과 지류를 구별하여 동일한 '종지'가 다양하게 전개되는 양상을 드러낸다. 또 각 학자들의 사상이 담긴 주요 자료들을 뽑아 수록함으로써 독자들이 그 사상에 보다 쉽게 접근할 수 있게 했다. 황종희가 한 것은 여기까지다.

황종희는 『명유학안』을 사통팔달의 대로에 놓인 술동이에 비유한다. 그 안에 담긴 술을 맛보고 음미하는 것은 우리들의 몫이다. 명유들이 제시한 가르침을 음미하고 참조하여 자신에게 적절한 공부법을 찾아서 새로운 길을 개척하는 것은 우리 각자가 해야 할 일이다. 착실하게 자기를 가꾸는 공부를 하다 보면 자사自私와 물욕物欲이 탈각된 지점에서 자기 마음의 본모습을 볼 수 있을 것이다.

나는 양명학자다. 왕양명철학 연구로 박사학위를 취득했고, 중국양명학과 한국양명학을 연구하고 있다. 내 박사학위 논문 주제는 '왕수인이 대립과 갈등의 현실을 구제하기 위해서 어떤 해법을 제시하고 있는가'이다. 그 키워드는 '마음', '본체', '공부'이다. '마음의 본체를 실현하는 공부'가 바로 유대有對의 현실을 구제하는 방법이라고 본 것이다.

양명학을 연구하는 과정에서 본체와 공부에 대한 이해의 차이로 양명후학이 갈라진다는 점을 알게 되었다. 그리고 양명학을 제대로 이해하기 위해서는 명대 유학의 흐름에 대한 전반적인 이해가 있어야 했다. 이것을 살필 수 있는 기본 텍스트가 『명유학안』이었다. 그 방대한 책을 혼자 읽기에는 역부족이었다. 마침 황종희의 경학세계를 탐구한 윤상수 교수가 일본 유학을 마치고 돌아왔다. 일본으로 유학을 떠나기 전에 『전습록』을 함께 강독했던 후배다. 송명리학을 넓은 시야에서 바라보면서도, 각 사상가들의 문집을 정밀히 읽어 내는 역량을 갖추고 있었다. 『명유학안』을 같이 읽자고 부탁했다. 선배의 간곡한 요청인지라 거절하지 못한 듯하다. 명대 유학에 관심이 있는 이들과 함께 읽는 것이 좋겠다는 생각이 들어서 『명유학안』 강독팀을 구성했다. 나를 비롯하여 강경현, 강중기, 윤상수, 이봉규, 이해임, 정종모, 정현정 등 여러 연구자들이 참여하였다.

2013년 11월에 첫 모임을 가졌다. 강독에만 그치지 않고 번역 작업을 함께 진행하기로 했다. 발표자가 번역물을 가지고 와서 발표와 토론을 통해 번역을 수정해 가는 방식으로 강독이 이루어졌다. 그 모임은 연세대학교 국학연구원 합동연구실에서 격주로 토요일마다 열렸다. 『명유학안』 번역팀 이외에도 정인재 선생님을 비롯하여 김수길, 김선희, 김한상, 문석윤, 이상돈, 이현선, 전성건, 함영대 교수 등 여러 연구자가 참석했다. 번역만이 아니라, 송명유학의 기초 개념과 이론들을 주제로 풍성한 논의가 펼쳐졌다. 그야말로 성대한 토론장이었다. 토론이 깊어질수록 진도는 더뎠다. 그래도 견문을 넓히고, 자신의 생각을 다듬을 수 있는 시간이었다.

『명유학안』 강독과 번역 작업을 유의미한 성과물로 만들 필요가 있었다. 한국연구재단에서 시행하는 '동서양명저 번역지원사업'에 신청하기로 했다. 양명학을 연구하는 몇 분 선생님들의 도움으로 『명유학안』이 번역 지정 도서에 올랐다. 2014년에 번역연구계획서를 작성하여 신청했으나, 선정되지 못했다. '동서양명저 번역지원사업'의 규모가 워낙 작아서 『명유학안』처럼 분량이 큰 저서는 지원받기 어려웠던 것이다. 2015년과 2017년에 신청했지만 탈락했고, 2018년에 드디어 선정되었다. 그러나 신청한 사업비의 절반이 깎여 있었다. 그것으로는 사업을 수행하기 어려웠다. 그래도 수년 동안 『명유학안』을 강독해 왔고, 어차피 우리가 번역을 하기로 한 책이니 이 정도의 지원을 받고라도 사업을 수행하자는 쪽으로 의견이 모아졌다.

번역사업이 본격적으로 시작되었다. 당초에는 나를 포함하여 강중기, 윤상수, 정종모 교수가 공동연구원으로 참여하고 있었다. 그러나 3년이라는 제한된 기간에 5명의 연구원이 『명유학안』 전체를 번역하기란 쉽지 않았다. 강경현, 이해임, 전병욱 교수가 사업에 동참했다. 나중에 안동섭 교수도 합류하였으나 연구재단에서 공동연구원으로 승인해 주지 않아 번역 참가가 무산되었다. 각 연구원들의 전공영역이나 관심을 고려하여 번역 대상을 분담했다. 번역의 일관성과 통일성을 기하기 위하여 번역문과 역주문의 범례를 정했다. 그리고 매주 토요일 윤독회를 진행하면서 번역의 정확성과 균질성을 확보하고자 했다. 그러나 안타깝게도 2019년 코로나가 유행하면서 대면 윤독회가 중지되었다. 비대면 회의를 통해 번역의 진행을 확인하면서 각자 번역한 것을 상호교차 검토하는 방식으로 사업을 진행할 수밖에 없었다.

많은 어려움과 우여곡절 끝에 드디어 『명유학안』이 완역되었다. 이 번역이 이루어지기까지 근 10여 년의 세월이 걸렸다. 『명유학안』이 세상에 나온 뒤 완역은 처음이다. 『명유학안』 번역서를 간행하면서 학술계에 기대하는 역자들의 마음이 있다.

첫째, 먼저 명대 학술에 대한 보다 폭넓고 심화된 연구가 이루어질 수 있기를 기대한다. 근대 이후 명대 유학사 연구는 『명유학안』을 그 출발점으로 삼고 있다. 『명유학안』의 번역으로 황종희의 명대 유학사관을 깊이 이해하고 비판적으로 성찰할 수 있는 토대가 마련되었다. 이것을 기반으로 삼아 『명유학안』을 능가하는 새로운 명대 유학사가 서술될 수 있기를 기대한다.

둘째, 명대의 학술은 조선사상사만이 아니라, 근·현대의 동아시아 사상사에 지대한 영향을 끼친 바 있다. 『명유학안』의 번역으로 명대 학술에 대한 이해를 심화시킬 수 있는 발판이 마련되었다. 이것이 계기가 되어 조선 사상사와 근·현대 동아시아 사상사를 보다 풍부하고 깊이 있게 읽어 낼 수 있기를 기대한다.

셋째, 명대 유학은 내 마음에서의 '자득自得'을 중시한다. 명유들의 정신과 사상을 활용하여 현대에 맞는 새로운 사상을 건축하고 실천하는 것은 우리 연구자의 몫이다. 역주한 『명유학안』이 단지 전승의 불씨가 아니라,

창신의 거름이 되기를 희망한다.

『명유학안』이 완역·출간되기까지 사업 기간을 연장해 가면서 여러 어려움을 극복할 수 있었던 것은 번역자들의 지행이 합일된 실천 덕이다. 번역사업을 주관하는 연구책임자의 업무를 맡아준 이봉규 교수, 번역 원고의 관리와 출간 일정의 진행을 관리해 온 강경현 교수의 노고, 그리고 많은 시간을 들여 강독, 번역, 교정에 힘을 쏟으면서 시종 화이부동和而不同으로 함께한 번역자 모두의 항심恒心이 이루어 낸 결과다.

한국연구재단의 지원과 감독이 있지 않았다면 17책이나 되는 방대한 분량의 번역서를 간행하기는 어려웠을 것이다. 한국연구재단과 관계자 여러분들께 감사드린다. 마지막으로 복잡한 원고에 세심한 노력을 다한 세창출판사의 대표님과 여러분들의 노고에 심심한 감사의 말씀을 전한다.

십여 년 동안 꾸준한 공동작업 끝에 『명유학안』 번역서를 출간하지만, 코로나 팬데믹으로 인해 강독세미나가 중도에 중단됨으로써 꼼꼼히 살피지 못한 부분이 적지 않다. 힘이 닿는 대로 오역을 바로잡으려고 최선을 다했지만 역량 부족으로 인해 놓친 것들이 많이 있을 것이다. 우리 번역자 일동은 모든 지적들을 수용하여 다시 일신日新하고 향상해 갈 것이다. 따뜻한 질정을 부탁드린다.

2023년 7월
연구팀을 대신하여
한정길 씀

• 명유학안 역주 1권 차례

서 序 · 윤상수

사설 師說 · 윤상수

명유학안 권1, 숭인학안 1 明儒學案 卷一, 崇仁學案一 · 강경현

명유학안 권2, 숭인학안 2 明儒學案 卷二, 崇仁學案二 · 윤상수

명유학안 권3, 숭인학안 3 明儒學案 卷三, 崇仁學案三 · 이봉규

명유학안 권4, 숭인학안 4 明儒學案 卷四, 崇仁學案四 · 이봉규

• 명유학안 역주 전체 차례

명유학안 7권

명유학안 권25, 남중왕문학안 1明儒學案 卷二十五, 南中王門學案 一

명유학안 권26, 남중왕문학안 2明儒學案 卷二十六, 南中王門學案 二

명유학안 권27, 남중왕문학안 3明儒學案 卷二十七, 南中王門學案 三

명유학안 권28, 초중왕문학안明儒學案 卷二十八, 楚中王門學案

명유학안 권29, 북방왕문학안明儒學案 卷二十九, 北方王門學案

명유학안 권30, 월민왕문학안明儒學案 卷三十, 粵閩王門學案

명유학안 권31, 지수학안明儒學案 卷三十一, 止修學案

명유학안 8권

명유학안 권32, 태주학안 1明儒學案 卷三十二, 泰州學案 一

명유학안 권33, 태주학안 2明儒學案 卷三十三, 泰州學案 二

명유학안 권34, 태주학안 3明儒學案 卷三十四, 泰州學案 三

명유학안 9권

명유학안 권35, 태주학안 4明儒學案 卷三十五, 泰州學案 四

명유학안 권36, 태주학안 5明儒學案 卷三十六, 泰州學案 五

명유학안 10권

명유학안 권37, 감천학안 1明儒學案 卷三十七, 甘泉學案 一

명유학안 권38, 감천학안 2明儒學案 卷三十八, 甘泉學案 二

명유학안 권39, 감천학안 3明儒學案 卷三十九, 甘泉學案 三

명유학안 11권

명유학안 권40, 감천학안 4明儒學案 卷四十, 甘泉學案 四

명유학안 권41, 감천학안 5明儒學案 卷四十一, 甘泉學案 五

명유학안 권42, 감천학안 6明儒學案 卷四十二, 甘泉學案 六

명유학안 12권

명유학안 권43, 제유학안 상1明儒學案 卷四十三, 諸儒學案 上一

명유학안 권44, 제유학안 상2明儒學案 卷四十四, 諸儒學案 上二

명유학안 권45, 제유학안 상3明儒學案 卷四十五, 諸儒學案 上三

명유학안 권46, 제유학안 상4明儒學案 卷四十六, 諸儒學案 上四

명유학안 13권

명유학안 권47, 제유학안 중1明儒學案 卷四十七, 諸儒學案 中一
명유학안 권48, 제유학안 중2明儒學案 卷四十八, 諸儒學案 中二
명유학안 권49, 제유학안 중3明儒學案 卷四十九, 諸儒學案 中三

명유학안 14권

명유학안 권50, 제유학안 중4明儒學案 卷五十, 諸儒學案 中四
명유학안 권51, 제유학안 중5明儒學案 卷五十一, 諸儒學案 中五
명유학안 권52, 제유학안 중6明儒學案 卷五十二, 諸儒學案 中六

명유학안 15권

명유학안 권53, 제유학안 하1明儒學案 卷五十三, 諸儒學案 下一
명유학안 권54, 제유학안 하2明儒學案 卷五十四, 諸儒學案 下二
명유학안 권55, 제유학안 하3明儒學案 卷五十五, 諸儒學案 下三
명유학안 권56, 제유학안 하4明儒學案 卷五十六, 諸儒學案 下四
명유학안 권57, 제유학안 하5明儒學案 卷五十七, 諸儒學案 下五

명유학안 16권

명유학안 권58, 동림학안 1明儒學案 卷五十八, 東林學案 一
명유학안 권59, 동림학안 2明儒學案 卷五十九, 東林學案 二
명유학안 권60, 동림학안 3明儒學案 卷六十, 東林學案 三
명유학안 권61, 동림학안 4明儒學案 卷六十一, 東林學案 四

명유학안 17권

명유학안 권62, 즙산학안明儒學案 卷六十, 蕺山學案
명유학안 부안明儒學案 附案

『명유학안 역주』 범례

1. 역주 저본

❶ 참고 저본: 황종희(黃宗羲) 저, 심지영(沈芝盈) 점교(點校), 『명유학안(明儒學案)』 상하(上下) 수정본(修訂本), 북경: 중화서국(中華書局), 2008.

❷ 대조본: 사고전서본 『명유학안』과 해당 개별 문집.

2. 표점과 교감

❶ 저본의 표점을 사용하고, 일부 부호를 변경하였다. 판본에 따라 글자가 다른 경우 역자의 판단에 따라 교감을 가하고 필요하다고 생각되는 경우 저본의 표점에 변경을 가하였다.

❷ 저본의 인용부호 (「 」), (『 』)를 (“ ”), (‘ ’)으로 표기하였다.

❸ 저본의 종지부호 (°)를 (.)로 표기하였다.

❹ 저본의 책명부호 (《 》)를 (『 』)와 (「 」)로 표기하였다.

❺ 저본에서 작은 글자로 표기한 황종희의 원주는 원문과 번역문에서 모두 (【 】)로 변경하였다.

3. 역주 원칙

❶ 저본의 편제에 따라 단락마다 권-단락을 숫자로 표시하였다. 예컨대 “25-7”은 “제25권 南中學案 7번째 단락”을 의미한다.

❷ 저본의 한 단락이 길 경우, 역자의 판단에 따라 단락을 나누고 숫자를 붙이지 않았다. 따라서 숫자 표기가 없는 단락은 앞의 숫자 표기 단락의 한 부분임을 의미한다.

❸ 유종주(劉宗周)의 평어는 번역문에서 '[유종주평어]'의 표제어를 부가하였다.

해 제

윤상수

1. 황종희黃宗羲

『명유학안』의 저자인 황종희(1610-1695)는 자字가 태충太沖, 호가 이주梨洲 혹은 남뢰南雷로 절강浙江 여요餘姚 사람이다. 그는 만년에 자신의 초상화를 바라보면서 "처음에는 당인黨人으로 탄압을 받았고, 이어서 유협游俠으로 지목을 당했고, 마지막에는 유림儒林에 몸을 두었다. 그 위인爲人은 세 번 변해 지금에 이르렀다."[1]고 회고하고 있다. 자신의 일생을 당인 → 유협 → 유자의 시기로 구분한 것이다.[2]

그가 말하는 당인은 대체로 명明나라가 망하는 1644년(35세)까지, 유협은 남명南明 정권에서 활동하다가 고향에 돌아와 은거하던 시기로 대체로 『명이대방록明夷待訪錄』을 완성하는 1663년(54세)까지, 마지막으로 유자는 저술과 강학 등 유학자로서 활동하던 시기로 1685년 86세로 세상을 떠날 때까지의 약 30년으로 구분할 수 있다.[3]

(1) 당인黨人

황종희는 "나는 어려서 환난을 만났기 때문에 세상에 나가서 사람들

---

1 『黃宗羲年譜』 卷首, 「自題畫像」. "初錮之爲黨人, 繼指之爲游俠, 終厠之於儒林. 其爲人也, 蓋三變而至今."

2 全祖望도 황종희의 생애를 '黨錮' → '陵谷崎嶇 · 起軍 · 乞師 · 從亡' → '遺逸'로 구분한다. 「梨洲先生神道碑文」, 『黃宗羲年譜』(中華書局, 1993) 附錄, 85쪽. "特是公生平事實甚繁, 世之稱之者, 不過曰始爲黨錮, 後爲遺逸. 而中間陵谷崎嶇 · 起軍 · 乞師 · 從亡諸大案, 有爲史氏所不詳者."

3 小野和子, 「黃宗羲の前半生」, 『東方学報』(第34冊, 1964) 136-137쪽 참고.

과 교유하는 시기가 매우 빨랐다."[4]고 회상한다. '환난'이란 아버지 황존소(黃尊素, 1584-1626)의 옥사를 말한다. 동림파東林派 관료였던 황존소가 환관 위충현魏忠賢 일당의 탄압을 받아 조옥詔獄에서 죽은 것은 황종희가 17세가 되던 해(1626)의 일이었다. 다음 해 숭정제崇禎帝가 즉위하고, 그 이듬해인 1628년(19세) 황종희는 아버지의 신원伸冤을 위해 상경한다. 북경北京에 도착했을 때 위충현은 이미 책형磔刑을 당하고 그에게 해를 당한 관리들은 복권된 뒤였다. 그는 북경에 머물면서 아버지를 고발했던 자들의 심문에 참석하여 소매에 숨기고 간 송곳을 꺼내 그들의 가슴을 찌르는 등 과격한 행동도 서슴지 않았다. 하지만 숭정제는 부모 잃은 자식의 마음을 헤아려 죄를 묻지 않았는데 이 일로 인해 "당시 요강姚江 황黃 효자의 이름이 천하를 진동시켰다."[5]고 한다. 아버지의 죽음은 황종희의 생애에 지울 수 없는 상처를 남겼지만 그가 전국적인 명성을 얻는 계기도 되었던 듯하다.

그해 가을 아버지의 관을 모시고 집으로 돌아오고, 다음 해 장례를 치르는 등 한동안 분주한 나날을 보낸다. 아버지의 장례가 일단락된 뒤인 1630년(21세) 황종희는 향시를 보러 남경南京에 가는데, 그곳에서 전국적인 조직을 가진 문학적 결사結社였던 복사復社에 가입한다. 복사는 동림의 흐름을 계승하면서 당시의 학문을 비판하고 현실 정치에도 적극적으로 개입하고 있었다. 이후 황종희는 복사의 명사로서 "사방에서 찾아오는 손님이 없는 달이 없었고, 모임이 있으면 언제나 서로 초대하거나 방문하였다. 아, 참으로 성盛하였다!"[6]고 회고할 정도로 당대의 수많은 명사와 교류하면서 화려한 나날을 보낸다. 아마도 이 시기

---

4 「思舊錄跋」, 『思舊錄』, 『黃宗羲全集(增訂版)』(浙江古籍出版社, 2005) 1책, 398쪽. (이하 원문 생략)

5 邵廷采, 「遺獻黃文孝先生傳」, 『黃宗羲年譜』 附錄, 80쪽.

6 「劉瑞當先生墓誌銘」, 『黃宗羲全集』 10책, 336쪽.

가 황종희에게는 말하자면 화양연화가 아니었을까 생각된다.

그가 주로 20대 초부터 30대 중반까지 동림의 후예로서, 그리고 복사의 명사로서 교류했던 인물 117명에 대한 추억을 기록한 책이 『사구록思舊錄』이다. 전조망(全祖望, 1705-1755)은 역사적으로 당대의 명류名流와 가장 폭넓게 교류했던 인물로 구양수歐陽脩를 꼽는 사람이 있지만, 황종희도 그에 비해 "나으면 나았지 모자라지 않는다."고 말하면서, 청년 시절의 이러한 폭넓은 교류가 그의 "학문과 기절氣節", 즉 훗날 학자로서 대성하고 명明의 유로遺老로서 절개를 지키는 데 하나의 연원淵源이 되었다고 평가한다.[7]

한편, 이 시기 황종희의 정치 활동으로 빼놓을 수 없는 것이 1638년(29세)에 있었던 「남도방란게南都防亂揭」 사건이다. 위충현의 잔당으로 숭정崇禎 초에 실각했던 완대성阮大鋮이 권토중래를 시도하자 이를 저지하기 위해 남경南京의 태학생太學生들이 발표한 성명이 「남도방란게」이다. 학생운동의 대자보를 연상시키는 이 「방란게」의 맨 앞줄에 황종희의 이름이 있었다. 이로 인해 완대성의 시도는 좌절되었으나 1644년 북경이 함락된 뒤 남경에 세워진 홍광제弘光帝 조정에서 실권을 잡은 완대성은 「방란게」의 복수를 하려 하였다. 이로 인해 황종희는 죽음의 위기를 맞았으나 청군이 남하하면서 겨우 목숨을 건지게 된다.

이처럼 황종희는 2, 30대에 동림의 후예이자 복사의 명사로서 수많은 인물과 교류하고 정치 활동에도 적극적으로 참여하는 등 화려한 시절을 보내고 있었지만 공부에도 매진하였다. 이 시기의 공부를 생각할 때 키워드가 되는 것은 아마도 독서와 과거일 것이다.

본격적인 독서는 아버지의 유언에 따라 이십일사二十一史로부터 시작되었다. 그는 만년에 "나는 19, 20세에 이십일사를 읽었는데 매일 한

7 全祖望, 「梨洲先生思舊錄序」, 『黃宗羲全集』 12책, 175쪽.

책씩 붉은 먹으로 구두를 찍으면서 교정하였다. 날이 밝을 때 일어나 닭이 울 때가 되어서야 그만두었는데 2년 걸려서 끝냈다."[8]고 회고하고 있다. 그 외에 24, 5세에는 항주杭州의 독서사讀書社에 참여하여 『십삼경주소十三經注疏』를 강독하고,[9] 32세에는 남경南京의 조천궁朝天宮에서 『도장道藏』을 읽었다[10]는 기록이 그의 문집에 보인다. 전조망은 황종희의 독서에 대해, 경經에서 구류 백가九流百家에 이르기까지 읽지 않은 책이 없었고, 집에 소장한 책을 다 읽은 뒤에는 고향은 물론 남경 등 대도시의 장서가들을 방문하여 책을 베끼고, 서점을 찾아다니며 고서를 모았다고 말한다.[11] 이 청년 시절의 폭넓은 독서가 훗날 당대를 대표하는 학자로 성장하는 데 기초가 되었음은 물론이다.

하지만 이 시기에 무엇보다 황종희의 마음을 사로잡고 있었던 것은 과거와 문학이었다. 황종희의 아들 황백가(黃百家, 1643~1709)는 이 시기에 대해 "이때는 심력心力이 넘쳐서 과거 공부를 끝낸 뒤에는 마음이 시문詩文으로 달려갔다. 과거를 보러 남경에 가서는 당시 사방의 명사 중에 사귀지 않은 사람이 없었고, 원근에서 열리는 시문時文과 시부詩賦의 모임에 참석하지 않은 적이 없었다. … 그러므로 자유자(子劉子, 유종주)를 스승으로 모셨지만, 일찍이 스스로 '선사께서 돌아가시기 이전에는 통장痛掌의 혈흔이 우혁牛革을 적시지 못했다'고 말씀하셨다."[12]라고 묘사하고 있다. 황종희는 아버지의 유언에 따라 유종주(劉宗周, 1578-1645)에게 가서 배웠지만 마음이 과거 공부에 가 있었기 때문에 스승의 학문을 이해하지 못했다고 고백하고 있다(후술). 그가 유종주의 학문을

8 「補歷代史表序」, 『黃宗羲全集』 10책, 80-81쪽.

9 「張仁菴先生墓誌銘」, 『黃宗羲全集』 10책, 457쪽.

10 「丹山圖咏序」, 『黃宗羲全集』 10책, 17쪽.

11 全祖望, 「梨洲先生神道碑文」, 『黃宗羲年譜』 附錄, 86-87쪽.

12 黃百家, 「先遺獻文孝公梨洲府君行略」, 『黃宗羲年譜』 附錄, 66쪽. '통장(痛掌)의 혈흔이 우혁(牛革)을 적시지 못했다'는 황종희가 지은 「子劉子行狀」의 마지막에 보인다.

이해하게 되는 것은 스승의 사후 남겨진 책을 통해서였다.

(2) 유협游俠

화려한 나날을 보내고 있던 어느 날, 갑자기 명나라의 멸망이라는 역사적 사건이 찾아온다. 황종희는 이를 '천붕지해天崩地解'라고 표현하는데, 이 하늘이 무너지고 땅이 꺼지는 사건은 그의 인생에도 엄청난 변화를 가져온다.

1645년(36세) 청나라의 군대가 절동浙東으로 밀려오자 황종희는 마을 청년 수백 명을 규합하여 의용군을 조직하고 남명南明 정권 중 하나였던 노왕魯王의 조정에 참여하여 항청복명抗淸復明 운동에 투신한다. 다음 해 군대가 무너져 잔병을 이끌고 산으로 들어갔으나 산민山民들이 산채에 불을 지르는 바람에 부하들이 흩어지는 등의 일을 겪은 끝에 어쩔 수 없어 집으로 돌아온다. 뒤에 노왕의 소식을 수소문하여 다시 찾아가기도 하였지만 결국 1649년(40세) 어머니의 안부를 걱정하여 고향으로 돌아온다. 그 뒤에도 한동안 노왕 정권과 연락을 끊지 않고 일본에 군대를 요청하러 가는 사절에도 참여하는 등 일종의 지하운동에 가담하기도 하였는데, 그는 이 시기의 자신을 '유협游俠'이라고 칭하고 있다.[13]

유협에게는 위험이 따르기 마련이다. 그는 "청군淸軍이 남하한 이래로 나에게 현상금이 걸린 것이 2번, 지명수배를 받은 것이 1번, 성城이 포위를 당한 것이 1번, 모반으로 고발당한 것이 2, 3번, 모래밭에서 기절한 것이 하루 밤낮, 그 외에 사건에 연루되거나 불심검문에 걸리지 않은 해가 한 해도 없었으니, 10번 죽을 위기에 처했다고 말할 수 있는

---

13 「陸周明墓誌銘」, 『黃宗羲全集』 10책, 304쪽. 이 글은 甲辰, 즉 1664년, 55세에 지은 것인데 여기에서 "十年以前, 亦嘗從事於此(=游俠)"라고 말하고 있다. 황종희는 대체로 45세 이전의 자신을 '游俠'으로 생각했던 것 같다.

자이다."[14]라고 말하고 있다.

불행은 그의 가족에게도 찾아왔다. 1656년(47세)에 지은 시에서는 "여덟 명의 여행자(가족)는 절반이 떠나려 하고, 십 년의 난세는 여전히 끝날 줄을 모르네[八口旅人將去半, 十年亂世尙無央]."[15]라고 읊고 있다. 계속되는 피난 생활, 잇따른 가족의 죽음, 언제 끝날지 알 수 없는 난리를 슬퍼한 것이다. 1663년(54세)에는 동생 황종회黃宗會가 세상을 떠난다. 그는 자기보다 똑똑하고 독서를 좋아했던 동생이 명나라가 망한 뒤 불교에 빠지고 46세에 요절한 것은 '분감憤憾' 때문이었다고 말한다.[16] 똑같은 울분은 황종희에게도 있었을 것이다.

그는 이 울분의 세월 속에서도, 아니 오히려 그렇기 때문에 더욱 학문에 몰두했던 듯하다. 그는 일체의 세상사에 담을 쌓고, 심지어 시집간 딸들과 왕래는 물론 귀녕歸寧도 마다하면서 학문에 전념했다고 말한다. 그 이유에 대해, 사형장으로 끌려가면서 다시 황구를 끌고 상채上蔡의 동문으로 나가서 토끼 사냥을 하고 싶다고 말하던 이사李斯, 다시 고향 화정華亭의 학 울음소리를 듣고 싶다고 말하던 육기陸機를 떠올리면서 이렇게 말한다.

> 나는 죽을 운명이었는데 죽지 않았으니 (살아 있는) 오늘은 다시 황구를 끌고 (사냥하러) 상채上蔡의 동문으로 나가고, 화정華亭의 학 울음소리를 듣는 날이다. 이사와 육기가 얻지 못한 날을 내가 얻었으니 이 또한 이미 행운이다. 스스로 (그런 날을) 아까워하지 않고 경조, 길흉의 예에 허비한다면, 가령 이사와 육기가 저승에서 일어날 수 있다면 나를 괴이하다고 하지 않겠는가! 그렇다면 지금 묵묵히 앉아서 (공부하다가 피곤해

14 「怪說」『黃宗羲全集』 11책, 70쪽.
15 「子婦客死一孫又以痘殤」, 『南雷詩曆』 권1, 『黃宗羲全集』 11책, 228쪽.
16 「前鄕進士澤望黃君壙誌」, 『黃宗羲全集』 10책, 301-303쪽.

지면) 천천히 걷다가 하는 내가, 나처럼 살아남지 못했다는 점을 가지고 이사와 육기보다 잘났다고 오만하게 구는 것은 또 얼마나 괴이한가! 또 얼마나 괴이한가![17]

구사일생으로 얻은 시간을 헛되이 낭비할 수 없다는 절박함과 일종의 '살아남은 자의 슬픔'은 그를 학문에 몰두하게 만든 동력이었다. 그것은 성과가 있었던 듯하다. 그는 "내가 자유자(子劉子, 유종주)에게 배울 때는 뜻이 과거 공부에 있었기 때문에 얻은 바가 없었고, 그저 즙산蕺山의 문인 중 한 명에 지나지 않았다. 천지가 뒤바뀌어 (명나라가 망하고 나서) 깊은 산속에서 쓰러지고 굶주리면서 소장하고 있던 책을 전부 꺼내서 읽었다. 근 20년의 세월이 흘러 가슴속의 응어리가 풀어지고 나서 비로소 예전에 스승의 뜻을 저버렸던 일이 속죄할 길이 없음을 알았다."[18]고 말한다. 유종주의 학문은 명나라가 망한 뒤로 20년 가까운 세월 동안 황종희의 가슴에 쌓여 왔던 응어리를 풀어 준, 말하자면 일종의 구원이었다는 고백이다. 그는 이러한 쓰디쓴 인생의 경험과 오랜 세월의 연구를 토대로 유협의 시대에 종지부를 찍고 세상에 나가 유종주의 학문을 계승한 유자儒者로서 다시 활동하기 시작한다.

한 가지 덧붙일 것은 근대 이후 황종희를 유명하게 만드는 데 큰 기여를 한 『명이대방록明夷待訪錄』이 이 유협 시대의 마지막을 장식하는 책이라는 점이다. 그는 "천남天南의 부고", 즉 1662년(53세) 남명의 왕중에 마지막까지 살아남았던 계왕桂王이 운남雲南에서 청군에 잡혀 죽었다는 소식을 접하고 나서 이 책을 집필하기 시작했다고 한다.[19] 명조 회복의 희망이 사라진 뒤, 미래에 찾아올 태평한 세상을 예견하면서

17 「怪說」, 『黃宗羲全集』 11책, 71쪽.

18 「惲仲昇文集序」, 『黃宗羲全集』 10책, 4-5쪽.

19 全祖望, 「書明夷待訪錄後」, 『黃宗羲全集』 12책, 190쪽.

자신을 찾아 줄 위대한 군주를 위해 "위치대법爲治大法"(「題辭」), 정치의 근본적인 원리와 구체적인 대안을 제시한 책이 『대방록』이다. 이 책은 "동림당과 황종희 자신이 참가했던 정치 활동의 총결산"[20]이라고도 할 수 있는데, 이후 황종희는 더 이상 정치에 대해 공개적으로 발언하지 않았다.[21] 그의 관심은 정치보다 학문에, 특히 경학과 사학에 가 있었던 것이다.

(3) 유자儒者

남명 정권의 소멸과 청조 지배의 확립, 그리고 마침내 찾아온 생활의 안정을 배경으로 황종희는 학문과 저술에 전념한다. 또한 배우러 오는 사람들이 많아지자 1667년(58세) 유종주의 사후 오랫동안 중단되었던 증인서원證人書院의 강회講會를 부활시키고, 다음 해에는 강경회講經會를 조직하는 등 강학 활동도 활발하게 전개한다. 이러한 과정에서 명성이 높아져 1678년(69세) 박학홍유博學鴻儒에 천거를 받았지만 사양하고, 1680년(71세)에도 명사관明史館의 초빙을 받았지만 아들과 제자를 대신 보낸다. 이렇게 청나라 조정의 부름을 사양하고 명나라에 대한 의리를 지키면서 80세가 넘어서도 저술을 멈추지 않다가 1695년 86세의 나이로 세상을 떠난다.

황백가는 아버지 황종희를 "참으로 우주에서 가장 고생한 사람[眞宇宙間之勞人]"이라고 말한다. 그럼에도 불구하고 황종희가 학문에 온 힘을 바쳤던 것은 "아버지에 대한 아픔을 가슴에 담아 두고서 늘 아버지의 마음과 아버지의 일을 자기의 마음과 자기의 일로 삼고, 인륜과 도리, 입신의 과정에서 조금이라도 아버지에게 누를 끼치는 일을 하지 않으

---

20 小野和子, 『黃宗羲』 人物往来社, 1967年, 227쪽. 山井湧도 『대방록』을 소년 시대 이래 격동의 수십 년을 총결산한 저작이라고 평가한다(『黃宗羲』 講談社, 1983年, 110쪽).

21 小野和子, 위의 책, 227쪽 및 252쪽.

려고 했기" 때문이라고 해석한다.[22] 한편, 황종희는 79세에 자신의 묏자리를 마련하고서 자식들에게 관과 곽을 사용하지 말고 죽은 다음 날 바로 매장하라고 명한다. 이 예법에 어긋나는 장례에 대해 전조망은 "국가國家의 변을 만난 사람으로서 빨리 썩기를 바란 것"이라고 풀이한다.[23] 옥사한 아버지에 대한 아픔과 망국의 한은 황종희의 생애를 이해하는 데 중요한 요소라고 할 수 있다.

이를 좀 더 일반화시켜 말하면 황종희는 명청교체, 즉 명말의 당쟁, 명조의 멸망, 반청복명 운동, 청조 통치의 안정으로 이어지는 거대한 역사의 흐름 한가운데에서 시대의 격동을 온몸으로 겪으면서 살았던 인물이라고 할 수 있다. 그 과정에서 품을 수밖에 없었던 개인적인 한을 자신이 살았던 시대에 대한 역사적 반성의 에너지로 승화시켜 이전 시대와 다른 학문 세계를 구축하고, 청대의 새로운 학풍 형성에 지대한 영향을 미쳤던 학자가 황종희가 아니었을까 생각된다. 이런 점에서 소정채(邵廷采, 1648-1711)가 "정원(貞元, 왕조교체)의 시대를 만나 울분을 펴지 못하고, 늘 선공先公이 옥사한 아픔을 잊지 않으면서 경전에 온 힘을 바쳐 … 우뚝하게 일대 학자의 종사宗師가 되었으니, 이른바 저기에서 얻지 못하면 반드시 여기에서 얻는 사람일 것이다."[24]라고 한 말은 합당한 평가일 것이다.

2. 황종희의 학문

황백가의 「행략行略」에서는 황종희가 "학문은 반드시 육경六經을 근

---

22 黃百家, 「先遺獻文孝公梨洲府君行略」, 『黃宗羲年譜』 附錄, 77-78쪽.

23 全祖望, 「梨洲先生神道碑文」, 『黃宗羲年譜』 附錄, 93쪽.

24 邵廷采, 「遺獻黃文孝先生傳」, 『黃宗羲年譜』 附錄, 93쪽. "遭運貞元, 未伸幽憤, 始終無忘先公詔獄之痛, 大肆其力于典墳, … 屹然一代學者宗師, 所謂不得于彼, 必有得于此者與!"

저根柢로 삼아야 한다. 근거도 없이 공담空談만 해서는 끝내 얻는 것이 없다."고 말하면서 강경회講經會를 만들어 제자들을 가르쳤다고 말한다.[25] 이를 받아서 전조망은 황종희의 학문에 대해 다음과 같이 정리한다.

공은 명明나라 사람들의 강학講學은 어록語錄의 찌꺼기를 답습하고 육경六經을 근본으로 삼지 않으며, 책을 묶어 놓고 (읽지 않으면서) 유담遊談에 종사하였다고 말했다. 그래서 (공에게) 수업을 받은 사람들은 반드시 먼저 경經을 연구하였다. (공은) 경술經術은 경세經世를 위한 것이 되어야 비로소 우유(迂儒, 세상 물정에 어두는 학자)의 학문이 되지 않는다(고 하였다). 그래서 (경전과) 함께 사서史書를 읽게 하였다. 또 책을 많이 읽지 않으면 이 리理의 변화를 증명할 수 없고, 많이 읽더라도 마음에서 구하지 않으면 속학俗學이 된다고 하였다. 그래서 무릇 공의 가르침을 받은 사람들은 강학의 유폐流弊에 떨어지지 않았다.[26]

명대 중엽 이후 강학의 풍조는 그 폐해가 극에 달하였다. 성명性命을 고담高談하여 곧장 선장禪障에 빠지고, 책을 묶어 놓고 보지 않았다. 조금 나은 자도 (고작해야) 학구(學究, 세상 물정 모르는 백면서생) 정도였으니, 모두 뿌리가 없는 무리일 뿐이었다. 선생이 처음으로 "학문은 반드시 경술經術에 근본을 둔 뒤에야 공허에 빠지지 않고, 반드시 사서史書에서 증명한 뒤에야 시무時務에 응용할 수 있다."고 말했다. 그리하여 근본

---

25 黃百家, 「先遺獻文孝公梨洲府君行略」, 『黃宗羲年譜』 附錄. "府君謂學問必以六經爲根柢, 空腹游談, 終無撈摸. 於是甬上遂有講經會."

26 全祖望, 「梨洲先生神道碑文」, 『黃宗羲年譜』 附錄. "公謂明人講學, 襲語錄之糟粕, 不以『六經』爲根柢, 束書而從事於遊談, 故受業者必先窮經. 經術所以經世, 方不爲迂儒之學, 故兼令讀史. 又謂讀書不多, 無以證斯理之變化, 多而不求於心, 則爲俗學, 故凡受公之教者, 不墮講學之流弊."

을 탐구하고 근거할 바가 있어서 예전의 강당講堂의 고질병이 그로 인해 일변했다.[27]

명대의 강학을 공소불학空疏不學 혹은 공소무용空疏無用의 공리공담으로 비판하면서 어록이 아니라 육경을, 성명에 대한 공담이 아니라 폭넓은 독서를 강조하고, 이를 토대로 경세를 위한 경학과 시무를 위한 사학을 주창하였으며, 그로 인해 명대 강학의 풍조가 일변하였다는 말이다. 명대의 강학에 대한 비판에 관해서는 약간 주의할 점도 있으나(후술), 황종희가 지향했던 학문이 "경세를 위한 경사지학經史之學"[28]이었다는 점을 정확하게 보여 주고 있다고 할 수 있다.

참고로 이 전조망의 평가는 후세에 커다란 영향을 미쳤다. 청대에 황종희의 학문을 논하는 글에서는 '거의 언제나'라고 할 수 있을 정도로 전조망을 인용하고 있다.[29] 사정은 근대 이후에도 마찬가지이다. 양계초梁啓超는 『청대학술개론淸代學術概論』에서 전조망의 말을 직접 인용하고 있는데, 이는 그가 황종희를 "명학明學에 대한 반동에서 태어난 사람"[30]이라고 평가하고, 나아가서 "청학淸學의 출발점은 송명 리학宋明理學에 대한 일대 반동"[31]이라고 주장할 때도 주요한 근거가 되고 있다.

---

27 『鮚埼亭集 · 外編』 권16, 「甬上證人書院記」. "自明中葉以後, 講學之風已爲極敝, 高談性命, 直入禪障, 束書不觀, 其稍平者則爲學究, 皆無根之徒耳. 先生始謂學必原本於經術而後不爲蹈虛, 必證明於史籍而後足以應務. 元元本本, 可據可依, 前此講堂錮疾, 爲之一變."

28 山井湧, 『明淸思想史の硏究』(東京大學出版會, 1980年), 黃宗羲の學問.

29 예를 들어 『황종희연보(黃宗羲年譜)』에 수록되어 있는 강번(江藩)의 『국조한학사승기(國朝漢學師承記)』, 이율구(李聿求)의 『노지춘추(魯之春秋)』, 이원도(李元度)의 『국조선정사략(國朝先正事略)』, 『청사고(淸史稿)』 등등의 황종희 전기에서는 모두 전조망의 말을 그대로 혹은 축약해서 인용하고 있다.

30 梁啓超, 『淸代學術概論』(上海古籍出版社, 1998) 六. 黃宗羲和王夫之.

31 梁啓超, 『淸代學術概論』 三. 淸學的出發點.

또한 야마노이 유山井湧가 황종희의 학문을 "경세를 위한 경사지학"으로 규정하고, 이를 토대로 명학明學에서 청학淸學으로의 변화를 명대 심학心學 → 명말청초의 경세치용經世致用의 학 → 청대 고증학考證學으로 설명하는 것도 따지고 보면 전조망의 말에서 그 연원을 찾을 수 있다.[32]

황종희가 경세를 위한 경사지학을 학문의 목표로 삼고, 이를 몸소 실천했다는 사실은 그의 저술에서도 확인할 수 있다. 그의 저술의 특징으로는 박학博學을 들 수 있는데, 수많은 청대의 학자와 비교해도 황종희의 박학은 그 양과 범위에서 "일류 중의 일류에 속한다."[33]고 할 수 있다. 오광吳光에 따르면, 황종희의 저술은 모두 111종(현존 56종, 일전 55종)인데, 그중 자찬自撰 전저專著 28종, 시문집詩文集 18종만이 절강고적출판사浙江古籍出版社의 『황종희전집黃宗羲全集』에 수록되어 있다.[34] 그 주제는 경학, 율려律呂·천문역산학天文曆算學, 역사, 지리, 금석, 성리性理, 정치론, 시문詩文 선집, 자찬 시문집詩文集, 등에 걸쳐 있다.[35]

경학에 관한 저술은 다수 있으나 『사고전서四庫全書』에 저록著錄된 것만 들면 『역학상수론易學象數論』 6권, 『심의고深衣考』 1권, 『맹자사설孟子師說』 4권이 있는데, 『사고전서총목四庫全書總目』에서는 "황종희의 경학은 널리 통하고, 저술에는 전할 만한 것이 많다."[36]고 평하고 있다.

사학 관련 저술의 특징으로는 송대부터 명대까지의 역사, 유학사,

---

32 山井湧, 『明淸思想史の硏究』, 第二部 明學から淸學へ 수록 논문들 참고.

33 山井湧, 『明淸思想史の硏究』, 黃宗羲の學問, 275쪽.

34 吳光, 「黃宗羲著作存佚總表」, 『黃宗羲全集』 12책, 267쪽.

35 황종희의 저작에 관해서는 황백가의 「行略」, 전조망의 「神道碑文」, 謝國楨의 「黃梨洲著述考(節錄)」(『黃宗羲全集』 12책, 238쪽), 山井湧의 「黃宗羲の學問」(『明淸思想史の硏究』, 275쪽) 및 「黃宗羲の學問觀」(『黃宗羲』 27쪽) 등을 참고. 주제의 분류는 山井湧를 따랐다.

36 『四庫全書總目』 권21, 經部禮類三, 「深衣考一卷」. "宗羲經學淹貫, 著述多有可傳."

문학사를 총정리하려 시도했다는 점을 들 수 있다. 역사의 경우, 현전하지는 않지만 『명사안明史案』 244권이 있었고, "『송사宋史』를 중수重修하려 하였으나 완성하지 못하고 겨우 『송사총목보유宋史叢目補遺』 3권만 남겼다."[37]고 한다. 유학사에 관해서는 『명유학안』 62권, 그리고 황백가, 전조망을 거쳐 완성된 『송원학안宋元學案』이 있다. 문학사에 관한 것으로는 명대 문장의 선집인 『명문안明文案』 217권, 이를 증보한 『명문해明文海』 482권, 다시 이를 정선한 『명문수독明文授讀』 62권이 남아 있고, 소천작蘇天爵의 『원문류元文類』를 보완하여 『속송문감續宋文鑑』, 『원문초元文抄』[「행략」에는 『송원문안(宋元文案)』]를 편찬하려 하였으나 완성하지 못했다고 하며,[38] 오지진吳之振 등이 『송시초宋詩鈔』를 편집하는 데 참여하기도 하였다.

이를 통해 말할 수 있는 것은 황종희가 명대사 연구의 대가였다는 점이다. 전조망이 황종희의 업적 중에서 가장 강조하는 것 중 하나가 『명사』의 편찬에 지대한 공헌을 하였다는 점이다. 전조망은 "한당漢唐 이래의 대유大儒 중에 오직 유향劉向의 저술만이 절반 넘게 반고班固의 『한서漢書』에 수록되었는데 … 공은 2천 년 뒤에 일어나서 그 뒤를 이었다."[39]고 말한다. 이처럼 명대사에 대한 해박한 지식을 바탕으로 명대의 역사, 유학사, 문학사를 정리하고 나서, 시대를 거슬러 올라가서 송대, 원대까지 정리하려고 시도했던 것이다. 여기에서도 그의 박학, 즉 학문적 관심과 독서의 범위가 대단히 넓었음을 알 수 있다.

또한 그의 정치론을 대표하는 책으로 『명이대방록』 1권, 『유서留書』 1권이 있다. 그리고 자찬 문집으로 『남뢰문안南雷文案』 10권 · 『외집外集』 1권, 『오회집吾悔集』 4권, 『찬장집撰杖集』 4권, 『촉산집蜀山集』 4권,

---

37 全祖望, 「梨洲先生神道碑文」, 『黃宗羲年譜』 附錄, 94쪽.
38 全祖望, 「梨洲先生神道碑文」, 『黃宗羲年譜』 附錄, 95쪽.
39 全祖望, 「梨洲先生神道碑文」, 『黃宗羲年譜』 附錄, 96쪽.

『남뢰문정南雷文定』(1-5集) 27권, 이상을 정선한 『남뢰문약南雷文約』 4권과 시집인 『남뢰시력南雷詩歷』 4권 등이 있다. 그 외의 저작에 대해서는 모두 생략한다.

이와 같은 학문, 저술, 그리고 강학 등을 통해 황종희는 생전에 이미 당대를 대표하는 학자로 평가받고 있었다. 염약거(閻若璩, 1636-1704)는 "상하 오백년, 종횡 일만리"의 인물 중에서 "넓으면서도 정밀할 수 있었던" 학자로 전겸익錢謙益, 고염무顧炎武, 황종희 세 사람을 꼽고 있다.[40] 또한 전조망에 따르면 당시에 북방의 손기봉孫奇逢, 서방의 이옹李顒과 함께 남방의 황종희를 "삼대유三大儒"라고 불렀다고 하며,[41] 고염무도 당대의 학자 중에 "고절苦節"에서는 손기봉과 이옹, "경세지학經世之學"에서는 황종희를 인정했다고 한다.[42]

한편, 강번(江藩, 1761-1831)의 『국조한학사승기國朝漢學師承記』에서는 황종희가 청대 학문에 끼친 영향에 대해 "명대明代에는 성리性理에 사로잡히고 팔고문八股文에 골몰하느라 고경古經과 주소注疏를 읽을 줄 아는 사람이 한 명도 없었는데, 이주(梨洲, 황종희)가 일어나 그 퇴락한 풍조를 진작시키고 정림(亭林, 고염무)이 그 뒤를 잇고 나서부터 비로소 학문에 종사하는 선비들이 고경古經의 의리를 익힐 줄 알게 되었다."라고 하면서 "국조(國朝, 청조)의 제유諸儒가 육경의 심오한 의미를 연구하여 양한兩漢과 학풍이 같아진 것은 실로 두 사람이 열어 준 것이다."라고 평가하고 있다.[43] 강번이 『국조한학사승기』에서 청대 한학漢學의 역사

---

40 閻若璩, 『潛邱箚記』 권4, 「南雷黃氏哀辭」. "當吾髮未燥時, 卽愛從海內讀書者游. 博而能精, 上下五百年, 縱橫一萬里, 僅僅得三人: 曰錢牧齋宗伯, 顧亭林處士, 及先生梨洲而三."(錢穆, 『中國近三百年學術史』 第6章, 閻潛邱毛西河에서 재인용.)

41 『鮚埼亭集』 권12, 「二曲先生窆石文」. "當是時, 北方則孫先生夏峰(孫奇逢), 南方則黃先生梨洲, 西方則先生(李顒), 時論以爲三大儒."

42 『鮚埼亭集』 권12, 「亭林先生神道表」. "於同時諸公雖以苦節推百泉(孫奇逢)·二曲(李顒), 以經世之學推梨洲, 而論學則皆不合, 其(顧炎武)書曰'下學指南'."

를 서술하고 나서 마지막 권(8권)에 황종희와 고염무를 덧붙인 것은 두 사람을 청대 고증학의 개조開祖로 자리매김했기 때문이다. 이상과 같은 청대의 평가는 현대에도 이어져 황종희는 고염무, 왕부지王夫之와 함께 흔히 청초의 삼대유三大儒로 불리고 있다.

3. 『명유학안明儒學案』

황종희의 학문을 '경세經世를 위한 경사지학經史之學'이라고 규정하는 데는 이론의 여지가 없지만 전조망처럼 그의 명학에 대한 비판을 지나치게 강조하거나, 양계초처럼 그의 학문을 "명학에 대한 반동", 특히 리학理學 혹은 심학心學에 대한 반동으로 규정하는 데는 주의할 점이 있다. 여기에는 명대의 강학講學=리학理學에 대한 청대 이래의 부정적인 인식이 깔려 있다. 예를 들어 『사고전서총목』에서는 강학에서 문호門戶 사이의 논쟁이 발생했고, 이러한 논쟁이 붕당의 형성으로 발전하였으며, 붕당 간의 당쟁으로 인해 명나라가 망했다고 말하고 있다.[44] 결국 명나라는 강학 때문에 망했다는 것이다.

황종희가 명대 강학의 폐해를 비판한 것은 사실이지만, 그렇다고 하여 그가 강학 그 자체에 대해 부정적이었던 것은 아니다. 오히려 그는 명대를 대표하는 업적으로 강학=리학을 꼽는 데 주저하지 않았다.

---

43 江藩, 『國朝漢學師承記』(中華書局, 1983) 권8. "有明一代, 囿於性理, 汨於制義, 無一人知讀古經注疏者, 自梨洲起而振其頹波, 亭林繼之, 於是承學之士知習古經義矣. … 國朝諸儒究六經奧旨, 與兩漢同風, 二君實啓之."

44 『四庫全書總目』 권148, 「集部總叙」. "大抵門戶構爭之見, 莫甚於講學, 而論文次之. 講學聚黨分朋, 往往禍延宗社. … 蓋講學者必辨是非, 辨是非必及時政, 其事與權勢相連, 故其患大."

명나라의 업적과 문장이 반드시 전대前代를 뛰어넘을 수 있는 것은 아니지만, 강학講學의 경우에 나는 감히 전대를 넘어선다고 생각한다. (「명유학안서」)

명대의 문장과 업적은 모두 전대에 미치지 못하지만, 유독 리학理學만큼은 전대가 따라올 수 없다. (「명유학안발범」)

황종희는 리학=강학이 명대에 최고의 수준에 도달했다고 생각했을 뿐만 아니라, 자신이 그 도통道統의 계승자라고 자임하고 있었다. 그는 『맹자사설孟子師說』의 마지막 장(「盡心下」 由堯舜至於湯章)에서 오징吳澄의 도통론을 수정하여 "만약 후현後賢을 가지고 논한다면, 주周·정程이 원元이고, 주朱·륙陸이 형亨이며, 요강(姚江, 왕수인)이 이利이고, 즙산(蕺山, 유종주)이 정貞이다. 누가 정 다음의 원이 될 것인가?"라고 말하고 있다.[45] 마지막의 "누가 정 다음의 원이 될 것인가?" 또한 오징의 말을 조금 바꾼 것인데,[46] 오징처럼 황종희도 자신이 정 다음에 다시 시작되는 원에 해당하는 인물임을 넌지시 밝히고 있는 것이다.

이와 비슷한 도통론은 『명유학안』에도 보인다. 「즙산학안蕺山學案」에 실린 유종주劉宗周 전기는 다음과 같은 말로 끝맺고 있다.

식자識者는 '오성五星이 규성奎星에 모이자 염락관민(濂洛關閩, 주돈이·이정·장재·주희)이 나왔고, 오성이 실성室星에 모이자 양명(陽明, 왕수인) 선생의 설이 주창되었고, 오성이 장성張星에 모이자 자유자(子劉

---

45 『孟子師說』 권7, 「由堯舜至於湯章」. "若以後賢論之, 周程其元也, 朱陸其亨也, 姚江其利也, 蕺山其貞也. 孰爲貞下之元乎?"(『黃宗羲全集』 1책, 166쪽)

46 『宋元學案』 권92, 「草廬學案」, 吳澄傳. "先生嘗曰: '… 近古之統, 周子其元也, 程張其亨也, 朱子其利也, 孰爲今日之貞乎!' 其自任如此."

子, 유종주)의 도가 통했다'고 말한다. 이것이 어찌 하늘이 한 일이 아니겠는가! 어찌 하늘이 한 일이 아니겠는가! (권62, 「즙산학안」)

여기에서는 주희 등의 설을 받아서[47] 도통이 염락관민 → 왕수인 → 유종주로 이어지고 있다고 주장하고 있다. 드러내 놓고 말하지는 않았지만 유종주의 전기를 쓰고 있는 황종희 자신이 유종주의 후계자로서 도통을 계승하고 있음을 암시한 것이라고 할 수 있다. 황종희가 차마 하지 못한 말을 그의 아들 황백가는 분명하게 말한다. 황백가 역시 황종희의 「행략」 마지막에서 다음과 같이 말한다.

부군府君께서는 「즙산의 전기」를 지으면서 "(위의 인용문과 같음)"이라고 하셨다. 부군께서 병진년(1676)에 『명유학안』을 완성하자 오성이 견우·직녀성에 모였다. 불효자인 나는 삼가 말한다. "어찌 하늘이 한 일이 아니겠는가! 어찌 하늘이 한 일이 아니겠는가!"[48]

염약거, 전조망처럼 황종희를 존경했던 학자도 위의 황종희의 말은 사실을 왜곡한 것이므로 삭제해야 한다고 비판한다.[49] 참고로 황종희

47 五星이 奎星에 모이자 주돈이가 나왔다는 것은 주희의 설이다(『晦庵集』 권78, 「江州重建濂溪先生書堂記」). 오성이 室星에 모이자 陽明의 설이 나왔다는 것은 동곡(董穀, 자는 石甫. 『明儒學案』 권14, 浙中王門學案四)의 주장이라고 한다(『鮚埼亭集·外編』 권44, 與鄭南谿論明儒學案事目).

48 黃百家, 「先遺獻文孝公梨洲府君行略」, 『黃宗羲年譜』 附録. 府君作「蕺山傳」'…' 府君於丙辰歲著『明儒學案』成, 而五星聚牛女, 不孝家竊謂豈非天哉! 豈非天哉!"

49 『鮚埼亭集·外編』 권44, 「與鄭南谿論明儒學案事目·陽明子之道昌而五星聚室子劉子之道明而五星聚張」. "閻徵君百詩(閻若璩)曰: '嘉靖初年, 五星聚室, 司天占曰主兵謀, 而先生歸爲陽明之祥; 天啓時, 四星聚張, 先生以爲五星而歸之蕺山之祥. 似當將此等語刪去, 弗予後人口實, 則愛先生者也.' 愚按, 百詩之言是也. 其後先生之子百家作「行略」, 又謂'五星聚箕, 而先生之『學案』成'. 愚亦嘗語黃氏, 當刪去之.(原注: 陽明五星聚室之瑞, 出於董布衣石甫.)"

는 『명사』「역지曆志」의 최종 감수를 맡았을 정도로 천문天文 역법曆法의 대가였다.[50] 그럼에도 불구하고 염락관민 → 왕수인 → 유종주, 그리고 자신으로 이어지는 도통을 강조하게 위해 별자리의 상서를 끌어들이는 일도 마다하지 않았던 것이다.

어쨌든 도통의 계승자로 자임하던 황종희가 명대 리학의 역사를 서술하기 위해 지은 책이 바로 『명유학안』이다. 전체 유학의 역사에서 명대 리학이 가장 높은 수준에 도달했으며, 그 명대 리학의 정통이 왕수인, 유종주로 이어지고 있다는 사실을 세상에 알리기 위해, 그리고 그러한 명대 유학의 역사를 서술하는 일은 유종주의 후계자인 자신이야말로 가장 적임자라는 자임이 황종희로 하여금 이 책을 저술하게 만든 것이 아니었을까 생각된다.

명대 리학의 역사를 정리한 책은 이전에도 있었는데, 그 주요한 것으로 주여등(周汝登, 1547-1629)의 『성학종전聖學宗傳』, 손기봉(孫奇逢, 1584-1675)의 『리학종전理學宗傳』을 들 수 있다. 두 책에 대해 황종희는 전자는 견문이 협소하여 자료를 충분히 수집하지 못했을 뿐만 아니라 각 학자의 종지도 객관적으로 파악하지 못했다고 비판한다. 후자에 대해서도 잡다하게 수록하기만 하고 구별하지 않았으며, 비평과 주석 역시 요령을 얻지 못하였다고 지적하고 있다(「명유학안발범」) 뒤집어서 말하면 두 책과 달리 『명유학안』은 많은 자료를 수집하여 체계적으로 정리했을 뿐만 아니라, 각 학자의 종지에 대해서도 정확하게 파악하고 요령 있게 비평하고 있다고 자신하고 있었음을 알 수 있다.

황종희의 자신이 과연 타당한가에 대해서는 여러 가지 의견이 있을 수 있겠지만, 『명유학안』이 "중국에 학술사가 있는 것은 이 책으로부

---

50 全祖望, 「梨洲先生神道碑文」, 『黃宗羲年譜』 附錄. "公雖不赴徵書, 而史局大案, 必咨於公. … 曆志出於吳檢討任臣之手, 總裁千里貽書, 乞公審正而後定."

터 시작되었다."[51]라는, 달리 말해 중국 최초의 본격적인 학술사로 불리거나 "명대의 유학을 연구하기 위한 필독서"[52]라는 평가를 받을 정도로 높은 수준의 학술적 가치를 지니고 있다는 점은 아마도 이론의 여지가 없을 것이다.

4. 『명유학안』의 구성

『명유학안』 62권은 권수의 「사설師說」과 총 17개의 학안學案으로 구성되어 있다. 「사설」은 유종주의 『황명도통록皇明道統錄』(실전)에서 명대 유학자들에 대한 평론을 발췌한 것이다. 황종희는 이 책에서 "간혹 (내가) 드러내 밝힌 부분도 있지만 한결같이 선사先師에게 근본을 두었고, 감히 그 사이에서 덜거나 보탠 것은 없었다."(「명유학안서(원서)」)고 말하는데, 책의 첫머리에 「사설」을 둔 것은 『명유학안』이 유종주의 학문적, 사상적 입장을 계승하고 있음을 강조하려는 의도에서 나온 것으로 보인다.

한편, 황종희는 「명유학안서」에서 "그 (여러 선생의) 종지를 나누어 근원과 지류를 구별하고(分其宗旨, 別其源流)" "그들의 (학술적) 대요大要를 뽑아서 수록하였다(操(撮)其大要, 以著於篇)."라고 말한다. 이는 『명유학안』이 '종지宗旨'를 기준으로 각 학안을 편성하였다는 점과 '선록選錄'의 형식을 택하고 있다는 점을 밝히는 말이다.

종지는 황종희가 이 책의 틀을 구상하고 내용을 서술할 때 무엇보다도 심혈을 기울였던 점이다. 그는 "학문의 도는 각자 스스로 힘을 써서

---

51 梁啓超, 『淸代學術槪論』 六. 黃宗羲和王夫之.
52 山井湧, 『黃宗羲』 おわりに一黃宗羲に対する評価, 285쪽.

터득한 것을 참되게 여긴다."(「발범」)고 말한다. 이 점을 강조하는 것은 그가 "마음에는 본체本體가 없고, 공부工夫가 도달한 곳이 바로 그 본체"(「명유학안서(원서)」)라고 생각하는 공부론자工夫論者였기 때문이다. 이런 점에서 그는 『명유학안』에 수록한 학자들의 학문은 "요컨대 모두 공부가 도달한 바로서 자기 마음의 만수萬殊를 다한 뒤에 일가一家를 이룬 것이지, 흐리멍덩한 정신으로 다른 사람의 찌꺼기를 답습한 경우는 없었다."(「명유학안서(원서)」)[53]고 말한다. 명대의 학자들이 저마다 공부를 통해 도달한 본체, 혹은 공부를 통해 터득한 바를 간명하게 요약한 것이 바로 황종희가 말하는 종지이다.

> 무릇 학문에는 종지가 있으니, 이는 그 사람이 힘을 얻은 곳이자 배우는 사람이 입문하는 곳이기도 하다. 천하의 의리는 무궁한데 만약 한두 글자로 규정하지 않는다면 어떻게 그것을 요약하여 내 것으로 만들 수 있겠는가? (「발범」)

각 학자의 종지를 파악하고, 그것이 누구에게 근원을 두고 있는지, 그 흐름을 계승한 사람은 누구인지를 찾아서, 일반적으로 말해 사승관계를 중심으로 편성한 것이 각 학안이다. 황종희는 "근원과 갈래를 구분하여 그 종지가 뚜렷이 드러나게 하였다." 「명유학안서(원서)」라고도 말하는데, 각 학파의 계보를 중심으로 학안을 구성한 것 또한 종지를 드러내기 위한 것이었다. 그는 "이 책에서 종지를 분별한 것은 마치 등불을 들고서 그림자를 비추는 것처럼 (정수를 드러냈다)."(「발범」)라고 말할 정도로 각 학자의 종지를 정확하게 파악하고 요령있게 서술하

---

53 「명유학안서」에서도 "여러 선생은 흐리멍덩한 정신을 가지고 남의 찌꺼기를 답습하려 하지 않았으니, 비록 심천(深淺)과 상략(詳略)에 차이는 있지만, 요컨대 도에 대해 본 것이 없는 사람이라고 말할 수는 없다."라고 말한다.

였다는 점을 자신하고 있었다.

한편, 특별한 사승 관계가 없는 학자들을 다루기 위해 편성한 것이 「제유학안諸儒學案」이다. 그는 "이 책에서는 (가르침을) 주고받은 바가 있는 사람은 분류하여 각 학안을 만들었고, 홀로 일어난 사람으로 뒤를 이은 학자가 그다지 저명하지 않은 경우에는 모두 「제유학안」에 배열하였다."(「발범」)고 밝히고 있다. 종지와 사승 관계를 중심으로 16개의 학안을 구성하고, 그것이 없는 학자들의 경우에는 「제유학안」에 배열하였던 것이다.

각 학안은 대체로 소서[小序, 혹은 전언(前言)], 전기, 선록의 세 부분으로 이루어져 있다. 먼저 학안의 첫머리에 있는 소서는 그 학안에 대한 간결한 총론이라고 할 수 있다. 다음으로 전기는 학자의 생애를 서술한 부분과 그의 학문을 논한 부분으로 나눌 수 있는데, 후자는 대개 먼저 그 학자의 종지를 한두 마디로 요약하고 나서 그에 대해 논평을 가하는 방식으로 서술되고 있다. 이 부분이 유학자로서 혹은 사상사가思想史家로서 황종희의 학문적 능력이 잘 드러나는 부분이라고 할 수 있다.

마지막으로 선록은 각 학자의 어록이나 문집에서 핵심적인 글을 뽑아놓은 곳이다. 종지에 대한 규정과 논평이 황종희의 주관적 입장이 반영된 것이라면, 이 부분은 객관적으로 독자에게 판단의 자료를 제시하는 부분이라고 할 수 있다. 이 '선록'은 『명유학안』의 중요한 형식상의 특징이라고 할 수 있는데, 이에 대해 황종희는 다음과 같이 말하고 있다.

> 매번 선유의 어록을 초록한 것을 보면, 몇 조목을 뽑아 놓았지만 그 취사의 의도가 무엇인지 알 수 없었다. 그 사람의 일생의 정신을 뚜렷하게 드러내지 못한다면 어떻게 그의 학술을 알 수가 있겠는가? 이 책에서는 모두 (선유의) 전집에서 핵심적인 구절을 뽑아서 모아 놓았고 앞 사

람의 구본舊本을 베낀 경우는 없다.(「발범」)

다른 사람의 책에서 재인용하지 않고 각 학자의 전집에서 직접 "그 사람의 일생의 정신을 뚜렷하게 드러내는" 글을 뽑아서 상세하게 수록하였다는 점은 이 책에 대한 황종희의 자부 중 하나였다.

이 책의 많은 서문과 발문에서 이구동성으로 『명유학안』의 특징으로 강조하는 것이 명대 유학사에 등장하는 학파의 계보를 분명하게 보여 주었다는 점과 선록을 제공하고 있다는 점이다. 예를 들어 「우준于準의 서序」에서는 다음과 같이 말하고 있다.

> 원류源流와 지파支派를 각각 사승師承 관계에 따라 나누어 [명유(明儒)의] 득실得失과 동이同異가 마치 손바닥을 가리키는 것처럼 명료하였다. 그러고 나서 다시 그들의 말과 글을 수록하여 후학들이 연구하고 강론하는 데 필요한 자료를 갖추어 놓았다.

비록 각 학자의 종지를 분명하게 보여 주려 했던 황종희의 의도는 묻혀 버렸지만, 명대 유학사의 갈래와 흐름을 분명하게 보여 주었다는 점은 이 책의 출판에 관여한 사람들이 공통적으로 강조하는 성과였다.[54] 후술하겠지만 『사고전서총목』은 황종희의 학문적 입장에 대해서는 비판적이었지만, "제유諸儒의 근원과 지류가 나누어지기도 하고 합하기도 하는 까닭을 서술한 바가 자못 상세하다."[55]고 하여 이 책이

---

54 「풍전해의 발」, "근원과 말류를 아울러 궁구하고, 널리 자료를 수집하여 두루 수록하였다." 「막진의 서」, "[명유(明儒)의] 말과 행동을 아울러 싣고, 지파(支派)를 각각 분류하였는데, 선택이 정밀하고 설명이 상세하며 핵심을 파악하고 요점을 제시하여 명대(明代) 학술의 근원과 흐름이 손바닥을 가리키듯 명료하였다." 또한 아래의 「8. 『명유학안』에 대한 평가」에서 인용한 「구조오의 서」 참고.

55 『四庫全書總目』 권58, 「明儒學案六十二卷」. "於諸儒源流分合之故, 敘述頗詳."

명대 유학사에 등장하는 주요한 학파의 계보를 상세히 보여 주고 있다는 점은 인정하고 있다.

아울러 이 책의 형식상의 특징으로 꼽을 수 있는 선록은 1930년대에 풍우란馮友蘭이 『중국철학사』를 쓸 때도 채택한 방식이었다. 풍우란은 서양인이 쓴 철학사는 대부분 서술식인 데 반해, 중국인이 저술한 것은 예컨대 『송원학안宋元學案』과 『명유학안』처럼 거의 선록식이라고 말하면서 "본서는 두 방식을 겸용해 보았"다고 밝히고 있다.[56] 『명유학안』에서 시도한 선록의 방식은 청대뿐 아니라 현대에도 통용될 정도로 중국의 철학사, 학술사를 서술하는 데 적합한 방법이었다고 할 수 있다.

5. 『명유학안』의 판본[57]

『명유학안』의 주요한 판본은 다음과 같다.

(A) 강희 32년(1693) 고성 가씨 간본故城賈氏刊本 → 가본賈本

(B) 옹정 13년(1735) 고성 가씨 보간본故城賈氏補刊本

(C) 건륭 4년(1739) 자계 정씨 간본慈溪鄭氏刊本 → 정본鄭本

(D) 광서 8년(1882) 자계 풍씨 보간본慈溪馮氏補刊本

(E) 도광 원년(1821) 회계 막씨 간본會稽莫氏刊本 → 막본莫本

[이 외에 간본(刊本)은 아니지만 사고전서본(四庫全書本)(건륭 46년, 1781)이 있는데, 이는 가본(賈本)을 수록한 것이다.]

---

56 풍우란(馮友蘭) 저, 박성규 역, 『중국철학사(상)』(까치글방, 1999), 제1장. 서론 22-23쪽.

57 판본에 관해서는 山井湧, 『明清思想史の研究』 「明儒學案の四庫提要をめぐって」를 참고했다.

이 중에서 중요한 것은 (A)가본賈本, (C)정본鄭本, (E)막본莫本인데, 가본과 정본 사이에는 다음과 같은 주요한 차이가 있다.

① 권1-9의 4개 학안의 순서가 다르다(후술).
② 권11-29의 왕수인의 후학을 다룬 부분에서, 가본은 「○○상전학안相傳學案」으로 되어 있으나 정본은 「○○왕문학안王門學案」으로 되어 있다.
③ 각 학안에 실린 사람의 수에 약간 차이가 있다.
④ 이 외에 가본과 정본 사이에는 내용, 문장 등 전반에 걸쳐 많은 차이가 있다.

한편, 막본의 경우는 ①과 ②에서는 정본을 채택하고 ③에서는 가본을 따르는 등 절충적 형태를 띠고 있으며, 그 외에는 거의 완전히 가본을 따르고 있다.

6. 『명유학안』의 간행 경위 및 번역의 대본

『명유학안』의 간행 경위를 정리하면 다음과 같다.[58]

① 강희 15년(1676, 황종희 67세) 『명유학안』 완성. (명유학안서)
② 필사본이 돌아다님. (명유학안서)
③ 안양安陽의 허삼례許三禮가 몇 권을 간행. (명유학안서)
④ 은현鄞縣의 범씨范氏가 몇 권을 간행. [황병후(黃炳垕)의 『황종희연보

58 간행 경위에 관해서도 위의 논문을 참고했다.

(黃宗羲年譜)』]

⑤ 강희 30년(1691, 황종희 82세) 은현鄞縣의 만언萬言이 약 1/3을 간행하다가 중단. (명유학안서, 정성의 서, 황천추의 발)

⑥ 강희 32년(1693, 황종희 84세) 고성故城의 가박賈樸이 전서를 간행. (명유학안서, 가윤의 서, 가박의 발) → (A)가본賈本. 『명유학안』의 첫 번째 완간본.

⑦ 강희 34년(1695) 황종희가 세상을 떠난 뒤 『명유학안』의 자필 원고는 자계慈溪 정씨鄭氏의 이로각二老閣에 보관. (황천추의 발)

⑧ 광동순무廣東巡撫 양문건楊文乾이 간행을 위해 이로각에서 보관하고 있던 원고를 빌려갔으나 간행하지 못함. 원고가 몇 년 뒤에 무사히 이로각에 돌아옴. (황천추의 발)

⑨ 건륭 4년(1739) 이로각 주인 정성鄭性이 황종희의 손자 황천추黃千秋와 상의하여 소장하고 있던 원고를 저본으로 하여 ⑤의 만언이 간행하지 못한 나머지 2/3를 간행. (정성의 서, 황천추의 발) → (C)정본鄭本. 『명유학안』의 두 번째 완간본.

⑩ 도광 원년(1821) 회계會稽의 막진莫晉이 집에 있던 필사본을 (C)정본을 가지고 교정하여 간행함. (막진의 서) → (E)막본.

번역은 2008년 중화서국中華書局에서 나온 『명유학안(수정본)』을 참고하였는데, 이 책은 (C)정본을 보완하여 간행한 (D)자계 풍씨 보간본慈溪馮氏補刊本을 저본으로 삼고, 이를 (A)가본 및 사부비요본(四部備要本, 1936, 막본 배인본莫本排印本)과 교감한 판본이다.

7. 『명유학안』의 차례

명대 유학사에 대한 황종희의 생각을 가장 간명하게 요약한 것으로 다음을 들 수 있다. 참고로 이와 거의 동일한 발언은 「백사학안白沙學案」 소서, 「요강학안姚江學案」 소서 등에도 보인다.

명나라의 학술은 백사(白沙, 陳獻章)가 그 단서를 열었고 요강(姚江, 王守仁)에 이르러 비로소 크게 밝아졌다. 그 이전에는 기존의 선유(=주자)의 학설을 학습하여 숙지하기만 하고, 자신의 몸에 돌이켜 이해하고 지극히 은미한 곳까지 미루어 본 적이 없었으니, "이 사람도 주자朱子를 전술傳述하고, 저 사람도 주자를 전술하는" (주자학 일색의) 상황이었다. 고경일(高景逸, 高攀龍)이 "설문청(薛文清, 薛瑄), 여경야(呂涇野, 呂柟)의 어록(語錄)에는 그다지 투철한 깨달음이 보이지 않는다."고 말한 것도 이 때문이다. 선사인 즙산(蕺山, 劉宗周) 선생에 이르러 학술의 유폐가 거의 다 바로잡혔다. 요강이 없었다면 학맥이 끊어졌을 것이고, 즙산이 없었다면 유폐가 세상에 가득 찼을 것이다.[59]

황종희에 따르면 약 280년에 이르는 명대 유학사에서 가장 중요한 학자는 왕수인王守仁과 유종주劉宗周이다. 왕수인은 주자학을 답습하기만 하던 명초의 학풍으로 인해 끊어질 뻔했던 유학의 학맥을 부활시킨 사람이고, 유종주는 양명 후학의 폐해를 바로잡는 데 가장 큰 공을 세운 인물이다. 이 점이 바로 앞에서 말한 것처럼 황종희가 두 사람을 도통의 계승자라고 평가하는 이유이다.

한편, 왕수인에 앞에는 진헌장陳獻章이, 유종주의 앞에는 추수익鄒守益을 필두로 하는 강우 왕문江右王門이 있다. 진헌장은 처음으로 명대의

---

59 『黃宗羲全集』 제10책, 「移史館論不宜立理學傳書」. "有明學術, 白沙開其端, 至姚江而始大明. 蓋從前習熟先儒之成說, 未嘗反身理會, 推見至隱, 此亦一述朱, 彼亦一述朱. 高景逸云'薛文清 · 呂涇野語錄中, 皆無甚透悟', 亦爲是也. 逮及先師蕺山, 學術流弊, 救正殆盡. 向無姚江, 則學脈中絶, 向無蕺山, 則流弊充塞."

독특한 학풍을 연 사람, 달리 말하면 양명학의 선구이고, 강우 왕문은 왕기王畿 등 절중 왕문浙中王門의 유폐를 바로잡은 학자들이라고 할 수 있다.[60]

아울러 왕문 후학을 생각할 때 빠뜨릴 수 없는 것이 왕간王艮을 위시한 태주泰州 학파이다. 황종희가 보기에 이들은 양명학은 물론 "더 이상 명교名敎로 제어할 수 없는", 명교의 틀조차 벗어난 인물들이었다.[61] 그래서 왕간과 그 제자를 다루는 「태주학안」은 왕문의 후학임에도 불구하고 '왕문王門' 두 글자를 붙이지 않았다.

이상과 같은 황종희의 명대 유학사관은 물론 『명유학안』의 차례에도 반영되었다. 진헌장 → 왕수인 → 강우 왕문 → 유종주를 중심축에 놓고, 그 외의 주요한 학자들을 시대순으로 적절하게 배치함으로써 『명유학안』의 전체 17개 학안이 이루어진다.

제일 앞에는 진헌장의 스승 오여필吳與弼의 「숭인학안」(4권)이 오고,

---

60 『明儒學案』 권16, 「江右王門學案」, 小序. "요강(姚江, 王守仁)의 학문은 오직 강우(江右)만이 그 전통을 얻었다. 동곽(東廓, 鄒守益), 염암(念菴, 羅洪先), 양봉(兩峰, 劉文敏), 쌍강(雙江, 聶豹)이 그중 뛰어난 인물이고, 다시 전하여 남당(塘南, 王時槐), 사묵(思默, 萬廷言)이 되었다. 이들은 모두 양명(陽明)이 아직 다 드러내지 못한 뜻을 근본적으로 추구하였다. 당시 월중(越中, 浙江)에서는 유폐가 속출하여 사설(師說)을 옆에 끼고서 학자들의 입을 틀어막고 있었는데 강우만이 홀로 그들을 깨뜨릴 수 있었으니, 양명의 도는 그들에 힘입어 땅에 떨어지지 않았다. 대개 양명 일생의 정신이 모두 강우에 있음은 감응(感應)의 이치에서 보아도 당연하다."

61 『明儒學案』 권32, 「泰州學案」, 小序. "양명 선생의 학문은 태주(泰州, 王艮)와 용계(龍溪, 王畿)가 있어 천하에 유행하였지만, 또한 태주와 용계로 인해 점점 그 전통을 잃어버렸다. 태주와 용계는 때때로 사설(師說)에 만족하지 않았고 더욱이 불교의 비전(祕傳)을 열어서 그것을 스승에게 돌렸으니, 이는 대개 양명을 들어서 선(禪)으로 만들어 버린 것이다. 그러나 용계의 뒤에는 역량이 용계를 넘어서는 자가 없었고, 또 강우(江右)가 그것을 바로잡았기 때문에 완전히 파탄이 나는 지경까지 이르지는 않았다. (이에 반해) 태주의 뒤에는 맨손으로 용과 뱀을 때려잡을 수 있는 (비범한 인물이) 많았고, 그 전통이 안산농(顏山農), 하심은(何心隱) 일파에 이르자 마침내 더 이상 명교(名敎)로 제어할 수 있는 바가 아니었다."

이어서 진헌장의 「백사학안」(2권)이 따른다. 그 뒤에 명대를 대표하는 주자학자 설선薛宣의 「하동학안」(2권), 설선의 별파別派인 왕서王恕의 「삼원학안」(1권)이 온다. 참고로 가본賈本에는 「하동」→「삼원」→「숭인」→「백사학안」의 순으로 배열되어 있는데, 여기에는 주자학을 중시하는 가본의 입장이 반영된 것으로 보인다.[62]

이 네 학안을 이어서 『명유학안』 전체의 중심이라고 할 수 있는 왕수인의 「요강학안」(1권)이 등장하고, 이어서 왕수인의 후학을 수록한 일련의 「왕문학안王門學案」이 배치된다. 「왕문학안」은 지역을 중심으로 편성되었는데 왕수인의 고향인 「절중浙中」(5권)(浙江)을 시작으로 「강우江右」(9권)(江西), 「남중南中」(3권)(南直隷), 「초중楚中」(1권)(湖南 · 湖北), 「북방北方」(1권), 「월민粵閩」(1권)(廣東 · 福建)의 순으로 배치된다. 이 순서는 아마도 왕문에서 차지하는 비중을 감안하여 정해진 듯하다. 「왕문학안」이 전부 20권, 여기에 「요강학안」(1권)과 「태주학안」(5권)을 포함하면 『명유학안』 전체 62권 중에서 양명학을 다룬 것이 26권에 달한다. 전체의 약 40%를 양명학을 서술하는 데 할애한 셈이다. 여기에서도 『명유학안』이 양명학 중심의 명대 유학사라는 점이 드러난다고 할 수 있다.

이어서 강우 왕문의 대표격인 추수익鄒守益의 문인 이재李材의 「지수학안」(1권), 왕문으로부터 파문당한 「태주학안」(5권), 그리고 왕수인의 학문적 동지라고 할 수 있는 담약수湛若水의 「감천학안」(6권)이 온다. 이상의 학안이 "(가르침을) 주고받은 바가 있는 사람을 분류하여", 즉 종지와 사승 관계를 중심으로 편성된 것이라면, 「감천학안」의 뒤에 오는 「제유학안」은 "홀로 일어난 사람으로 뒤를 이은 학자가 그다지 저명하

---

62 정본(鄭本)을 간행한 정성(鄭性)이 가본(賈本)에 대해 "자신의 억견(臆見)을 집어넣어 황자(黃子)가 이 책을 저술한 본의를 잃어버렸다."(「정성의 서」)고 비판한 것은 이러한 점을 염두에 둔 말일 것이다.

지 않은"(「발범」) 학자들을 모아서 수록한 곳이다.

이어서 명말의 정치와 학문을 논할 때 빠뜨릴 수 없는 고헌성顧憲成을 필두로 하는 「동림학안」이 오고, 마지막으로 유종주의 「즙산학안」이 대미를 장식하는 것으로 17개 학안, 62권의 『명유학안』이 마무리된다. 오카다 다케히코岡田武彦는 유종주를 "송명 리학사의 유종의 미를 장식"한 인물이라고 평가하는데,[63] 황종희가 『명유학안』의 마지막에 「즙산학안」을 배치한 것은 아마도 그와 같은 후세의 평가를 기대했기 때문인지도 모른다.

8. 『명유학안』에 대한 평가

황종희가 『명유학안』을 통해 동시대의 사람들에게 말하고 싶었던 점은 '학술의 다름'을 인정하는 태도였다. 그는 「명유학안서」에서 다음과 같이 말하고 있다.

> 학술의 다름은 바로 도체道體에 끝이 없음을 보여 준다. (그런데) 어찌하여 지금의 군자들은 반드시 하나의 길로만 나가려고 하여 기존의 학설을 표절하여 고금(의 학술)을 저울질하고, 조금이라도 다른 점이 있으면 곧바로 경전에서 벗어나고 도에 위배된다고 비난하는가? (그렇다면) 시대의 풍조와 대중의 추세가 (보이는 것이라곤) 누런 띠와 흰 갈대밖에 없는 (단조로운 모습으로) 귀결되는 것을 면하지 못할 뿐이다.

그는 "지금의 같음을 좋아하고 다름을 미워하는 자들"(「명유학안서」),

63 岡田武彦, 『劉念臺文集』(『岡田武彦全集13』 明德出版社, 2005), 解說, 13쪽.

아마도 청초 주자학의 입장에서 양명학을 비난하는 사람들과 달리 자신은 학술의 다양성을 인정하는 입장에서 학자마다 서로 다른 종지가 있음을 긍정하고, "그 (여러 선생의) 종지를 나누어 근원과 지류를 구별하고 … 그들의 (학술적) 대요大要를 뽑아서 이 책에 수록하여 배우는 사람들이 그로부터 자유롭게 선택하게 하였다."(「명유학안서」)고 말한다.

하지만 황종희의 생각과는 달리 『명유학안』에는 '문호의 견해[門戶之見]'가 반영되어 있다는 비판이 일찍부터 있었다. 최초의 지적은 황종희의 제자 구조오仇兆鰲에게 보인다. 『명유학안』 첫 번째 완간본인 가본賈本의 출판을 알선한 구조오는 서문(「구조오의 서」)에서 다음과 같이 말한다.

> 나의 스승이신 이주(梨洲, 황종희) 선생은 이 책을 편찬하면서 근원과 말류를 아울러 궁구하고 정통과 지파를 분별하였으니 질서정연하여 조리가 있고 어지럽지 않았다. (유자의) 전기를 서술한 뒤에는 그들의 어록을 자세하게 수록하여 그들이 힘을 얻은 바를 각각 기록하였다. (이러한 과정에서) 결코 자기의 의견을 고집하여 취사선택하지 않았으니, 이는 대개 그렇게 함으로써 후세의 공론公論을 기다린 것이다. (하지만) 유독 양명陽明 선생에 대해서는 감히 조금도 은미하게 비판하는 말을 하지 않았는데, 대개 같은 고장에 태어난 자가 (동향의) 선배를 추존하는 경우가 많은 것은 이치상 당연한 일이다.

구조오는 황종희가 각 학파의 계보를 정연하게 보여 주고, 각 학자의 글을 자세하게 선록하여 그 학문적 특징을 잘 제시하였으며, 그러한 과정에서 객관적인 태도를 유지하고 있다는 점을 높이 평가하면서도, 유독 동향의 선배인 왕수인에 대해서는 일방적으로 편을 들고 있다는 점을 지적하고 있다.

황종희를 사숙했던 전조망도, 황종희에게는 비판을 피할 수 없는 점이 두 가지 있는데 그중 하나가 "당인黨人의 습기習氣를 완전히 버리지 못한 점"이라고 말하면서, "대개 어려서부터 사회(社會, 일종의 문학 서클)에 들어가서 '문호의 견해[門戶之見]'에 깊이 물들어 갑자기 버리지 못하였으니, '무아無我의 학문'이라고 할 수 없다."[64]고 지적하고 있다.

'문호의 견해', 즉 황종희에게 자신이 속한 당파 혹은 학파를 일방적으로 두둔하는 경향이 있다는 지적은 『사고전서총목』의 『명유학안』에 대한 평가와도 연결되는 점이 있다.

> 황종희의 이 책에는 여전히 승국(勝國, 명나라)의 문호門戶의 여풍餘風이 남아 있으니 전적으로 강학講學을 위해서 지은 것이 아니다. 그렇지만 제유諸儒의 근원과 지류가 나누어지기도 하고 합하기도 하는 까닭을 서술한 바가 자못 상세하니, 여전히 (이 책을 통해) 그들의 득실得失을 상고하여 명말 당화黨禍의 유래를 알 수 있다. 이 또한 천고에 밝은 거울이다.[65]

'문호의 견해'라는 측면에서 『명유학안』을 보면 두 가지 점을 말할 수 있을 듯하다. 첫째는 이 책이 양명학을 중심에 놓고 명대 유학사의 전개를 서술하고 있다는 점이고, 둘째는 각 학자에 대한 비평이 지나치게 학파적, 주관적이라는 점이다.

우선, 양명학을 중심으로 명대 유학사를 바라보는 관점이 과연 타당한가에 관해서는 그 가부를 평가할 능력이 필자에게는 없다. 다만, 지금까지 명대 유학사 연구가 양명학을 중심으로 진행되어 왔으며, 그러

---

64 『鮚埼亭集·外編』 권44, 「答諸生問南雷學術帖子」. 「惟是先生之不免餘議者則有二. 其一則黨人之習氣未盡, 蓋少年卽入社會, 門戶之見深入而不可猝去, 便非無我之學.」 참고로 다른 하나의 "先生之不免餘議者"로 들고 있는 것은 "文人之習氣未盡"이다.

65 『四庫全書總目』 권58, 「明儒學案六十二卷」. "宗羲此書, 猶勝國門戶之餘風, 非專爲講學設也. 然於諸儒源流分合之故, 敘述頗詳, 猶可考見其得失, 知明季黨禍所由來, 是亦千古之炯鑑矣."

한 경향에 결정적인 영향을 미친 책이 바로『명유학안』이라는 점은 분명하다. 주자학자를 비롯하여 지금까지 그다지 주목을 받지 못했던 학자들을 연구하고, 그들의 위상에 걸맞은 정당한 평가를 부여하여, 보다 균형 잡힌 명대 유학사를 재구성하는 일은 이 분야를 연구하는 사람들에게 주어진 과제일 것이다.

다음으로,『명유학안』에서 황종희가 자신과 학문적, 사상적 견해가 다른 학자에 대해 가차 없이 비판하고 있다는 점은 사실이다. 하지만 그가 학술의 다양성을 긍정하는 입장에서 명대의 학자들을 충실하게 이해하려고 노력했다는 점 또한 사실이다. 이 점이 잘 드러나는 것이 종지宗旨에 대한 강조이다. 그는 명대의 학자들이 "흐리멍덩한 정신으로 남의 찌꺼기를 답습하지 않았다."는 점을 인정하고, 그들이 각자 공부를 통해 터득한 바를 종지의 형식으로 제시하기 위해 많은 노력을 기울였다. 아울러 '선록'의 방식을 택하여 각 학자의 "일생의 정신"을 보여 주는 글을 뽑아서 상세하게 수록하였다. 앞에서 말했듯이 이 책이 중국 최초의 학술사, 혹은 명대 유학을 연구하는 데 필독서라는 평가를 받는 것은 이러한 점이 후세의 독자들에게 높은 평가를 받았기 때문이다.

개인적인 생각이지만, 아직까지 우리는『명유학안』을 뛰어넘는 명대 유학사를 가지고 있지 못한 듯하다. 지금 우리에게 주어진 과제는『명유학안』이 황종희의 학파적인 혹은 주관적인 입장이 강하게 반영된 명대 유학사라는 점을 늘 유념하면서, 이 책에 수록된 그의 논평과 선록을 비판적으로 읽고, 그에서 나아가 직접 명대 유학자의 글을 읽으면서 그들의 학문을 정확하게 이해하려고 노력하는 일이 아닐까 생각한다. 그러한 작업이 쌓이다 보면 머지않아『명유학안』보다 훌륭한 명대 유학사가 나올 것이고, 그렇게 되면 더 이상 명대 유학을 알기 위해『명유학안』을 읽지 않아도 되는 날이 찾아올 것이다.

서序

정성의 서鄭性序

“도道는 (천지 사이에서) 함께 행해져도 서로 어긋나지 않으니, 이것이 천지가 위대한 까닭이다.”[1] (유 · 불 · 도) 삼교三敎가 이미 일어났는데 누가 그중 하나만 남기고 나머지 둘을 없앨 수 있겠는가? 유교儒敎로 병합하고 서로 용납하지 않는다면 협소하다 하겠다. 공자孔子는 대중大中하여 “마치 땅이 실어 주지 않는 것이 없고, 하늘이 덮어 주지 않는 것이 없는 것처럼”[2] (모든 것을 포용하였다). 그 때문에 (공자는) “요堯임금, 순舜임금을 근본으로 삼아 그 도를 서술하고, 문왕文王과 무왕武王을 본받아 그 법을 지킬” 수 있었던 것이다.[3] 그러나 (공자는) 일찍이 “말을 하지 않으려고 한다.”[4]고 말했고, 또 “이단異端을 전공하면 해로울 뿐이다.”[5]라고 말했으니, 대현大賢 이하로 (공자에) 미칠 수 있는 사람이 한 사람도 없다.

“道並行而不相悖, 此天地之所以爲大也.” 三敎旣興, 孰能存其一, 去其二? 並爲儒而不相容, 隘矣. 孔子大中, “如天地之無不持載 · 無不覆幬”, 是以能“祖述堯 · 舜, 憲章文 · 武”. 然嘗“欲無言”, 且曰: “攻乎異端, 斯害也已”. 大賢而下, 概莫之及.

1 도(道)는 … 까닭이다: 『中庸章句』 30장, “仲尼祖述堯舜, 憲章文武, … 辟如天地之無不持載, 無不覆幬. … 萬物並育而不相害, 道並行而不相悖, … 此天地之所以爲大也.”
2 마치 … 것처럼: 『中庸章句』 30장. 위의 주석 참고.
3 요(堯)임금 … 것이다: 『中庸章句』 30장. 위의 주석 참고.
4 말을 하지 않으려고 한다: 『論語』 「陽貨」:19.
5 이단(異端)을 전공하면 해로울 뿐이다: 『論語』 「爲政」:16.

후세의 유자儒者는 바탕이 순수한 사람도 있고 불순한 사람도 있으며, 배움이 얕은 사람도 있고 깊은 사람도 있어서 같은 설, 다른 설이 서로 뒤섞여 나왔다. 송宋나라에서는 오직 주자[周子, 주돈이(周敦頤)]만이 혼연하게 융합하여 모난 점을 드러내는 일이 드물었다. 주자朱子와 육상산陸象山의 문인들은 각자 스승의 설을 지키면서 자기 스승의 설만 주인처럼 받들고 다른 설을 하인처럼 천시하였다.[6]

後儒質有純駁, 學有淺深, 異同錯出. 宋惟周子渾融, 罕露圭角; 朱·陸門人, 各持師說, 入主出奴.

명明나라의 유자들은 그러한 점을 답습하였으나 그 사이에는 각각 (선유의 뜻을) 드러내 밝히거나 처음으로 (새로운 설을) 주장한 사람도 있었으니, 그 정밀하고 확고한 점은 가리거나 묻어 버릴 수가 없다. 이에 이주黎洲 황자[黃子, 황종희(黃宗羲)]께서 (명나라 유자들을) 열거하여 『학안學案』을 만들고 (그들의 정밀하고 확고한 말을) 아울러 수록하였다.

明儒沿襲, 而其間各有發揮開闢, 精確處不可掩沒. 黎洲黃子臚爲『學案』而並錄之.

뒤에 (이 책을) 보는 사람들이 자기의 생각을 스승처럼 떠받들지 말고, 자기의 선입견을 주인으로 삼지 말고, 마음을 비우고 자세하게 살펴본다면 누가 순수하고 누가 불순한지, 누가 얕고 누가 깊은지가 저절로 드러날 것이다. 그리하여 위기지학爲己之學에 보탬이 되고, (모든 도를 포용하는) 천지가 위대한 까닭[7]에도 부합하게

後之觀者, 毋師己意, 毋主先入, 虛心體察, 孰純孰駁, 孰淺孰深, 自呈自露. 惟以有裨於爲己之學, 而合乎天地之所以爲大, 其於道也,

6 스승의 … 하였다: 韓愈, 「原道」, "入者主之, 出者奴之."

되어 도道에 대해 터득하는 바가 있을 것이다.

강희康熙 신미년(1691)에 은현鄞縣의 만씨萬氏[8]가 (이 책의) 원본의 3분의 1을 판각하고 중단하였다. 그 뒤 [강희 계유년(1693)에] 고성故城의 가씨賈氏[9]가 (전체를) 판각하였는데, 자신의 억견臆見을 집어넣어 황자黃子가 이 책을 저술한 본의를 잃어버렸다. (이에) 지금 만씨가 중단한 일을 이어받아 판각을 완성하였다.

건륭乾隆 기미년(1739) 여름 5월에 자계慈谿의 후학 정성鄭性[10]이 삼가 서문을 쓰다.

斯得之矣.

康熙辛未, 鄞萬氏刻其原本三分之一而輟. 嗣後故城賈氏一刻, 雜以臆見, 失黃子著書本意. 今續完萬氏之未刻.

乾隆己未夏五, 慈谿後學鄭性謹序.

---

7 천지가 위대한 까닭: 앞의 "도(道)는 (천지 사이에서) 함께 행해져도 서로 어긋나지 않으니, 이것이 천지가 위대한 까닭이다." 참고.

8 만씨(萬氏): 萬言(1637-1705). 자는 貞一, 호는 管村, 浙江 鄞縣人. 만언의 할아버지는 萬泰이고 아버지는 萬斯年인데, 만태는 황종희가 兄事했던 사람이고 萬斯年은 황종희의 제자이다. 황종희는 두 사람의 묘지명을 다 썼는데, 전자는 「萬悔菴先生墓誌銘」(『黃宗羲前集』 10책), 후자는 「萬祖繩墓誌銘」(동상)이다.

9 가씨(賈氏): 賈樸. 아래의 '가박(賈樸)의 발(跋)' 참고.

10 정성(鄭性): 자는 義門, 호는 南谿. 정성의 할아버지는 鄭溱(호는 奏川)이고 아버지는 鄭梁(자는 半人, 호는 禹梅 · 寒村)인데, 정진은 황종희의 친구이고, 정량은 황종희의 제자이다.

황천추의 발黃千秋跋

돌아가신 조부께서 저술한 『명유학안』은 용상甬上의 만관촌[萬管村, 만언(萬言)] 선생께서 [안휘(安徽)] 오하현五河縣의 지현知縣을 지낼 때 녹봉祿俸을 내놓아 판각하였는데, 미처 반도 마치지 못하고서 관직을 떠나게 되어서 마침내 중단되고 말았다. (뒤에) 그 원고는 구장[勾章, 절강(浙江) 자계현(慈谿縣)]의 정의문[鄭義門, 정성(鄭性)]에게 갔다.

先王父所著『明儒學案』一書, 甬上萬管村先生宰五河時捐俸刻之, 未及半而去官, 遂輟. 其稿本歸勾章鄭義門.

우리 여요餘姚의 호반영胡泮英이 "광동순무廣東巡撫인 양문건楊文乾 공公[1]이 아들 모 씨를 시켜 이 책을 판각하려 한다."고 말하면서 나에게 정씨(鄭氏, 정성)가 소장하고 있는 원고를 구하는 데 힘을 써 달라고 부탁하였다. 그리하여 책이 (광동으로) 갔는데 (책을 가지고 간) 반영泮英이 세상을 떠나고 말았다. 나와 의문義門은 한탄을 금치 못하면서, (원고가) 만족蠻族이 사는 계곡과 장기(瘴氣, 습하고 더운 땅에서 생기는 독기)가 가득한 고개의 사이(=먼 남쪽 땅)에서 사라져 버렸을 것이 틀림없으므로 (다시는) 돌아올 수

吾姚胡泮英言廣撫楊公文乾令子某欲刻之, 屬千秋力求之鄭氏. 書往而泮英歿, 千秋與義門不勝歎惋, 以爲必浮沉於蠻溪瘴嶺間, 不可得還矣.

---

1 양문건(楊文乾) 공(公): 楊文乾(1682-1728)은 자가 元統, 호가 霖宰로 雍正 3-6년(1725-1728) 廣東巡撫를 지냈다.

가 없을 것이라 생각하였다.

몇 년이 지나 반영의 조카인 경명록景鳴鹿이 원본을 가지고 와서 말하기를, 반영이 죽을 때 자기에게 부탁하면서 "황자黃子의 『명유학안』을 판각하지 못하고 (원고도) 돌려주지 못하였으니, 이 때문에 나는 죽어서도 편히 눈을 감지 못하겠다. 네가 나를 위해서 (이 일을) 주선해 준다면 저승에 가서도 고마움을 영원히 잊지 않을 것이다."라고 말했다고 하였다. 명록이 (반영의) 부탁을 저버리지 않고 먼 곳에서 찾아서 돌려준 덕분에 (원고가) 다시 정씨에게 돌아오게 되었다.

의문義門이 손뼉을 치고 미칠 듯이 기뻐하면서 구슬이 온전하게 조趙나라 돌아온 것[2]처럼 (원고가 온전하게 돌아온 것을) 축하하였다. 이에 흔쾌히 사재를 털어 [만관촌(萬管村)의 작업을] 이어받아 (이 책을) 판각하였는데, (그 일은) 옹정雍正 을묘년(1735)에 시작되어 건륭乾隆 기미년(1739)에 끝났다. (그리하여) 이 책이 끝내 사라지지 않게 되었다.

셋째 손자 천추千秋가 삼가 적다.

越數年而泮英之甥景鳴鹿賫原本至, 謂泮英歿時屬鳴鹿曰: "黃子『明儒學案』一書未刻, 幷未取還, 此我所死不瞑目者也. 汝能爲我周旋, 則九原感且不朽矣." 鳴鹿不負所託, 遠索之歸, 復還鄭氏.

義門鼓掌狂喜, 慶完璧之復歸於趙也. 於是慨然捐貲續刻, 始於雍正乙卯, 至乾隆己未而竣. 是書不終於泯沒矣.

第三孫千秋謹識.

---

2 구슬이 온전하게 조(趙)나라 돌아온 것: 『史記』「廉頗藺相如列傳」에 나오는 고사로 물건을 완전한 상태로 원래의 주인에게 돌려주는 것을 비유한다.

풍전해의 발馮全垓跋

요강姚江의 황이주(黃棃洲, 황종희) 선생은 뛰어난 천부적인 자질을 타고나서 키 높이만큼이나 되는 많은 저서를 완성하였다. (선생은) 경학, 문학에서부터 작은 기능, 기술에 이르기까지 마음을 다하여 자세하게 연구하지 않은 분야가 없었는데, 특히 막중한 도道를 (지키는 일을) 자신의 임무로 삼았다. (이를 위해) 지은 책이 『명유학안』인데 (이 책에서는) 근원과 말류를 아울러 궁구하고, 널리 자료를 수집하여 두루 수록하였다. 그리하여 장차 후세의 배우는 자들로 하여금 각자 자신의 자질에 가까운 바를 따라서 차츰차츰 젖어들기도 하고 부쩍부쩍 자라기도 하면서 도에 이르게 하였는데, 그 공을 이루게 되면 모든 갈래가 한곳으로 귀결되었다.

姚江黃棃洲先生以邁世之天姿, 成等身之著作, 自經術文章以至一能一技, 靡不悉心體究, 而尤自任以道之重. 所著『明儒學案』, 窮源竟委, 博採兼收, 將使後之學者各隨其質之所近, 浸淫滋漑以至於道, 及其成功, 萬派同歸矣.

대저 명明나라의 강학가講學家들은 분석에 있어서는 송宋나라의 유자儒者에 비해 더 정밀하였으나 유폐에 있어서도 송나라의 유자에 비해 더 심하였다. 내가 생각하기에 학술學術은 반드시 심술心術에 근원을 둔다. 만약 마음을 보존하여 능히 바르게 하고 전전긍긍하면서 늘 신독愼獨할 것만을 생각하며, 이로부터 존양

夫有明講學之家, 其辨析較宋儒爲更精, 而流弊亦較宋儒爲更甚. 垓謂學術必原心術, 但使存心克正, 兢兢以愼獨爲念, 從此存養省察,

存養하고 성찰省察해 나간다면, 논의에 혹여 치우치거나 불순한 점이 있더라도 또한 성인聖人을 따르는 무리가 되는 데는 부끄럽지 않을 것이다. 만약 공리功利에 대한 생각을 잊지 못하고 선정(先正, 선대의 현인)의 명성을 빌려서 스스로 문호門戶를 세운다면, 그 속임수와 허위는 형세 상 틀림없이 낯빛은 근엄하지만 마음은 유약하여 도를 등지고 달려가는 지경에 이르게 될 것이다. 선생이 이 책을 쓴 것은 아마도 심술을 바르게 한 사람이 학술을 바르게 하기를 바랐기 때문이 아니었을까?

雖議論或有偏駁, 亦不愧爲聖人之徒. 倘功利之見未忘, 借先正之名目以自樹其門戶, 則矯誣虛僞, 勢必色厲內荏, 背道而馳. 先生是書, 殆欲以正心術者正學術歟?

이 책의 목판은 정씨[鄭氏, 정성(鄭性)]가 새긴 것으로 오랫동안 이노각二老閣[1]에 보존되어 왔다. 나는 근년에 오랫동안 이 책이 인쇄되지 않은 이유를 누차 정행경鄭杏卿 군에게 탐문하였다. 정군은 이 책을 간행하려는 나의 뜻을 알고서 흔쾌히 "풍씨馮氏는 『학안學案』과 인연이 있나 보다!"라고 말했다. 이는 대개 (나의) 종조부이신 오교五橋 선생[2]께서 일찍이 『송원학안宋元學案』을 간행한 일을 가리키는 것이다. 그리하여 내가 정 군에게 약간의 재물을 주고서 목판을 가지고 돌아왔다. 올해 봄에 엉성하거나 뭉개진 글자를 보수하고 빠지거나 없어

板爲鄭氏所刊, 久存於二老閣. 垓以近年久未刷印, 屢向鄭君杏卿探問. 鄭君見垓志行是書, 慨然曰: "馮氏其與『學案』有緣乎?" 蓋指從祖五橋先生曾刊行『宋元學案』一書也. 垓因向鄭君出資若干, 攜板而歸. 今年春, 修其疎爛,

1 이노각(二老閣): 鄭性이 아버지 鄭梁의 유지를 받들어 二老, 즉 조부 鄭溱과 황종희를 제사 지내고 그들이 남긴 책을 보관하기 위해 세운 건물이다.

2 오교(五橋) 선생: 馮雲濠(1807-1855). 자는 文濬, 호는 五橋, 浙江 慈谿縣 사람.

진 곳을 보완하고서 기술자를 고용하여 인쇄하였으니, 이는 이 책이 널리 유포되기를 바랐기 때문이다. 책의 뒤에 간략하게 몇 마디를 적어서 지난 일을 기록하여 정씨[정성(鄭性)]가 목판을 새긴 인연을 매몰하지 않고, 정 군(정행경)이 남이 선을 행하도록 도와준 뜻도 이에 함께 드러낸다.

補其缺失, 僱工刷印, 冀其廣爲流布. 略書數語於後, 以誌嚮往, 幷不沒鄭氏刊板之緣起, 而鄭君與人爲善之意, 亦因以俱著云.

광서光緒 8년 임오년(1882) 2월 상순上旬에 자계慈谿의 후학後學 풍전해馮全垓가 삼가 발문을 쓰다.

時光緒八年, 歲次壬午, 如月上澣, 慈谿後學馮全垓謹跋.

우준의 서于準序

명明나라 3백 년 동안 리학理學의 이름난 유학자와 뛰어난 인물들이 배출되어 정주程朱의 도통道統을 직접 접하고 마음으로 전했으니, 빈빈彬彬하여 성대하였다고 말할 만하다. 그러나 격물格物을 근본으로 삼는 자들은 극도로 양지良知를 비방하고, 양지를 옹호하는 자들은 다시 격물을 비난하였다. 요컨대 여러 요강[姚江, 왕수인(王守仁)]과 백사[白沙, 진헌장(陳獻章)]의 무리가 어찌 좋아서 이런 설을 지어내어 세상을 놀라게 하였겠는가? 대저 그들 또한 각자 자신의 타고난 자질에 따라서 (도에) 나아갔을 뿐이다. 등산에 비유하자면, 길에는 굽은 길과 곧은 길, 험한 길과 쉬운 길의 다름이 있으나 끝까지 나아가 봉우리에 오르고 나서 헤아려 보면 모든 길이 결국 하나인 것과 마찬가지이다. 또 무엇 때문에 떠들썩하게 모여서 논쟁을 벌일 필요가 있겠는가?

粵自有明三百年間, 理學名儒, 英賢輩出, 程·朱道統, 直接心傳, 可謂彬彬盛矣. 然而宗格物者極詆良知, 護良知者復譏格物. 要諸姚江·白沙輩, 豈好爲是說以驚世駭俗哉! 夫亦各就人之資稟, 以爲造詣焉耳. 譬若登山然, 雖徑有紆直險易之不同, 而造極登峰, 其揆一也, 又何必紛紛聚訟爲哉!

우리 진[晉, 산서(山西)]은 설문청[薛文淸, 설선(薛宣)]이 하동河東에서 복성지학復性之學을 제창한 뒤로 그 뜻을 근본으로 삼는 사람이 대대로 끊이지 않았다. 유독 우리 조부이신 단청공淸端公[1]께서는 글을 읽고 행실을 돈독하게 하셨

吾晉自薛文淸以復性之學倡於河東, 宗其旨者, 代不乏人. 獨先淸端, 讀書敦行, 居恒每以孝弟

다. 평소 집에서 지낼 때는 늘 효제孝悌를 앞세웠고, 밖에 나가 사방에서 여러 관직을 두루 거칠 때는 품행을 바르게 하고 절개를 굳게 지키는 것을 가장 중요한 원칙으로 삼아서 한결같이 임금에게 충성하고 백성을 사랑할 것을 생각하셨는데, 애초에 리학理學에 대해 방담放談하는 모습을 보지 못했다. 그러나 천자께서는 밝은 지혜와 성스러운 덕을 지니고 있어 사신[詞臣: 문사(文詞)를 담당하는 신하]들을 시험 볼 때 특별히 성유聖諭를 내리시어 "리학理學에서는 공허한 말을 취하지 않는다. 우성룡于成龍 같은 사람은 리학을 말하지는 않으나 지극히 청렴하게 관직에 복무하고 있으니, 이런 사람이야말로 참된 리학자理學者이다."라고 말씀하셨다. 찬란하게 빛나는 천자의 가르침과 천추千秋에 영원할 천자의 총애를 어찌 말로 설명할 수 있겠는가!

爲先, 及出而歷官四方, 廉隅首飭, 一以忠君愛民爲念, 初未見其侈談理學也, 而天子明聖, 於考試詞臣之頃, 特蒙聖諭: "理學無取空言, 若于成龍不言理學, 而服官至廉, 斯卽理學之眞者." 煌煌睿訓, 華袞千秋, 曷足喻也!

왕년에 나는 젊은 나이로 일찍 벼슬길에 오르느라 격물치지格物致知의 공부를 강구하여 그 심오한 경지를 엿보지 못했다. 지금 오문[吳門, 소주(蘇州)]을 다스리고 있는데[2] 마침 독조관찰

往余年少, 蚤涉仕途, 不得講求格致工夫而窺堂奧. 茲當持鉞吳門, 適督漕觀

1 단청공(淸端公): 于成龍(1617-1684). 자는 北溟, 호는 于山. 단청(淸端)은 시호. 우준(于準)의 조부.

2 다스리고 있는데: 원문은 "持鉞". "鉞"은 "節鉞"의 鉞로 천자가 지방관이나 장수에게 신임의 표시로 주는 "부월(斧鉞)"을 말하는 듯하다. 우준은 康熙 44-48년(1705-1709) 江蘇巡撫를 지냈는데 "持鉞"은 아마도 이를 가리키는 것이 아닐까 생각된다.

부사督漕觀察副使인 순암醇菴 가賈 군君[3]이 이주黎州 황자(黃子, 황종희)가 편찬한 『명유학안』을 보여 주었다. 공무를 보는 여가에 전부 읽었는데, 원류源流와 지파支派를 각각 사승師承 관계에 따라 나누어 [명유(明儒)의] 득실得失과 동이同異가 마치 손바닥을 가리키는 것처럼 명료하였다. 그러고 나서 다시 그들의 말과 글을 수록하여 후학들이 연구하고 강론하는 데 필요한 자료를 갖추어 놓았으니 참으로 사도(斯道, 유교)에는 보물이 가득한 산이고 학인에게는 강을 건너는 뗏목과 같은 책임을 알았다.

察副使醇菴賈君, 以黎州黃子所輯『明儒學案』一書相示. 公餘卒業, 見夫源流支派, 各析師承, 得失異同, 瞭如指掌, 復錄其語言文字, 備後學討論, 洵斯道之寶山, 而學人之津筏也.

특히 부러운 점은 가 군의 존인(尊人, 부친)인 약수공[若水公, 가윤(賈潤)]이 한 번 보고서 마음에 맞자 시급히 (이 책을) 세상에 알리려고 도모한 일이다. 그의 총평 몇 조목을 읽어 보니 평가가 정연하였는데, 리학에 조예가 깊은 사람이 아니라면 이렇게 할 수가 있었겠는가? 또한 가 군이 교감하고 정확하게 간행하여 능히 부친의 뜻을 이룰 수 있었으니 효孝를 다했다고 할 만하다. 오군[吳郡, 소주(蘇州)]은 사무가 번잡하여 다스리기 어려운 곳이라고 자못 일컬어진다. 처음 가 군이 군수郡守가 되어 부임한 지 몇 달만에 좋은 평판이 일시에 일어났고, 얼마 지나지 않아 천자께서 남방을 순행巡幸하고 난

尤羡夫賈君之尊人若水公者, 一見契心, 亟圖公世. 觀其總評數則, 品騭犁然, 非深於理學者, 能如是乎? 賈君又能讎校精刊, 克成父志, 可謂孝矣. 吳郡頗稱繁劇難治, 初賈君爲守, 涖任數月, 循聲鵲起, 未幾而翠華南幸, 遂晉監司. 余嘗觀其政事, 謂必

3 순암(醇菴) 가(賈) 군(君): 賈樸. 아래의 「賈樸跋」 참고.

뒤에는 마침내 진[晉, 산서(山西)]의 감사監司가 되었다. 내가 일찍이 그가 정사를 하는 모습을 보고서 반드시 가학家學에 연원이 있을 것이라고 말했는데, 이제 이 책을 보고 나서 훌륭한 아버지가 있어 이런 아들이 있게 되었음을 알게 되었다. 이 때문에 즐거운 마음으로 서문을 쓴다.

得之家學淵源, 今覩是編, 然後知有其父者有其子也, 因樂得而爲之序.

강희康熙 정해년(丁亥年, 1707) 맹추孟秋에 서하西河의 우준于準[4]이 절하고 제題하다.

康熙丁亥歲孟秋, 西河于準拜題.

4 우준(于准): ?-1725(혹은 1731)년. 자는 子繩, 호는 萊公. 山西省 永寧州 사람.

구조오의 서仇兆鰲序

공맹孔孟의 학문은 송宋나라 유자儒者들에 이르러 크게 드러났다. 명明나라 초기에 송나라 유자의 전통을 얻는 사람으로 남쪽에는 절동浙東에서 처음으로 그것을 주창한 방정학[方正學, 방효유(方孝孺)] 선생이 있었고, 북쪽에는 산우[山右, 산서(山西)]에서 떨쳐 일어난 설경헌[薛敬軒, 설선(薛瑄)] 선생이 있었다. 한 분(=방효유)은 금화[金華, 송렴(宋濂)]의 뒤를 이었고, 다른 한 분(=설선)은 월천[月川, 조단(曹端)]을 계승하였는데,[1] 그들의 학문은 모두 정주程朱에 근본을 둔 것이었다. 유독 천태(天台, 방효유)만은 정난靖難의 변[2]을 겪은 나머지 그 연원이 마침내 끊어져 버렸다.

孔·孟之學, 至宋儒而大顯. 明初得宋儒之傳者, 南有方正學先生首倡浙東, 北有薛敬軒先生奮起山右, 一則接踵金華, 一則嗣響月川, 其學皆原本程·朱者也. 獨天台經靖難之餘, 淵源遂絕.

강재[康齋, 오여필(吳與弼)]가 숭인[崇仁, 강서(江西) 무주(撫州)]에서 방울을 흔들어 사람들을 일깨우고, 양명[陽明, 왕수인(王守仁)]이 순수[舜水, 절강(浙江) 여요(餘姚)]에서 제단을 쌓아 선유先儒

自康齋振鐸於崇仁, 陽明築壇於舜水, 其斯道絕而復續之機乎! 當時從學

1 다른 한 분은 월천(月川)을 계승하였는데: 권수 「師說」 曹月川端의 "薛文清亦聞先生(=曹端)之風而起者" 참고.

2 정난(靖難)의 변: 永樂帝가 조카인 建文帝로부터 제위를 빼앗은 사건. 건문제 원년(1399)에 시작되어 4년간 지속되었다. 방효유는 건문제의 편에 섰다가 처형을 당했다.

를 제사 지냈으니, 이는 사도(斯道: 유교의 도)가 끊어졌다가 다시 이어지는 기회였다! 당시 강재에게 배운 사람으로는 진백사[陳白沙, 진헌장(陳獻章)] 공公이 있었는데, (그 제자인) 감천[甘泉, 담약수(湛若水)]의 '이르는 곳마다 천리를 체인한다.'는 설은 신회(新會, 진헌장)의 치우침을 구제할 만하였다. 요강(姚江, 왕수인)의 단서를 계승한 사람으로는 용계[龍溪, 왕기(王畿)]와 근계[近溪, 나여방(羅汝芳)]가 있었는데, 동곽[東廓, 추수익(鄒守益)]의 '계신공구戒愼恐懼로 성性을 구한다.' 염암[念菴, 나홍선(羅洪先)]의 '무사無私로 인仁을 안다.'는 설은 또한 이계(二溪, 용계 · 근계)의 오류를 바로잡을 만하였다.

康齋者有陳公白沙, 而甘泉之隨處體認天理, 足以救新會之偏. 其纘緒姚江者, 有龍溪・近溪, 而東廓從戒懼覓性, 念菴從無私識仁, 亦足以糾二溪之謬.

[백사(白沙)와 양명(陽明)] 두 사람에 대해 논해보면, 백사의 '고요하게 (정좌하여) 단예를 길러낸다.'는 설은 곧 주자[周子, 주돈이(周敦頤)]의 주정설主靜說이 아니겠는가? 양명의 '양지良知를 지극하게 한다.'는 설은 곧 맹자孟子의 양지설良知說이 아니겠는가? 그러나 그들의 뜻은 곧장 핵심을 제시하는 것을 중심으로 삼았으므로 그 설이 한쪽으로 치우친 데로 귀결되었다. 그리하여 마침내 뒷날 (유교와) 같은가, 다른가를 둘러싸고 분분한 논의를 일으켰던 것이다.

就兩家而論, 白沙之靜養端倪, 非卽周子主靜之說乎? 陽明之致其良知, 非卽孟子良知之說乎? 然而意主單提, 說歸偏嚮, 遂起後來紛紜異同之議耳.

그렇기는 하지만 백사의 학문은 (마음을) 수렴하여 내면으로 향하게 하는 데 (그 취지가) 있었으므로 당시에 그 가르침을 근본으로 삼는 사람들은 화려한 명성에 욕심이 없고 영예와 이익

雖然, 白沙之學在於收斂近裏, 一時宗其教者, 能淡聲華而薄榮利, 不失爲闇修

을 경시할 수 있었으니, 남몰래 몸을 닦고 홀로 도를 행하는 선비가 되는 데 문제가 없었다.

獨行之士.

양명 문하의 경우에는 도가 넓고 재주가 높아서 그 흐름에는 폐해가 없을 수 없었다. 도가 넓었으므로 품행을 닦지 않는 자들도 그 안에 드나들 수 있었고, 재주가 높았으므로 그 웅변을 구사하여 세상을 놀라게 하고 사람들을 미혹시키기에 충분하였다. 예를 들어 이계(二溪, 용계·근계) 외에 또 대주[大洲, 조정길(趙貞吉)], 복소[復所, 양기원(楊起元)], 해문[海門, 주여등(周汝登)], 석궤[石簣, 도망령(陶望齡)] 등의 제공諸公은 언설이 출렁이는 파도처럼 호방하고 변화무쌍하여 스스로는 그윽한 것을 찾아내고 은미한 것을 들추어냈다고 하였지만, 말을 하는 것이 정미하면 할수록 도에서 더욱 멀어졌다. 그들은 정자程子가 말한 "더욱 이치에 가까워 크게 참됨을 어지럽히는 자"[3]와 비슷한 사람들이었다.

若陽明之門, 道廣而才高, 其流不能無弊. 惟道廣, 則行檢不修者, 亦得出入於其中; 唯才高, 則騁其雄辯, 足以驚世而惑人. 如二溪之外, 更有大洲·復所·海門·石簣諸公, 舌底瀾翻, 自謂探幽抉微. 爲說愈精, 去道愈遠, 程子所謂"彌近理而大亂眞"者, 此其似之矣.

그 뒤에 동림東林의 학문이 일어났는데 경양[涇陽, 고헌성(顧憲成)], 경일[景逸, 고반룡(高攀龍)] 같은 여러 군자는 모두 도맥道脈을 유지할 만하였다. 즙산蕺山 유자[劉子, 유종주(劉宗周)]는 일생의 공부가 오직 신독愼獨에 있었다. 그리하

後此東林學興, 若涇陽·景逸諸君子, 皆足以維持道脈, 而蕺山劉子, 一生用功, 惟在愼獨, 則

3 더욱 이치에 가까워 크게 참됨을 어지럽히는 자: 朱熹, 「中庸章句序」에 보인다. 程子의 말인지는 미상.

여 공맹孔孟과 정주程朱의 학문을 합하여 하나로 만들었으니, 양명陽明을 보완한 바가 작지 않았다.

나의 스승이신 이주(梨洲, 황종희) 선생은 이 책을 편찬하면서 근원과 말류를 아울러 궁구하고 정통과 지파를 분별하였으니 질서정연하여 조리가 있고 어지럽지 않았다. (유자의) 전기를 서술한 뒤에는 그들의 어록을 자세하게 수록하여 그들이 힘을 얻은 바를 각각 기록하였다. (이러한 과정에서) 결코 자기의 의견을 고집하여 취사선택하지 않았으니, 이는 대개 그렇게 함으로써 후세의 공론公論을 기다린 것이다. (하지만) 유독 양명陽明 선생에 대해서는 감히 조금도 은미하게 비판하는 말을 하지 않았는데, 대개 같은 고장에 태어난 자가 (동향의) 선배를 추존하는 경우가 많은 것은 이치상 당연한 일이다.

선생은 백안白安 충단공[忠端公, 황존소(黃尊素)]의 장자이자 유념대(劉念臺, 유종주) 선생의 뛰어난 제자로서 일찍이 북궐(北闕, 북경에 있는 명나라 조정)에 상서上書하여 아버지의 원수를 갚았고, 또 유도[留都, 남경(南京)]에 상소上疏하여 간사한 재상을 공격하였다. (이처럼) 젊어서는 충과 효가 천성이 되었고, 늙어서는 은거하면서 저술하였는데 학문과 인품이 진실로 탁월하여 여러 유자儒者에게 부끄럽지 않았다. 이 책은 남뢰南雷[4]에서 완성되었는데 북쪽 땅[하북

孔·孟·程·朱之學, 合而爲一, 其有補於陽明非小矣.

吾師梨洲先生纂輯是書, 尋源泝委, 別統分支, 秩乎有條而不紊, 於敘傳之後, 備載語錄, 各記其所得力, 絶不執己意爲去取, 蓋以俟後世之公論焉爾. 獨於陽明先生不敢少有微詞, 蓋生於其鄕者, 多推尊前輩, 理固然也.

先生爲白安忠端公長子, 劉念臺先生高弟, 嘗上書北闕, 以報父仇, 又抗章留都, 以攻姦相. 少而忠孝性成, 耄則隱居著述, 學問人品, 誠卓然不愧於諸儒矣. 是書成於南雷, 刊布於北地, 方可見道德

(河北) 고성(故城)]에서 간행되고 유포되었으니, 이에서 바야흐로 도덕이 사람을 감동시키면 말로 설명하지 않아도 믿음을 볼 수 있다. 가약수[賈若水, 가윤(賈潤)] 군君이 배움을 좋아하고 유자를 존숭하는 것은 참으로 "천 리나 떨어져 있어도 마음은 같다."(고 하는 그 마음이다)![5]

之感人, 不介以孚, 而賈君若水之好學崇儒, 眞"千里有同心"夫!

강희康熙 계유년(癸酉年, 1693) 계추(季秋, 9월)에 제자 구조오仇兆鰲[6]가 머리를 조아리고 절하며 연대燕臺의 집에서 제題하다.

康熙癸酉季秋, 受業仇兆鰲頓首拜題於燕臺邸舍.

---

4 남뢰(南雷): 浙江 餘姚縣 南雷里. 만년에 황종희가 살던 곳이다. 참고로 南雷는 황종희의 號이기도 하다.

5 천 리나 떨어져 있어도 마음은 같다: 唐나라 사람 錢起의 시 「送崔十三東遊」에 나오는 구절.

6 구조오(仇兆鰲): 1638-1717년. 자는 滄柱, 호는 知幾子, 浙江 甬江(浙江 寧波) 사람. 康熙 24년(1685) 진사. 황종희의 제자.

명유학안서[1] 明儒學案序

천지 사이에 가득 찬 것은 모두 마음이다. 사람은 천지 만물과 한 몸이기 때문에 천지 만물의 리理를 궁구한다는 것은 곧 내 마음속에 있는 (리를 궁구하는 것이다).[2] 후세의 배우는 사람들은 선현先賢의 뜻을 오해하여, 이 리는 천지 만물 사이에 매달려 있고 내가 그것을 쫓아가서 궁구하는 것이라고 생각하였는데, [이는 고자(告子)의] 의외설(義外說, 義는 마음 밖에 있다는 주장)에 가깝지 않은가? 여기에서 조금이라도 잘못하면 만수萬殊는 하나[=일본(一本)]로 돌아갈 수가 없다. 대저 공부를 해 나갈 때 이 마음을 떠나지 않는다면 만수는 결국 하나(=일본)에 이르게 된다.

학술의 다름은 바로 도체道體에 끝이 없음을 보여 준다. (그런데) 어찌하여 지금의 군자들은

盈天地間❶皆心也. 人與天地萬物爲一體, 故窮天地萬物之理, 卽在吾心之中. 後之學者, 錯會前賢之意, 以爲此理懸空於天地萬物之間, 吾從而窮之, 不幾於義外乎? 此處一差, 則萬殊不能歸一. 夫苟工夫著到, 不離此心, 則萬殊總爲一致.

學術之不同, 正以見道體之無盡也.❷

1 명유학안서: 이 서문은 『南雷文定五集』(권1)에도 실려 있다. 『黃梨洲文集』(中華書局, 1959)과 『黃宗羲全集(增訂版)』(浙江古籍出版社, 2005. 이하 『全集』)에 수록된 것은 『文定』본이다.

2 천지 만물의 리(理)를 … 것이다: 「명유학안서(원서)」, "窮理者, 窮此心之萬殊, 非窮萬物之萬殊也." 참고.

❶ 盈天地間: [원주] 『文集』에는 '間'이 없다.

❷ 正以見道體之無盡也: [원주] 『文集』에는 '盡' 뒤에 "卽如聖門, 師・商之論交, 游・夏之論教, 何曾歸一? 終不可謂此是而彼非也."가 있다.

반드시 하나의 길로만 나가려고 하여 기존의 학설을 표절하여 고금(의 학술)을 저울질하고, 조금이라도 다른 점이 있으면 곧바로 경전에서 벗어나고 도에 위배된다고 비난하는가? (그렇다면) 시대의 풍조와 대중의 추세가 (보이는 것이라곤) 누런 띠와 흰 갈대[3]밖에 없는 (단조로운 모습으로) 귀결되는 것을 면하지 못할 뿐이다. 대저 도는 바다와 같다. 양자강揚子江과 회수淮水, 황하黃河와 한수漢水로부터 경수涇水와 위수渭水, 소 발자국에 고인 작은 물[4]에 이르기까지 밤낮으로 굽이굽이 흐르면서 바다로 나아가지 않는 것이 없는데, 각각 독자적이었던 물은 바다에 이르러 하나의 물이 된다. (그런데) 가령 바다의 신인 해약海若[5]이란 자가 거만하게 우쭐대면서 "아, 너희 물들이여, 발원지로부터 흘러왔으니 (너희들에게는) 느림과 빠름, 평탄함과 험난함, 맑음과 탁함, 멂과 가까움의 다름이 있지 않겠는가? 그러므로 (너희들은) 전부 나의 동족이라 할 수 없다. 어찌하여 각자 너희

柰何今之君子, 必欲出於一途, 勦其成說, 以衡量古今, 稍有異同, 卽詆之爲離經畔道? 時風衆勢, 不免爲黃芽白葦❸之歸耳. 夫道猶海也. 江・淮・河・漢以至涇・渭・蹄跨,❹ 莫不晝夜曲折以趨之, 其各自爲水者, 至於海而爲一水矣. 使爲海若者汰然自喜, 曰: "咨爾諸水, 導源而來, 不有緩急平險淸濁遠近之殊乎? 不可謂盡吾之族類也, 盍各返爾故處!" 如是則

---

3 누런 띠와 흰 갈대: 원문은 "黃茅白葦"인데, 이는 본래 蘇軾이 王安石을 비판하면서 사용한 표현이다. 『蘇軾文集』 卷49, 「答張文潛縣丞書」, "王氏欲以其學同天下. 地之美者, 同於生物, 不同於所生. 惟荒瘠斥鹵之地, 彌望皆黃茅白葦, 此則王氏之同也."

4 소 발자국에 고인 작은 물: 『淮南子』「氾論訓」, "夫牛蹄之涔, 不能生鱣鮪."의 高誘 注: "涔, 雨水也, 滿牛蹄跡中, 言其小也."

5 해약(海若): 바다의 신. 『楚辭』「遠遊」, "使湘靈鼓瑟兮, 令海若舞馮夷."의 王逸 注: "海若, 海神名也."

❸ 黃芽白葦: [원주] 『文集』에는 '黃茅白葦'로 되어 있는데, 이것이 옳다.

❹ 蹄跨: 『文定』에는 '蹄涔'으로 되어 있다.

들의 고향으로 돌아가지 않는가!"라고 말한다면, 미려尾閭[6]에서 바닷물이 새기를 기다리지 않더라도 동해의 봉래蓬萊[7]에 물이 얕아지는 우환이 있을 것이다. 지금의 같음을 좋아하고 다름을 미워하는 자들은 무엇이 이와 다른가?

不待尾閭之洩, 而蓬萊有淸淺之患矣. 今之好同惡異者, 何以異是?

명明나라의 업적과 문장이 반드시 전대前代를 뛰어넘을 수 있는 것은 아니지만, 강학講學의 경우에는 (전대를) 넘어선다고 나는 감히 말하겠다.[8] 여러 선생은 배움에서 하나의 길로만 가지 않아서 사문師門의 종지宗旨는 몇 개의 가家로 쪼개지기도 하였고, 평생의 학술도 오랜 시간이 지나면 늘 한 번씩 변했다. 이씨(二氏: 불교와 도교)의 학문을 정자程子와 주자朱子가 비판하기는 하였지만 반드시 시원스러운 것은 아니었다. 그러나 명대의 유자들은 몸소 그 (불교와 도교) 속으로 뛰어들어 (그 본모습을) 훤하게 드러내고, 의가醫家에서 말하는 도창법倒倉法[9]을 사용하여 (문제를 전부 밖으로 꺼내서 보여주었으니), 이씨와의 갈등은 말라 버린 싹처럼

有明事功文章, 未必能越前代, 至於講學, 余妄謂過之. 諸先生學不一途, 師門宗旨, 或析之爲數家, 終身學術, 每久之而一變. 二氏之學, 程・朱闢之, 未必廓如, 而明儒身入其中, 軒豁呈露, 用醫家倒倉之法, 二氏之葛藤, 無乃爲焦芽乎?❺ 諸先生不肯以朦朧精神冒人糟

---

6 미려(尾閭): 전설상의 바닷물이 새는 곳. 『莊子』「秋水」, "天下之水, 莫大於海, 萬川歸之, 不知何時止而不盈; 尾閭泄之, 不知何時已而不虛."의 成玄英 疏: "尾閭者, 泄海水之所也."

7 봉래(蓬萊): 전설상의 동쪽 바다에 있는 신선들이 사는 산.

8 명(明)나라의 … 말하겠다: 「明儒學案發凡」, "嘗謂有明文章事功, 皆不及前代, 獨於理學, 前代之所不及也." 참고.

9 도창법(倒倉法): 病根을 몸 밖으로 배출시키는 치료법.

❺ 用醫家倒倉之法, 二氏之葛藤, 無乃爲焦芽乎: [원주] 『文集』에는 '法' 뒤에 '也'가 있고, "二氏之葛藤, 無乃爲焦芽乎."가 없다.

(더 이상 문젯거리로 삼을 필요가 없는 것이) 되지 않았는가? 여러 선생은 흐리멍덩한 정신을 가지고 남의 찌꺼기를 답습하려 하지 않았으니, 비록 심천深淺과 상략詳略에 차이는 있지만, 요컨대 도에 대해 본 것이 없는 사람이라고 말할 수는 없다.

粕, 雖淺深詳畧之不同, 要不可謂無見於道者也.

이에 나는 그 (여러 선생의) 종지를 나누어 근원과 지류를 구별하고, 동문인 강정암姜定庵,[10] 동무휴董無休[11]와 함께 그들의 (학술의) 대요大要를 뽑아서 이 책에 수록하여 배우는 사람들이 그로부터 자유롭게 선택하게 하였다. (이 책은) 사통팔달의 대로에 놓인 술동이(와 같으니) 사발이나 국자를 갖고 간다면 누구나 배불리 마시고서 떠날 것이다.[12]

余於是分其宗旨, 別其源流, 與同門姜定庵・董無休操❻其大要, 以著於篇, 聽學者從而自擇. 中衢之罇, 持瓦甌樿杓而往, 無不滿腹而去者.

탕잠암湯潛菴[13]은 "『학안』은 종지가 잡다한 듯하지만 잘 읽어 보면 애초에 일관되지 않은 것이 없다."고 말하였으며, 진개미陳介眉[14]는 "『학

湯潛庵曰: "『學案』宗旨雜越, 苟善讀之, 未始非一貫也."

---

10 강정암(姜定庵): 姜希轍(?-1698). 字는 二濱, 號는 定菴, 浙江 姚江人. 유종주의 제자. 『全集』 제10책, 「姜定菴先生小傳」(623쪽) 참고.

11 동무휴(董無休): 董瑒. 초명은 瑞生, 호는 無休, 浙江 會稽人. 유종주의 제자. 董瑒의 「劉子全書抄述」(『劉宗周全集』 제5책, 760쪽)을 보면 그가 『劉子全書』 간행에 중심적인 역할을 수행했음을 알 수 있다.

12 사통팔달의 … 것이다: 『淮南子』 「繆稱訓」, "聖人之道, 猶中衢而置尊邪? 過者斟酌, 多少不同, 各得其所宜." 참고.

13 탕잠암(湯潛菴): 湯斌(1627-87). 자는 孔伯, 호는 荊峴 또는 潛庵, 河南 睢州人. 孫奇逢의 제자로 淸 康熙 연간의 理學名臣 가운데 한 사람.

14 진개미(陳介眉): 陳錫嘏(1634-87). 자는 介眉, 호는 怡庭, 浙江 鄞縣人. 『全集』 제10책, 「翰林院編修怡庭陳君墓誌銘」(444쪽) 참고.

❻ 操: [원주] 『文集』에는 '撮'로 되어 있다.

안』은 마치 「왕회도王會圖」[15]가 우리의 마음과 눈을 놀라게 하여 처음으로 천자의 위대함이 우주를 총괄하고 있음을 알게 하는 것처럼 (명대의 학술을 모두 포괄하고 있다)."[16]고 말하였다.

이 책이 병진년(1676)에 완성된 뒤에 허유산許西山[17]이 몇 권을 판각하다가 중단하였고, 만정일萬貞一[18]이 다시 판각하였지만 끝내지 못하였다. 임신년(1692) 7월에 내가 병이 위독하여 문자와 관련된 일을 전부 물리치고 있었는데, 구창주仇滄柱[19]가 서울에서 편지를 보내, "북방의 가약수賈若水[20]라는 사람이 『학안』을 보고서 탄식하며 '이 책은 명조明朝 수백 년(의 학맥이 담겨 있는) 책인데 매몰되도록 놓아두어서야 되겠는가!'라고 말했는데, 얼마 지나지 않아 그가 세상을 떠나자 그 아들인 순암醇庵[21]이 유명을 받들어 판각하였다."고 말했다. 아아! 나는

陳介眉曰: "『學案』如「王會圖」洞心駭目, 始見天王之大, 總括宇宙."

書成於丙辰之後, 許西山刻數卷而止, 萬貞一又刻之而未畢. 壬申七月, 余病幾革, 文字因緣, 一切屛除. 仇滄柱都中寓書, 言北地賈若水見『學案』而嘆曰: '此明室數百歲之書也, 可聽之埋沒乎!' 亡何, 賈君亡,❼ 其子醇庵承遺命刻之.

15 「왕회도(王會圖)」: 唐代에 그려진 四夷의 朝會圖. 『舊唐書』 권197, 「南蠻傳」, "貞觀三年, 元深入朝, 冠烏熊皮冠, 若今之髦頭, 以金銀絡額, 身披毛帔, 韋皮行縢而著履. 中書侍郎顔師古奏言: '昔周武王時, 天下太平, 遠國歸款, 周史乃書其事爲『王會篇』. 今萬國來朝, 至於此輩章服, 實可圖寫, 今請撰爲『王會圖』.' 從之."

16 『학안』은 … 있다: 『全集』 제10책, 「翰林院編修怡庭陳君墓誌銘」(447쪽), "『明儒學案』成, 君讀之, 以爲鏞笙磬管, 合發並奏, 五聲十二律截然不亂者, 考之中聲也." 참고.

17 허유산(許西山): 許三禮(1625-1691). 자는 典三, 호는 西山, 河南 安陽人. 『全集』 제10책, 「兵部督捕右侍郎西山許先生墓誌銘」(478쪽) 참고.

18 만정일(萬貞一): 萬言. 앞의 「정성(鄭性)의 서(序)」의 주석 참고.

19 구창주(仇滄柱): 仇兆鰲. 앞의 「구조오(仇兆鰲)의 서(序)」 참고.

20 가약수(賈若水): 賈潤. 뒤의 「가윤(賈潤)의 서(序)」 참고.

21 순암(醇菴): 賈樸. 뒤의 「가박(賈樸)의 발(跋)」 참고.

❼ 亡: [원주] 『文集』에는 '死'로 되어 있다.

멀리 떨어져 있어 가賈 군에 대해 아무것도 듣지 못했지만, (우리 두 사람의) 정신이 감응하는 바는 한 방에서 팔뚝을 부여잡고 있는 것과 차이가 없다. 내가 무엇을 할 수 있겠는가? 다만 가 군이 (선친의) 지혜로운 유명을 이어서 (이 책은 간행한) 일은 그 공이 참으로 위대하다 하겠다.

황종희가 서序를 쓰다.

강희 32년 계유년(1693) 덕휘당德輝堂에서 삼가 상재上梓하다.

嗟乎! 余於賈君, 邈不相聞, 而精神所感, 不異同室把臂. 余則何能? 顧賈君之所以續慧命者, 其功偉矣!

黃宗羲序.

康熙三十二年癸酉歲, 德輝堂謹梓.

명유학안서(원서)[1] 明儒學案序(原序)

천지에 가득 찬 것은 모두 마음이다. (마음의) 변화는 예측할 수 없을 만큼 심하니 만 가지로 달라지지[萬殊] 않을 수 없다. 마음에는 본체本體가 없고 공부工夫가 도달한 곳이 바로 그 본체이다. 그러므로 리理를 궁구한다는 것은 이 마음의 만수萬殊를 궁구하는 것이지 만물의 만수를 궁구하는 것이 아니다. 마음을 궁구하면 외물은 도망갈 곳이 없지만, 외물을 궁구하면 마음은 한쪽 구석에서 막혀 버린다. 이 때문에 옛날의 군자는 다섯 명의 역사力士에게 샛길을 파게 할지언정[2] 한단邯鄲의 야생마를 빌리지 않았다. 그랬기 때문에 그 길이 또한 다르지 않을 수 없었던 것이다. 그런데 어찌하여

盈天地皆心也. 變化不測, 不能不萬殊. 心無本體, 功力所至,❶ 卽其本體. 故窮理者, 窮此心之萬殊, 非窮萬物之萬殊也. 窮心則物莫能遁, 窮物則心滯一隅. 是以古之君子, 寧鑿五丁之間道, 不假邯鄲❷之野馬, 故其途亦不得不殊. 奈何今之君子, 必欲

---

1 명유학안서(원서): 앞의 「명유학안서」는 이 原序를 수정한 것이다. 저본에는 없으나 『명유학안』을 이해하는 데 중요한 글이라고 판단하여 『黃宗羲全集』(제10책, 원래는 『南雷文定四集』 권1)에서 수록하였다.
한편, 이 글은 「黃梨洲先生原序」라는 제목으로 中華書局 初版本 『명유학안』에도 실려 있다. 이는 雍正 13년(1713) 紫筠齋의 『明儒學案』 重印本에서 수록한 것인데, 본문에 수록한 『黃宗羲全集』本과는 다른 곳이 있다.

2 다섯 명의 … 할지언정: 『水經注』 권27, 「沔水」, "來敏『本蜀論』云: 秦惠王欲伐蜀而不知道, 作五石牛, 以金置尾下, 言能屎金. 蜀王負力, 令五丁引之成道. 秦使張儀 · 司馬錯尋路滅蜀. 因曰石牛道."

❶ 功力所至: 「黃梨洲先生原序」에는 '工夫所至'로 되어 있다.

❷ 邯鄲: 「黃梨洲先生原序」에는 '邯鄲'으로 되어 있다.

지금의 군자들은 반드시 하나의 길로만 나가려고 하여 영명한 뿌리를 아름답게 하는 것(=마음)[3]을 말라 버린 싹이나 물길이 끊어진 개울처럼 만들어 버리는 것인가!

出於一途, 使美厥靈根者, 化爲焦芽絶港!

대저 선유先儒의 어록은 사람마다 다른데, 이는 단지 머물지 않고 변동하는 자신의 심체心體를 인증했기 때문이다. 만약 기존의 국한된 틀에 집착한다면 끝내 (그들의 어록을) 받아들여서 활용하지 못할 것이다. 이렇게 (받아들여 활용하려면) 다른 방법이 없고 (오직) 덕을 닦은 뒤에 강학해야 한다. 지금은 강학만 하고 덕을 닦지 않으니, 하나만 집어 들고 백이나 되는 나머지 좋은 점은 모두 버리는 것[4]이 또 무엇이 괴이한가?

夫先儒之語錄, 人人不同, 只是印我心體之變動不居, 若執定成局, 終是受用不得. 此無他, 修德而後可講學. 今講學而不修德, 又何怪其擧一而廢百乎?

시대의 풍조가 점점 하락하여 토원兎園[5]이 유자儒者를 자칭하나 실제로는 배우老生[6]가 분장한 것(에 지나지 않으며), 서적상의 간교한 꾀는 제 어미의 이름을 부르는[7] (터무니없는 설을)

時風愈下, 兎園稱儒, 實老生之變相; 坊人詭計, 借名母以行書. 誰立廟庭之

---

3 영명한 뿌리를 아름답게 하는 것: 마음을 가리킨다. 揚雄, 『太玄經』「養」, "初一, 藏心于淵, 美厥靈根. 測曰: 藏心于淵, 神不外也."
＊『明儒學案』 권12, 「浙中王門學案二」, (王畿)語錄, "良知者, 性之靈根, 所謂本體也."; 권34, 「泰州學案三」, 楊復所證學編, "夫良知旣謂之靈根矣, 翕聚緝熙豈其所不能哉?"

4 하나만 집어 들고 백이나 되는 나머지 좋은 점은 모두 버리는 것: 『孟子』「盡心上」:26.

5 토원(兎園): 천박한 학자. 淸, 龔自珍, 『家塾策問二』, "近儒學術精嚴, 十倍明儒, 動譏明人爲兎園·爲鼠壤矣."

6 배우(老生): 중국 전통극의 중년이나 노년 배역.

7 제 어미의 이름을 부르는: 『戰國策』「魏策三」, "宋人有學者, 三年反而名其母. 其母曰: 『子學三年反, 而名我者何也?』 其子曰: '吾所賢者無過堯舜, 堯舜名; 吾所大者, 無大天

가져다가 책을 찍어 내고 있다. 누가 (이들을 판별하는) 조정의 중정관中正官[8]을 세울 것인가? 구품九品이 들쭉날쭉하여 가지런하지 않음이 석씨(釋氏, 불교)의 근원과 지류가 오종五宗[9]에 이르러 물과 불처럼 (서로 달라진 것과) 흡사하다. 그리하여 마침내 (공자가 강학하던) 행단의 터를 떠들썩한 시장바닥으로 만들어 버렸으니, 참으로 슬프도다!

中正? 九品參差, 大類釋氏之源流, 五宗水火, 遂使杏壇塊土爲一鬨之市, 可哀也夫!

나는 어려서 집안의 재난을 만났다. 선사이신 즙산蕺山 선생[10]께서는 나를 아들처럼 여겨 위태로우면 부축해 주고 기울어지면 바로잡아 주면서 매일매일 가르침[11]을 들려주셨지만, 젊은 놈은 교만할 뿐이었다. (선사께서) 돌아가신 뒤에 비로소 유서遺書를 통해 그 종지를 얻었지만, 동문의 벗은 대부분 (명나라에 대한) 충절을 지키다가 세상을 떠난 뒤였다.

某幼遭家難, 先師蕺山先生視某猶子, 扶危定傾, 日聞緒言, 小子蹻蹻. 夢奠之後, 始從遺書得其宗旨, 而同門之友, 多歸忠節.

기유년(1669)에 비릉毘陵의 운중승鄆仲昇[12]이 월(越, 紹興)에 와서 『유자절요劉子節要』를 지었는데, 중승은 선사의 고제高弟였다. 책이 완성

歲己酉, 毘陵鄆仲昇來越, 著『劉子節要』. 仲昇, 先師之

地, 天地名. 今母賢不過堯舜, 母大不過天地, 是以名母也.'"

8 중정관(中正官): 위진남북조시대의 관리선발제도인 九品中正法에서 지방의 인물을 九品으로 나누어 중앙에 추천하던 관리.

9 오종(五宗): 禪宗의 다섯 유파인 臨濟宗, 曹洞宗, 潙仰宗, 雲門宗, 法眼宗을 말한다.

10 즙산(蕺山) 선생: 劉宗周. 권62, 「蕺山學案」 참고.

11 가르침: 원문은 "緖言"으로, 단서를 드러내기는 했지만 전부 표현하지는 않은 말이라는 뜻이다. 『莊子』 「漁父」, "曩者先生有緖言而去."

12 운중승(鄆仲昇): 鄆日初(1601-78). 자는 仲昇(혹은 仲升), 호는 遜菴. 毘陵은 江蘇 武進의 옛 이름.

되어 (떠날 때) 내가 강가에서 전송하였는데, 중승은 내 손을 잡고 간곡하게 말하였다. "오늘날 선사의 학문을 아는 사람은 오직 나와 당신뿐이니, 우리 두 사람의 논의가 하나로 모아지지 않으면 안 됩니다. 다만 선사께서 의意에 관해 말씀하신 부분[13]에 대해서는 조금 융통해야 할 것입니다." 나는 "선사께서 다른 유자들과 다른 이유는 바로 종지宗旨가 의意에 있기 때문입니다. 어떻게 (그 점을) 드러내 밝히지 않을 수 있겠습니까?"라고 말하였다. 중승은 내가 그의 『절요』에 서문을 써 주기를 바랐지만 나는 끝내 쓰지 못하였다.[14] 이는 중승이 길은 다르지만 같은 곳으로 돌아가고, 생각은 백 가지이지만 결국 하나에 이르는 학문[15](을 이해하지 못하고) 여전히 기존의 국한된 틀에서 벗어나지 못했기 때문이니, 하물며 다른 사람의 경우

高第弟子也. 書成, 某送之江干, 仲昇執手丁寧曰: "今日知先師之學者, 惟吾與子, 兩人議論, 不容不歸一. 惟於先師言意所在, 宜稍爲通融." 某曰: "先師所以異於諸儒者, 宗旨正在於意, 寧可不爲發明?" 仲昇欲某敘其『節要』, 某終不敢. 是則仲昇於殊途百慮之學, 尙有成局之未化也, 況於他人乎!

---

13 의(意)에 관해 말씀하신 부분: 운일초가 문제 삼고 있는 것은 '意'에 대한 유종주의 주장이다(참고로 邵廷采의 「遺獻黃文孝先生傳」(『黃宗羲年譜』 附錄)에서는 "言意所在"를 "于意非所發"이라고 말하고 있다). 황종희는 유종주에게 "發先儒之所未發者, 其大端有四"가 있다고 하면서 그 하나로 "意爲心之所存, 非所發"을 들고 있다(『全集』 제1책, 「子劉子行狀」 卷下, 250-1쪽). 또한 「先師劉蕺山先生文集序」(『全集』 제10책, 54쪽)에서도 의(意)에 대한 새로운 해석을 유종주의 중요한 주장 중 하나로 꼽고 있다. 이 문제를 둘러싼 鄆日初와의 견해차에 관해서는 권62, 「蕺山學案」의 小序에도 언급되고 있다.

14 중승은 … 못하였다: 鄆日初가 황종희에게 『劉子節要』의 서문을 부탁하는 편지는 『黃宗羲全集』 제11책, 「交遊尺牘」(378쪽)에 실려 있으며, 이에 대한 황종희의 답장이 『전집』 제10책에 수록된 「答鄆仲昇論子劉子節要書」(223쪽)이다.

15 길은 … 학문: 『周易』 「繫辭下傳」:5, "天下何思何慮? 天下同歸而殊塗, 一致而百慮, 天下何思何慮?"

는 어떠하겠는가?

내가 『명유학안』을 짓고 여러 선생을 비평하여 그들의 얕음과 깊음이 각각 이해되고 순수함과 결함이 서로 드러나게 되었다. (하지만 그들의 학문은) 요컨대 모두 공부가 도달한 바로서 자기 마음의 만수를 다한 뒤에 일가를 이룬 것이지, 흐리멍덩한 정신으로 다른 사람의 찌꺼기를 답습한 경우는 없었다. 이에 그들에 대해 근원과 갈래를 구별하여 그 종지가 뚜렷이 드러나게 하였으니, 이로 말미암아 알아 간다면 진실로 성인의 이목과 같은 경지에 도달할 것이다. 간혹 (내가) 드러내 밝힌 부분도 있으나 한결같이 선사에게 근본을 두었고, 감히 그 사이에서 덜거나 보탠 것은 없었다. 이 책은 사통팔달의 대로에 놓인 술동이(와 같으니), 뒷사람이 다만 사발이나 국자를 가지고 와서 마음대로 퍼마신다면 누구나 배가 부르게 될 것이다.

某爲『明儒學案』，上下諸先生，淺深各得，醇疵互見，要皆功力所至，竭其心之萬殊者，而後成家，未嘗以朦瞳精神冒人糟粕．於是爲之分源別派，使其宗旨歷然，由是而之焉，固聖人之耳目也．間有發明，一本之先師，非敢有所增損其間．此猶中衢之罇，後人但持瓦甌樿杓，隨意取之，無有不滿腹者矣．

책이 병진년(1676)에 완성된 뒤, 허유산許西山[16]이 몇 권을 판각하다가 중지하였고, 만정일萬貞一이 다시 판각하였지만 마치지 못하였다. 하지만 필사본은 널리 퍼져서 진개미陳介眉는 삼가고 지키는 학문을 하다가 이 책을 읽고 방향을 바꿨으며,[17] 탕잠암湯潛菴은 나에게

書成於丙辰之後，許西山刻數卷而止，萬貞一又刻之而未畢．然抄本流傳，陳介眉以謹守之學，讀之而轉手，湯潛菴謂

---

16 허유산(許酉山): 「명유학안서」의 주석 참고. 아래의 만정일(萬貞一), 진개미(陳介眉), 탕잠암(湯潛菴) 등등도 마찬가지.

17 진개미(陳介眉)는 … 바꿨으며: 『全集』 제10책(446-447쪽), 「翰林院編修怡庭陳君墓

"『학안』은 종지가 잡다한 듯하지만 잘 읽어 보면 애초에 일관되지 않은 것이 없다."라고 말하였다.

임신년(1692) 7월에 내 병이 위독하여 문자와 관련된 일을 모두 물리치고 있었는데, 구창주仇滄柱가 서울에서 편지를 보내, "북방의 가약수賈若水란 사람이 『학안』을 보고서 탄식하며 '이 책은 명조明朝 수백 년(의 학맥이 담겨 있는) 책인데 매몰되도록 놓아두어서야 되겠는가!'라고 말했는데, 얼마 지나지 않아 그가 죽자 그 아들인 순암醇菴이 유명을 받들어 판각하였다."고 말했다. 아! 온공[溫公, 사마광(司馬光)]이 『자치통감資治通鑑』을 완성하고 나서, (『통감』을) 읽는 자들이 채 한 장도 다 보기 전에 벌써 하품하고 기지개를 켜면서 잘 궁리만 하였는데, 끝까지 읽을 수 있었던 사람은 오직 왕익유王益柔 (한 사람)뿐이라고 탄식하였다. 이 책은 무슨 행운이 있어 누누이 군자들에게 버림받지 않게 되었는가! 잠시 신음을 멈추고 아들 백가百家[18]에게 구술하여 받아쓰게 하였다.

余曰: "『學案』宗旨雜越, 苟善讀之, 未始非一貫也."

壬申七月, 某病幾革, 文字因緣, 一切屛除. 仇滄柱都中寓書, 言北地賈若水者, 見『學案』而歎曰: '此明室數百歲之書也,❸ 可聽之埋沒乎!」' 無何, 賈君死, 其子醇菴承遺命刻之. 嗟乎! 溫公『通鑑』成, 歎覽者未終一紙, 已欠伸思睡, 能讀之終篇, 惟王益柔爾. 此書何幸而累爲君子所不棄乎! 暫徹呻吟, 口授兒子百家書之.

誌銘」, "君從事於格物致知之學, 於人情事勢物理上工夫不敢放過. … 『明儒學案』成, 君讀之, 以爲鏞笙磬管, 合發並奏, 五聲十二律截然不亂者, 考之中聲也. 君從此殆將轉手, 天不假之以年, 惜哉!"

18 백가(百家): 黃百家(1643-1709), 字는 主一, 號는 不失, 황종희의 三男.

❸ 此明室數百歲之書也: 「黃梨洲先生原序」에는 "此明室數百年學脈也."로 되어 있다.

가윤의 서賈潤序

나는 기남畿南[1]에 엎드려 살고 있지만, 평소에 절동浙東에는 은거하면서 도를 즐기는 유자儒者가 많은데 요강[姚江, 절강(浙江) 여요(餘姚)]의 황이주(黃棃洲, 황종희) 선생이 그중 으뜸이라고 들었다. 이주의 문하에는 명공名公이 숲의 나무처럼 빽빽하게 늘어서 있는데 (그중에) 사명[四明: 절강(浙江) 영파(寧波)]의 구창주[仇滄柱, 구조오(仇兆鰲)] 선생은 특히 나와 오래전부터 마음이 맞는 분이다. 매번 남쪽에 가서 양자강揚子江과 회수淮水에 배를 띄워 오문[吳門, 소주(蘇州)]을 지나고 전당강錢塘江을 건너서 요강姚江의 지파를 두루 방문하여 그들이 배운 바를 각각 물어보고 싶었지만 길이 너무 멀어서 주저하며 실행에 옮기지 못하였다. 이윽고 창주 선생이 (북경에 와서) 천록각天祿閣, 석거각石渠閣[2]에 있으면서 저작著作과 관련된 임무를 맡아서 더욱 그 학문을 창성하게 하였다. 이에 내가 자식들을 보내서 그 문하에서 배우게 하였는데, 장차 이

余伏處畿南, 雅聞浙東多隱居樂道之儒, 而姚江黃棃洲先生爲之冠. 棃洲之門, 名公林立, 而四明仇滄柱先生尤予所宿契者. 每欲南浮江·淮, 歷吳門, 渡錢塘, 遍訪姚江支派, 各叩其所學, 而道里殷遙, 逡巡未果. 已而滄柱先生居天祿·石渠, 操著作之任, 益大昌其學. 余因遣兒輩執經其門, 將由此以上溯姚江, 庶幾獲聞緖論. 兒樸往來都下,

1 기남(畿南): 여기에서는 가윤(賈潤)의 고향인 故城(현재 河北省 保定市 定興縣)을 가리키는 듯하다.

2 천록각(天祿閣), 석거각(石渠閣): 황실의 도서관.

로 말미암아 요강(姚江, 왕수인)으로 거슬러 올라가서 그 서론緖論을 들을 수 있기를 바랐던 것이었다. 서울에 왕래하던 아들 박[樸, 가박(賈樸)]을 통해 『명유학안』을 보게 되었는데, 이주 선생이 손수 편찬한 책으로 뭇 명대明代 리학理學의 제유諸儒가 모두 그 안에 있었다. 내가 그 책을 읽고 놀랍고 기뻐서 감탄하며 말했다. "이것은 후학에게 나루터나 다리와 같은 책으로 천추千秋에 영원할 위대한 업적이다. 어찌 간행하여 천하와 함께 공유하지 않겠는가!"

得覩『明儒學案』一書, 則棃洲先生所手輯也, 凡明世理學諸儒, 咸在焉. 余閱之驚喜, 喟然歎曰: "此後學之津梁, 千秋不朽盛業也, 盍梓之以公諸天下!"

대개 명유明儒의 학문에는 문호가 많아서 하동[河東, 설선(薛瑄)]의 학파가 있고, 신회[新會, 진헌장(陳獻章)]의 학파가 있고, 여요[餘姚, 왕수인(王守仁)]의 학파가 있다. 비록 똑같이 공맹孔孟을 스승으로 섬기고 똑같이 성명性命을 담론하였지만 길이 달랐고, 그 말류는 더욱 갈라져서 (견해가) 달라졌다. 이 책으로 인해 지파支派가 분별되어 (명유의 문호를 분별하는 데) 조리가 찬연하게 밝아졌다.

蓋明儒之學多門, 有河東之派, 有新會之派, 有餘姚之派, 雖同師孔·孟, 同談性命, 而塗轍不同, 其末流益歧以異, 自有此書, 而支分派別, 條理粲然.

제유諸儒에 대해서는 앞에 전기를 서술하여 그들의 행적을 기록하고, 뒤에 어록語錄을 수록하여 그들의 말을 나열하였다. 그 외에 우뚝 솟았으나 사승師承이 없는 사람도 모두 널리 망라하여 빠뜨리는 경우가 없었다. 평론은 일가一家의 견해를 위주로 하지 않았고, 요컨대 사람들마다 그 평생의 모습을 다 드러내게 한 뒤에야 그쳤다.

其於諸儒也, 先爲叙傳, 以紀其行, 後採語錄, 以列其言. 其他崛起而無師承者, 亦皆廣爲網羅, 靡所遺失. 論不主於一家, 要使人人盡見其生平而後已.

배우는 사람이 진실로 마음을 다하여 이 책을 연구한다면 한 번 책을 펼쳐 읽기만 해도 곧바로 제가諸家의 정수를 얻을 것이며, 말미암아 덕에 들어가는 방법도 여기에서 벗어나지 않을 것이다. 그 사이에는 순수한 곳도 있고 불순한 곳도 있지만, 그것은 배우는 사람이 정밀하게 선택하는 데 달려 있을 뿐이다.

學者誠究心此書, 一披覽間, 卽有以得諸家之精蘊, 而所由以入德之方, 亦不外是. 其間或純或駁, 則在學者精擇之而已.

나는 일찍이, 전대[前代, 명대(明代)]에 편찬한 『성리대전性理大全』이 극히 후학들에게 공이 있지만, 송宋나라의 제유諸儒에 대해 수록한 바가 완전하지 못하고, 『황극경세皇極經世』『가례家禮』『역학계몽易學啓蒙』『율려신서律呂新書』『홍범황극내편洪範皇極內篇』 등 본래 별도로 세상에서 유통되던 책들을 다시 그 안에 집어넣어서 매우 번잡하고 타당한 점이 드물게 느껴진다고 개탄한 적이 있다. 훗날에 송宋나라, 원元나라 제유諸儒의 설을 모아서 이 (책의) 체제를 모방하여 다시 편찬하는 사람이 나타난다면 더욱 사람들의 마음을 통쾌하게 만들지 않겠는가!

嘗慨前代所編『性理大全』, 極有功於後學, 但於有宋諸儒, 採之未備, 而『皇極經世』·『家禮』·『啓蒙』·『律呂新書』·『洪範皇極內篇』, 本自別行於世者, 亦復混入其間, 殊覺繁而鮮當. 他日有人彙宋·元諸儒之說, 倣此體而重輯焉, 寧不更快人意耶!

나는 늙어서 애써 마음을 쓰고 힘써 실행하여 선현의 깊은 경지를 엿볼 수가 없지만, 자식들은 한창 젊고 왕성한 나이이니, 이 책을 얻어서 지침으로 삼는다면 앞으로 나아갈 방향을 찾는 데 헤매지 않을 것이다. 이에 이러한 생각을 써서 적는다.

余老矣, 不能苦心勵行, 窺先賢之堂奧, 兒輩年方少壯, 得是書以爲指南, 其可不迷於向往矣乎! 因書此以識之.

강희康熙 신미년(辛未年, 1691) 중하仲夏의 달(5월)에 고성故城의 가윤賈潤이 삼가 남촌서실南村書室에서 제題하다.

時康熙辛未歲仲夏月, 故城賈潤謹題於南村書室.

가박의 발賈樸跋

내 기억에 어려서 가숙(家塾: 집안의 서당)에 들어가 제거업[制擧業, 팔고문(八股文)]을 익혔는데, 가숙의 스승이 엄하게 감독하여 감히 (제거업 외의) 다른 책들을 읽지 못하였다. 선군[先君: 돌아가신 부친 가윤(賈潤)]께서 과정課程을 정해 놓고 독송할 때마다 곁에서 모시면서 선군께서 손에서 책을 놓지 않는 모습을 보았는데, 그것은 모두 『성리대전性理大全』, 『황극경세皇極經世』, 『근사록近思錄』 등의 책이었다.

樸憶幼入家塾, 習制擧業, 塾師嚴督, 不敢旁有涉獵. 每侍先君課誦, 見先君手一編不置, 皆『性理』·『皇極經世』·『近思錄』等書.

(선군께서는) 간혹 (그 책들을) 나에게 보여 주면서 말씀하셨다. "이 책은 성현聖賢의 심맥(心脈: 마음의 줄기)이자 후학의 나루터와 다리이다. 공맹孔孟의 학문은 진한秦漢 이래로 천착과 지리支離에 빠져 장구章句와 훈고訓詁의 사이에서 매몰되어 있었는데, 대유大儒들의 출현에 힘입어 심성心性의 사이에서 (도를) 찾게 되었다. 그 이른바 홀로 터득한 사람들을 증거하자면, 송宋나라에는 주자[周子, 주돈이(周敦頤)], 이정[二程, 정호(程顥)·정이(程頤)], 장자[張子, 장재(張載)], 주자[朱子, 주희(朱熹)]의 다섯 군자가 있었고, 명明나라에는 경헌[敬軒, 설선(薛瑄)], 강재[康齋, 오여필(吳與弼)], 백사[白沙, 진헌장(陳獻章)], 요강[姚

間嘗指以示樸曰: "此聖賢心脈, 後學津梁也. 孔·孟之學, 自秦·漢以來, 穿鑿支離, 汩沒於章句訓詁之間, 賴有大儒輩出, 求之於心性之際, 而證其所爲獨得者, 在宋則有周·程·張·朱五君子, 在明則有敬軒·康齋·白沙·姚江諸儒. 冥搜靜悟, 宗旨

江, 왕수인(王守仁)] 등의 제유諸儒가 있었다. 힘써 찾아보고 고요하게 깨닫는다면 (그들의) 종지宗旨가 밝게 드러날 것이다. 그들 사이에 비록 견해의 차이가 없지 않지만 성인의 도에 이르기를 추구했다는 점에서는 매한가지이다."

炯然, 其間雖不無異同之見, 而其求至於聖道則一也."

나는 이와 같은 선군의 서론緖論을 들었으나 당시에는 한창 첩괄(帖括, 팔고문)을 공부하는 데 몰두하고 있어서 (첩괄에) 태만할까 두려워 이전처럼 공부하고, (그러한 학문을) 연구하지 못하였다. 뒤에 선군께서는 용강[甬江, 절강(浙江) 영파(寧波)]의 구 선생[仇先生, 구조오(仇兆鰲)]이 중비中秘[1]에 들어가게 되어 서울의 집에서 강학講學한다는 소식을 들으시고는 나를 불러 말씀하셨다. "구 선생은 문장과 학술이 육경六經에 근원을 두고 있으니 동남東南 지방의 (훌륭한) 학자이다. 너는 가서 가르침을 받아라." 그리하여 나는 선생의 문하에서 배우게 되었다.

樸聞先君之緖論如此, 時方工帖括, 因循畏怠, 未獲研究. 後先君聞甬江仇先生入中秘, 講學京邸, 乃呼樸, 謂"仇先生文章學術, 源本『六經』, 爲東南學者, 爾其往受業焉." 樸乃執經先生之門.

얼마 지나지 않아 (선생께서) 손수 『명유학안』을 주셨다. 내가 그 책을 가지고 돌아가서 선군께 드렸더니, 선군께서는 다 읽고 나서 말씀하셨다. "이주(梨洲, 황종희) 선생은 사도(斯道, 유교)에 대해 그 공이 크고, 그 마음은 애를 많이 쓰셨다. 배우는 사람이 진실로 이 책에서 체험한다면 성인의 도에 대해 얻는 바가 있을 것이

未幾, 手授『明儒學案』一書, 樸攜歸以呈先君. 先君讀而卒業, 曰: "梨洲先生之於斯道, 其功鉅, 其心苦矣. 學者誠體驗於此, 其於聖

1 중비(中秘): 황실의 도서를 보관하는 곳.

다. 만약 명해溟海나 발해渤海 같은 큰 바다에서 노닐려고 하는 사람이라면 양자강揚子江과 한수漢水를 지나고, 회수淮水와 사수泗水를 건널 것이다. 비록 지나는 길이 각각 다르더라도 멈추지 않고 흘러간다면 결국 바다로 돌아갈 것이라는 데는 의심의 여지가 없다."

그러고 나서 마침내 우리에게 밤낮으로 부지런히 교감하고 판각하는 사람에게 넘겨주어 널리 전파시키라고 명하셨다. 일은 신미년(1691) 봄에 시작되어 계유년(1693) 맹춘(孟春, 정월)에 끝마쳤다. 아! 선군의 유명遺命이 아직 귀에 남아 있는데 안석과 지팡이는 이미 직접 가져다드릴 수가 없구나. 나는 이 책을 받들어 읽으면서 오직 어리석음과 아둔함을 채찍질하면서 밤낮으로 부지런히 노력하여, 자신을 반성하고 허물을 적게 만들어 아버지와 스승의 밝은 가르침을 저버리지 않기를 기약할 뿐이다.

계유년(癸酉年, 1693) 여름 모 월에 후학 가박賈樸이 삼가 발跋하다.

人之道, 庶有得焉. 如欲遊溟渤者, 歷江·漢, 涉淮·泗, 雖所闕之途各殊, 而泝之不已, 終歸於海無疑也."

遂命樸等朝夕校讎, 授諸梓以廣其傳. 工起於辛未春, 竣於癸酉之孟春. 嗚呼! 先君遺命在耳, 而几杖已不獲親矣. 樸捧讀斯篇, 唯有策愚鞭駑, 朝夕孳孳, 期省身寡過, 以無負於父師之明訓已耳.

歲在癸酉夏月, 後學賈樸敬跋.

가념조의 발賈念祖跋

돌아가신 조부 약수공[若水公, 가윤(賈潤)]께서는 정밀하게 리학理學을 연구하여 송宋나라, 원元나라, 명明나라 제유諸儒의 책 중에 근원과 말류를 아울러 궁구하여 그 속에 담긴 심오한 뜻을 꿰뚫어 보지 않은 것이 없었다. 일찍이 돌아가신 부친 소암공[素菴公, 가박(賈樸)]에게 "사람으로 태어나서 공명을 얻은 사람이 되기는 쉽지만, 성현을 따르는 사람이 되기는 어렵다."고 말씀하신 적이 있다. 대개 평소에 입각하는 곳으로 삼고서 착실하게 공부하신 바가 여기에 있었으므로 자손에게 훈시하신 바도 여기에 있었던 것이다.

先王父若水公精研理學, 於宋·元·明諸儒之書, 無不泝委窮源, 徹其底蘊. 嘗謂先大夫素菴公云: "人生爲功名中人易, 爲聖賢中人難." 蓋其生平立腳爲著實工夫者在此, 所以訓示子孫者亦在此.

만년에 요강[姚江, 절강(浙江) 여요(餘姚)]의 황이주(黃黎洲, 황종희) 선생이 지은 『명유학안』을 읽고서 심히 좋게 여기며 탄복하셨다. 이는 대개 선생이 각각 제유諸儒가 힘을 얻은 바를 밝힌 말을 수록하여 배우는 사람이 스스로 선택하도록 한 점을 높이 산 것이다. 길은 달라도 돌아가는 곳은 같고, 생각은 백 가지나 되어도 결과는 하나이니, (이 책은) 참으로 같음과 다름으로 서로 대립하는 부류를 높이 뛰어넘었다.

晩年讀姚江黃黎洲先生『明儒學案』一書, 深嘉而歎服之. 蓋取先生各載諸儒所得力之語, 以俟學者之自擇, 殊塗同歸, 百慮一致, 誠高出於牴牾異同者流也.

돌아가신 부친께서 조부의 명을 받아 이 책

先大夫承命授梓,

을 간행하였는데, 강희康熙 계유년(1693)에 책이 간행된 뒤로 40여 년이 흘렀다. 그 동안 사방의 독실하게 배우고 힘써 실천하는 선비들이 집에 와서 이 책을 찾는 일이 끊이지 않았다. 나는 삼가 선인의 뜻을 공경하여 일찍이 직접 이 책에서 글자의 오류 100여 자 교정하고, 아들 유裕, 곤昆, 연延, 태泰에게 옛 책을 보완하여 세상에 공개하라고 명했다. 이는 또한 그렇게 함으로써 선현先賢을 사모하여 우러러 보고, 감히 가훈家訓을 실추시키지 않으려는 것이다.

自康熙癸酉書成, 垂四十餘年, 四方篤學力行之士, 來索是書者, 踵相接也. 念祖敬凜先志, 嘗手一編爲訂正其魯魚之謬者百有餘字, 命兒裕・昆・延・泰脩補舊帙, 公諸海內, 亦以景仰先賢, 不敢有墜家訓云爾.

옹정雍正 13년(1735) 7월 상순에 감릉甘陵의 후학 가념조賈念祖가 적다.

雍正十三年七月上浣甘陵後學賈念祖識.

막진의 서莫晉序

공자는 "선인善人은 옛날의 자취를 따르지 않는다."[1]고 말했고, 맹자는 "군자는 스스로 터득하려고 한다."[2]고 말했으며, 『주역』「계사전」에서는 "천하는 돌아가는 곳은 같지만 길은 다르며, 결과는 하나이지만 생각은 백 가지이다."[3]라고 말했다. 이 세 가지 말은 천고에 걸쳐 도학道學의 지침이다.

대저 도道에는 정해진 본체가 없고 배움에는 정해진 방법이 없으니, 매번 인仁과 지智로 갈라지고 능히 강함과 부드러움을 번갈아 사용함을 본다. 똑같이 인仁을 물었으나 (공자는) 극기복례克己復禮로 대답하기도 하고[4] 경敬과 서恕로 대답하기도 하였는데[5] 이는 (사람에 따라) 공부의 돈오와 점수를 (다르게 말해 준 것이다). 똑

孔子稱"善人不踐迹", 孟子謂"君子欲其自得",『繫辭』云"天下同歸而殊塗, 一致而百慮." 此三言者, 千古道學之指南也.

夫道無定體, 學無定法, 見每岐於仁智, 克互用乎剛柔. 鈞是問仁, 而克復・敬恕, 工夫頓漸; 同此一貫, 而忠恕・學識, 義別知行, 各得

---

1 선인(善人)은 … 않는다: 『論語』「先進」:19, "子張問善人之道. 子曰: '不踐迹, 亦不入於室.'"

2 군자는 스스로 터득하려고 한다: 『孟子』「離婁下」:15.

3 천하는 … 가지이다: 『周易』「繫辭下傳」:5.

4 극기복례(克己復禮)로 대답하기도 하고: 『論語』「顔淵」:1, "顔淵問仁. 子曰: '克己復禮爲仁.'"

5 경(敬)과 서(恕)로 대답하기도 하였으니: 『論語』「顔淵」:2, "仲弓問仁. 子曰: '出門如見大賓, 使民如承大祭. 己所不欲, 勿施於人.'" 朱熹 集註: "敬以持己, 恕以及物, 則私意無所容而心德全矣."

같은 일관一貫이지만 (제자에 따라) 충서忠恕를 말하기도 하고[6] 배워서 기억한다學識고 말하기도 하여[7] 그 의미가 지知와 행行으로 나누어졌는데 이는 각자 자신의 천성에 가까운 바를 터득한 것일 뿐이다.

其性之所近而已.

송宋나라 유자儒者 중에 염계[濂溪, 주돈이(周敦頤)]와 명도[明道, 정호(程顥)]의 심오함과 순수함은 안자顔子와 가깝고, 이천[伊川, 정이(程頤)]과 횡거[橫渠, 장재(張載)]의 독실함은 증자曾子, 자사子思와 가까우며, 상산[象山, 육구연(陸九淵)]의 고명함은 맹자와 가깝다. 이론을 세우고 가르침을 제시하는 데 다 똑같을 필요는 없다. 후세 사람들은 저술著述이라는 자취에 얽매여서 모두가 주자朱子가 뭇 유자를 집대성했다고 말하면서 수백 년 동안 오로지 일가一家의 학문(= 주자학)만을 중심으로 삼았다.

宋儒濂溪・明道之深純, 與顔子爲近; 伊川・橫渠之篤實, 與曾・思爲近; 象山之高明, 與孟子爲近. 立言垂教, 不必盡同, 後人泥於著述之迹, 僉謂朱子集群儒之大成, 數百年來專主一家之學.

명明나라 초에 천태[天台, 방효유(方孝孺)]와 민지[澠池, 조단(曹端)]로 인해 (도학의) 시초가 열렸고, 하동[河東, 설선(薛瑄)]과 숭인[崇仁, 오여필(吳與弼)]으로 인해 풍교風教가 점차 넓어졌다. 그들은 대체로 자양(紫陽, 주희)의 가법家法을 충실하게 지키고 말과 행동이 법도에 맞았으니 자

明初, 天台・澠池, 椎輪伊始; 河東・崇仁, 風教漸廣, 大抵恪守紫陽家法, 言規行矩, 不愧游・夏之徒, 專尙

6 충서(忠恕)를 말하기도 하고: 『論語』「里仁」:15, "子曰: '參乎! 吾道一以貫之.' … 曾子曰: '夫子之道, 忠恕而已矣.'"

7 배워서 기억한다(學識)고 말하기도 하여: 『論語』「衛靈公」:2, "子曰: '賜也, 女以予爲多學而識之者與?' 對曰: '然, 非與?' 曰: '非也, 予一以貫之.'"

유子游와 자하子夏의 무리가 되기에 부끄럽지 않았다. 그들은 오로지 점수의 수행을 숭상하고 돈오의 깨달음을 숭상하지 않았으며, 오로지 하학下學만을 말하고 상달上達을 언급하지 않았다.

修, 不尙悟, 專談下學, 不及上達也.

백사[白沙, 진헌장(陳獻章)]의 '고요하게 (정좌하여) 단예를 길러 낸다.'는 주장에 이르러 문호를 열기 시작하였다. 그는 멀리로는 증점曾點처럼 되기를 바라고, 가까이로는 요부[堯夫, 소옹(邵雍)]와 유사하였으니 여전히 공문孔門의 별파別派였다.

至白沙靜養端倪, 始自開門戶, 遠希曾點, 近類堯夫, 猶是孔門別派.

양명[陽明, 왕수인(王守仁)]이 양지설良知說을 제창하여 '마음이 곧 리이다.' '지知가 곧 행行이다.' '공부工夫가 곧 본체本體이다.'라고 하면서부터 곧바로 성학聖學의 본원을 탐구하였다. 그 이전의 제유諸儒는 주자朱子를 배웠으나 재주가 주자에 미치지 못하여 끝내 그 범위를 벗어나지 못했는데, 양명은 육상산陸象山과 비슷하였지만 재주가 육상산보다 높았기 때문에 자양(紫陽, 주희)과 나란히 설 수 있었다. 당시 동곽[東廓, 추수익(鄒守益)]의 경우는 계신공구戒愼恐懼를 주장하고, 쌍강[雙江, 섭표(聶豹)]은 귀적歸寂을 주장하고, 염암[念菴, 나홍선(羅洪先)]은 무욕無欲을 주장하여 가장 신건(新建, 왕수인)의 공신功臣이라 불렸다. 감천[甘泉, 담약수(湛若水)]이 말한 체인體認과 견라[見羅, 이재(李材)]가 말한 지수止修도 또한 (양명의 양지설과) 서로 표리가

自陽明倡良知之說, 卽心是理, 卽知是行, 卽工夫是本體, 直探聖學本原. 前此諸儒, 學朱而才不逮朱, 終不出其範圍; 陽明似陸而才高於陸, 故可與紫陽並立. 當時若東廓主戒懼, 雙江主歸寂, 念菴主無欲, 最稱新建功臣. 卽甘泉體認, 見羅止修, 亦足互相表裏. 迨蕺山提淸誠意, 約歸愼獨, 而良知之學, 益

되기에 충분하였다. 즙산[蕺山, 유종주(劉宗周)]에 이르러 성의誠意를 제창하고[8] (그것을) 요약하여 신독愼獨으로 돌리자 양지학良知學이 더욱 실지實地에 이르고 허공虛空에 떨어지지 않게 되었다.

臻實地, 不落虛空矣.

황이주(黃黎洲, 황종희) 선생의 『명유학안』은 [명유(明儒)의] 말과 행동을 아울러 싣고, 지파支派를 각각 분류하였는데, 선택이 정밀하고 설명이 상세하며 핵심을 파악하고 요점을 제시하여 명대明代 학술의 근원과 흐름이 손바닥을 가리키듯 명료하였다. 요컨대 그의 미의(微意: 말로 표현하지 않은 깊은 속내)는 실은 대종大宗을 요강(姚江, 왕수인)에 돌리고, 숭인(崇仁, 오여필)을 처음 열어서 밝힌 사람으로, 즙산(蕺山, 유종주)을 최후의 정예로 삼은 것이다. (그리고) 뭇 요강을 근본으로 삼는 자와 요강을 배척하는 사람에 대해서는 옳음과 그름이 서로 드러나고, 득과 실이 다 보존되도록 편성함으로써 양지의 깊은 의미를 밝히면서도 그 유폐를 막았으니, 용의用意가 지극히 심원하였다.

黃黎洲先生『明儒學案』一書, 言行並載, 支派各分, 擇精語詳, 鈎玄提要, 一代學術源流, 瞭如指掌. 要其微意, 實以大宗屬姚江, 而以崇仁爲啓明, 蕺山爲後勁. 凡宗姚江與闢姚江者, 是非互見, 得失兩存, 所以闡良知之祕而防其流弊, 用意至深遠也.

이 책은 청하淸河의 가씨[賈氏, 가박(賈樸)]가 간행한 판본이 세상에 유통된 지 가장 오래되었다. 다만 원본에서는 강재(康齋, 오여필)가 제일 앞에 있었는데 가본賈本은 그것을 바꿔서 경헌(敬軒, 설선)을 제일 앞에 두었고, 원본에 "왕

是書淸河賈氏刻本行世已久, 但原本首康齋, 賈本改而首敬軒, 原本"王門學案", 賈本皆改爲"相

8 제창하고: 원문은 "提淸"인데 의미는 미상. 일단 문맥에 따라 번역하였다.

문학안王門學案"(권11-30)으로 되어 있던 것을 가본은 모두 "상전학안相傳學案"으로 고쳤다. 이는 만오하[萬五河, 만언(萬言)]의 원각본原刻本과 다르므로 선생의 본지가 아닌 듯하다. 우리 집에는 예전부터 초본(鈔本, 필사본)이 있었으므로 삼가 만씨(萬氏, 만언)의 원각본에 근거하여 재차 교정하여 그 처음의 모습을 회복시키고, 아울러 잘못된 글자를 교감하여 간행하였다.

傳學案", 與萬五河原刻不同, 似非先生本旨. 予家舊有鈔本, 謹據萬氏原刻重加訂正, 以復其初, 並校亥豕之訛, 壽諸梨棗.

삼가 생각건대, 배움에서는 참된 수행과 진실한 깨달음을 귀하게 여기는데 이는 허虛와 실實이라고 하는 두 가지 기틀에서 벗어나지 않는다. 실實에 병이 있는 자는 허虛로 구제하고, 허에 병이 있는 자는 실로 구제한다. 옛사람은 병에 따라 처방을 하였으므로 원래 정해진 바가 없이 그 변화에 따라 통하게 하여 사람을 게으르지 않게 하였기 때문에 교법敎法이 나날이 새로웠다. 리理는 하나이지만 말은 다르지 않을 수 없고, 착수하는 바는 다르지만 귀결되는 곳은 하나가 아닌 적이 없었다. 이 책을 읽는 사람이 그 자취에 구애받지 않고 힘써 참되게 스스로 터득하기를 추구하고, 몸과 마음, 성性과 명命에서 인증하고 언어와 문자에서 갈등을 낳지 않을 수 있다면 동과 서가 상반되지만 서로 없을 수 없고, 온갖 냇물이 쉬지 않고 바다로 흘러가면 모두 바다에 이를 수 있는 것처럼 (명나라의) 제유諸儒로 말미암아 위로 염락관민(濂洛關閩: 주돈이 · 이정 · 장재 · 주희)

竊謂學貴眞修實悟, 不外虛實兩機, 病實者救之以虛, 病虛者救之以實. 古人因病立方, 原無成局, 通其變, 使人不倦, 故教法日新. 理雖一而言不得不殊, 入手雖殊, 而要歸未嘗不一. 讀是書者, 誠能不泥其迹, 務求自得之眞, 向身心性命上作印證, 不向語言文字上生葛藤, 則東西相反而不可相無, 百川學海而皆可至於海. 由諸儒上溯濂 · 洛 · 關 · 閩, 以尋源洙 · 泗, 庶不

으로 거슬러 올라가고 수사(洙泗: 공자 · 맹자)로 근원을 찾아간다면 선생이 제창한 바의 고심을 저버리지 않을 것이다.

負先生提倡之苦心也夫!

도광道光 원년 신사년(1821) 중동(仲冬, 11월) 1일 아침에 회계會稽의 후학 막진莫晉[9]이 머리를 조아리고 삼가 교충당敎忠堂에서 쓰다.

時道光元年辛巳仲冬朔旦, 會稽後學莫晉頓首謹書於敎忠堂.

---

9 막진(莫晉): 1761-1826년. 자는 錫三, 또는 裴舟, 호는 寶齋, 浙江, 會稽 사람.

명유학안발범明儒學案發凡

지금까지 리학理學의 역사를 서술한 책으로 예전에는 주해문周海門[1]의 『성학종전聖學宗傳』이 있었고, 근래에는 손종원孫鍾元[2]의 『리학종전理學宗傳』이 있으니 제유諸儒의 학설이 자못 갖추어졌다고 하겠다. 그러나 도석궤陶石簣[3]는 「여초약후서與焦弱侯書」에서 "해문海門은 자신이 구석진 산택山澤에 살고 있어서 견문이 협소하다고 생각했다. 그래서 늘 널리 문헌을 구해 미비한 바를 보충하기를 원했고, 감히 (『성학종전』을) 정본定本이라고 일컫지 않았다."[4]고 하였다. 게다가 각 학자에게는 저마다 종지宗旨가 있는데 해문은 선학禪學을 주장하여 금·은·동·철을 뒤섞어 하나의 그릇으로 만들어 버렸으니, 이는 해문 한 사람의 종지이지 각 학자의 종지가 아니다. 종원은 잡다하게 수록하기만 하고 다시 구별하지 않았다. 그가 비평과 주석에서 언급한 바도 반드시 요령을 얻은 것은 아니었으며, 그의 견문 역시 해문과 마찬가

從來理學之書, 前有周海門『聖學宗傳』, 近有孫鍾元『理學宗傳』, 諸儒之說頗備. 然陶石簣「與焦弱侯書」云: "海門意謂身居山澤, 見聞狹陋, 常願博求文獻, 廣所未備, 非敢便稱定本也." 且各家自有宗旨, 而海門主張禪學, 擾金銀銅鐵爲一器, 是海門一人之宗旨, 非各家之宗旨也. 鍾元雜收, 不復甄别, 其批註所及, 未必得其要領, 而其聞見亦猶之海門也.

---

1 주해문(周海門): 周汝登. 권36, 「泰州學案五」 참고.
2 손종원(孫鍾元): 孫奇逢. 권57, 「諸儒學案下五」 참고.
3 도석궤(陶石簣): 陶望齡. 권36, 「泰州學案五」 참고.
4 해문(海門)은 … 않았다: 陶望齡, 『歇菴集』 권16, 「與焦弱侯年兄書」(2387쪽).

지로 (협소하였다). 배우는 사람들은 나의 이 책을 본 뒤에야 두 사람의 소략함을 알 것이다.

무릇 학문에는 종지가 있으니, 이는 그 사람이 힘을 얻은 곳이자 또한 배우는 사람이 입문하는 곳이다. 천하의 의리는 무궁한데 만약 한두 글자로 규정하지 않는다면 어떻게 그것을 요약하여 내 것으로 만들 수 있겠는가? 그러므로 강학을 했지만 종지가 없다면 설령 좋은 말을 했더라도 두서없이 엉클어진 실타래이며, 배우는 사람으로서 그 사람의 종지를 얻지 못했다면 설령 그의 책을 읽었더라도 역시 장건張騫이 처음 대하大夏에 도착하여 월씨月氏의 요령을 얻지 못했던 것[5]과 마찬가지이다. 이 책에서 종지를 분별한 것은 마치 등불을 들고서 그림자를 비추는 것[6]처럼 (정수를 드러냈다). 두목지[杜牧之, 두목(杜牧)]는 "구슬이 쟁반 위를 구를 때 (그 움직임이) 가로인지 사선인지, 원인지 직선인지 전부 알 수는 없지만, 틀림없이 알 수 있는 것은 구슬이 쟁반을 벗어나지 못한다 사실이다."[7]라고 말하였다. 대저 종지도 또한

學者觀義是書, 而後知兩家之疎略.

大凡學有宗旨, 是其人之得力處, 亦是學者之入門處. 天下之義理無窮, 苟非定以一二字, 如何約之, 使其在我? 故講學而無宗旨, 卽有嘉言, 是無頭緒之亂絲也; 學者而不能得其人之宗旨, 卽讀其書, 亦猶張騫初至大夏, 不能得月氏要領也. 是編分別宗旨, 如燈取影. 杜牧之曰: "丸之走盤, 橫斜圓直, 不可盡知. 其必可知者, 是知丸不能出於盤也." 夫宗

---

5 장건(張騫)이 … 것: 장건(張騫)은 漢 武帝의 명을 받고 大月氏에 사신으로 갔다. 大夏·大月氏는 모두 서역의 국명. 『史記』 권123, 「大宛傳」, "騫從月氏至大夏, 竟不能得月氏要領."의 集解: "『漢書音義』曰: 要領, 要契."

6 마치 등불을 들고서 그림자를 비추는 것: 『蘇軾文集』 권70, 「書吳道子畫後」, "道子畫人物, 如以燈取影, 逆來順往, 旁見側出, 橫斜平直, 各相乘除, 得自然之數, 不差毫末, 出新意於法度之中, 寄妙理於豪放之外, 所謂遊刃餘地, 運斤成風, 蓋古今一人而已." 참고.

이와 같은 것이다.

일찍이 명대의 문장과 업적은 모두 전대前代에 미치지 못하지만, 유독 리학理學만큼은 전대가 따라올 수가 없다고 말한 적이 있다. [명유(明儒)는] 소털이나 명주실처럼 (미세한 부분까지) 분석하지 않은 것이 없었으니, 참으로 선유들이 드러내지 못한 바를 드러낼 수 있었다. 정자程子와 주자朱子가 불교를 배척한 것은 그 설이 번잡하지만 결국 자취상에서만 논했을 뿐이고, 그 이치에 가까울수록 참됨을 어지럽히는 점에 대해서는 끝내 지적해 내지 못하였다. (그러나) 명대의 유자들은 털끝만 한 곳에서도 그림자를 놓치는 일이 없었다. 도석궤陶石簣는 또한 "만약 견해를 가지고 논한다면, 당대의 제공은 매우 높이 올라간 점이 있다."고 하였는데, 의도하지 않았지만 내 말과 맞아떨어진다.

매번 선유의 어록을 초록한 것을 보면, 몇 조목을 뽑아 놓았지만 그 취사의 의도가 무엇인지 알 수 없었다. 그 사람의 일생의 정신을 뚜렷하게 드러내지 못한다면 어떻게 그의 학술을 알 수가 있겠는가? 이 책에서는 모두 (선유의) 전집에서 핵심적인 구절을 뽑아서 모아놓았고 앞 사람의 구본舊本을 베낀 경우는 없다.

旨亦若是而已矣.

嘗謂有明文章事功, 皆不及前代, 獨於理學, 前代之所不及也. 牛毛繭絲, 無不辨晰, 眞能發先儒之所未發. 程・朱之闢釋氏, 其說雖繁, 總是只在迹上; 其彌近理而亂眞者, 終是指他不出. 明儒於毫釐之際, 使無遁影. 陶石簣亦曰: "若以見解論, 當代諸公儘有高過者." 與羲言不期而合.

每見鈔先儒語錄者, 薈撮數條, 不知去取之意謂何. 其人一生之精神未嘗透露, 如何見其學術? 是編皆從全集纂要鈎玄, 未嘗襲前人之舊本也.

7 구슬이 … 사실이다: 杜牧, 『樊川文集』 권7, 「注孫子序」.

유자의 학문은 불교의 오종五宗이 반드시 청원青原과 남악南嶽[8]을 (자신의 계보에) 연결시키려 하는 것과 다르다. 공자께서 어찌 배우지 않았겠는가?[9] (일정한 스승이 없었을 뿐이다.) 염계[濂溪, 주돈이(周敦頤)]는 남에게 의지하지 않고 (홀로) 일어났으며, 상산[象山, 육구연(陸九淵)]에게 전수해 준 사람이 있다는 말은 들어 보지 못하였다. 하지만 그 사이에 정자와 주자로부터 하기何基, 왕백王柏, 김이상金履祥, 허겸許謙[10]에 이르기까지, 수백 년이 지난 뒤에도 여전히 선대의 법도를 사용하였지만, 불교처럼 억지로 근원과 지류를 끌어다 붙이지는 않았다. 그러므로 이 책에서는 (가르침을) 주고받은 바가 있는 경우에는 각각 학안으로 분류하였고, 홀로 일어난 사람으로 뒤를 이은 학자가 그다지 저명하지 않은 경우는 모두 제유학안諸儒學案에 배열하였다.

儒者之學, 不同釋氏之五宗, 必要貫串到青原·南嶽. 夫子既焉不學? 濂溪無待而興, 象山不聞所受. 然其間程·朱之至何·王·金·許, 數百年之後, 猶用高曾之規矩, 非如釋氏之附會源流而已. 故此編以有所授受者, 分爲各案; 其特起者, 後之學者不甚著名, 總列諸儒之案.

학문의 도는 각자 스스로 힘을 써서 터득한 것을 참되게 여긴다. 무릇 문호에 기대거나 남을 모방하는 것[11]은 천박한 세속의 선비가 아

學問之道, 以各人自用得著者爲眞. 凡倚門傍戶·依樣

---

8 청원(青原)과 남악(南嶽): 모두 唐代의 禪僧으로 青原은 青原行思(671-738, 혹은 671-740)로 謚號는 弘濟大師이고 石頭希遷의 스승이다. 南嶽은 南嶽懷讓(677-744)으로 시호는 大慧禪師이고 馬祖道一의 스승이다. 青原과 南嶽은 六祖 慧能의 二大 弟子이며, 中唐 이후 青原-石頭希遷 계통과 南嶽-馬祖 계통은 中國 禪의 二大 主流가 된다.

9 공자께서 어찌 배우지 않았겠는가: 『論語』「子張」:22.

10 하기(何基), 왕백(王柏), 김이상(金履祥), 허겸(許謙): 송원시대 浙江 金華의 주자학자들로 "北山四先生"이라 불린다. 『宋元學案』 권82, 「北山四先生學案」 참고.

니면 과거 공부하는 경생經生들이나 하는 일이다. 이 책에서 나열한 바에는 한쪽으로 치우친 견해도 있고 상반된 논의도 있다. 배우는 사람들은 바로 그 다른 곳에서 착안하고 이해해야 할 것이니, (이것이) 이른바 일본一本이면서 만수萬殊라는 것이다. 물에 물을 타는 것[12]처럼 (남의 견해를 그대로 따른다면) 그것이 어찌 학문이겠는가!

葫蘆者, 非流俗之士, 則經生之業也. 此編所列, 有一偏之見, 有相反之論, 學者於其不同處, 正宜著眼理會, 所謂一本而萬殊也. 以水濟水, 豈是學問!

호계수胡季隨[13]가 회옹(晦翁, 주희)에게 배우러 갔는데 회옹이 『맹자』를 읽게 하였다. 어느 날 계수에게 (『맹자』의) "마음에 이르러서만 홀로 똑같이 옳게 여기는 바가 없겠는가?"[14]에 대해 물었다. 계수가 자신의 견해를 가지고 해석하자 회옹은 틀렸다고 하고, 또 그의 독서가 거칠어 깊이 생각하지 않는다고 하였다. 계수가 그것을 생각하느라 너무 애를 쓰다가 병까지 생기자 회옹이 비로소 말해 주었다. 옛사람들이 배우는 사람에게 이처럼 가볍게 가르쳐 주지 않았던 것은 대개 그들이 스스로 터득하기

胡季隨從學晦翁, 晦翁使讀『孟子』. 他日問季隨"至於心, 獨無所同然乎?" 季隨以所見解, 晦翁以爲非, 且謂其讀書鹵莽不思. 季隨思之旣苦, 因以致疾, 晦翁始言之. 古人之於學者, 其不輕授如此, 蓋欲其自得之

---

11 남을 … 것: 원문은 "依樣葫蘆"으로, 남의 그림을 보고 호리병박을 그린다는 말로 남의 것을 모방한다는 뜻이다. 宋 · 魏泰, 『東軒筆錄』 권1, "太祖笑曰: '頗聞翰林草制, 皆檢前人舊本, 改換詞語, 此乃俗所謂依樣畫葫蘆耳, 何宣力之有?'" 참고.

12 물에 물을 타는 것: 『左傳』 昭公二十年(20 · 8), "今據不然. 君所謂可, 據亦曰可; 君所謂否, 據亦曰否. 若以水濟水, 誰能食之? 若琴瑟之專壹, 誰能聽之? 同之不可也如是." 참고.

13 호계수(胡季隨): 胡大時. 字는 季隨, 崇安人. 『宋元學案』 권71, 「嶽麓諸儒學案」 참고.

14 마음에 … 없겠는가: 『孟子』 「告子上」:7.

를 바랐기 때문이다. 불교의 경우에도 역시 전부 드러내서 말해 주는 것을 가장 꺼리는데, 사람들이 곧잘 헛된 광경光景[15]을 가지고 노는데 (정신이 팔려 버리기) 때문이다. 이 책은 풍광이 어지럽게 흩어져 있음을 면치 못했는데, 배우는 사람들이 헛되이 견해만을 늘리고 절실하게 공부하지 않는다면, 나는 도리어 이 책으로 인해 천하 후세에 죄를 짓게 될 것이다.

也. 卽釋氏亦最忌道破, 人便作光景玩弄耳. 此書未免風光狼籍, 學者徒增見解, 不作切實工夫, 則羲反以此書得罪於天下後世矣.

이 책에서는 제법 넓게 자료를 수집하기는 하였지만, 한 사람의 견문에는 한계가 있으니 여전히 계속해서 찾고 구해야 할 것이다. 내가 (전에) 보았으나 다시 잃어버린 것으로 예컨대 주포의朱布衣의 어록語錄, 한원락韓苑洛·남서천南瑞泉·목현암穆玄菴·범율재范栗齋 제공[16]의 문집이 있는데, 이 책들은 모두 수록하지 못하였다. 세상에 사문(斯文, 유교)에 책임이 있는 분들은 아낌없이 나를 가르쳐 주어야 할 것이니, 이 일은 말학末學 한 사람만의 일은 아닌 것이다.

是書搜羅頗廣, 然一人之聞見有限, 尙容陸續訪求. 卽羲所見而復失去者, 如朱布衣語錄, 韓苑洛·南瑞泉·穆玄菴·范栗齋諸公集, 皆不曾採入. 海內有斯文之責者, 其不吝敎我. 此非末學一人之事也.

요강姚江의 황종희가 적다.

姚江黃宗羲識.

15 광경(光景): '虛幻不實'한 사물을 비유. 『全集』 제10책, 「移史館論不宜立理學傳書」 219쪽, "涇陽謂之曰: '… 孟子言良知, 文成恐人將此知作光景玩弄, 走入玄虛, 故就上面點出一致字, 其意最爲精密.'"

16 주포의(朱布衣)의 … 제공: 朱布衣는 권32, 「泰州學案一」의 王東崖에 附錄된 朱恕를 가리키는 듯하다. 韓苑洛(이름은 邦奇)은 권9 「三原學案」, 南瑞泉(大吉)과 穆玄菴(孔暉)은 권29 「北方王門學案」, 范栗齋(瓘)은 권11, 「浙中學案」의 小序에 보인다.

사설師說*

* 師說: 劉宗周의 아들 劉汋이 지은『劉宗周年譜』의「天啓七年丁卯(1627), 先生五十歲,『皇明道統錄』成」條에서는『皇明道統錄』에서 方孝孺와 吳與弼에 대해 논한 부분을 인용하고 있는데('論遜志', '論康齋' 이하), 그것은 (인용의 과정에서 약간의 생략이나 수정이 있다는 점을 감안한다면)『명유학안』의「師說」과 일치한다. 또한『年譜』의 같은 곳에 수록되어 있는 王守仁에 대한 논의 역시「사설」의 '王陽明守仁'과 일치한다. 게다가「사설」의 '許敬菴孚遠'에는 "나는 일찍이 허 선생[許師, 許孚遠]께 직접 배웠다."는 말이 있다. 여기서 "나"는 물론 허부원의 제자인 유종주이다. 이러한 점에서 보면『명유학안』「사설」은 유종주의『황명도통록』에서 발췌한 것으로 판단된다.

참고로 유작은『황명도통록』의 특징으로 薛瑄·陳獻章·羅欽順·王畿에 대해 세상의 평가와 달리 비판적이라는 점, 方孝孺와 吳與弼에 대해 세상의 비난과 달리 높이 평가하고 있다는 점, 그리고 방효유·오여필 외에 曹端·胡居仁·陳選·蔡清·王守仁·呂柟 6인에 대해 전혀 비판적인 언급이 없다는 점 등을 들고 있다.

한편,『명유학안』의 구성에서 보면 권수의「사설」은『학안』의 첫머리에, 권62의「蕺山學案」은 마지막에 자리하고 있다.「明儒學案序(原序)」에서 황종희는 "간혹 드러내 밝힌 부분도 있지만 한결같이 先師에게 근본을 두었고, 감히 그 사이에서 덜거나 보탠 경우는 없었다."고 밝히고 있는데, 내용뿐만 아니라『학안』의 구성에서도 유종주가 대단히 중요한 위치를 차지하고 있음을 알 수 있다.

정학 방효유[1] 方正學孝孺

위대한 성인들의 시대와 멀어지고 화란禍亂이 이어지자 학사學士 대부大夫 중에 백성을 걱정하고 왕도王道를 마음에 둔 사람이 극히 드물었는데, 송宋나라가 망하자 (그러한 사람을) 더욱 찾아볼 수가 없었다. 선생은 절세의 자질을 타고나서 개연慨然히 사문斯文을 계승하는 것을 자신의 임무로 삼았다. [명(明)나라의 개국이라는] 문명의 기운이 열리는 천재일우의 때를 만나 하늘이 자신을 낳아 준 뜻과 옛 성현들이 강구한 바를 깊이 생각하여, 바로 세상의 몽매함을 물리쳐 이제二帝[2]의 문명을 열고, 패도의 혼용[3]을 제거하여 삼왕三王[4]의 왕도를 드러내고자 하였으며, 다시 그 나머지 성현을 미루어서 후

神聖旣遠, 禍亂相尋, 學士大夫有以生民爲慮・王道爲心者絕少. 宋沒, 益不可問. 先生稟絕世之資, 慨焉以斯文自任. 會文明啓運, 千載一時, 深維上天所以生我之意, 與古聖賢之所講求, 直欲排洪荒而開二帝, 去雜霸而見三王, 又推其餘以淑來禩, 伊・

1 방효유(方孝孺): 『명유학안』 권43, 「諸儒學案上一」 참고.

2 이제(二帝): 唐堯와 虞舜. 『尙書』 「大禹謨」, "文命敷於四海, 祗承于帝"의 孔穎達 疏: "此禹能以文德敎命布陳於四海, 又能敬承堯舜, 外布四海, 內承二帝, 言其道周備."

3 패도의 혼용: 원문은 '雜霸'로 왕도와 패도를 혼용하여 국가를 다스린다는 뜻이다. 『漢書』 「元帝紀」, "漢家自有制度, 本以霸王道雜之, 奈何純任德敎, 用周政乎!"

4 삼왕(三王): 夏나라의 禹임금, 商나라의 湯王, 周나라의 文王과 武王. 『孟子』 「告子下」:7, "五霸者, 三王之罪人也"의 주희 集註: "三王, 夏禹・商湯・周文武也."

세를 착하게 만들려고 하였다. 이윤伊尹과 주공周公, 공자孔子와 맹자孟子가 합하여 한 사람이 되었으니, 장차 아침저녁으로 그를 만날 것이었다.[5] 이것은 배워서 본성의 위대한 완전함을 깨닫지 않았다면 할 수 없는 일이었다. 그렇지만 이윽고 시대와 명운을 만나지 못해 마침내 아홉 번 죽음으로써 하나의 옳음을 이루고 천하 만세에 대한 책임을 완수하였으니, 그 세교世敎를 도와 지탱한 공은 진실로 천추千秋의 '정학正學'[6]에 부끄럽지 않은 것이었다.

살펴보건대, 선생은 당시에 이미 정주程朱가 다시 나왔다는 말을 들었지만, 뒷사람들은 도리어 하나의 죽음을 가지고 선생의 일생의 고심을 지워 버리면서 "절의節義와 리학理學은 별개이니 이쪽에서 나온 사람은 저쪽으로 들어간다."고 말하며, 심지어는 양웅揚雄[7]이나 오초려吳草廬[8]와도 우열을 논하거나 함께 일컬을 수도 없는 인물이라고 말하기도 하였다. 그리하

周·孔·孟合爲一人, 將旦暮遇之, 此非學而有以見性分之大全不能也. 旣而時命不偶, 遂以九死成就一個是, 完天下萬世之責, 其扶持世敎, 信乎不愧千秋正學者也.

考先生在當時已稱程·朱復出, 後之人反以一死抹過先生一生苦心, 謂節義與理學是兩事, 出此者入彼, 至不得與揚雄·吳草廬論次並稱. 於是成仁取義

5 아침저녁으로 그를 만날 것이었다: 원문은 '旦暮遇之'로 『莊子』「齊物論」, "萬世之後, 而一遇大聖知其解者, 是旦暮遇之也."에 나온다. 30만 년에 한 번 위대한 성인을 만난다 해도 아침저녁으로 만나는 것처럼 짧은 시간에 만나는 셈이라는 것으로 위대한 성인을 만나기가 대단히 어렵다는 말이다. 이 글에서는 위대한 성인을 만나기가 대단히 어려운 법인데, 방효유처럼 위대한 인물이 세상에 나왔다는 뜻인 듯하다.

6 정학(正學): 蜀의 獻王이 방효유가 공부하던 건물에 지어 준 당호. 『명유학안』 권43, 「諸儒學案上一」, 方孝孺傳 참고.

7 양웅(揚雄): 기원전 53-기원후 18. 前漢 말의 유학자.

8 오초려(吳草廬): 元의 吳澄(1249-1333). 자는 幼淸, 호는 草廬, 江西 崇仁人. 『宋元學案』 권92, 「草廬學案」 참고.

여 인仁을 이루고 의義를 취하라[9]는 가르침은 세상에서 크게 금하는 바가 되었으니, 난신적자亂臣賊子가 꼬리를 물고 세상에 나타나게 될 것이다. 슬프도다!

之訓, 爲世大禁, 而亂臣賊子, 將接踵於天下矣. 悲夫!

혹자는 "선생의 충절은 지극하지만, 십족十族이 함께 죽게 만든 너무 과격한 것이 아니었는가?"[10]라고 말한다. 나는 말하겠다. "선생은 단지 스스로 하나의 죽음을 택한 것이며, 그의 과격함으로 인하여 (화가) 십족에게 미친 것은 십족이 각자 하나의 죽음을 택한 것일 뿐이다. 넓은 하늘 아래 왕의 땅이 아닌 곳이 없다.[11] 십족은 많은가? 그렇다고 죽어서는 안 되는 것인가? 선생의 평소 학문은 단연코 신하로서는 충성을 다하고 자식으로서는 효를 다하며 한결같이 양심이 본래 지니고 있는 바에 근거하였다. (선생이) 수십 년의 오랜 세월 동안 천하를 이끌어 (선으로) 나아가게 했다면 거의 풍속이 바뀌고 세상이 변했을 것이다. 그리하여 어느 날 마침내 그 일단의 정채精彩를 발하여 덮거나 막을 수 없게 되었을 것이다. 대개 지성至誠이 드러나고 밝아지고 감동시키고 변화시키

或言: "先生之忠至矣, 而十族與殉, 無乃傷於激乎?" 余曰: "先生只自辦一死, 其激而及十族, 十族各辦其一死耳. 普天之下, 莫非王土, 十族衆乎? 而不當死乎? 惟先生平日學問, 斷斷乎臣盡忠, 子盡孝, 一本於良心之所固有者, 率天下而趨之, 至數十年之久, 幾於風移世變, 一日乃得透此一段精光, 不可掩遏. 蓋至誠形著動變之

9 인(仁)을 이루고 의(義)를 취하라: 원문은 '成仁取義'로 '殺身成仁'(『論語』「衛靈公」:8)과 '舍生取義'(『孟子』「告子上」:10)를 줄인 말.

10 십족(十族)이 … 아니었는가: 『명유학안』 권43, 「諸儒學案上一」, 方孝孺傳 참고.

11 넓은 … 없다: 『毛詩』「小雅」北山, "溥天之下, 莫非王土. 率土之濱, 莫非王臣."(『孟子』「萬章上」:4에는 '溥'이 '普'로 되어 있다.)

는 이치[12]가 당연히 그러한 것이어서 인력이 미칠 수 있는 바가 아니다. 선생은 중용中庸의 도道를 행했다고 말하더라도 좋을 것이다."

理宜然, 而非人力之所幾及也. 雖謂先生爲中庸之道可也."

12 지성(至誠)이 … 이치: 『中庸章句』 23장, "其次致曲, 曲能有誠, 誠則形, 形則著, 著則明, 明則動, 動則變, 變則化, 唯天下至誠爲能化."

월천 조단[1] 曹月川端

선생의 학문은 스승에게 전수받은 것이 아니다. 단지 옛 책에서 옛사람의 공안公案을 들추어내서 조화의 이치에 대해 깊이 깨달은 바가 있자 '월천(月川: 냇물에 비친 달)'을 가지고 전해 내려오는 바를 체득하고,[2] 돌이켜서 내 마음에서 구하였다. 마음이 곧 극(極, 太極)이고, 마음의 동정動靜이 곧 음양이며, 마음이 일상생활에서 (외물과 주고받는) 수작酬酢이 곧 오행의 변變과 합合이라고 하여[3] 한결같이 마음을 일삼는 것을 도道에 들어가는 길로 삼았다.[4] 그러므로 본 바가 투철하였지만 현묘하지 않았고, 학문은 갈수록 정밀하여 잡스럽지 않았으니, 선생을 오늘날의 염계濂溪라고 말해도 좋을 것

先生之學, 不由師傳, 特從古冊中翻出古人公案, 深有悟於造化之理, 而以'月川'體其傳, 反而求之吾心, 卽心是極, 卽心之動靜是陰陽, 卽心之日用酬酢是五行變合, 而一以事心爲入道之路. 故其見雖徹而不玄, 學愈精而不雜, 雖謂先生爲今之濂溪可也.

---

1 조단(曹端): 『명유학안』 권44, 「諸儒學案上二」 참고.

2 '월천(月川)'을 … 체득하고: 『曹端集』 附錄三, 頌贊, 「諸儒評論」(337-8쪽), "蒲坂謝氏(諱琚)曰: … 先師自幼喜觀『太極圖』, 涵蓄旣久, 默契於心, 撮其大旨而月川喩之, 出示學者, 以在天之月喩萬殊之原於一本, 以映水之月喩一理之散爲萬殊, 大要形容一貫之理, 以樂其志, 與周子『圖說』相爲表裏者也, 因號月川子."

3 마음이 … 하여: 이 부분은 『太極圖說』에 나오는 개념을 가지고 마음을 설명한 것이다. 조단에게는 「太極圖說述解」(『曹端集』 권1)가 있다.

4 한결같이 … 삼았다: 『명유학안』 권44, 「諸儒學案上二」 語錄, "事事都於心上做工夫, 是入孔門底大路.(原註: 看此語, 便見先生之學.)"

이다.

그런데 선생은 자신의 이력을 말하면서, 사도斯道에 대해 나이 40에 이르도록 너무도 아득하고 광대하게 느껴지기만 하여 견딜 수 없을 만큼 괴로웠는데, 다시 10년이 지나 홀연히 깨닫게 되자 비로소 "천하에는 성性이 없는 것이 없고 성이 없는 곳이 없으니",[5] 이른바 태극의 리理도 바로 이것[=성(性)]에 즉하여 그러하다는 것을 알았다고 하였다.[6] 대개 도를 알기가 이처럼 어려우니, 배우는 자는 (말을) 삼가고, 가볍게 깨달았다고 말하지 말지어다!

乃先生自譜, 其於斯道, 至四十而猶不勝其渺茫浩瀚之苦; 又十年, 恍然一悟, 始知天下無性外之物, 而性無不在焉, 所謂太極之理, 卽此而是. 蓋見道之難如此, 學者愼毋輕言悟也哉!

생각건대, 선생의 문인 대사마大司馬 팽택彭澤은 일찍이 "우리 왕조 일대[一代, 명대(明代)]의 융성한 문명을 말하자면, 경세제민經世濟民의 학문에서는 유성의劉誠意,[7] 송학사宋學士[8]보다 뛰어난 사람이 없으나 도통道統의 전승은 단연코 민지澠池의 조선생曹先生으로부터 비롯되었

按: 先生門人彭大司馬澤, 嘗稱"我朝一代文明之盛, 經濟之學, 莫盛於劉誠意·宋學士; 至道統之傳, 則斷自澠池曹

5 천하에는 … 없으니: 朱熹, 『太極圖說解』, "夫天下無性外之物而性無不在, 此無極二五所以混融而無間者也, 所謂妙合者也."

6 선생은 … 하였다: 『曹端集』 권1, 「太極圖說述解」 太極圖說述解序(3쪽), "端成童業農, 弱而學儒, 漸脫流俗, 放異端, 然尙縻於科擧之學者二十餘年. 自強而後, 因故所學而潛心玩理, 幾十年之間, 僅有一髮之見, 而竊患爲成書病者, 如前所云. 乃敢於講授之際, 大書周說而分布朱解, 倘朱解之中有未易曉者, 輒以所聞釋之, 名曰述解. 用便初學者之講貫而已, 非敢瀆高明之觀聽也." 참고.

7 유성의(劉誠意): 劉基(1311-1375). 자는 伯溫, 浙江 靑田人. 명나라의 개국공신의 한 사람으로 건국 후 誠意伯에 봉해졌다.

8 송학사(宋學士): 宋濂(1310-1381). 자는 景濂, 호는 潛溪, 浙江 浦江人. 역시 명나라의 개국공신의 한 사람으로 翰林學士承旨知制誥을 지냈다.

다."고 일컬으면서 상서를 올려 (선생을) 공자의 사당에 종사從祀할 것을 청하였다.【정덕正德 연간에 있었던 일이다.】 내가 생각하기에, 방정학(方正學, 방효유) 이후에 사도斯道가 끊어졌다가 다시 이어진 것은 실로 선생이 있었기 때문이다. 설문청薛文淸[9] 역시 선생의 학풍을 듣고 일어난 사람이다.

先生始", 上章請從祀孔子廟庭.【事在正德中.】 愚謂方正學而後, 斯道之絕而復續者, 實賴有先生一人. 薛文淸亦聞先生之風而起者.

9 설문청(薛文淸): 薛瑄. 아래의 「薛敬軒瑄」 참고.

경헌 설선[1]薛敬軒瑄

내가 생각건대, 선배들이 일대[一代, 명대(明代)]에 리학理學으로 이름난 유자儒者를 논할 때 오직 선생에 대해서만 트집 잡는 말이 없었던 것은 실천의 유자라고 생각해서가 아니겠는가? 그러나 선생은 어사御史가 되어 선덕宣德, 정통正統 양조兩朝 동안 쟁쟁하게 일을 논한 적이 한 번도 없었으며, 경제景帝가 황태자를 바꿀 때[2] 선생은 대리시경大理寺卿이었지만 역시 아무 말도 하지 않았다. 혹자는 선생이 마침 그때 귀주貴州에서 군량을 조달하고 있었다고 변호하기도 한다. (하지만) 우숙민于肅愍의 옥사[3]는 당시 조정에서 가장 중요한 사안이었는데 공과 죄, 시시비비를 가릴 때 선생은 겨우

愚按: 前輩論一代理學之儒, 惟先生無間言, 非以實踐之儒歟? 然先生爲御史, 在宣·正兩朝, 未嘗錚錚一論事; 景皇易儲, 先生時爲大理, 亦無言. 或云, 先生方轉餉貴州. 及于肅愍之獄, 係當朝第一案, 功罪是非, 而先生僅請從末減, 坐視忠良之死而

---

1 설선(薛瑄): 『명유학안』 권7, 「河東學案上」 참고.

2 경제(景帝)가 황태자를 바꿀 때: 景泰 3년(1452) 경제는 英宗의 장자인 황태자 見深(훗날의 成化帝)을 폐하고 자신의 아들인 見濟를 황태자로 세웠다.

3 우숙민(于肅愍)의 옥사: 于肅愍은 于謙(1398-1457)으로, 肅愍은 시호(뒤에 忠肅으로 시호를 바꿈). 1449년(正統14) 英宗이 土木堡에서 오이라트의 포로가 되는 '토목의 변'이 일어났을 때, 우겸은 영종의 아우인 景帝를 황제를 세우고 위기를 극복하는 데 큰 공을 세웠다. 하지만 뒤에 영종이 귀환하고 1457년(景泰 8년=天順 원년) 쿠데타로 제위에 복귀하자(奪門의 變) 처형당했다.

감형만을 청했을 뿐이다. 그리하여 충량忠良한 신하의 죽음을 좌시하고 구하지 않았으니, 장차 저 재상을 어디에 쓸 것인가! 두 가지 일을 함께 논해 보면, 이전에 간하지 않았던 것이 옳다면 지금 간한 것은 잘못일 터이니, 둘 중에 하나는 반드시 여기에 해당할 것이다. 선생 역시 이미 부끄럽고 스스로 만족하지 못하여 물러나기를 청했던 것이다.

不之救, 則將焉用彼相矣! 就事相提, 前日之不諫是, 則今日之諫非, 兩者必居一於此. 而先生亦已愧不自得, 乞身去矣.

그러나 선생은 도道에 있어서, 옛사람의 완전한 본체와 위대한 작용에서 보자면 결함이 많지만, 다만 그 시작하고 끝내며 나아가고 물러나는 절의節義에서 보자면 칭찬할 만한 점이 있으니, 이 점에서는 또한 그 '문청文淸'이라는 시호에 걸맞았다.

然先生於道, 於古人全體大用, 儘多缺陷, 特其始終進退之節, 有足稱者, 則亦成其爲'文淸'而已.

선생의 『독서록讀書錄』을 읽어 보면 전전긍긍하면서 말과 행동을 점검한 것이 많으니, 이른바 학문에서는 실천을 귀하게 여긴다는 말은 그 의미가 대개 이와 같은 것이다. 혹자는 "(선생은) '76년 동안 한 가지도 이룬 일이 없지만, 이 마음은 다만 성性, 천天과 통함을 깨달았네.'[4]라고 하였으니, 선생이 만년에 도를 깨달은 경지는 가늠할 수가 없다."고 말한다.

閱先生『讀書錄』, 多兢兢檢點言行間, 所謂'學貴踐履', 意蓋如此. 或曰: "'七十六年無一事, 此心惟覺性天通.' 先生晩年聞道, 未可量也."

4 76년 … 느끼네: 『敬軒文集』 권5, 「臨終口號」, "土牀羊褥紙屏風, 睡覺東窓日影紅. 七十六年無一事, 此心惟覺性天通."

강재 오여필[1]吳康齋與弼

내가 생각건대, 선생이 당시에 불만을 산 것은 대저 동생과 송사를 벌인 일[2]과 석형石亨[3]을 위해 족보의 발문을 지으면서 '문사門士'라고 자칭한 일[4]뿐이다. 장동백張東白[5]은 이 일을 듣고 "위로 소왕(素王, 공자)에게 고해 이름을 바로잡고 죄를 성토하여 영원히 허명虛名을 도둑질할 수 없게 해야 한다."라고 말했다. 일시의 명류들이 모두 떠들썩하게 말했지만, 겉모습만 보고서 의견을 제기하는 잘못을 면하지 못한 듯하다. 나는 선생의 잘못은 동생과 송사를 벌였던 때에 있는 것이 아니라, 오히려 동생에

愚按: 先生所不滿於當時者, 大抵在訟弟一事, 及爲石亨跋族譜稱門士而已. 張東白聞之, 有"上告素王, 正名討罪, 無得久竊虛名"之語. 一時名流盡譁, 恐未免爲羽毛起見者. 予則謂先生之過, 不特在訟弟之

1 오여필(吳與弼): 『명유학안』 권1, 「崇仁學案」 참고.
2 동생과 송사를 벌인 일: 祭田을 둘러싸고 동생과 소송을 벌인 일. 『명유학안』 권1, 「崇仁學案」 1-5, 吳與弼傳 참고.
3 석형(石亨): ? -1460. 1457년(景泰 8년=天順 원년) 석형은 景帝의 병이 위독한 것을 알고서 張軏, 曹吉祥 등과 모의하여 당시 上皇으로 연금 상태에 있던 英宗을 맞이하여 황제에 복위시켰다(奪門의 變). 그 공으로 忠國公에 봉해지고 권력을 잡았지만, 전횡을 일삼다가 1460년(天順 4년) 탄핵을 받고 실각하여 옥사하였다.
4 '문사(門士)'라고 자칭한 일: 1457년(天順 원년) 석형은 인망을 얻고자 오여필을 천거하였다. 오여필은 벼슬을 거절하기는 하였지만, 석형은 '擧主'가 되고 오여필은 '門士'가 되는 셈이다. 이 일에 관해서는 『명유학안』 권1 「崇仁學案」 1-4-5, 吳與弼傳 참고.
5 장동백(張東白): 張元禎(1437-1507). 『명유학안』 권45, 「諸儒學案上三」 참고.

게 도를 깨우쳐 주지 못했던 시절에 있었다고 생각한다. 다만 동생에게 도를 깨우쳐 주지 못하여 마침내 (송사를 하러) 관청에 나아갔지만, 또한 죄수복을 입고 관리를 만나는 일을 어렵게 여기지 않았고 전혀 가식이 없었다.[6] 이를 보면 선생의 잘못은 이른바 해와 달을 걸어 놓고 함께 바라보는 것처럼 명백하였던 것이다.[7]

時, 而尤在不能喻弟於道之日. 特其不能喻弟於道, 而遂至於官, 且不難以囚服見有司, 絕無矯飾, 此則先生之過, 所謂揭日月而共見者也.

족보의 발문의 경우, 스스로 '문하사門下士'라고 서명한 일 역시 당연히 그렇게 해야 하는 것이었을 수도 있다. 서유자徐孺子는 제공諸公의 천거에는 응하지 않았지만, 그들이 죽으면 반드시 천리길이라도 가서 조문하였으니,[8] 선생의 뜻은 오히려 옛날의 도를 행하려 했던 것이다. 뒷사람들은 성패를 가지고 사람을 논하여 석형이 뒷날 모반의 죄로 처형된 것[9]을 보고서 선생은 그와 인연을 맺어서는 안 되었다고 말한다. 하지만 선생이 그와 인연을 맺지 않은 일이 이미 초빙에 응했다가 관직을 사양한 날에 있었음을 누가 알겠는가? 여기에서 구

若族譜之跋, 自署門下士, 亦或宜然. 徐孺子於諸公推轂雖不應命, 及卒, 必千里赴弔. 先生之意, 其猶行古之道乎! 後人以成敗論人, 見亨他日以反誅, 便謂先生不當與作緣. 豈知先生之不與作緣, 已在應聘辭官之日矣? 不此

---

6 마침내 … 없었다: 『명유학안』 권1, 「崇仁學案」 1-5, 吳與弼傳, "劉先生言" 이하 참고.

7 해와 … 것이다: 『論語』 「子張」:21, "子貢曰: '君子之過也, 如日月之食焉. 過也, 人皆見之; 更也, 人皆仰之.'"; 『孟子』 「公孫丑下」:9, "古之君子, 其過也如日月之食, 民皆見之; 及其更也, 民皆仰之." 참고.

8 서유자(徐孺子)는 … 조문하였으니: 徐孺子는 東漢의 徐穉(서치). 孺子는 그의 자. 『後漢書』 「徐穉傳」, "穉嘗爲太尉黃瓊所辟, 不就. 及瓊卒歸葬, 穉乃負糧徒步到江夏赴之, 設雞酒薄祭, 哭畢而去, 不告姓名."

9 석형이 … 것: 석형은 1460년(天順 4년) 謀叛의 죄로 처형되었다. 『明史』 「石亨傳」 참고.

하지 않고 자질구레하게 호칭과 언어, 문자에서 따지고 있으니, 심하도다, 사람을 책하는 데 끝이 없음이.

之求, 而屑屑於稱謂語言文字之間, 甚矣, 責人之無已矣.

선생의 학문은 각고의 노력을 기울여 새벽의 베갯머리에서부터 땀을 흘리고 눈물을 쏟으면서 얻어 낸 것이 많다. 얻어서 그로써 스스로 즐거워하는 데 이르면 또 자신도 모르게 손발이 덩실덩실 춤을 추었다. 대개 70년을 하루처럼 발분發憤과 낙도樂道의 마음이 번갈아 일어났으니, 홀로 성현의 마음의 정수를 얻은 자라고 할 수 있다.

先生之學, 刻苦奮勵, 多從五更枕上汗流淚下得來. 及夫得之而有以自樂, 則又不知足之蹈之手之舞之. 蓋七十年如一日, 憤樂相生, 可謂獨得聖賢之心精者.

그가 배운 도의 경우, 대요는 성정性情을 함양하는 데 있었고 극기克己와 안빈安貧을 실제 공부하는 곳으로 삼았으니, 이것은 바로 공자와 안자顔子의 향상向上을 추구한 공부였다. 그러므로 저술을 일삼지 않고 도의 진수에 들어맞았으며, 말하고 행동하는 사이에 모든 것이 평안하고 담박한 데로 돌아갔다.

至於學之之道, 大要在涵養性情, 而以克己安貧爲實地. 此正孔・顔尋向上工夫, 故不事著述而契道眞, 言動之間, 悉歸平澹.

만년의 출처出處[10]는 탁연히 세도世道의 모범이 되어 처신이 태연하고 모를 드러내지 않았으니, 도에서 얻은 바가 있지 않았다면 어찌 이와 같을 수 있었겠는가? 『일기日記』에서는 “추수秋水처럼 맑음은 가난함 속에서 느끼는

晩年出處一節, 卓然世道羽儀, 而處之恬然, 圭角不露, 非有得於道, 其能如是? 『日記』云: “澹

10 만년의 출처(出處): 68세에 조정을 부름을 받아 英宗을 만났지만 벼슬을 거절하고 돌아온 일.

맛이요, 춘풍春風 같은 온화함은 고요함 뒤에 오는 공이로다."라고 하였으니, 선생의 참 모습을 그대로 묘사한 것이라고 할 수 있다. 그 도달한 경지를 확충하였다면, 거의 "중용에 따라 세상에서 은둔하여 인정을 받지 못하더라도 후회하지 않는"[11] 기상에 이르렀을 것이다.

나는 주제넘게도 일시의 제공에 대해 다음과 같이 평한 적이 있다. "설문청薛文清은 세속에서 곤경을 당한 일이 많았고, 진백사陳白沙[12]는 여전히 명성에 자극을 받았지만, 오직 선생만은 순수하고 순수하였다."[13]

如秋水貧中味, 和似春風靜後功." 可爲先生寫照. 充其所詣, 庶幾"依乎中庸, 遯世不見知而不悔"氣象.

余嘗僭評一時諸公: "薛文淸多困於流俗, 陳白沙猶激於聲名, 惟先生醇乎醇"云.

11 중용에 … 않는: 『中庸章句』 11장, "君子依乎中庸, 遯世不見知而不悔, 唯聖者能之."

12 진백사(陳白沙): 陳獻章. 아래의 「陳白沙獻章」 참고.

13 순수하고 순수하였다: 원문은 '醇乎醇'. 韓愈, 「讀荀」, "孟氏醇乎醇者也, 荀與揚, 大醇而小疵." 참고.

잉부 진진성[1] 陳剩夫眞晟

선생의 학문은 호경재胡敬齋[2]에 비견되지만 함양涵養이 미치지 못하여 기질氣質이 작용하고 있었다. 만년에는 정좌靜坐 공부[3]에 진보가 있었을 듯하나, 아쉽게도 선생의 전서全書를 보지 못하였다.[4]

先生學方胡敬齋, 而涵養不逮, 氣質用事. 晚年靜坐一機, 疑是進步, 惜未窺先生全書.

1 진진성(陳眞晟): 『명유학안』 권46, 「諸儒學案上四」 참고.

2 호경재(胡敬齋): 胡居仁. 『명유학안』 권2, 「崇仁學案二」 참고.

3 정좌(靜坐) 공부: 원문은 '靜坐一機'. 『명유학안』 권46, 「諸儒學案上四」 46-1, 陳眞晟傳, "白沙言: '聞其學術專一, 教人靜坐, 此尋向上人也.'"

4 유종주의 진진성에 대한 평은 『명유학안』 권46 「諸儒學案上四」 46-1, 陳眞晟傳, "子劉子曰"에도 보인다.

소천 주혜[1]周小泉蕙

내가 생각건대, "성인이 아니면 배우지 말라." "오직 성인만 배우겠습니다."[2]는 두 마디 말은 곧바로 마음의 근원을 가리킨 것이라고 할 수 있다. 【용사容思 단견段堅 선생[3]이 소천小泉 선생을 가르친 말이다.】 두 분은 또한 언어로 문답하는 영역을 초월하였으니, 그들이 배워서 성인에 이르는 길을 하루에 천 리씩 나아갔음은 의문의 여지가 없다.

愚按: "非聖勿學", "惟聖斯學"二語, 可謂直指心源, 【段容思先生堅訓小泉先生語.】 而兩人亦獨超語言問答之外, 其學至乎聖人, 一日千里無疑也.

대저 성인의 도는 자신에게 돌이켜보면 충분히 갖추어져 있으니, 밖에서 구할 필요가 없고 배우면 곧 그렇게 된다. 그러므로 선생 또한 성학聖學만을 말했던 것이다. 단 선생은 "어떻게 해야 천지처럼 위대하게 되는가, 예로부터 지금까지 무궁함을 믿어야 하네."[4]라고 하

夫聖人之道, 反身而具足焉, 不假外求, 學之卽是, 故先生亦止言聖學. 段先生云: "何爲有大如天地, 須信無窮自

---

1 주혜(周蕙): 『명유학안』 권7, 「河東學案上」 참고.

2 성인이 … 배우겠습니다: 『명유학안』, 권7 「河東學案上」 7-202, 周蕙傳, "容思曰: '非聖弗學.' 先生曰: '惟聖斯學.'" 이에 의하면, "성인이 아니면 배우지 말라."는 段堅이 周蕙에게 가르쳐 준 말이고, "오직 성인만 배우겠습니다."는 周蕙가 段堅에게 대답한 말이다.

3 용사(容思) 단견(段堅) 선생: 段堅. 『명유학안』 권7, 「河東學案上」 7-170 참고.

4 어떻게 … 하네: 『명유학안』 권7, 「河東學案上」 7-202, 周蕙傳 참고.

였다. 생각건대, 선생은 이미 믿음이 이러한 경지에 이르렀던 것이지, 좋아하는 것이라고 하여 아첨할 사람이 아니다.[5]

古今." 意先生已信及此, 非阿所好者.

당시 관중關中의 학문은 모두 하동(河東, 설선)으로부터 파급되어 나와서 한 번 변하여 도에 이르렀던 것이다.[6]

是時關中之學, 皆自河東派來, 而一變至道.

5 좋아하는 … 아니다: 『孟子』「公孫丑上」:2, "宰我 · 子貢 · 有若, 智足以知聖人, 汙不至阿其所好."

6 한번 … 것이다: 『論語』「雍也」:22, "齊一變, 至於魯; 魯一變, 至於道."

백사 진헌장[1] 陳白沙獻章

내가 생각건대, 선배들이 선생에 대해 논한 것이 잘 갖추어져 있지만, 이제 다시 학술의 옳은 듯하지만 의심스러운 부분을 바로잡아 보고자 한다.

愚按: 前輩之論先生備矣, 今請再訂之學術疑似之際.

선생의 학문은 자연自然을 으뜸으로 삼았는데 요체는 자득自得으로 귀결되었다. 자득했기 때문에 활용하는 것이 깊고 근원을 만났으며,[2] 솔개가 날아오르고 물고기가 퍼덕거리는 것과 마찬가지로 활발活潑하였지만[3] 돌이켜서 조화의 중추를 파악하였으니, 홀로 문호를 열었고 뛰어나고 범상치 않았다고 이를 만하다.

先生學宗自然, 要歸於自得. 自得故資深逢源, 與鳶魚同一活潑, 而還以握造化之樞機, 可謂獨開門戶, 超然不凡.

이른바 터득했다는 것을 물으면 "고요하게 (정좌하는) 가운데 단예端倪를 길러 낸다."[4]고 말한다. 이전에는 책에서 찾았으나 여러 해 동안

至問所謂得, 則曰"靜中養出端倪." 向求之典冊, 累年無所

1 진헌장(陳獻章): 『명유학안』 권5, 「白沙學案上」 참고.

2 자득했기 … 만났으며: 『孟子』 「離婁下」:14, "君子深造之以道, 欲其自得之也. 自得之, 則居之安; 居之安, 則資之深; 資之深, 則取之左右逢其原, 故君子欲其自得之也."

3 솔개가 … 활발(活潑)하였지만: 『中庸章句』 12장, "詩云: '鳶飛戾天, 魚躍于淵.' 言其上下察也." 註: "程子曰: '此一節, 子思喫緊爲人處, 活潑潑地.' 讀者其致思焉."

4 고요하게 … 길러 낸다: 『명유학안』 권5, 「白沙學案上」 5-22, 論學書, 與賀克恭, "爲學須從靜坐中養出個端倪來, 方有商量處."

터득한 바가 없었는데, 하루아침에 정좌하여 터득했다[5]고 하니, 옛사람이 자득했다고 말한 것과는 다른 듯하다. 맹자는 "군자가 도로써 깊이 나아가는 것은 자득하고자 해서이다."[6]라고 말했으나 자연으로써 터득했다는 말은 들어 보지 못했으니, (선생의) 정좌 공부는 조금 맛을 보고서 바로 취한 것이 아니겠는가? 자연自然으로 터득했다는 것은 "생각하지 않고도 터득하며 힘쓰지 않고도 들어맞아서 조용히 도에 맞으니, 성인이다."[7]라는 말이겠지만 정좌로써 터득한다는 말은 들어 보지 못했으니, 생각건대 선생은 역시 자신이 터득한 바를 터득했을 뿐이다.

得, 而一朝以靜坐得之, 似與古人之言自得異. 孟子曰: "君子深造之以道, 欲其自得之也." 不聞其以自然得也, 靜坐一機, 無乃淺嘗而捷取之乎? 自然而得者, "不思而得, 不勉而中, 從容中道, 聖人也." 不聞其以靜坐得也, 先生蓋亦得其所得而已矣.

도는 본래 자연하여 사람이 지력智力으로 참여할 수 없으니, 자연하려고 하면 곧 자연하지 않게 된다. 그래서 "깨달으면 활발하지만 깨닫지 못하면 단지 정혼(精魂, 정신)을 희롱한 것일 뿐이다."[8]라고 말하는 것이다. 고요하게 (정좌하는) 가운데 단예를 길러 낸다는 것은 과연 무엇인가? 단예端倪라고 하는 것은 마음으로는 생각할 수 있지만 입으로는 말할 수 없는 것이

道本自然, 人不可以智力與, 纔欲自然, 便不自然. 故曰 "會得的活潑潑地, 不會得的只是弄精魂." 靜中養出端倪, 不知果是何物? 端倪云者, 心可得而

---

5 이전에는 … 터득했다: 『명유학안』 권5, 「白沙學案上」 5-7, 論學書, 復趙提學 참고.

6 군자가 … 해서이다: 『孟子』 「離婁下」:14.

7 생각하지 … 성인이다: 『中庸章句』 20장, "誠者, 天之道也; 誠之者, 人之道也. 誠者不勉而中, 不思而得, 從容中道, 聖人也. 誠之者, 擇善而固執之者也."

8 깨달으면 … 뿐이다: 『二程遺書』 권3:1. 단, '精魂'은 『遺書』에는 '精神'으로 되어 있다.

니, 필경 정혼精魂을 떠나지 않은 것이 그에 가까울 것이다. 이제 선생이 자신의 학문을 증언한 여러 말을 살펴보면, 대부분 자연 공부에 대해 말한 것인데, 고묘高妙한 곳은 그에 이르는 것을 허용치 않으니, 결국 정혼을 희롱한 곳이다.

擬, 口不可得而言, 畢竟不離精魂者近是. 今考先生証學諸語, 大都說一段自然工夫, 高妙處不容湊泊, 終是精魂作弄處.

대개 선생은, 식견과 취향은 염계(濂溪, 주돈이)에 가까우나 궁리窮理가 그에 미치지 못하였고, 학술은 강절(康節, 소옹)과 유사하나 받아들여 사용하는 것이 지나치게 조급하였다. 성문聖門에 질정해 본다면 빨리 이루려 하고, 작은 것을 보는 병통[9]에서 벗어나기 어려운 사람이다. 선禪과 유사하다거나 선이 아니라거나 하는 말은 논할 필요도 없다.

蓋先生識趣近濂溪而窮理不逮, 學術類康節而受用太早, 質之聖門, 難免欲速見小之病者也. 似禪非禪, 不必論矣.

9 빨리 … 병통: 『論語』「子路」:17장, "無欲速, 無見小利. 欲速則不達, 見小利則大事不成."

극암 진선[1]陳克菴選

내가 생각건대, 선생의 궁행躬行은 순수하고 정결하여 탁연하게 성인을 따르는 무리가 된다는 점에는 의문의 여지가 없다. 그 평생의 학력은 전부 장경張褧의 상소[2]에 보이니, 지성至誠으로 감동시키지 못하는 자는 없다.

『통기通紀』[3]에서 리학理學을 평한 것이 전부 합당하지는 않지만, (진선을) 노선생으로 받들면서 지극하게 칭찬하였다. 문숙文肅은 옛것을 좋아하고 도를 믿었으니, 참으로 선생의 친구가 되기에 부끄럽지 않은 자이다. 【문숙은 선생의 고향 친구인 사탁謝鐸[4]으로 자는 명치鳴治이다.】[5]

愚按: 先生躬行粹潔, 卓然聖人之徒無疑. 其平生學力, 盡見於張褧一疏, 至誠而不動者, 未之有也.

『通紀』評理學未必盡當, 而推許老先生也至矣. 文肅好古信道, 眞不愧先生友者. 【文肅, 先生鄕友, 謝公鐸鳴治.】

1　진선(陳選): 『명유학안』 권45, 「諸儒學案上三」 45-88 참고.

2　장경(張褧)의 상소: 張褧은 陳選이 廣東布政使였을 때 쫓아낸 관리였다. 진선이 市舶奄(『明史』「陳選傳」에는 '市舶中官'. 외국과의 무역을 관할하는 市舶司에 파견된 환관) 韋眷의 모함을 받아 刑部員外郎 李行과 巡按御使 徐同愛의 신문을 받게 되었을 때, 李·徐 두 사람이 장경에게 진선을 무고하라고 종용하였지만, 장경은 "사적인 감정으로 正人을 모함할 수는 없다."고 거부하였고, 뒤에 진선이 연행되는 도중에 죽었다는 소식을 듣자 위권의 죄상과 진선의 신원을 호소하는 상소를 올렸다고 한다. 『명유학안』 권45, 「諸儒學案上三」 45-88, 陳選傳 및 『明史』「陳選傳」 참고.

3　『통기(通紀)』: 아마도 陳建(1497-1567)의 『皇明通紀』인 듯하다.

4　사탁(謝鐸): 謝鐸. 자는 鳴治, 浙江 太平人, 天順 末의 進士, 시호는 文肅. 『명사』 권163, 「謝鐸傳」 참고.

5　유종주의 진선에 대한 평은 『명유학안』 권45, 「諸儒學案上三」 45-88, 陳選傳, "子劉

일봉 나륜[1]羅一峯倫

내가 생각건대, 일봉一峯은 일찍이 스스로 말한 적이 있다. "나는 성격이 강剛하여, 마치 기갈 든 자가 음식을 먹을 때 입에서 맛을 느끼지 못하는 것처럼, 강한 자를 만나기를 좋아한다. 구하는데 얻지 못하면 옛날에서 그런 사람을 벗으로 삼아서 함께 그가 세상에서 행한 일을 논하는데,[2] 마치 안석과 지팡이를 들고 곁에서 모시면서 직접 말씀을 듣는 것처럼 탄식하고 흠모한 나머지 눈물을 흘리기도 한다. 내가 강함을 좋아하는 것은 대개 천성이 그러한 것이다. 공자는 '나는 아직 강한 자를 보지 못했다.'[3]고 하였고, 맹자는 '나는 나의 호연지기浩然之氣를 잘 기르는데, (그 기는) 지극히 크고 지극히 강하여 천지의 사이에 가득 찬다.[4] 부

愚按: 一峯嘗自言: "予性剛, 見剛者好之, 若饑渴之於飮食, 不能自喩於口也. 求之不可得, 則友其人於古, 相與論其世, 如侍几杖而聆謦欬也, 而欷噓企羨, 至爲泣下. 予之好剛, 蓋天性然也. 孔子曰: '吾未見剛者.' 孟子曰: '我善養吾浩然之氣, 至大至剛, 以塞乎天地之

子曰"에도 보인다.

1 나륜(羅倫): 『명유학안』 권45, 「諸儒學案上三」 참고.

2 구하는데 … 논하는데: 『孟子』 「萬章下」:8, "一鄕之善士, 斯友一鄕之善士; 一國之善士, 斯友一國之善士; 天下之善士, 斯友天下之善士. 以友天下之善士爲未足, 又尙論古之人. 頌其詩, 讀其書, 不知其人, 可乎? 是以論其世也. 是尙友也."

3 나는 … 못했다: 『論語』 「公冶長」:10.

4 나는 … 찬다: 『孟子』 「公孫丑上」:2, "'敢問夫子惡乎長?' 曰: '我知言, 我善養吾浩然之

귀도 마음을 방탕하게 하지 못하고, 빈천도 절개를 바꾸지 못하며, 권세와 무력도 지조를 굽히게 할 수 없다.'[5]고 하였으니, 이것이 참으로 지극히 강한 대장부인 것이다! 공자와 맹자가 말하는 강함이 본래 내가 좋아하는 것이다."[6] 이것은 선생의 실록實錄이라고 할 수 있다. 선생의 학문은 강하면서 바르다. 선생을 공융孔融[7]에 견주기도 하는데 이는 옳지 않다.

間. 富貴不能淫, 貧賤不能移, 威武不能屈.' 此眞至剛之大丈夫哉! 孔·孟之所謂剛, 固予之所好者也." 此可爲先生實錄. 先生之學, 剛而正. 或擬之孔融, 非是.

또한 전하는 말에 따르면, 선생이 좌천되었을 때[8] 숭인崇仁에 들러 강재(康齋, 오여필)에게 뵙기를 청하였다. 강재는 만나 주지 않았는데, 그의 생각은 두 번, 세 번 (청하기를) 기다린 뒤에 만나 주려는 것이었으나, 선생은 노하여 시 한 수를 던지고는 떠나 버렸다. 강재가 만나 주지 않은 것은 선생을 진보하게 하려는 생각이 깊었기 때문이었는데, 애석하게도 선생은

又傳先生旣謫官, 過崇仁, 求謁康齋. 康齋不見, 意待再三而後見之. 先生怒, 投一詩去. 康齋之不見, 所以進先生之意深矣, 惜先生不悟也. 又當時張廷祥

氣.' '敢問何謂浩然之氣?' 曰: '難言也. 其爲氣也, 至大至剛, 以直養而無害, 則塞于天地之間.'"

5 부귀도 … 없다: 『孟子』「滕文公下」:2, "富貴不能淫, 貧賤不能移, 威武不能屈, 此之謂大丈夫."

6 나는 성격이 강(剛)하여 … 것이다: 『一峯文集』 권5, 「剛峯記」.

7 공융(孔融): 153-208. 後漢의 儒者. 자는 文擧, 공자의 20세손. 北海의 相을 지내 孔北海로도 불린다. 建安七子의 한 사람으로 曹操에게 미움을 사 처형당했다. 저서에 『孔北海集』이 있다.

8 선생이 좌천되었을 때: 大學士 李賢의 起復을 비판하는 상소를 올렸다가 좌천된 일을 가리키는 듯하다. 『明史』「羅倫傳」, "成化二年, 廷試, 對策萬餘言. 直斥時弊, 名震都下. 擢進士第一, 授翰林修撰. 踰二月, 大學士李賢奔喪畢, 奉詔還朝. 倫詣賢沮之, 不聽. 乃上疏曰: … 疏入, 謫福建市舶司副提擧."

깨닫지 못하였다. 또한 당시에 장정상張廷祥이 유독 강재를 좋아하지 않았기 때문에[9] 선생 역시 좋아하지 않았던 것이다. 그러나 (선생은) 강재에게 끝내 미칠 수가 없다.

獨不喜康齋, 故先生亦不喜之, 然康齋終不可及也.

---

9 장정상(張廷祥)이 … 때문에: 張廷祥은 張元禎. 『명유학안』 권45, 「諸儒學案上三」 참고. 張元禎이 康齋(오여필)을 좋아하지 않은 일은 앞의 「吳康齋與弼」에 보인다. 또한 『명유학안』 권46, 「諸儒學案上四」 陳眞晟傳 참고.

허재 채청[1] 蔡虛齋淸

선생은 남몰래 수양하고 독실하게 실천하여 제자를 모으지도 않고 강학하지도 않았으며, 사승師承에 말미암지 않고 인물이 드물어진 뒤에 굴기崛起하였다. 한결같이 육경六經을 들어가는 문으로 삼고 사서四書를 표준으로 삼았으며, 자신에게 돌이켜 힘을 쓰는 데는 정靜하고 허虛한 곳에 근본을 두었다.[2] 그리하여 이른바 참된 도덕道德과 성명性命을 바르게 이 마음을 향하는 가운데 터득하였다.[3] 오랫동안 그렇게 하자 함양이 깊고 지극해져 나날이 바뀌고 다달이 변화하였으니, 거의 독실한 군자[4]였다.

先生闇修篤行, 不聚徒, 不講學, 不由師承, 崛起希曠之後, 一以『六經』爲入門, 四子爲標準, 而反身用力, 本之靜虛之地, 所謂眞道德性命, 端向此中有得焉. 久之涵養深至, 日改而月以化, 庶幾慥慥君子.

1 채청(蔡淸): 『명유학안』 권46, 「諸儒學案上四」 및 『明史』「儒林傳一」 참고.

2 자신에게 … 두었다: 『명유학안』 권46, 「諸儒學案上四」, 46-25, 蔡淸, 語要, "靜之一字, 更須於動中驗之, 動而不失其靜, 乃爲得力, 反覆體驗, 又止是虛而已. 蓋居嘗一念及靜字, 猶覺有待於掃去煩囂之意, 唯念個虛字, 則自覺便安. 目前縱有許多勞擾, 而裏面條路元自分明, 無用多費力, 而亦自不至懈惰也. 且靜亦須虛, 方是靜本色, 不然形靜而心鶩於外, 或入於禪者何限?"

3 이른바 … 있었다: 『명유학안』 권46, 「諸儒學案上四」 46-55, 蔡淸, 省身法, "若是眞學問文章, 須見於威儀之際, 與夫日用之常. 若是眞道德性命, 須見於治家之法, 與夫當官之政. 不然, 徒皇皇於多故, 而在身無受用之實, 在心無灑落之趣, 眞是博學之小人, 而詞章之兒豎爾. 危哉!"

4 독실한 군자: 『中庸章句』 13장, 「君子胡不慥慥爾」의 註: 「慥慥, 篤實貌.」

선배들은 월호月湖[5]가 선생보다 낫다고 하지만 전혀 그렇지 않다. 월호를 선생에 비교하는 것은 자하子夏를 증자曾子에 (비교하는 것과) 같다. 옥부玉夫[6]는 깨끗하게 수양하고 굳세게 노력하는 점에서 거의 (선생과) 백중하였지만, 애석하게도 완성에는 이르지 못하였다.

前輩稱月湖過先生, 殊未然. 月湖之視先生, 猶子夏之於曾子. 玉夫淸修勁力, 差可伯仲, 惜未底於成.

또한 선생은 일찍이 임견소林見素[7]를 벗으로 삼았는데, 견소가 조정에서 행한 바에는 탁월한 명망과 덕행이 있었다. 또한 그가 여러 번 상소하여 나정암羅整菴, 왕양명王陽明, 여경야呂涇野, 진백사陳白沙를 천거한 일[8]을 살펴보면, 그의 의기가 감통하는 바를 알 수 있으니, 다시 상고하여 [『황명도통록(皇明道統錄)』에] 넣도록 하겠다. 【월호月湖는 양렴楊廉의 호이고, 옥부玉夫는 정기丁璣의 자이다.】

又先生嘗友林見素, 考見素立朝, 卓然名德, 又累疏薦羅整菴・王陽明・呂涇野・陳白沙, 則其聲氣所感通可知, 俟再考以入. 【月湖, 楊廉號. 玉夫, 丁璣字.】

---

5 월호(月湖): 楊廉(1452-1525). 자는 方震, 江西 豐城人, 성화 23년(1487) 진사, 학자들은 月湖先生이라고 불렀다. 시호는 文恪. 『明史』「儒林傳」 참고.

6 옥부(玉夫): 丁璣. 자는 玉夫, 호는 補齋, 江蘇人, 成化 進士.

7 임견소(林見素): 林俊(1452-1527). 자는 待用, 호는 見素, 福建 莆田人, 成化 14年(1478) 進士. 『명사』 권194, 「林俊傳」 참고.

8 여러 … 일: 林俊이 羅整菴(아래의 「羅整菴欽順」 참고), 王陽明, 呂涇野(아래의 「呂涇野柟」 참고) 등을 천거한 일은 『明史』「林俊傳」에 보인다. 다만 '陳白沙'는 「林俊傳」에는 '魯鐸'으로 되어 있다.

양명 왕수인[1]王陽明守仁

선생은 사장詞章과 훈고訓詁가 유행하는 후세에 끊어진 학문을 이어받아 한결같이 마음에 돌이켜서 구하였다. 본성으로 삼는 바[2]의 명각明覺을 터득하여 '양지良知'라고 하였고, 이어서 사람들에게 단서를 구하고 힘을 쓸 바의 요령을 제시하여 '치양지致良知'라고 하였다. 양지는 지知이니 (이에서) 지가 견문見聞에 한정된 것이 아님을 알고, 치양지致良知는 행行이니 (이에서) 행이 구석에 막혀 있는 것이 아님을 안다. 지가 곧 행이고, 마음이 곧 물物이며, 움직임[動]이 곧 고요함[靜]이고, 체體가 곧 용用이며, 공부工夫가 곧 본체本體이고, 하下가 곧 상上이니,[3] 하나[一]가 되지 않는 것이 없었다. 이로써 배우는

先生承絕學於詞章訓詁之後, 一反求諸心, 而得其所性之覺, 曰良知, 因示人以求端用力之要, 曰致良知. 良知爲知, 見知不囿於聞見; 致良知爲行, 見行不滯於方隅. 卽知卽行, 卽心卽物, 卽動卽靜, 卽體卽用, 卽工夫卽本體, 卽下卽上, 無之不一, 以救

---

1 왕수인(王守仁): 『명유학안』 권10, 「姚江學案」 참고. 「사설」의 「王陽明守仁」 조는 그 일부가 『劉宗周年譜』 「天啓七年丁卯」에도 수록되어 있다.

2 본성으로 삼는 바: 원문은 '所性'. 『孟子』 「盡心上」:21, "廣土衆民, 君子欲之, 所樂不存焉. 中天下而立, 定四海之民, 君子樂之, 所性不存焉. 君子所性, 雖大行不加焉, 雖窮居不損焉, 分定故也. 君子所性, 仁義禮智根於心. 其生色也, 睟然見於面, 盎於背, 施於四體, 四體不言而喻."

3 하(下)가 곧 상(上)이니: 上과 下는 形而上과 形而下, 혹은 上達과 下學으로 볼 수 있을 듯하다.

자들이 여러 갈래로 나누고[支離] 어지러이 치달리며[眩騖], 화려한 것에 힘쓰다가 근본적인 것을 끊어 버리는 병폐를 구해 주었으니, 천둥처럼 몽매함을 깨우고, 번개처럼 미혹을 깨뜨렸다고 할 만하다. 공자와 맹자 이래로 이렇게 절실하며 분명한 사람은 없었다.

다만 주자朱子의 설과 어긋나는 점이 없지 않았고, 힘껏 표창한 바도 육상산(陸象山, 육구연)에 있었으므로 마침내 선禪에서 나온 것이 아닌가 하는 의심을 받았다. 선은 선생이 본래 거기로 도망친 적이 있었지만, 뒤에 그 잘못을 깨닫고 떠났다. 대저 하나[一]란 성誠이고 하늘의 도道이며, 성실해지려고 노력하는 것은 명明이고 사람의 도인데[4] 치양지가 그것이다. 명明으로 말미암아 성誠에 이르며, 사람으로서 하늘에 합한 경우를 성聖이라 하는데, 선에 이런 것이 있는가? 가령 상산象山의 본심설本心說은 아마도 양지설良知說이 유래한 바이겠지만, 양지에서 본심을 구하라고 하면 가르쳐 주는 바가 더욱 친절하며, 치지致知를 격물格物에 합하면 공부에 확실히 잡고 따를 바가 있다. 상산이 인심人心과 도심道心을 뒤섞어 하나의 마음으로 만들고[5] 본심에 즉卽하여 깨달음을 구한

學者支離眩騖, 務華而絕根之病, 可謂震霆啓寐, 烈耀破迷, 自孔·孟以來, 未有若此之深切著明者也.

特其與朱子之說, 不無牴牾, 而所極力表章者, 乃在陸象山, 遂疑其或出於禪. 禪則先生固嘗逃之, 後乃覺其非而去之矣. 夫一者, 誠也, 天之道也; 誠之者, 明也, 人之道也, 致良知是也. 因明至誠, 以人合天之謂聖, 禪有乎哉? 卽象山本心之說, 疑其爲良知之所自來, 而求本心於良知, 指點更爲親切, 合致知於格物, 工夫確有循持.

---

4 성(誠)이고 … 도인데: 『中庸章句』 20장, 「誠者, 天之道也; 誠之者, 人之道也.」; 21장, "自誠明, 謂之性; 自明誠, 謂之敎. 誠則明矣, 明則誠矣."

5 인심(人心)과 … 만들고: 『陸九淵集』 권34, 「語錄(上)」:6 , "『書』云: '人心惟危, 道心惟

것에 비하면, 도리어 (나중에 커다란 차이로 나타나는) 근소한 구별이 있지 아니한가? 선생은 "양지는 바로 홀로 아는[獨知] 때이다."[6]라고 말했으니, (선생의 말씀은) 본래 현묘한 것이 아니었다. 뒷사람들이 억지로 현묘하게 보았기 때문에 선에 가까워졌지만, (이는) 전혀 선생의 본지가 아니다.

較之象山混人道一心, 卽本心而求悟者, 不猶有毫釐之辨乎? 先生之言曰: "良知卽是獨知時." 本非玄妙, 後人強作玄妙觀, 故近禪, 殊非先生本旨.

주자와 어긋나는 곳은 전부 『대학大學』에 있었다. 주자가 『대학』을 해석할 때는 먼저 격물, 치지하고 나서 성의로 넘어갔지만, 선생이 『대학』을 해석할 때는 격물, 치지가 바로 성의였으니, 공부에서 보면 (주자는) 나누지만 (선생은) 합하는 점에 차이가 있는 듯하다. 그러나 두 선생이 가장 긴요하게 여긴 곳을 자세히 살펴보면, 모두 신독愼獨을 넘어서지 않았다. 그렇다면 이른바 명明으로 말미암아 성誠에 이르고, 그로써 성인으로 나아가는 도에서는 하나였다. 그래서 선생에게는 또 『주자만년정론朱子晩年定論』의 설이 있었던 것이다. 대저 『대

至其與朱子牴牾處, 總在『大學』一書. 朱子之解『大學』也, 先格致而後授之以誠意; 先生之解『大學』也, 卽格致爲誠意, 其於工夫, 似有分合之不同. 然詳二先生所最喫緊處, 皆不越愼獨一關, 則所謂因明至誠, 以進於聖人之

微.' 解者多指人心爲人欲, 道心爲天理, 此說非是. 心一也, 人安有二心? 自人而言, 則曰惟危; 自道而言, 則曰惟微. '罔念作狂, 克念作聖', 非危乎? '無聲無臭', 無形無體, 非微乎?"

6 양지는 … 때이다: 『王文成全書』 권20, 「答人問良知二首」. 또한 권10, 「姚江學案」, 陽明傳信錄, 傳習錄, "所謂'人所不知而己獨知'者, 此正是吾心良知處.(良知只是獨知時. 然餘干主愼獨, 先生言致知, 手勢大不同, 先生是出藍之見.)"(餘干은 胡居仁. 호거인은 江西 餘干人) 참고.

학』의 가르침은 하나가 앞에 있고 다른 하나가 뒤에 있어서 단계가 분명하지만 실제로는 선후를 말할 수 있는 것이 없다. 그러므로 8조목은 전부 하나의 일인 것이다.

道, 一也. 故先生又有『朱子晚年定論』之說. 夫『大學』之教, 一先一後, 階級較然, 而實無先後之可言, 故八目總是一事.

선생은 당대의 저명한 호걸로 용장龍場의 깨달음은 하늘이 열어 준 것이었다. 또한 스스로 오경五經을 가지고 인증했다고 말했으니,[7] 그것이 탁 트인 성인의 길임에는 의문의 여지가 없다. 다만 도를 밝히는 데 성급하여서 왕왕 진보에 매진하는 상근기에게 점검하는 일을 소홀히 하게 만들어 후학들에게 등급을 건너뛰는 폐단을 열어 준 면이 있다. 하늘이 수명을 연장해 주었더라면 그 고명하고 탁월한 견해를 전부 융합하여 착실한 경지에 이르렀을 것이니, 그 사이에 다시 만년 정론이 나왔을지도 모른다. 그리하여 선생이 또한 마침내 넉넉히 성인의 영역에 들어갔다면,[8] 주자와 육상산

先生命世人豪, 龍場一悟, 得之天啓, 亦自謂從『五經』印證過來, 其爲廓然聖路無疑. 特其急於明道, 往往將向上一幾❶輕於指點, 啓後學躐等之弊有之. 天假之年, 盡融其高明卓絕之見而底於實地, 安知不更有晚年定論出於其間? 而先生且遂以優入

7 스스로 … 말했으니: 『王陽明全集』 권33, 「年譜一」, "(正德)三年戊辰(1508), 先生三十七歲, 在貴陽. 春, 至龍場」條: 「忽中夜大悟格物致知之旨, 寤寐中若有人語之者, 不覺呼躍, 從者皆驚. 始知聖人之道, 吾性自足, 向之求理於事物者誤也. 乃以默記五經之言證之, 莫不吻合, 因著『五經憶說』."

8 넉넉히 … 들어갔다면: 韓愈, 「進學解」, "昔者孟軻好辯, 孔道以明, 轍環天下, 卒老于行; 荀卿守正, 大論是弘, 逃讒於楚, 廢死蘭陵. 是二儒者, 吐辭爲經, 擧足爲法, 絕類離倫, 優入聖域, 其遇於世何如也?"

❶ 向上一幾: 『劉宗周年譜』 天啓七年丁卯에는 '向上一機'로 되어 있다.

을 구획하여 조정하였을 것임은 더 말할 필요도 없다. 선생은 임종할 때 스스로 "내 평생의 학문은 겨우 일부[數分]만을 이루었을 뿐이다. 우리 동지들[吾黨]과 함께 완성하지 못한 것이 애석하다."라고 말하였다.[9] 이 '일부[數分]'란 당연히 선인善人이나 신인信人[10] 이상일 것이니, 명도(明道, 정호) 이후로 그와 견줄 만한 사람을 보지 못하였다. 선생의 문인은 천하에 두루 퍼졌지만, 동곽東廓 선생[11] 이외의 여러 군자가 가장 두드러진 사람일 것이다. 그렇지만 연원이 나뉘거나 합하게 된 연고 또한 대략 볼 수 있다.

聖域, 則範圍朱·陸而進退之, 又不待言矣. 先生屬纊時, 嘗自言曰: "我平生學問, 纔做得數分, 惜不得與吾黨共成之." 此數分者, 當是善信以上人, 明道而後, 未見其比. 先生門人偏天下, 自東廓先生而外諸君子, 其最著與! 然而源淵分合之故, 亦略可覩云.

9 선생은 … 말하였다: 『王陽明全集』 권38, 「陽明先生行狀·黃綰」, "(嘉靖7년·1528년 11월)廿九日至南康縣, 將屬纊, 家童問何所囑. 公曰: '他無所念, 平生學問方才見得數分, 未能與吾黨共成之, 爲可恨耳!' 遂逝." '做得數分'은 '見得數分'으로 되어 있다.

10 선인(善人)이나 신인(信人): 『孟子』 「盡心下」:25, "可欲之謂善, 有諸己之謂信, 充實之謂美, 充實而有光輝之謂大, 大而化之之謂聖, 聖而不可知之之謂神."

11 동곽(東廓) 선생: 鄒守益. 아래의 「鄒東廓守益」 참고.

동곽 추수익[1]鄒東廓守益

생각건대, 등문결공鄧文潔公[2]은 "양명(의 학문이) 틀림없이 성학聖學이라는 사실은 의심의 여지가 없다. (하지만) 문하의 선비 중에는 그 설과 모순되는 경우가 많았는데, 오직 염암念菴에게는 취할 바가 있다."[3]라고 말하였다. 그러나 어찌하여 유독 가까이에 있는 동곽東廓을 빠뜨렸단 말인가?

按: 鄧文潔公稱: "陽明必爲聖學無疑, 及門之士, 概多矛盾其說, 而獨有取於念菴." 然何獨近遺東廓耶?

동곽은 독지獨知[4]를 양지良知로 삼고 계신공구戒愼恐懼와 신독愼獨[5]을 치양지致良知의 공부로 삼았다. 이것은 사문師門의 본지였으나 배우는 자들은 그것을 잃어버리고 점점 미치광이猖狂

東廓以獨知爲良知, 以戒懼愼獨爲致良知之功. 此是師門本旨, 而學焉者失

---

1 추수익(鄒守益): 『명유학안』 권16, 「江右王門學案一」 참고.

2 등문결공(鄧文潔公): 鄧以讚. 아래의 「鄧定宇以讚」 참고.

3 양명(의 학문)이 … 있다: 등이찬의 발언은 『명유학안』 권18, 「江右王門學案三」 18-3, 羅洪先傳에도 보인다. "鄧定宇曰: '陽明必爲聖學無疑, 然及門之士, 概多矛盾. 其私淑而有得者, 莫如念菴.'" 念菴은 羅洪先. 아래의 「羅念菴洪先」 참고.

4 독지(獨知): 『中庸章句』 1장, 「故君子愼其獨也」의 註: "獨者, 人所不知而己所獨知之地也." 『大學章句』 6장, 「故君子必愼其獨也」의 註: "然其實與不實, 蓋有他人所不及知而己獨知之者, 故必謹之於此, 以審其幾焉."

5 계신공구(戒愼恐懼)와 신독(愼獨): 『中庸章句』 1장, "道也者, 不可須臾離也, 可離非道也. 是故君子戒愼乎其所不睹, 恐懼乎其所不聞. 莫見乎隱, 莫顯乎微, 故君子愼其獨也."

의 길로 흘러갔다. 오직 동곽만이 분명하게[6] 몸으로 체인하고, 이 뜻을 가지고 착실하게 공부하고 탁연하게 성인의 법도를 지켜 조금도 (사설을) 위반하거나 (이설을) 끌어들인 바[7]가 없었으며, 여러 논저는 모두 다른 사람들이 양지를 해석하는 낡은 틀[8]에 떨어지지 않았다. 선생(先生, 양명)의 가르침은 대체로 (동곽에게) 의지하여 가려지지 않았으니[9] 사문師門에 공이 있다고 말할 만하다. 뒤에 나온 염암念菴의 수섭보임설收攝保任說[10]도 (그 근원은) 실은 여기로 거슬러 올라간다.

之, 浸流入猖狂一路. 惟東廓斤斤以身體之, 便將此意做實落工夫, 卓然守聖矩, 無少畔援, 諸所論著, 皆不落他人訓詁良知窠臼, 先生之教, 率賴以不蔽, 可謂有功師門矣. 後來念菴收攝保任之說, 實遡諸此.

---

6 분명하게: 원문은 '斤斤'. 『詩經』「周頌」執競, 「斤斤其明」의 朱熹 集傳: "斤斤, 明之察也, 言成康之德明著如此也."

7 (사설을) 위반하거나 (이설을) 끌어들인 바: 원문은 '畔援'. 『詩經』「大雅」皇矣, 「無然畔援」의 朱熹 集傳: "畔, 離畔也; 援, 攀援也, 言舍此而取彼也."

8 낡은 틀: 원문은 '窠臼'인데 옛날부터 있어 온 기성의 격식(現成格式), 낡은 틀(老套子)의 의미. 朱熹, 『晦庵集』 권39, 「答許順之」, "此正是順之從來一箇窠臼, 何故至今出脫不得, 豈自以爲是之過耶?"

9 선생의 … 않았으니: 여기에서 말하는 '先生'은 왕수인을 가리키는 것으로 보인다. 다음을 참고. 『명유학안』 권16 「江右王門學案一」 16-1, 小序, "是時越中流弊錯出, 挾師說以杜學者之口, 而江右獨能破之, 陽明之道賴以不墜."; 권20 「江右王門學案五」 王時槐傳, "陽明沒後, 致良知一語, 學者不深究其旨, 多以情識承當, 見諸行事, 殊不得力. 雙江 · 念菴舉未發以究其弊, 中流一壺, 王學賴以不墜, 然終不免頭上安頭."

10 염암(念菴)의 수섭보임설(收攝保任說): 아래의 「羅念菴洪先」 참고.

용계 왕기[1]王龍溪畿

내가 생각건대, 사구교법四句敎法은 양명의 문집을 살펴보면 자주 보이지 않으며, 그 설은 용계龍溪에게서 비로소 나온다. 그렇다면 (사구교법은) 양명의 아직 확정되지 않은 견해로서 평소에 그런 말을 한 적은 있지만 감히 책에 씀으로써 배우는 자들의 의혹을 키우지 않았던 것이다. 용계 선생에 이르러 처음으로 "사유설四有說은 지리支離의 잘못을 범한 것이다."[2]라고 하였으니, 형세상 기필코 사무四無까지 밀고 나간 뒤에야 만족할 것이다. 이미 선악이 없는데, 또 무슨 심心, 의意, 지知, 물物이 있겠는가? 끝내는 반드시 무심無心, 무의無意, 무지無知, 무물無物까지 밀고 나간 뒤에야 원만하게

愚按: 四句敎法, 考之陽明集中, 並不經見. 其說乃出於龍溪, 則陽明未定之見, 平日間嘗有是言, 而未敢筆之於書, 以滋學者之惑. 至龍溪先生始云"四有之說, 猥犯支離", 勢必進之四無而後快. 既無善惡, 又何有心·意·知·物? 終必進之無心·無

---

1 왕기(王畿): 『명유학안』 권12, 「浙中王門學案二」 참고.

2 사유설(四有說)은 … 것이다: 왕기의 생각을 유종주가 이렇게 표현한 것인 듯하다. 王畿, 『王龍谿先生全集』 권1, 「天泉證道記」, "陽明夫子之學, 以良知爲宗, 每與門人論學, 提四句爲敎法, '無善無惡心之體, 有善有惡意之動, 知善知惡是良知, 爲善去惡是格物.' 學者循此用功, 各有所得. 緖山錢子謂, '此是師門敎人定本, 一毫不可更易.' 先生謂, '夫子立敎隨時, 謂之權法, 未可執定. 體用顯微, 只是一機. 心意知物, 只是一事. 若悟得心是無善無惡之心, 意卽是無善無惡之意, 知卽是無善無惡之知, 物卽是無善無惡之物. … 意是心之所發, 若是有善有惡之意, 則知與物一齊皆有, 心亦不可謂之無矣.'"

될 것이다. 그렇다면 "치양지致良知" 석 자는 어디에 귀착될 것인가?[3]

선생은 홀로 그 이른바 무無라고 하는 것을 깨달아 그것을 교외별전教外別傳으로 삼았지만 실제로는 그 무조차도 없는 것이다. 유有와 무無를 세우지 않고 선과 악을 둘 다 없애며, 한 점의 허령虛靈한 지각知覺의 기氣가 종횡으로 자재自在하고 도처에서 밝게 드러나도록 내버려 두면서 한 곳에도 붙어 있지 않는다면 불교의 구렁텅이에 빠지지 않는 경우가 얼마가 되겠는가? 대저 불교는 세속의 얽매임을 버리고 오로지 생사 한 가지 일에만 관심을 가져서[4] 제거해야 할 악도 없고 실천해야 할 선도 없다. 단지 진공眞空의 성지性地만 남기고서 진각眞覺을 드러내고 여기로부터 깨달음에 들어가는 것, 이것이 종문宗門이다. 우리 유학의 경우는 매일 세법世法 속에서 성명性命을 구하니, 오욕五慾[5]에 물드는 일이 도처에서 출몰한다. 여기

意・無知・無物而後元. 如此, 則"致良知"三字, 著在何處?

先生獨悟其所謂無者, 以爲敎外之別傳, 而實亦併無是無. 有無不立, 善惡雙泯, 任一點虛靈知覺之氣, 從橫自在, 頭頭明顯, 不離著於一處, 幾何而不蹈佛氏之坑塹也哉! 夫佛氏遺世累, 專理會生死一事, 無惡可去, 幷無善可爲, 止餘眞空性地, 以顯眞覺, 從此悟入, 是爲宗門. 若吾儒日在世法中求性命, 吾慾❶

3 王畿의 四無說에 대한 유종주의 또 다른 비판은 다음을 참고. 『명유학안』 권10, 「姚江學案」 10-123, 陽明傳信錄, 傳習錄, "先生每言: '至善是心之本體.' 又曰: '至善只是盡乎天理之極, 而無一毫人欲之私.' 又曰: '良知卽天理.'『錄』中言天理二字, 不一而足. 有時說'無善無惡者理之靜', 亦未嘗徑說'無善無惡是心體.' 若心體果是無善無惡, 則有善有惡之意又從何處來? 知善知惡之知又從何處來? 爲善去惡之功又從何處起? 無乃語語斷流絕港乎? 快哉, 四無之論! 先生當於何處作答?"

4 관심을 가져서: 원문은 '理會', 여기에서는 注意하다, 관심을 가지다는 의미인 듯하다. 『朱子語類』 권132, 65조, "近世如汪端明, 專理會民; 如辛幼安, 卻是專理會兵, 不管民."

5 오욕(五慾): 佛敎語로 色・聲・香・味・觸의 다섯 가지 情慾, 또는 財欲・色欲・飮食

에서 선악이 없다고 말한다면 단지 악을 이루게 하는 나루터나 다리가 될 뿐이다.

薰染, 頭出頭沒, 於是而言無善惡, 適爲濟惡之津梁耳.

선생은 부지런히 도를 배운 지 80년이 되어도 여전히 돌아가 쉴 곳을 찾지 못하고 이집 저집 대문을 따라 돌며 탁발하는 처지[6]에서 벗어나지 못하였다.[7] 습심習心과 습경習境이 치밀하게 그 명命을 제어하고 있다면, 이때는 선인가, 악인가? 단지 입만 바쁘고 행각은 여전히 세속의 소굴에서 벗어나지 못하였다. 그리하여 헛되이 일생을 저버리고 뿌리내릴 곳도 없었으니, 애석하도다!

先生孜孜學道八十年, 猶未討歸宿, 不免沿門持鉢. 習心習境, 密制其命, 此時是善是惡? 只口中勞勞, 行腳仍不脫在家窠臼, 孤負一生, 無處根基, 惜哉!

왕문王門에는 심재心齋[8]와 용계龍溪가 있는데, 그 학문이 모두 깨달음을 중시하여 세상에서는 이왕二王이라고 불렀다. 심재는 깨달음을 말한 것이 초월적이고 광달曠達하였지만 사문師門의 종지宗旨에서 벗어나지는 않았다. 용계의 경우에는 곧바로 양지를 불성佛性으로 보아 허공에 매달아 놓고 깨달음을 얻고자 하여 끝

王門有心齋·龍溪, 學皆尊悟, 世稱二王. 心齋言悟雖超曠, 不離師門宗旨. 至龍溪, 直把良知作佛性看, 懸空期個悟, 終成玩弄光

欲·名欲·睡眠欲을 말한다.

❶ 吾慾: 四部備要本에는 '五慾'으로 되어 있다(『劉宗周全集』第4冊, 「明儒學案師說」).

6 이집 저집 대문을 따라 돌며 탁발하는 처지: 원문은 '沿門持鉢'. 沿門托鉢, 沿門託鉢라고도 하며, 불교에서 수행승이 발우를 들고 집집마다 돌아다니며 먹을 것을 구하는 것을 말한다.

7 선생은 부지런히 … 못하였다: 『명유학안』 권12, 「浙中王門學案二」 12-1, 王畿傳, "先生林下四十餘年, 無日不講學, 自兩都及吳·楚·閩·越·江·浙, 皆有講舍, 莫不以先生爲宗盟. 年八十, 猶周流不倦."

8 심재(心齋): 王艮. 『명유학안』 권32, 「泰州學案一」 및 『明史』 「儒林傳(二)」 참고.

내 헛된 광경을 가지고 놀고 말았으니,[9] (양명의) 창을 들고 그 방에 쳐들어갔다[10]고 말해도 될 것이다.

景, 雖謂之操戈入室可也.

9 헛된 광경을 가지고 놀고 말았으니: 원문은 '玩弄光景'. 光景은 '虛幻不實'한 사물을 비유하는데, 玩弄光景은 그러한 헛된 것을 가지고 노는 데 정신이 팔려 근본적인 것을 잊어버리는 것을 말한다. 『黃宗羲全集』 제10책, 「移史館論不宜立理學傳書」 219쪽, "涇陽謂之曰: ' … 孟子言良知, 文成恐人將此知作光景玩弄, 走入玄虛, 故就上面點出一致字, 其意最爲精密.'"

10 (양명의) 창을 들고 그 방에 쳐들어갔다: 원문은 '操戈入室'. '操矛入室'라고도 한다. 다른 사람의 창으로 그 사람을 공격한다는 말로, 상대방을 깊이 이해하고 그 허점을 찾아내어 그 사람의 논리로 그 사람을 반박한다는 의미. 『後漢書』 「鄭玄傳」, "時任城何休好公羊學, 遂著『公羊墨守』『左氏膏肓』『穀梁廢疾』; 玄乃發『墨守』, 鍼『膏肓』, 起『廢疾』. 休見而歎曰: '康成入吾室, 操吾矛, 以伐我乎!'"

정암 나흠순[1]羅整菴欽順

내가 생각건대, 선생의 학문은 그 시작이 선禪에서 비롯되었다. "뜰 앞의 잣나무"[2]라는 화두에서 깨달음을 얻었는데, 그날 저녁에 옷을 들춰 보니 온몸에 땀이 흐르고 있었다. 그 자신도 너무 쉽게 터득한 것을 괴이하게 여겼는데 돌이켜 유학에서 구해 보니 (자기가 깨달은 바와) 맞지 않았다. 이에서 비로소 불교에서 지각知覺을 성性으로 보고, 마음을 근본으로 보는 것은 우리 유교의 궁리진성지명窮理盡性至命[3]의 뜻이 아님을 알았다. 그리하여 정·주程朱의 격물치지설格物致知說에 근본을 두고 구하였는데, 이십 년이라는 오랜 시간을 바치자 비로소 이른바 성性과 천도天道의 단서를 본 바가 있었다.[4] (그것은) 한마디로 말하면 "성명性命의 오묘함은 리일분수理一分殊일 뿐이다."[5]라는 것이었

愚按: 先生之學, 始由禪入, 從"庭前柏樹子"話頭得悟, 一夕披衣, 通身汗下. 自怪其所得之易, 反而求之儒, 不合也. 始知佛氏以覺爲性, 以心爲本, 非吾儒窮理盡性至命之旨. 乃本程·朱格致之說而求之, 積二十年久, 始有見於所謂性與天道之端, 一口打幷, 則曰: "性命之妙, 理一分

---

1 나흠순(羅欽順): 『명유학안』 권47, 「諸儒學案中一」 참고.

2 뜰 앞의 잣나무: 『五燈會元』 권4, "問: '如何是祖師西来意?' 師曰: '庭前栢樹子.'"(祖師는 달마, 師는 唐末의 선승인 趙州.)

3 궁리진성지명(窮理盡性至命): 『周易』 「說卦傳」, 「窮理盡性以至於命.」

4 선생의 학문은 … 있었다: 『명유학안』 권47, 「諸儒學案中一」 47-2, 羅欽順傳; 47-2, 困知記, "昔在京師 ….”(『困知記』 卷下, 41조)

다. 또 그것을 펼쳐서 "이 리理는 마음으로 생각하고 눈으로 보는 사이[心目間]에 있는데 본本에서 말末로 가면 만상萬象이 복잡하게 뒤얽혀 있지만 어지럽지 않고, 말에서 본으로 돌아가면 하나의 참된 것一眞이 맑고 고요하여 남는 것이 없다."[6]고 말하였다. 이로 인하여 스스로 [선유(先儒)의] 탁월한 견해 뒤에 (자신의 견해를) 덧붙였다. 이와 같았으니 또한 고생스럽고도 어려웠다고 말할 만하다.

殊而已矣." 又申言之曰: "此理在心目間, 由本而之末, 萬象紛紜而不亂; 自末而歸本, 一眞湛寂而無餘." 因以自附於卓如之見. 如此, 亦可謂苦且難矣.

가만히 생각하건대, 선생이 말하는 "마음으로 생각하고 눈으로 보는 사이[心目之間]"[7]라는 것이 실제로 어디인지 알지 못하겠다. 그리고 그 "본에서 말로 간다." "말에서 본으로 돌아간다."고 하는 것은 또한 무엇이 가고, 무엇이 돌아가는 것인가? 리일분수理一分殊는 공자가 말한 일관一貫의 의미인데, 그 요체는 충서忠恕를 떠나지 않는다.[8] 그렇다면 "도가 사람의 마음에서 멀지 않다."[9]는 것 또한 그로부터 판단할

竊思先生所謂"心目之間"者, 不知實在處, 而其"本之末"·"末歸本"者, 又孰從而之之·歸之乎? 理一分殊, 卽孔子一貫之旨, 其要不離忠恕者, 是則道之不遠於人心, 亦從

---

5 성명(性命)의 … 뿐이다: 『명유학안』 권47, 「諸儒學案中一」 47-13, 困知記, "竊以性命之妙, 無出'理一分殊'四字."(『困知記』 卷上, 14條)

6 이 리(理)는 … 없다: 『명유학안』 권47, 「諸儒學案中一」 47-3, 困知記.(『困知記』 「序」)

7 마음으로 생각하고 눈으로 보는 사이(心目之間): 이 말은 주희에게 보인다. 『中庸章句』 24장 註: "凡此皆理之先見者也. 然惟誠之至極, 而無一毫私僞留於心目之間者, 乃能有以察其幾焉." 그 외에 "心目之間" 혹은 "心目間"은 『朱子語類』 권11의 2조, 권28의 20조, 권79의 43조, 권121의 9조 등에도 보인다.

8 공자가 … 않는다: 『論語』 「里仁」:15, "子曰: '參乎! 吾道一以貫之.' 曾子曰: '唯.' 子出, 門人問曰: '何謂也?' 曾子曰: '夫子之道, 忠恕而已矣.'"

9 도가 … 않다: 『中庸章句』 13장, "道不遠人. 人之爲道而遠人, 不可以爲道. … 忠恕違

수 있다. 그런데 선생은 논쟁적으로 마음과 성性을 가지고 유교와 불교를 구별하고는 마음을 추구하는 길을 곧바로 선문禪門으로 돌려 버렸다. 그렇기 때문에 도리어 마음을 내버려 두고 성을 말하여 (마음과 성을) 확연하게 둘로 가르고, (마음의) 밖도 아니고 안도 아닌 (안과 밖의) 사이에 리를 놓아두고서 별도로 마음과 눈[心目]이라고 하는 상象을 제시하여 결국 이처럼 물리物理를 피상적으로 관조하고 만 것이다. "간다", "돌아간다"라는 것 역시 그것[理]이 스스로 가고, 스스로 돌아가는 데 맡겨 버려 나와는 무관한 것이니, 이 역시 자신도 모르는 사이에 모호한 견해에 떨어져 버린 것이다.

可決矣. 乃先生方斷斷以心性辨儒釋, 直以求心一路歸之禪門, 故寧舍置其心以言性, 而判然二之, 處理於不外不內之間, 另呈一心目之象, 終是泛觀物理如此, 而所云"之之"·"歸之"者, 亦是聽其自之之而自歸之, 於我無與焉, 則亦不自覺其墮於恍惚之見矣.

선생이 가장 힘을 얻은 곳은 살펴보면, 그것은 바로 도심道心을 성性으로 여기면서 (도심은) 미발未發을 가리켜 말한 것이고, 인심人心을 정情으로 여기면서 (인심은) 이발已發을 가리켜 말한 것이라고 한 데 있다.[10] 그 스스로 (이는) 유독 송유宋儒의 견해와 다르다고 하였으며,[11] 또한 "여기에서 분명하게 볼 수 있다면 어디를

考先生所最得力處, 乃在以道心爲性, 指未發而言; 人心爲情, 指已發而言. 自謂獨異於宋儒之見, 且云: "於此見得分明, 則無往而

道不遠, 施諸己而不願, 亦勿施於人."

10 도심(道心)을 … 있다: 『명유학안』 권47, 「諸儒學案中一」 47-7, 困知記, "道心, 性也. 人心, 情也."(『困知記』 卷上, 4조); 47-49, "『書』之所謂道心, 卽「樂記」所謂'人生而靜, 天之性也', 卽『中庸』所謂'未發之中, 天下之大本也', 决不可作已發看. 若認道心爲已發, 則將何者以爲大本乎? 愚於此, 所以不能無少異於朱子者."(『困知記』 續卷下, 13條)

11 그 스스로 … 하였으며: 위의 주석 참고.

가더라도 합치되지 않는 곳이 없을 것이다."[12] 라고 말하였다.

시험 삼아 선생의 말을 가지고 생각해 보자. 마음과 성·정은 원래 한 사람(에게 있는 것)이므로 위태로운 것(=인심)만 마음이고 은미한 것(=도심)은 마음이 아니라고 해서는 안 된다. 다만 선생은 불교는 지각知覺을 성性으로 본다고 규정했기 때문에, 지각은 이발已發에 속하므로 정이지 성이 아니며, 마음을 근본으로 삼더라도 (그것은) 또한 '위태로운 마음'(=인심)일 뿐 (거기에) '은미한 마음'(=도심)은 없다고 하였다. 그리하여 마침내 그 은미한 것(도심=성)을 마음 밖으로 밀어내고서 외부의 천지 만물에서 (그것을) 구하였다. 그리하여 천하에는 성이 없는 사물이 없으니,[13] 격물格物하고 치지致知하여 본과 말이 일관된 뒤에 성의誠意·정심正心으로 넘어감으로써 천하의 대본大本[14]을 세운다고 하였다. 이와 같다면 거의 성을 (마음) 밖에 있는 것으로 본 것이다. 그렇기 때문에 나는 '선

不合".

試以先生之言思之, 心與性情, 原只是一人, 不應危是心, 而微者非心. 止緣先生認定佛氏以覺爲性, 謂覺屬已發, 是情, 不是性; 卽本之心, 亦只是惟危之心, 而無惟微之心, 遂以其微者拒之於心外, 而求之天地萬物之表. 謂天下無性外之物, 格物致知, 本末一貫, 而後授之誠正, 以立天下之大本. 若是, 則幾以性爲外矣. 我故

12 여기에서 … 것이다: 『困知記』 附錄, 「答黃筠谿亞卿」, "道心, 性也, 性者道之體. 人心, 情也, 情者道之用. 其體一而已矣, 用則有千變萬化之殊, 然而莫非道也. 此理甚明, 此說從來不易. … 僕於此煞曾下工夫體究來, 直窮到無可窮處, 方敢立論, 萬一未合, 願相與熟講之, 此處合則無往而不合矣."

13 천하에는 성이 없는 사물이 없으니: 『二程遺書』 권18:89, "天下更無性外之物. 若云有限量, 除是性外有物始得." 朱熹, 『太極圖說解』, "夫天下無性外之物, 而性無不在, 此無極·二五所以混融而無閒者也, 所謂妙合者也."

14 천하의 대본(大本): 『中庸章句』 1장, "中也者, 天下之大本也; 和也者, 天下之達道也."; 32장, "唯天下至誠, 爲能經綸天下之大經, 立天下之大本, 知天地之化育. 夫焉有所倚?"

생은 성을 이해한 적이 없으니, 그것을 밖에 있는 것으로 간주했기 때문이다.'라고 말하는 것이다.

曰先生未嘗見性, 以其外之也.

대저 성은 과연 밖에 있는 것이고, 마음은 과연 안에 있는 것인가? 마음과 성의 명칭을 혼동해서는 안 되는 것은 리理·기氣와 마찬가지이며, 그것을 끝내 나눠서는 안 되는 것 역시 리·기와 마찬가지이다. 선생은 이미 송유宋儒의 천명지성天命之性과 기질지성氣質之性의 설에 동조하지 않고 리일분수理一分殊 한마디로 그것을 덮으면서[15] "리는 바로 기의 리이다."[16] 라고 하였으니, 옳은 말이다. (그런데 어찌하여) 유독 "성은 바로 마음의 성이다."라고는 말하지 않는 것인가? 마음은 바로 기가 사람에게 모인 것이며, 성은 바로 리가 사람에게 모인 것이다. 리와 기가 하나라면 마음과 성은 둘이 될 수 없으며, 마음과 성이 하나라면 성과 정 역시 둘이 될 수 없다. 삼자(三者, 理氣·心性·性情)가 나눠지기도 하고 합해지기도 하는 사이

夫性果在外乎? 心果在內乎? 心性之名, 其不可混者, 猶之理與氣; 而其終不可得而分者, 亦猶之乎理與氣也. 先生旣不與宋儒天命·氣質之說, 而蔽以理一分殊之一言, 謂"理卽是氣之理", 是矣, 獨不曰"性卽是心之性"乎! 心卽氣之聚於人者, 而性卽理之聚於人者. 理氣是一, 則心性不得是二; 心性是一,

15 선생은 … 덮으면서: 『명유학안』 권47, 「諸儒學案中一」 47-14, 困知記, "程·張本思·孟以言性, 旣專主乎理, 復推氣質之說, 則分之殊者誠亦盡之. 但曰天命之性, 固已就氣質而言之矣, 曰氣質之性, 性非天命之謂乎? 一性而兩名, 且以氣質與天命對言, 語終未瑩. 朱子尤恐人之視爲二物也, 乃曰'氣質之性, 卽太極全體墮在氣質之中.' 夫旣以墮言, 理氣不容無罅縫矣. 惟以理一分殊蔽之, 自無往而不通, 而所謂'天下無性外之物', 豈不亶其然乎!"(『困知記』 卷上, 15조)

16 리는 바로 기의 리이다: 『명유학안』 권47, 「諸儒學案中一」 47-37, 困知記, "理卽是氣之理"(『困知記』 續卷上, 38條, 「理只是氣之理.」)

에 결국 둘이 되어 버린다면, 리와 기는 무엇이고, 마음과 성·정은 또 무엇인가? 천지 사이에 기와 결합한 리도 있고 기와 분리된 리도 있으며, 마음과 분리된 성도 있고 성과 분리된 정도 있다면, 또한 어디에 하나의 근본이 있단 말인가!

性情又不得是二. 使三者於一分一合之間終有二焉, 則理氣是何物, 心與性情又是何物? 天地間既有個合氣之理, 又有個離氣之理; 既有個離心之性, 又有個離性之情, 又烏在其爲一本也乎!

"우리 유교는 천天에 근본을 두지만 불교는 마음에 근본을 둔다."[17]고 하는 것은 본래 옛사람의 철안鐵案이다. 선생은 되풀이하여 그것을 말하였으니 크게 성문聖門에 공이 있다고 할 만하다. 요컨대, 천을 잘 말하는 자는 바로 그 사람에 합치되는 데 지장이 없고, 마음을 잘 말하는 자는 본래 불교로 흘러가지 않는다. 선생은 마치 목이 멘다고 먹기를 그만두는 것처럼(사소한 문제 때문에 정작 중요한 일을 그만두는 어리석은) 견해를 고집함을 면하지 못하였다. 경계를 분명하게 나눈 것은 비록 저들의 폐해를 꿰뚫어 보기에 충분하였지만 실제로는 자신의 보물까지 던져 버리는 잘못을 면하지 못한 것이다.

"吾儒本天, 釋氏本心", 自是古人鐵案. 先生娓娓言之, 可謂大有功於聖門. 要之, 善言天者, 正不妨其合於人; 善言心者, 自不至流而爲釋. 先生不免操因咽廢食之見, 截得界限分明, 雖足以洞彼家之弊, 而實不免拋自身之藏.

17 우리 … 둔다: 『二程遺書』 권21下:7, "聖人本天, 釋氏本心."

선생을 보면, 격물格物에서 거의 2·30년이나 공부를 하였다. 그 뒤에 이르러 마음을 말하고, 성을 말하고, 리·기를 말하면 한 글자도 틀리지 않았지만, 이 역시 단지 말한 것이 옳고, 형용한 것이 분명하였을 뿐 실제에는 조금도 도움이 되지 않았다. 선생이 장중하고 한결같으며 고요하고 바르며, 제련하지 않은 쇠나 다듬지 않은 옥[18]처럼 덕행이 (순수하고 질박하여) 성인을 따르는 무리가 되기에 부끄럽지 않았던 것은 본래 타고난 자질이 좋았기 때문이지 학력學力과는 무관하였다. 선생은 양명선생에게 보낸 편지[19]에서 "만약 기필코 배움은 밖에서 구하는 데 바탕을 두지 않는다고 하면서 단지 돌이켜 보고 안으로 반성하는 것만 힘써 해야 할 일로 여긴다면, '성의誠意·정심正心' 네 글자에 또 무슨 부족한 점이 있다고 하필이면 (배움에) 입문할 때 격물 공부를 (설정하여 배우는 사람을) 괴롭게 만들었겠습니까?"라고 말한 적이 있다. 아! 선생 같은 분은 참으로 이른바 "격물 공부를 (설정하여) 괴롭게 만든 것"이 단지 입문할 때만 있었던 것이 아니라 종신토록 있었던 사람이다.

考先生於格物一節, 幾用二三十年工夫, 迨其後, 即說心·說性·說理氣, 一字不錯, 亦只是說得是, 形容得著, 於坐下毫無受用. 若先生莊一靜正, 德行如渾金璞玉, 不愧聖人之徒, 自是生質之美, 非關學力. 先生嘗與陽明先生書云: "如必以學不資於外求, 但當反觀內省以爲務, 則'誠意·正心'四字, 亦何不盡之有, 何必於入門之際, 便困以格物一段工夫?" 嗚呼! 如先生者, 眞所謂"困以格物一段工夫", 不特在入門, 且在終身

18 제련하지 않은 쇠나 다듬지 않은 옥: 원문은 '渾金璞玉'로 인품이 순수하고 소박함을 비유한다. 『世說新語』「賞譽」, "王戎目山巨源: '如璞玉渾金, 人皆欽其寶, 莫知名其器.'"

19 양명 선생에게 보낸 편지: 『困知記』附錄, 「與王陽明書」.

者也.

그렇지 않았다면 선생처럼 뛰어난 자질을 가지고 일찌감치 향상向上의 길을 찾아서 전진하여 당연히 넉넉하게 성인의 영역에 들어갔을 터인데, 애석하게도 겨우 이런 단계에서 멈춰 버리고 말았다. 비록 처음에 쉽게 깨달은 데서는 털끝만큼의 차이가 있음을 면하지 못했지만, 마지막에 일생을 어렵게 만들고 끝까지 혼란스러웠던 것은 거의 천 리나 멀어진 잘못이다. 생각건대, 이에 이르러 정 · 주程朱의 학문 역시 피폐해졌다. 그 설에 따른다면 배우는 자로 하여금 종신토록 도에 들어갈 날이 없게 만들고, 2 · 30년 동안 공부하도록 괴롭힌 한 뒤에야 터득하고, 터득하더라도 이미 (도에) 가깝지 않아서 성학聖學을 거의 (이룰 수 없는) 절대적인 덕으로 보게 만들었으니, 이것이 양명이 일어나게 된 까닭이다.

不然, 以先生之質, 早尋向上而進之, 宜其優入聖域, 而惜也, 僅止於是! 雖其始之易悟者, 不免有毫釐之差, 而終之苦難一生, 擾擾到底者, 幾乎千里之謬. 蓋至是而程 · 朱之學亦弊矣, 由其說, 將使學者終其身無入道之日, 困之以二三十年工夫而後得, 而得已無幾, 視聖學幾爲絕德, 此陽明氏所以作也.

경야 여남[1]呂涇野柟

내가 생각건대, 관학[關學: 관중(關中)의 학문]에는 대대로 연원이 있어 모두 궁행躬行과 예교禮教를 근본으로 삼았는데 경야涇野 선생은 실로 그것을 집대성하였다. 그 출처와 언동을 보면 어느 것 하나 도를 법도로 삼지 않는 경우가 없었고, 은미한 심술心術을 끝까지 미루어 보아도 털끝만큼도 의심스러운 점이 없었으니, 탁연한 민자건閔子騫 · 염백우冉伯牛[2]의 무리임에 의문의 여지가 없다. 뒤에 양명陽明 선생이 양지학良知學을 주장한 것은 본래 궁행을 중시한 것이었으나 배우는 자들이 그것을 오해하여 도리어 행行을 버려두고 지知만 말했는데, 선생의 궁행을 숭상하는 뜻[3]을 얻어서 그것을 구제하였으니, 한 가닥의 머리털로 천균의 무게를 당기는 것[4]처럼 (위태로운 상황이었다)고 말

愚按: 關學世有淵源, 皆以躬行禮教爲本, 而涇野先生實集其大成. 觀其出處言動, 無一不規於道, 極之心術隱微, 無毫髮可疑, 卓然閔 · 冉之徒, 無疑也. 異時陽明先生講良知之學, 本以重躬行, 而學者誤之, 反遺行而言知, 得先生尙行之旨以救之, 可謂一髮千鈞. 時先生講席, 幾與陽明

---

1 여남(呂柟): 『명유학안』 권8, 「河東學案下」 참고.

2 민자건(閔子騫) · 염백우(冉伯牛): 공자의 제자. 『論語』 「先進」:2, "德行: 顔淵, 閔子騫, 冉伯牛, 仲弓."

3 선생의 궁행을 숭상하는 뜻: 『明史』 「儒林一」, 呂柟傳, "柟受業渭南薛敬之, 接河東薛瑄之傳, 學以窮理實踐爲主."

4 한 가닥의 머리털로 천균의 무게를 당기는 것: 원문은 '一髮千鈞', 위태로운 상황을 비

할 만하다. 당시 선생의 강석은 거의 양명과 함께 그 성대함을 절반씩 나누어 가졌을 정도였으니, 일시의 독실하게 실천하고 자중자애自重自愛하는 선비 중에 선생의 문하에서 나온 자들이 많았다.[5] 마馬·하何 등의 여러 군자【하당何瑭·마리馬理·최선崔銑·여잠呂潛·장절張節·곽부郭郛[6]】는 학문과 덕행이 (선생과) 동류이므로 (선생의 뒤에) 부록하였다.

氏中分其盛, 一時篤行自好之士, 多出先生之門. 馬·何諸君子, 學行同類, 故附焉.【何瑭·馬理·崔銑·呂潛·張節·郭郛.】

유. 韓愈, 「與孟尙書書」, "漢氏已來, 羣儒區區修補, 百孔千瘡, 隨亂隨失, 其危如一髮引千鈞, 綿綿延延, 寖以微滅."

5 당시 … 많았다: 『명유학안』 권8, 「河東學案下」 8-2, 呂柟傳, "九載南都, 與湛甘泉·鄒東廓共主講席, 東南學者, 盡出其門"; 『明史』 「儒林一」, 呂柟傳, "官南都, 與湛若水·鄒守益共主講席. … 時天下言學者, 不歸王守仁, 則歸湛若水, 獨守程·朱不變者, 惟柟與羅欽順云."

6 하당(何瑭)·마리(馬理)·최선(崔銑)·여잠(呂潛)·장절(張節)·곽부(郭郛): 何瑭은 『명유학안』 권49 「諸儒學案中三」, 馬理는 권9 「三原學案」, 崔銑은 권48 「諸儒學案中二」, 呂潛·張節·郭郛은 권8 「河東學案下」 참고.

운포 맹화리[1] · 아강 맹추[2] · 양화 장원변[3]
孟雲浦化鯉 · 孟我疆秋 · 張陽和元忭

내가 생각건대, 두 맹孟 선생[4]은 빙호氷壺[5]와 추수秋水처럼 둘이 서로 밝게 비추며 집안의 전통을 계승하여 떨어지지 않게 하였으니 북쪽 지방의 쌍벽雙璧이라고 일컬을 만하다.

우리 고향의 문공文恭 장張 선생(장원변)은 이른바 천리마의 꼬리에 붙어서 이름이 더욱 드러난 자[6]일 것이다. 【장문공이 지은】「이맹행二孟行」을 읽으면 (두 맹 선생의 사람됨을) 믿을 수 있다. 문공에게는 또한 귀양貴陽에 수자리로 좌천된 추 진사鄒進士[7]에게 보낸「장재행壯哉行」

愚按: 二孟先生如冰壺秋水, 兩相輝映, 以紹❶家傳於不墜, 可稱北地聯璧.

吾鄕文恭張先生, 則所謂附驥尾而名益彰者乎! 讀「二孟行」【張文恭作】可信也. 文恭又嘗有「壯哉行」贈鄒進士遣戍貴陽,

---

1 맹화리(孟化鯉):『명유학안』권29,「北方王門學案」참고.

2 맹추(孟秋):『명유학안』권29,「北方王門學案」참고.

3 장원변(張元忭):『명유학안』권15「浙中王門學案五」참고.

4 두 맹(孟) 선생: 맹화리와 맹추.『명유학안』권29,「北方王門學案」29-91, 孟化鯉傳, "在都下與孟我疆相砥礪, 聯舍而寓, 自公之暇, 輒徒步過從, 飮食起居, 無弗同者, 時人稱爲二孟. 張陽和作「二孟歌」記之."

5 빙호(冰壺): 얼음을 담는 옥으로 만든 병으로 인품의 고결함을 비유.『宋史』「道學二」, 李侗傳, "沙縣鄧迪嘗謂松曰: '愿中如冰壺秋月, 瑩徹無瑕, 非吾曹所及.' 松以謂知言."(松은 주희의 아버지인 朱松, 愿中은 李侗의 자); 蘇軾,「贈潘谷」, "布衫漆黑手如龜, 未害冰壺貯秋月."

6 천리마의 꼬리에 붙어서 이름이 더욱 드러난 자:『史記』「伯夷列傳」, "伯夷 · 叔齊雖賢, 得夫子而名益彰. 顔淵雖篤學, 附驥尾而行益顯."

7 추 진사(鄒進士): 미상.

이 있으니, 그가 우리 동지吾黨를 아끼는 뜻이 이와 같았다. 군자로다, 이 사람이여![8] 지금은 내가 만나 볼 수가 없구나.

문공은 같은 군郡의 나문의羅文懿[9]와 동문으로 교류하였는데,[10] 나중에 문의는 (문공이) 회시會試에 합격했을 때의 시험관[擧主]이었다. 문공은 예전과 똑같이 친구로서 대하고, 또한 문생門生이라고 쓰지 않았다. 문의는 매번 그것을 유감스럽게 여겼지만 문공은 돌아보지 않았다. 정시廷試에서는 고현중高中玄[11]이 시독관이었지만, 뒤에 서로 만났을 때 역시 문생이라고 쓰지 않았으니, 그 고고하게 자립함이 이와 같았다. 문공은 또 등문결鄧文潔[12]과 막역하게 사귀었는데, 그가 죽자 문결은 제문을 지어 "마치 목이 마른 사람처럼 선을 좋

其私吾黨臭味如此. 君子哉若人! 於今吾不得而見之矣.

文恭與同郡羅文懿爲筆硯交, 其後文懿爲會試擧主, 文恭自追友誼如昔, 亦不署門生. 文懿每憾之, 文恭不顧. 廷對係高中玄讀卷, 後相見, 亦不署門生, 其矯矯自立如此. 文恭又與鄧文潔交莫逆, 及其歿也, 文潔祭以文, 稱

---

❶ 紹: 저본에는 '扶'이나 『黃宗羲全集』·『劉宗周全集』·『四庫全書』본에 근거하여 '紹'로 고쳤다.

8 군자로다, 이 사람이여: 『論語』「公冶長」:2, "子謂子賤: '君子哉若人! 魯無君子者, 斯焉取斯?'"; 「憲問」:6, "南宮适出, 子曰: '君子哉若人! 尙德哉若人!'"

9 나문의(羅文懿): 미상. 다만 유종주가 지은 부모의 행장(『劉宗周全集(三)下』「顯考誥贈通議大夫順天府府尹秦臺府君暨顯妣誥贈淑人貞節章太淑人行狀」 986쪽)에는 "府君嘗讀書羅文懿公家"라는 구절이 보인다.

10 동학으로 교류하였는데: 원문은 '筆硯交'. '同筆硯' 혹은 '共筆硯'은 同窓의 의미. 元·唐元, 『筠軒集』 권9, 「梅庭弊帚詩序」, "吾友潛夫洪公, 自總角時, 訂筆硯交, 居則磨切以近于道, 出則肆情山水間, 雖酬酢於盃觴, 而口未嘗一出傲慢語, 眞樂益友也."

11 고현중(高中玄): 高拱(1517-1578), 자는 肅卿, 中玄은 호, 河南 新鄭人. 隆慶 연간의 首輔, 시호는 文襄.

12 등문결(鄧文潔): 鄧以讚, 아래의 「鄧定宇以讚」 참조.

아하였고, 천하를 자기가 책임지고 있다고 여겼다.”고 칭하였다.

其“好善若❷渴, 以天下爲己任”云.

---

❷ 若: 底本에는 ‘苦’이나 『黃宗羲全集』·『劉宗周全集』·『四庫全書』본에 근거하여 ‘若’으로 고쳤다.

염암 나홍선[1] · 대주 조정길[2] · 당남 왕시괴[3] · 정우 등이찬[4]
羅念菴洪先 · 趙大洲貞吉 · 王塘南時槐 · 鄧定宇以讚

생각건대, 왕문王門에서는 오직 심재心齋[5]가 왕성하게 자신의 설을 전하였다. 그는 '배우지 않아도 (잘할 수 있고), 생각하지 않아도 (알 수 있다)'[6]는 뜻으로부터 방향을 돌려 '자연自然'[7]과 '배움의 즐거움[學樂]'[8]을 표방하였는데, 그 말류에서 뻗어 나간 자들은 점차로 거리낌 없는 소인小人[9]이 되었다.

按: 王門惟心齋氏盛傳其說, 從不學不慮之旨, 轉而標之曰'自然', 曰'學樂', 末流衍蔓, 浸爲小人之無忌憚.

---

1 나홍선(羅洪先): 『명유학안』 권18, 「江右王門學案三」 참고.

2 조정길(趙貞吉): 『명유학안』 권35, 「泰州學案二」 참고.

3 왕시괴(王時槐): 『명유학안』 권20, 「江右王門學案五」 참고.

4 등이찬(鄧以讚): 『명유학안』 권21, 「江右王門學案六」 참고.

5 심재(心齋): 王艮. 『명유학안』 권32, 「泰州學案一」 참고.

6 배우지 … 수 있다: 『孟子』 「盡心上」:15, "人之所不學而能者, 其良能也. 所不慮而知者, 其良知也."

7 자연(自然): 일체의 인위적, 혹은 작위적 요소(安排 · 着意 · 所見 · 所向 · 思索 등등)가 없는 '自然' · '天然'의 마음의 본체, 이른바 '現成良知'를 가리켜서 말하는 듯하다. 『心齋先生全集』 권3, 語錄, 77조, "良知之體, 與鳶魚同一活潑潑地, 當思則思, 思通(和刻本作「過」)則已. 如周公思兼三王, 夜以繼日, 幸而得之, 坐以待旦, 何嘗纏繞? 要之, 自然天則, 不着人力安排."; 『명유학안』 권32, 「泰州學案一」 32-33, 心齋語錄, "天理者, 天然自有之理也 … "(「與俞純夫」) 참고.

8 배움의 즐거움[學樂]: 권32 「泰州學案一」 32-50, 心齋語錄, 「樂學歌」 참고.

9 거리낌 없는 소인(小人): 『中庸章句』 2장의 "小人之[反]中庸, 小人之無忌憚"에 나오는 말인데, 명말청초에는 종종 王守仁-王畿-李贄로 이어지는 이른바 '왕학좌파'를 비난할

나羅 선생(나홍선)은 뒤에 일어나 그것을 근심하여 특별히 '수섭보임收攝保聚' 네 글자를 집어 들어 '치양지致良知'의 비결符訣로 삼았다.[10] 그러므로 그의 학문은 전적으로 미발未發에서 구하여 주정主靜과 무욕無欲을 종지로 삼았으니[11] 도를 지키기 위해 고심했다고 할 만하다. 혹자는 "선생의 주정은 선禪이라는 의심을 받지 않는가?"라고 말한다. 옛사람들이 가르침을 주장한 것은 모두 권법權法이니, 왕王 선생(왕수인)의 뒤에는 선생이 없을 수 없다. 나는 그가 이 도를 부지하여 땅에 떨어지지 않게 할 수 있었던 점을 취할 뿐이다. 하물며 선생은 이미 그것이 옳은 듯하지만 (잘못된 것)임을 분명하게 알면서 드나들었던 것이며, 양주(楊朱, 도교)에서 빠져나와 유교儒教로 돌아왔으니, 거리낌 없는 자들에 비해 그래도 (도에) 가깝지 않은가?[12]

羅先生後起, 有憂之, 特拈'收攝保聚'四字, 爲'致良知'符訣, 故其學專求之未發一機, 以主靜無欲爲宗旨, 可爲衛道苦心矣. 或曰: "先生之主靜, 不疑禪歟?" 曰: 古人主教皆權法, 王先生之後, 不可無先生. 吾取其足以扶持斯道於不墜而已. 況先生已洞其似是而出入之, 逃楊歸儒, 視無忌憚者, 不猶近乎?

때 이 말이 사용되고 있다.

顧炎武, 『日知錄』 권18, 「李贄」, "愚按, 自古以來, 小人之無忌憚而敢於叛聖人者, 莫甚於李贄. … 然推其作俑之繇, 所以敢於詆毀聖賢而自標宗旨者, 皆出於陽明·龍溪禪悟之學."

王夫之, 『張子正蒙注』 권9, 「可狀篇」, "王氏之學, 一傳而爲王畿, 再傳而爲李贄, 無忌憚之教立, 而廉恥喪, 盜賊興, 中國淪沒."

呂留良, 『四書講義』 권12, 18板, "陽明之傳, 至龍溪而發露殆盡, 至李贄則又加猖矣. 一點無忌憚心傳, 呵佛罵祖, 靡所不至. 究其學, 則一黑腰子之學也."

10 특별히 … 삼았다: 『명유학안』 권18, 「江右王門學案三」 18-101, 羅洪先, 雜著, "龍溪因前記有所異同 … " 참고.

11 그의 … 삼았으니: 『명유학안』 권18, 「江右王門學案三」 18-106, 羅洪先, 雜著, "雙江先生繫詔獄 … " 참고.

조정길趙貞吉, 왕시괴王時槐, 등이찬鄧以讚 세 선생은 선생의 뜻과 같지 않았겠는가? 등 선생은 정밀함이 더욱 뛰어났고, 그 인품은 선생과 우열을 가리기 어려웠다.

趙·王·鄧三先生, 其猶先生之意歟? 鄧先生精密尤甚, 其人品可伯仲先生.

12 하물며 … 않은가: 『명유학안』 권18, 「江右王門學案三」, 18-3, 羅洪先傳, "先生靜坐之外 … " 참고.

근계 나여방[1]羅近溪汝芳

등鄧 선생[2]은 육경을 초개처럼 하찮게 여기는 후세에 태어나 홀로 옛것을 좋아하는 정성스러운 마음을 내어 옛날의 성인이 남긴 경전을 연구하였다. 조금씩 보충하고 엮은 것이 단정하고 자세하며 조리가 있어 배우는 자들이 자신의 마음을 스승으로 삼아 옛것을 비방하는 폐해를 만회하였으니 그 공이 매우 크다고 할 만하다.[3] 그런데 그의 학문은 실제로 동곽(東廓, 추수익)에게 근본을 두고 있으니 계신공구戒愼恐懼와 신독愼獨의 뜻을 들은 것이다. 그렇다면 선생을 왕문王門의 적전嫡傳이라고 말해도 될 것이다.

鄧先生當土苴六經之後, 獨發好古精心, 考先聖人之遺經, 稍稍補綴之, 端委纚然, 挽學者師心詆古之弊, 其功可謂大矣. 乃其學實本之東廓, 獨聞戒懼愼獨之旨, 則雖謂先生爲王門嫡傳可也.

나는 일찍이 강서江西의 여러 훌륭한 학자들

余嘗聞江西諸名

1 나여방(羅汝芳): 『명유학안』 권34, 「泰州學案三」 참고.

2 등(鄧) 선생: 趙會文의 「『明儒學案 · 師說羅汝芳傳』人物考辨」(『寧派大學報(人文科學版)』 第26卷 第5期, 2013년)에 의하면, '등 선생'은 鄧元錫을 가리킨다. 등원석은 『명유학안』 권24, 「江右王門學案九」 참고.

3 육경을 … 만하다: 등원석에게는 『五經繹』이 있다. 『明史』 「儒林二」, "元錫之學, 淵源王守仁, 不盡宗其說. 時心學盛行, 謂學惟無覺, 一覺卽無餘蘊, 九容 · 九思 · 四教 · 六藝皆桎梏也. 元錫力排之, 故生平博極羣書, 而要歸於六經. 所著『五經繹』 · 『函史上下編』 · 『皇明書』, 並行於世."

이 다음과 같이 말하는 것을 들은 적이 있다. “선생의 학문은 점수漸修에 근본을 두었고 나羅 선생(나여방)의 학문은 돈오頓悟에 근본을 두어 두 사람이 논쟁하며 옳고 그름을 다투었다. 하지만 만년에 이르자 선생이 마침내 나 선생에게 크게 감복하여 (잘 들으려고) 자신도 모르는 사이에 앞자리로 나아갔다.” 그가 지은 「제나선생문祭羅先生文」[4]을 살펴보면 대략 그 일면을 엿볼 수 있다. 그렇다면 나 선생이 수양한 바에는 생각건대 또한 크게 다른 사람을 뛰어넘는 점이 있었을 것이다. 그래서 나는 그의 긴요하고 참으로 절실한 말을 택해 이 책(『황명도통록(皇明道統錄)』)에 실음으로써 후세의 끝없이 넓기만 하고 (실제에 절실하지 않은 것)[5]을 배우는 자들이 나 선생을 핑계로 삼지 못하게 하였다.

宿, 言先生學本修, 羅先生本悟, 兩人斷斷爭可否, 及晚年, 先生竟大服羅先生, 不覺席之前也. 考其「祭羅先生文」, 略見一班, 則羅先生之所養, 蓋亦有大過人者. 余故擇其喫緊眞切者, 載於篇, 令後之學莽蕩者, 無得藉口羅先生也.

---

4 제나선생문(祭羅先生文): 위의 趙會文의 논문에 따르면, 鄧元錫의 『潛谷集』 권9에는 「祭羅近溪先生文」이 있다고 한다.

5 끝없이 넓기만 하고 (실제에 절실하지 않은 것): 원문은 ‘莽蕩’인데, 여기서는 끝없이 넓기만 하고 실제에 절실하지 않다는 의미인 듯하다. 『명유학안』 권62, 「蕺山學案」 62-259, 證學雜解, “由知覺有心之名, 心本不諱言覺, 但一忌莽蕩, 一忌儱侗. 儱侗則無體, 莽蕩則無用.”

견라 이재[1]李見羅材

문성(文成, 왕수인) 이후, 이李 선생 역시 스스로 식견을 드러내어 간곡하게 '지수止修' 두 글자를 말하면서 '양지良知'를 눌렀다. 또한 스스로 공자와 증자를 상고하고 (자신을 인정해 줄) 후대의 성인을 기다린다고 말하면서[2] 고개를 들고 스승의 자리에 앉아 천하를 이끌어 (자신을) 따르게 한 것이 문성과 같았다. 예전에 어떤 사람은 "양지는 깨어 있지만 너무 넓다."[3]고 하였다. (양지는) '지수止修' 두 글자에 근거가 있어 실한 것만 못한 듯하지만, 이 역시 단지 좋은 제목을 찾아서 글을 지은 것일 뿐 실제와는 관계가 없다. 우리들이 만약 실제로 이해한다면 '양지'와 '지수'에 또 무슨 구별이 있겠는가?

文成而後, 李先生又自出手眼, 諄諄以'止修'二字壓倒'良知', 亦自謂考孔·曾, 俟後聖, 抗顏師席, 率天下而從之, 與文成同. 昔人謂良知醒而蕩, 似不若'止修'二字有根據實也. 然亦只是尋將好題目做文章, 與坐下無與. 吾人若理會坐下, 更何良知·

1 이재(李材): 『명유학안』 권31, 「止修學案」 참고.

2 스스로 … 말하면서: 『명유학안』 권31. 「止修學案」 31-11, 論學書, "陽明以命世之才 … "(「答董蓉山」)」 참고.

3 양지는 깨어 있지만 너무 넓다: 胡直의 말. 『명유학안』 권22, 「江右王門學案七」 22-25, 胡直, 論學書, "『編』中云: '良知醒而蕩.' 夫醒則無蕩, 蕩則非醒, 謂醒而蕩, 恐未見良知眞面目也."(「與唐仁卿書」)('編'은 唐仁卿(이름은 伯元)이 편집한 『白沙先生文編』을 가리킨다); 鄒元標, 『願學集』 권5下, 「重修陽明先生祠記」, "說者曰'良知醒而蕩', 非良知蕩也, 贋儒蕩也, 蕩非良知也."(이 글은 『王陽明全集』 권40에도 수록)

선생은 기백이 크고 경세經世를 학문으로 삼으며 마음을 다해 문성을 배웠기 때문에 가는 곳마다 공명功名을 가지고 스스로 기뻐하였다. (하지만) 가만히 그가 돌아가 머문 곳을 따져 보면 왕왕 옳음을 구하고 완성을 구하는 길[4]에 떨어져 버렸으니, 어떻게 감히 문성의 뒤를 쫓기를 바랄 수 있겠는가?

止修分別之有? 先生氣魄大, 以經世爲學, 酷意學文成, 故所至以功名自喜. 微叩其歸宿, 往往落求可·求成一路, 何敢望文成後塵!

『대학大學』에서 정·주程朱는 성의誠意·정심正心을 말했고, 양명은 치지致知를 말했고, 심재(心齋, 왕간)는 격물格物을 말했고, 우강(盱江, 나여방)[5]은 명명덕明明德을 말했고, 검강(劍江, 이재)[6]은 수신修身을 말했으니, 여기에 이르면 더 이상 남은 것이 없다!

『大學』一書, 程·朱說誠正, 陽明說致知, 心齋說格物, 盱江說明明德, 劍江說修身, 至此其無餘蘊乎!

---

4 옳음을 구하고 완성을 구하는 길: 『莊子』「天地」, "吾聞之夫子, 事求可, 功求成. 用力少, 見功多者, 聖人之道."

5 우강(盱江): 羅汝芳. 참고로 나여방의 문집은 『盱江羅近溪先生全集』.

6 검강(劍江): 李材의 고향인 江西 豐城縣에 있는 강. 『江西通志』 권7, "劍江, 源出章貢, 由清江遶豐城縣, 折而西北爲劍江, 亦名劍水, 又東流入鄱湖."

경암 허부원[1] 許敬菴孚遠

나는 일찍이 허許 선생께 직접 배운 적이 있는데, 스승이 단정하고 진중하며 돈후하고 관대하며, 언동이 신중하여 엄연儼然하게 유자儒者의 법도가 되는 것을 보았다. 세밀하게 몸과 마음을 가다듬고, 작은 일도 내버려 두려고 하지 않았고, 천리天理와 인욕人欲을 구별하는 데 여러 번 마음을 다하였다. 늦은 밤에 문인, 동생들과 조용하게 정좌한 적이 있었는데 그때마다 평소에 술, 여자, 재물을 탐하고 화낸 일[2]을 하나하나 꼽으면서 분수의 성쇠를 가지고 스스로 증언하였다. 그 배우는 바가 이와 같이 독실하였다.

余嘗親受業許師, 見師端凝敦大, 言動兢兢, 儼然儒矩. 其密繕身心, 纖悉不肯放過, 於天理人欲之辨, 三致意焉. 嘗深夜與門人弟輩窅然靜坐, 輒追數平生酒色財氣, 分數消長以自證, 其所學篤實如此.

---

1 허부원(許孚遠): 『명유학안』 권41, 「甘泉學案五」 참고.

2 술, 여자 … 화낸 일: 술, 여자, 재물, 화는 가장 해를 초래하기 쉬운 네 가지 일을 말한다. 『後漢書』 「楊秉傳」, "嘗從容言曰: '我有三不惑: 酒, 色, 財也.'" 宋代부터 酒, 色, 財에 氣가 더해졌다고 한다.

명유학안 권1,
숭인학안 1

明儒學案 卷一,
崇仁學案一

빙군 강재 오여필 선생

聘君吳康齋先生與弼

|1-1| 강재康齋(吳與弼, 1391~1469)는 소파小陂에서 도학을 일으켰는데 송나라 사람들의 기존 학설을 한결같이 받들었다. 심心을 말할 때는 지각知覺을 가지고 말하고 리理와는 구분하였으며, 공부를 말할 때는 고요한 때에 존양하고 움직일 때에 성찰하는 것으로 하였다. 그러므로 반드시 경敬과 의義를 함께 견지하고[1] 명明과 성誠[2]을 함께 증진시킨 뒤에 학문의 온전한 공부가 되는 것이었다. 그에게서 전해진 일파는 비록 일재一齋[3]나 장거莊渠[4]에서 약간 바뀌

|1-1| 康齋倡道小陂, 一稟宋人成說. 言心, 則以知覺而與理爲二, 言工夫, 則靜時存養, 動時省察. 故必敬義夾持, 明誠兩進, 而後爲學問之全功. 其相傳一派, 雖一齋・莊渠稍爲轉手,

---

1 경(敬)과 의(義)를 함께 견지하고: 『二程遺書』 권5. "敬義夾持, 直上達天德自此."

2 명(明)과 성(誠): 『中庸章句』 21장. "自誠明, 謂之性. 自明誠, 謂之教. 誠則明矣, 明則誠矣."

3 일재(一齋): 婁諒(1422-1491). 자 克貞, 호 一齋, 江西 上饒人. 권2, 「崇仁學案」2에 나온다.

4 장거(莊渠): 魏校(1483-1543). 자 子才, 호 莊渠, 江蘇 昆山人. 권3, 「崇仁學案」3에 나온다.

었지만 끝내 감히 이 틀에서 벗어나지 않았다. 백사白沙[5]는 그 문하에서 나왔으나 얻은 바를 스스로 서술하며 빙군聘君[6]과 관련짓지 않았으므로 마땅히 별도의 일파가 된다. 아! 추륜椎輪은 대로大輅의 시초이고 빙산은 물이 모여 이뤄지는 것이니[7] 강재가 없었다면 어찌 훗날의 융성함이 있었겠는가!

終不敢離此矩矱也. 白沙出其門, 然自敍所得, 不關聘君, 當爲別派. 於戲! 椎輪爲大輅之始, 增冰爲積水所成, 微康齋, 焉得有後時之盛哉!

|1-2| 오여필吳與弼은 자가 자부子傅이고 호는 강재康齋이며 무주撫州의 숭인崇仁 사람이다. 부친은 국자사업國子司業 오부吳溥[8]이다. 선생이 태어날 때 조부의 꿈에서 선조의 묘에 등나무가 얽혀 있는데 한 노인이 그것을 가리켜 반원扳轅[9]의 등나무라고 하였으므로, 초명은 몽상夢祥이었다. 8~9세에 이미 기개를 자부하였다. 19세에【영락연간 기축년(1409)이다.】 도성【금릉金陵이다.】에서 부친을 뵈었다. 세마洗馬[10] 문정文

|1-2| 吳與弼字子傅, 號康齋, 撫州之崇仁人也. 父國子司業溥. 先生生時, 祖夢有藤繞其先墓, 一老人指爲扳轅藤, 故初名夢祥. 八九歲, 已負氣岸. 十九歲【永樂己丑.】, 覲

---

5 백사(白沙): 陳獻章(1428-1500). 자 公甫, 호 實齋, 廣東 新會 白沙里人. 권5, 「白沙學案上」에 나온다.

6 빙군(聘君): 聘士의 존칭으로서 조정의 부름에 응하지 않는 隱士를 뜻한다. 여기서는 오여필을 가리킨다.

7 추륜(椎輪)은 대로(大輅)의 … 이뤄지는 것이니: 南朝 蕭統, 『文選』 序. "若夫椎輪爲大輅之始, 大輅寧有椎輪之質? 增冰爲積水所成, 積水曾微增冰之凜何哉?" 椎輪은 원시적인 수레, 大輅는 천자가 타는 수레이다.

8 오부(吳溥): 1363-1426. 자 德潤, 江西 崇仁人.

9 반원(扳轅): '攀轅'으로도 쓴다. '攀轅臥轍'이란 善政을 베푼 수령이 떠날 때 백성들이 수레를 붙잡고 수레바퀴 앞에 누워 못 가게 만류하는 것을 말한다.

10 세마(洗馬): 관직명으로 본래 '先馬'였다. 東宮의 관속으로 태자가 밖에 나갈 때 앞에서 인도한다.

定 양부楊溥[11]를 따라 배우며 『이락연원록』을 읽고는 개연히 도에 뜻을 두고 말하기를 "정백순程伯淳(明道 程顥)도 사냥하는 것을 보고 기뻐하는 마음이 들었으니,[12] 곧 성현도 보통 사람이나 마찬가지임을 알겠다. 누가 배워서 이를 수 없다고 하겠는가?"라고 하였다. 마침내 과거공부를 버리고 인사人事를 끊어 버리고는 작은 누각에 홀로 거처하며 사서, 오경과 여러 학자들의 어록을 음미하여 몸과 마음에 체득하면서 누각을 내려오지 않은 것이 2년이었다. 기질이 억세고 조급한 데 치우쳐 있는 것을 이때에 이르러 깨닫고 곧바로 이겨 내려는 노력을 들였다.

親於京師【金陵.】. 從洗馬楊文定溥學, 讀『伊洛淵源錄』, 慨然有志於道, 謂"程伯淳見獵心喜, 乃知聖賢猶夫人也, 孰云不可學而至哉!" 遂棄去學子業, 謝人事, 獨處小樓, 玩四書・五經・諸儒語錄, 體貼於身心, 不下樓者二年. 氣質偏於剛忿, 至是覺之, 隨下克之之功.

신묘년(1411)에 부친의 명으로 고향에 돌아가 아내를 맞이하게 되었는데, 장강에서 바람을 만나 배가 뒤집어지려 하는데도 선생은 옷깃을 바르게 하고 꼿꼿이 앉아 있었다. 상황이 진정되고 나서 그에게 물으니 "올바름을 지키며 기다릴 뿐이다."라고 하였다. 혼인을 하고

辛卯, 父命還鄉授室, 長江遇風, 舟將覆, 先生正襟危坐. 事定, 問之, 曰: "守正以俟耳." 既婚, 不入室, 復命於京師而

---

11 문정(文定) 양부(楊溥): 1372-1446. 자 弘濟, 호 南楊, 文定은 시호. 楊榮, 楊士奇와 더불어 '三楊'으로 불렸다.

12 사냥하는 것을 … 마음이 들었으니: 『二程遺書』 권7. "獵, 自謂今無此好. 周茂叔曰, '何言之易也! 但此心潛隱未發, 一日萌動, 復如前矣.' 後十二年, 因見, 果知未. 【一本注云, '明道年十六七時, 好田獵, 十二年暮歸, 在田野間見田獵者, 不覺有喜心.'】"

서는 방에 들어가지 않고 도성에 가서 부친에게 보고한 뒤에 돌아왔다. 선생은 왕래할 때 거친 옷과 해진 신을 신었기에 사람들은 그가 사성司成의 아들인 줄을 알지 못하였다.

後歸. 先生往來, 粗衣敝履, 人不知其爲司成之子也.

|1-3| 고향에 있으면서 스스로 농사를 지어 먹고 살았는데 따르는 제자들이 매우 많았다. 선생은 누량婁諒은 확실하며, 양걸楊傑은 고상하고, 주문周文은 용감하다고 하였다. 비가 오는 중에 도롱이와 삿갓을 걸치고 쟁기를 지고서 제생들과 함께 밭을 갈면서 건, 곤 및 감, 리, 간, 진, 태, 손을 밭 가는 쟁기에서 볼 수 있음을 이야기하였다. 돌아와서는 쟁기를 풀어놓고 현미밥과 나물, 콩을 함께 먹었다. 진백사는 광廣(廣東)으로부터 와서 배웠다. 날이 밝자마자 선생은 손수 곡식을 까불렀다. 백사가 일어나지 않자 선생은 큰 소리로 "수재秀才[13]가 이렇게 게으르니 훗날 어떻게 이천의 문하에 이른단 말인가? 또 어떻게 맹자의 문하에 이른단 말인가?"라고 하였다. 하루는 벼를 베다가 손가락을 다쳤는데, 선생은 통증을 참으며 "어찌 외물이 이기도록 하겠는가?"라고 하고는 결국 처음처럼 벼를 베었다. 일찍이 전주箋註의 번쇄함이 유익함은 없고 해만 있음을 탄식하

|1-3| 居鄕, 躬耕食力, 弟子從遊者甚衆. 先生謂婁諒確實, 楊傑淳雅, 周文勇邁. 雨中被蓑笠, 負耒耜, 與諸生並耕, 談乾坤及坎離艮震兌巽, 於所耕之耒耜可見. 歸則解犁, 飯糲蔬豆共食. 陳白沙自廣來學. 晨光纔辨, 先生手自簸穀. 白沙未起, 先生大聲曰: "秀才, 若爲懶惰, 卽他日何從到伊川門下? 又何從到孟子門下?" 一日刈禾, 鎌傷厥指, 先生負痛曰: "何可

13 수재(秀才): 明代에 生員을 지칭하는 말로 쓰였다.

였으므로 가벼이 저술하지 않았다. 성과 군에서 번갈아 그를 천거하였으나 나아가지 않았다. 크게 탄식하며 말하기를 "환관과 석씨가 없어지지 않으면 천하가 다스려지기를 원해도 어렵다. 내가 어떻게 나가겠는가!"라고 하였다.

爲物所勝?" 竟刈如初. 嘗歎箋註之繁, 無益有害, 故不輕著述. 省郡交薦之, 不赴. 太息曰: "宦官·釋氏不除, 而欲天下之治, 難矣. 吾庸出爲!"

|1-4| 천순연간(1457-1464) 초에 충국공忠國公 석형石亨[14]의 교만함이 심하였는데 임금이 자신을 의심하는 것을 알고 있었다. 문객인 사소謝昭가 장각張覺이 채경蔡京에게 고한 것[15]을 좇아 선생을 불러내 명성을 얻으려고 하였다. 석형이 이문달에게 계책을 상의하니 이문달이 그를 위해 상소문을 써서 올렸다.

임금이 이문달에게 "오여필은 어떠한 사람이오?" 하고 묻자 이문달은 "오여필은 은거하고 있는 유자[16]입니다. 옛날의 밝은 왕은 현자

|1-4| 天順初, 忠國公石亨汰甚, 知爲上所疑, 門客謝昭效張覺之告蔡京, 徵先生以收人望. 亨謀之李文達, 文達爲草疏上之.

上問文達曰: "與弼何如人?" 對曰: "與弼儒者高蹈. 古

---

14 석형(石亨): ?-1460. 渭南人.

15 장각(張覺)이 채경(蔡京)에게 고한 것: 北宋 徽宗 말년 蔡京(1047-1126)이 국정을 잡고 있을 때 張覺(?-1138)이 蔡京의 집에 문객으로 있으면서 그 아들에게 학문을 가르쳤다. 어느날 張覺은 제자들에게 "너희들은 달리기를 배웠느냐?" 하고 물었다. 제자들이 "선생께서는 평소 저희들에게 걸음걸이는 모두 법도를 따라야 한다고 가르치셨는데 어찌하여 달리기를 배웠느냐고 하십니까?" 하고 대답하자, 장학은 "너희 아버지가 천하를 극도로 파괴하여 큰 난리가 이제 일어날 것이니, 반드시 달리기를 배워야 화를 피할 수 있다."라고 하였다. 제자들이 크게 놀라 蔡京에게 말하자 蔡京은 張覺에게 대책을 물었다. 이때 張覺은 楊時(1053-1135)를 기용해야 한다고 말했고, 이에 蔡京은 楊時를 불러들여 관직에 임명하였다.

를 좋아하고 어진 선비에게 자기를 굽히지 않는 이가 없었으니 황상께서 오여필을 초빙하신다면 성조聖朝의 성대한 일일 것입니다."라고 대답하였다. 마침내 행인行人[17] 조융曹隆(?~1411)을 파견하여 숭인에 이르러 그를 초빙하게 하였다.

昔明王, 莫不好賢下士, 皇上聘與弼, 卽聖朝盛事." 遂遣行人曹隆至崇仁聘之.

선생이 부름에 응하여 (조정에) 이르게 되자 임금은 매우 기뻐하며 이문달에게 "어떠한 관직으로 오여필에게 벼슬을 내려야 하겠소?" 하고 물었다. 이문달은 "지금 동궁에서의 강학은 노성한 유자를 필요로 하니, 보도輔導를 담당하기에 응당 오여필만 한 이가 없습니다."라고 하였다.

先生應召將至, 上喜甚, 問文達曰: "當以何官官與弼?" 文達曰: "今東宮講學, 需老成儒者, 司其輔導, 宜莫如與弼."

임금은 유덕諭德[18]을 허락하고 문화전에서 소대하였다. 임금이 "높은 의리에 대해 들은 지 오래되었소. 특별히 요청하여 경이 왔으니 번거롭겠지만 동궁을 이끌어 주시오."라고 하자, (선생은) 대답하여 말하기를 "신은 어려서부터 천하고 병이 많았고 산림에 자취를 감추고 있으면서 본래 높은 행실이 없는데, 다만 소문이 실정에 지나쳐서 천독薦牘[19]을 잘못 더럽혔습니다. 성명께서 과하게 믿으시고 구원丘園[20]

上可諭德, 召對文華殿. 上曰: "聞高義久矣, 特聘卿來, 煩輔東宮." 對曰: "臣少賤多病, 杜迹山林, 本無高行, 徒以聲聞過情, 誤塵薦牘, 聖明過聽, 束帛丘園, 臣實內愧, 力

16 은거하고 있는 유자: 원문은 '高蹈'이다. 高蹈는 隱居하는 것 혹은 隱士를 가리킨다.

17 행인(行人): 朝覲과 聘問을 담당하는 관리이다. 『周禮』「秋官」.

18 유덕(諭德): 태자에 대한 교육을 담당하는 관리이다.

19 천독(薦牘): 인재를 추천하는 문서이다.

에 속백을 보내셨으나, 신은 실로 마음이 부끄러워 병을 무릅쓰고 명에 사례드리오나 직무를 맡을 수가 없습니다."라고 하였다. 임금은 "동궁의 벗이 되는 것은 한가롭고 편안하니 굳이 고사하지 마시오."라고 하고 문폐文幣와 주뢰酒牢를 내리고는 시인侍人 우옥牛玉(1409~1500)에게 명하여 관사까지 전송하게 하였다. 임금은 이문달을 돌아보고 말하기를 "사람들은 이 노인이 우활하다고 하는데, 우활하지 않소."라고 하였다.

疾謝命, 不能供職." 上曰: "宮僚優閒, 不必固辭." 賜文幣酒牢, 命侍人牛玉送之館次. 上顧文達曰: "人言此老迂, 不迂也."

이때 이문달은 앞장서서 빈사賓師로 오여필을 예우하였다. 공, 경, 대부, 사가 그의 명성을 듣고 문 앞에 앉아서 뵙기를 구하였지만 세속에서는 괴이하게 여기는 사람들이 많았고 비방하는 의론이 벌떼처럼 일어났다. 중관中官[21]은 선생이 고례를 꿋꿋이 지키는 것을 보면 떼를 지어 모여서 비웃었다. 어떤 사람이 이에 대해 말하자 이문달이 선생을 위해 해명하며 "무릇 이러한 일을 하는 것은 풍속을 장려하기 위해서이니, 앞다투어 애걸하려는 무리들이 그것을 보고 부끄러워하게 하려는 것이다."라고 하였다.

時文達首以賓師禮遇之. 公卿大夫士, 承其聲名, 坐門求見, 而流俗多怪, 謗議蜂起. 中官見先生操古禮屹屹, 則群聚而笑之. 或以爲言者, 文達爲之解曰: "凡爲此者, 所以勵風俗, 使奔競干求乞哀之徒, 觀之而有愧也."

선생은 세 번 사양하였음에도 (임금의) 허락

先生三辭不得命,

---

20 구원(丘園): 은거하는 곳을 뜻한다.

21 중관(中官): 조정 안의 관직 혹은 宦官이다.

을 얻지 못하자 병이 위독함을 핑계로 나오지 않았다. 임금은 이문달에게 유시하기를 "오여필이 벼슬을 받지 않는 것은 어째서인가? 꼭 돌아가고자 한다면 서늘한 가을이 되기를 기다려 보내고 종신토록 녹을 주는 것이 어찌 불가하겠는가?"라고 하였다. 이문달이 유시를 전달하자 선생은 더욱 굳게 사양하였다. 임금은 "과연 그렇다면 역시 만류하기 어렵겠소."라고 말하고 곧 윤허하였다. 선생이 이어서 10가지 일로 상주하자 임금은 다시 소대하였다. 새서璽書[22]와 은폐銀幣를 하사하고 행인行人 왕유선王惟善을 보내 전송하게 하였으며 유사에게 명하여 월름을 주게 하였다. 생각건대 선생은 석형이 패할 것을 알고 있었으므로 깨끗이 고도高蹈로 처신한 것이다. 그가 남쪽으로 돌아가자 사람들이 그 이유를 물었는데, 다만 "목숨을 보전하고자 할 뿐이다."라고 말하였다.

稱病篤不起. 上諭文達曰: "與弼不受官者何故? 必欲歸, 需秋涼而遣之, 祿之終身, 顧不可乎?" 文達傳諭, 先生辭益堅. 上曰: "果爾, 亦難留." 乃允之. 先生因上十事, 上復召對. 賜璽書銀幣, 遣行人王惟善送歸, 命有司月廩之. 蓋先生知石亨必敗, 故潔然高蹈. 其南還也, 人問其故, 第曰: "欲保性命而已."

기묘년(1459) 9월, 문생을 보내어 사례하는 표문을 올렸다. 신사년(1461) 겨울에는 초楚에 가서 양문정楊文定의 묘소에 참배하였다. 임오년(1462) 봄에는 민閩으로 가서 고정考亭을 방문하여 주자를 배우기를 원한다는 뜻을 말하였다. 기축년(1469) 10월 17일 세상을 떠났는데, 나이가 79세였다.

己卯九月, 遣門生進謝表. 辛巳冬, 適楚, 拜楊文定之墓. 壬午春, 適閩, 問考亭以申願學之志. 己丑十月十七日卒, 年七十有九.

22 새서(璽書): 옥새를 찍은 문서이다.

|1-5| 선생은 위로부터 전수받은 바가 없지만 도道를 들음이 가장 빨랐고 몸으로 체득하고 힘써 증험하여 오직 걷거나 달리거나 말하거나 침묵하는 사이 나가서 일하고 들어와 쉬는 행동거지에서 늘 잊지 않았다. 오래되자 저절로 자기 나름의 체계[片段]를 이루었으니 이른바 "경敬과 의義를 함께 견지하고 성誠과 명明을 함께 증진시킨다."라는 것이다. 일체의 현묘하고 고원한 말은 입을 닫고 말하지 않았으니 학자들이 그에게 의지함에는 참으로 따를 수 있는 길[途轍]이 있었다. 임천臨川 장곤章袞[23]은 "그의 『일록日錄』은 한 사람의 역사이며 모두 자기의 일을 스스로 말한 것이니, 다른 사람들이 자기의 뜻을 기존의 학설에 덧붙이고 기존의 학설을 자기의 뜻에 덧붙여 범범히 말하고 넓게 논하는 것 따위에 비할 바가 아니다."라고 하였다. 고경양顧涇陽[24]은 "선생의 한 덩어리 원기元氣는 태고의 소박함을 좇아갈 만하였다."라고 하였다.

그런데 세상에서 선생에 대해 비평하는 것이 다양해서, 선생이 관직을 받지 않은 것은 칙서에서 이윤伊尹과 부열傳說에 대한 예로써 초빙하고는 도착하자 유덕諭德으로 제수한 것

|1-5| 先生上無所傳, 而聞道最早, 身體力驗, 只在走趨語默之間, 出作入息, 刻刻不忘, 久之自成片段, 所謂"敬義夾持, 誠明兩進"者也. 一切玄遠之言, 絶口不道, 學者依之, 眞有途轍可循. 臨川章袞謂: "其『日錄』爲一人之史, 皆自言己事, 非若他人以己意附成說, 以成說附己意, 泛言廣論者比." 顧涇陽言: "先生一團元氣, 可追太古之樸."

而世之議先生者多端, 以爲先生之不受職, 因敕書以伊·傅之禮聘之, 至而授

23 장곤(章袞, ?-?): 자 汝明, 臨川人. 明 世宗 嘉靖17년(1538) 전후에 살았다. 嘉靖20년 진사.

24 고경양(顧涇陽): 顧憲成(1550-1612). 자 叔時, 호 涇陽. 권 58, 「東林學案」1에 나온다.

에 실망했기 때문에 받아들이지 않은 것이라고 여긴다. 무릇 순임금도 여러 어려움을 두루 시험받은 뒤에 백규百揆[25]에 받아들여졌는데, 이윤이나 부열이 또한 어찌 처음부터 재상에 임명되었겠는가? 세속의 망령된 사람들도 이렇게 관작官爵을 저울질하는 법이 없는데, 하물며 선생의 경우는 어떠했겠는가! 진건陳建[26]의 『통기通紀』[27]는 세속의 근거 없는 비방들을 모아다가 이렇게 만든 것이니 참으로 애석해 하기에도 부족하다. 설방산薛方山[28] 역시 유자儒者인데 『헌장록憲章錄』은 그 오류를 다시 그대로 따르고 있다.

또 동생과 제전祭田을 두고 송사를 벌일 때 관을 벗고 머리를 흐트러뜨리고 단의短衣와 속군束裙 차림으로 관아의 뜰에서 무릎 꿇고 송사를 벌였다고 한다. 장정상張廷祥[29]은 "위로 소왕(素王: 孔子)에게 고해 이름을 바로잡고 죄를 성토해야 하니, 어찌 오랫동안 허명虛名을 도둑질하는 것을 용납하겠는가?"라는 글을 썼다. 유

以諭德, 失其所望, 故不受. 夫舜且歷試諸艱, 而後納於百揆, 則伊·傅亦豈初命爲相? 卽世俗妄人, 無如此校量官爵之法, 而況於先生乎! 陳建之『通紀』, 拾世俗無根之謗而爲此, 固不足惜. 薛方山亦儒者, 『憲章錄』乃復仍其謬.

又謂與弟訟田, 褫冠蓬首, 短衣束裙, 跪訟府庭. 張廷祥有"上告素王, 正名討罪, 豈容久竊虛名"之書. 劉先生言: "予於本朝, 極服康

---

25 백규(百揆): 『書經』「虞書 · 舜典」. "愼徽五典, 五典克從, 納于百揆, 百揆時敍, 賓于四門, 四門穆穆, 納于大麓, 烈風雷雨弗迷." 『書集傳』에서는 百揆를 '여러 정사를 헤아리는 관원[揆度庶政之官]'이라고 풀이하였다.

26 진건(陳建): 1497-1567. 字廷肇, 號淸瀾. 廣東 東莞人.

27 『통기(通紀)』: 『皇明通紀』를 가리킨다.

28 설방산(薛方山): 薛應旂(1500-1575). 자 仲常, 호 方山. 권25, 「南中王門學案」1에 나온다.

29 장정상(張廷祥): 張元禎(1437-1506). 자 廷祥, 江西 南昌人. 권45, 「諸儒學案上」3에 나온다.

선생劉先生은 말하기를 "나는 우리 조정의 인물들 가운데에서 강재 선생에게 지극히 심복하였다. 그 아우가 분별하지 못하여 사사로이 제전을 팔아 버리자 선생이 송사를 벌여 마침내 수복囚服을 입고 대답하였으니 전혀 거짓으로 꾸미려는 뜻이 없었다. 명예를 바라는 마음이 다 없어지지 않고서 어찌 이렇게까지 할 수 있겠는가?"라고 하였다.

齋先生. 其弟不簡, 私鬻祭田, 先生訟之, 遂囚服以質, 絶無矯飾之意. 非名譽心淨盡, 曷克至此?"

그러나 양단결楊端潔[30]의 『전역고傳易考』를 살펴보면 다음과 같다. "선생은 동궁의 유덕諭德을 사양하고 돌아가면서부터 벼슬에 대해 전혀 말하지 않고 민복民服을 입고 힘써 농사를 지었다. 무주撫州의 수령인 장괴張璝[31] 【번우番禺 사람이다.】는 선생이 거절하고 만나 주지 않았기 때문에 장괴는 서울의 높은 사람들 가운데 선생을 시기하는 자들【윤직尹直[32]의 부류이다.】이 있음을 알고 그 절행을 손상시키고자 하여 사람을 시켜 송사를 벌였으나 오래 지나도 호응하는 사람이 없었다. 장괴는 법령을 엄격하게 적용해서 다른 사람이 동생을 대신하여 송사를 벌이게 하고, 소장이 들어가자 곧 관노를 보내 소장을 가지고 그를 붙잡게 하였다. 문인

然考之楊端潔『傳易考』: "先生自辭宮諭歸, 絶不言官, 以民服力田. 撫守張璝【番禺人.】因先生拒而不見, 璝知京貴有忌先生者,【尹直之流.】欲壞其節行, 令人訟之, 久之, 無應者. 璝以嚴法令他人代弟訟之, 牒入, 卽遣隷執牒拘之. 門人胡居仁等, 勸以官服往, 先生服民

30 양단결(楊端潔): 楊時喬(1531-1609). 자 宜遷, 호 止庵, 시호 端潔, 信州 上饒人. 권42, 「甘泉學案」6에 나온다.

31 장괴(張璝): 廣東 番禺人.

32 윤직(尹直, 1431-1511): 자 正言. 景泰5년(1454) 진사.

호거인胡居仁 등은 관복을 입고 가기를 권하였지만, 선생은 민복을 입고 잡으러 온 자를 따라 관아의 뜰에 이르자 장괴는 모욕을 주었다. 비로소 예禮로 돌려보냄에 선생은 노여워하는 기색이 없었으니 역시 마음으로 동생의 뜻이 아님을 이해하여 처음처럼 우애롭게 대하였다. 장괴는 이로써 내귀內貴의 마음을 얻었다. 장정상張廷祥 원정元禎도 처음에는 남들의 말을 믿었지만 후에 의심이 환히 풀렸다." 이것이 실제의 기록이다.

服, 從拘者至庭, 瓚加慢侮, 方以禮遣. 先生無慍色, 亦心諒非弟意, 相好如初. 瓚以此得內貴心. 張廷祥元禎始亦信之, 後乃釋然." 此爲實錄也.

또 "석형石亨의 족보에 발문을 쓰면서 '문하사門下士'라고 자칭했다."라고 하는데 고경범顧涇凡[33] 윤성允成이 이에 대해 논하여 다음과 같이 말하였다. "이는 호사가들이 그렇게 한 것이다. 선생은 도道를 즐기고 가난을 편안히 여겨서 초연히 자족함이 참으로 봉황이 천길 위에서 날며[34] 아래로 진세塵世를 보아도 일찍이 지나가며 바라볼 만하지 않은 것과 같았다. 보잘것없는 총융總戎[35]이 한 번 천거한 것이 무슨 중시할 만한 것이라고 이에 마침내 사문私門의 문하생으로서의 감사함을 이기지 못하고 세속

又謂"跋石亨族譜, 自稱門下士", 顧涇凡允成論之曰: "此好事者爲之也. 先生樂道安貧, 曠然自足, 眞如鳳凰翔於千仞之上, 下視塵世, 曾不足過而覽焉. 區區總戎一薦, 何關重輕, 乃遂不勝私門桃李之感, 而事

33 고경범(顧涇凡): 顧允成(1554-1607). 자 季時, 호 涇凡. 顧憲成의 동생이다. 권 60, 「東林學案」3에 나온다.

34 봉황이 천길 위에서 날며: 『文選』, 賈誼, 「弔屈原文」. "鳳皇翔于千仞兮, 覽德輝而下之."

35 총융(總戎): 군대를 통솔하는 직책이다.

에서 좌주座主[36]나 거주擧主[37]를 섬기는 예로써 섬겼겠는가? 이는 그가 그러하지 않음을 알 수 있는 첫 번째이다.

또 총융의 교만함이 심하여 길을 가는 사람들도 모두 그가 반드시 실패할 것을 알고 있었는데 하물며 선생은 어떠했겠는가? 선생이 유덕諭德의 명을 굳게 사양한 것은 그 뜻이 아마도 장차 더럽혀질 것처럼 여기고[38] 오직 떠나는 것을 속히 하지 못할까 염려해서이니, 하물며 기꺼이 옷자락을 걷고 달려가서 스스로 올바르지 않은 자들의 무리에 붙고자 했겠는가? 이는 그가 그러하지 않음을 알 수 있는 두 번째이다."

내가 논하건대, 당시 석형의 세력은 들판의 타오르는 불길 같았고, 그가 선생을 천거하여 천하에 뽐내려던 것은 구차스럽게 일개 거주擧主의 이름을 자처한 것일 뿐이다. 만약 선생이 문하門下라고 자칭하지 않았다면 그 애초의 바람을 크게 거슬렀을 것이니 선생은 틀림없이 잘 돌아올 수 없었을 것이다. 선생이 말한바 목숨을 보전하고자 한다는 것에는 또한 매우

之以世俗所事座主擧主之禮乎? 此以知其不然者一也. 且總戎之汰甚矣, 行路之人, 皆知其必敗, 而況於先生? 先生所爲堅辭諭德之命, 意蓋若將浼焉, 惟恐其去之不速也, 況肯褰裳而赴, 自附於匪人之黨乎? 此以知其不然者二也."

以義論之, 當時石亨勢如燎原, 其薦先生以炫耀天下者, 區區自居一擧主之名耳. 向若先生不稱門下, 則大拂其初願, 先生必不能善歸. 先生所謂欲保

---

36 좌주(座主): 과거 급제자가 試官을 경칭하는 말이다.

37 거주(擧主): 벼슬에 천거해 준 사람이다.

38 장차 더럽혀질 것처럼 여기고: 『孟子』「公孫丑上」 9장. "孟子曰, '伯夷, 非其君, 不事, 非其友, 不友. 不立於惡仁之朝, 不與惡人言, 立於惡人之朝, 與惡人言, 如以朝衣朝冠坐於塗炭. 推惡惡之心, 思與鄕人立, 其冠不正, 望望然去之, 若將浼焉. 是故諸侯雖有善其辭命而至者, 不受也. 不受也者, 是亦不屑就已.'"

부득이함이 있는 것이다.

性命者, 其亦有甚不得已者乎.

오강재 선생의 말

吳康齋先生語

|1-6| 이웃 사람들과 어떤 일을 처리하는데 포용하는 것이 익숙지 않아서 이미 포용하였는데도 저들이 여전히 깨닫지 못하면 말로 설복시키는 것을 하지 않을 수 없었다. 이 사이에 기가 근심거리가 되어 이윽고 스스로 후회하였다. 이로 인하여 군자가 되려면 마땅히 항상 남에게서 손해 보는 것을 받아들여야 된다고 여기게 되었으니, 손해를 봄을 받아들이면 곧 포용함이 있는 것이기 때문이다.

|1-6| 與鄰人處一事, 涵容不熟, 旣以容訖, 彼猶未悟, 不免說破. 此閒氣爲患, 尋自悔之. 因思爲君子當常受虧於人方做得, 蓋受虧卽有容也.

|1-7| 식사 후에 동쪽 창에 앉으니 온몸이 편안하고 신기神氣가 맑아서 책을 읽는 데 더욱 진전이 있었다. 며칠 동안 나아가는 것이 한결같다면 이는 반드시 또 하나의 관문을 뚫을 것이다.

|1-7| 食後坐東窗, 四體舒泰, 神氣淸朗, 讀書愈有進益. 數日趣同, 此必又透一關矣.

|1-8| 성현이 말한 바는 천리天理를 보존하고 인욕人欲을 물리치는 것 아님이 없다. 성현이 행한 바 역시 그러하다. 성현을 배우는 이가 이것을 버리고서 무엇으로 하겠는가!

|1-8| 聖賢所言, 無非存天理·去人欲, 聖賢所行亦然. 學聖賢者, 舍是何以哉!

|1-9| 밤낮으로 통렬히 스스로 점검하기에

|1-9| 日夜痛自

도 겨를이 없는데, 어찌 공부에 남을 점검할 시간이 있겠는가?[39] 남을 책망하는 것에는 치밀하고 자신을 다스리는 것에는 소홀하니, 경계하지 않을 수 있겠는가! 덕을 밝히는 것과 백성을 새롭게 하는 것이 비록 결국은 둘이 아니지만, 자기의 덕이 아직 밝아지지 않았는데 갑자기 백성을 새롭게 하려 한다면 단지 본말과 선후의 차례를 잃을 뿐만이 아니다. 어찌 백성을 새롭게 하는 공효가 있겠는가? 공연히 힘들게 어지럽혀서 사사로운 뜻을 이루는 것이다.

點檢且不暇, 豈有工夫點檢他人? 責人密, 自治疏矣, 可不戒哉! 明德·新民, 雖無二致, 然己德未明, 遽欲新民, 不惟失本末先後之序, 豈能有新民之效乎? 徒爾勞攘, 成私意也.

|1-10| 빈곤한 가운데에 일이 분분히 이르고 병까지 얻어 때때로 분노하고 조급해함을 면하지 못하였는데, 천천히 의관을 정제하고 책을 읽으니 곧 생각이 막힘없이 통함을 느꼈다. 옛 사람은 말하기를 "구부러진 뿌리와 뒤엉킨 마디를 만나지 않고서는 잘 드는 연장을 구별할 수 없다."[40]라고 하였다. 또 말하기를 "완숙해지려면 또한 반드시 여기에서부터 해 나가야 한다."[41]라고 하였다. 그러나 진실로 능숙해

|1-10| 貧困中, 事務紛至, 兼以病瘡, 不免時有憤躁, 徐整衣冠讀書, 便覺意思通暢. 古人云: "不遇盤根錯節, 無以別利器." 又云: "若要熟, 也須從這裏過." 然誠難能,

---

39 밤낮으로 통렬히 … 시간이 있겠는가: 『小學』「嘉言·廣敬身」. "攻其惡, 無攻人之惡. 蓋自攻其惡, 日夜且自點檢, 絲毫不盡, 則慊於心矣. 豈有工夫點檢他人也?" 이 구절은 본래 呂希哲(1039-1116)의 『呂滎公雜志』에 수록되어 있다.

40 구부러진 뿌리와 … 수 없다: 『後漢書』「虞詡傳」. "志不求易, 事不避難, 臣之職也. 不遇槃根錯節, 何以別利器乎?"

41 완숙해지려면 또한 … 나가야 한다: 『二程遺書』 권3. "自'舜發於畎畝之中', 至'孫叔敖

지기는 어려우니 단지 조심하고 감내하면서 해 나가면 된다. 주자朱子는 "끝내 이루어지지 않는 부분은 물리치지 말고 곧 내려 둔다."라고 하였으니 훌륭하다, 이 말씀이여!

只得小心寧耐做將去. 朱子云: "終不成處, 不去便放下." 旨哉是言也!

|1-11| 문공(文公: 朱子)이 "연평延平 선생은 종일토록 빠른 말소리와 서두르는 얼굴빛이 없었다."[42]라고 하였는데, 나는 항상 어떻게 수양하여 여기에 이르렀는지 감탄하였다. 또한 나를 헤아리건대 죽을 때까지 배울 수 없는 일이다. 문공이 또 말하기를 "이 선생은 처음에 호방한 사람이었지만 나중에는 갈고 닦은 공효가 있었다."[43]라고 하였다. 이것을 보건대 이 선생이 어찌 태어나면서부터 곧 이러했겠는가? 아마도 배움의 힘이 도달한 바일 것이다.

|1-11| 文公謂"延平先生終日無疾言遽色", 與弼常歎何修而至此! 又自分雖終身不能學也. 文公又云: "李先生初間也是豪邁底人, 後來也是琢磨之功." 觀此, 則李先生豈是生來便如此? 蓋學力所致也.

그러나 나 같은 하우下愚의 말학末學은 애를 써도 혈기의 억셈을 이겨 없애지 못하여, 평소에 거처할 때에는 심기가 화평하여 외물과 더불어 봄이기를 바라다가도, 조금이라도 뜻대

然下愚末學, 苦不能克去血氣之剛, 平居則慕心平氣和, 與物皆春; 少不如意,

擧於海', 若要熟, 也須從這裏過."

42 선생은 종일토록 … 얼굴빛이 없었다: 『朱子語類』 권103. "行夫問, '李先生謂, 常存此心, 勿爲事物所勝.' 先生答之云云. 頃之, 復曰, '李先生涵養得自是別, 眞所謂不爲事物所勝者. 古人云, 終日無疾言遽色, 他眞箇是如此.'"

43 이 선생은 처음에 … 공효가 있었다: 『朱子語類』 권103. "李延平初間也是豪邁底人, 到後來也是磨琢之功. 在鄉, 若不異於常人, 鄉曲以上底人只道他是箇善人. 他也略不與人說. 待問了, 方與說."

로 되지 않으면 조급한 모습이 생겨나게 된다. 이어서 생각하건대, 연평 선생이 함께했던 사람들이 어찌 모두 성현이었겠는가만, 연평 선생에게 빠른 말소리와 서두르는 얼굴빛이 없을 수 있었던 것은 어찌 탕임금이 "다른 사람과 함께할 때는 모든 것을 갖추기를 요구하지 않고, 자기 몸을 검속하는 것은 미치지 못한 듯이 하였다."[44]는 공효가 아니겠는가? 지금 이후로 나는 성현을 반드시 배울 수 있고 배우면 반드시 이를 수 있으며, 사람의 본성은 본래 선하고 기질은 변화시킬 수 있음이 분명히 그러함을 알겠다. 하학下學의 노력이 여기에서 벗어나면 어쩌겠는가!

躁急之態形焉. 因思延平先生所與處者, 豈皆聖賢, 而能無疾言遽色者, 豈非成湯"與人不求備, 檢身若不及"之功效歟? 而今而後, 吾知聖賢之必可學, 而學之必可至, 人性之本善, 而氣質之可化也的然矣. 下學之功, 此去何如哉!

|1-12| 밤에 병으로 누워 있으면서 집안일을 생각하니 계산하고 근심하는 바가 있음을 면치 못하여 마음이 어지럽고 기氣가 맑지 않았다. 천천히 생각해 보니, 노력해서 이룰 수 있는 것은 덕일 뿐 그 외의 것은 알 바가 아니었다. 나는 무엇을 구하겠는가? 나의 덕을 두텁게 하기를 구할 뿐이다. 이렇게 생각하니 마음이 안정되고 기氣가 맑아졌다. 다음 날 글로 써서 스스로 권면하였다.

|1-12| 夜, 病臥思家務, 不免有所計慮, 心緒便亂, 氣卽不淸. 徐思可以力致者德而已, 此外非所知也, 吾何求哉, 求厚吾德耳. 心於是乎定, 氣於是乎淸. 明日, 書以自勉.

---

44 다른 사람과 … 듯이 하였다: 『書經』「商書 · 伊訓」. "嗚呼! 先王肇修人紀, 從諫弗咈, 先民時若, 居上克明, 爲下克忠, 與人不求備, 檢身若不及, 以至于有萬邦, 玆惟艱哉!"

|1-13| 남헌南軒에서 『맹자孟子』를 읽고 매우 즐거웠으니, 맑고 허명虛明하여 새벽녘의 기氣가 조금도 어지러워지는 바가 없었고, 녹음이 우거진 맑은 낮에 훈풍은 천천히 불어오는데 산림은 고요하고 천지는 자체로 광활하며 일월은 자체로 장구하였다. 소자邵子(邵雍)가 이른바 "마음이 고요하니 비로소 밝은 해를 알 수 있고 눈이 밝으니 비로소 푸른 하늘을 알 수 있다."[45]라고 한 것을 여기에서 증험할 수 있다.

|1-13| 南軒讀『孟子』甚樂, 湛然虛明, 平旦之氣, 略無所撓, 綠陰淸晝, 薰風徐來, 而山林闃寂, 天地自闊, 日月自長. 邵子所謂"心靜方能知白日, 眼明始會識青天", 於斯可驗.

|1-14| 내 기질이 세고 성내는 데 치우쳐 있다는 것을, 영락永樂 경인년(1410) 스무 살 때 세마洗馬 양선생楊先生을 따라 배우면서 비로소 깨달았다. 봄에 선생의 관사에서 오다가 길을 돌아서 옛 친구 이원도李原道를 만나러 진회秦淮[46]의 객사로 방문하였다. 회수 가에서 서로 손을 잡고 날로 새로워짐에 대해 함께 이야기를 나누었는데, 나는 심각하게 나의 세고 성내는 기질을 가지고 말하다가 비로소 그것을 이겨 내는 노력을 들이고자 하게 되었다. 원도는 얼마 후 나의 부모님께 알렸고 부모님께서는 이것을 매우 기뻐하셨다. 원도는 길안吉安[47] 여

|1-14| 與弼氣質偏於剛忿, 永樂庚寅, 年二十, 從洗馬楊先生學, 方始覺之. 春季歸自先生官舍, 紆道訪故人李原道於秦淮客館, 相與攜手淮畔, 共談日新, 與弼深以剛忿爲言, 始欲下克之之功. 原道尋以告吾父母, 二親爲之大

45 마음이 고요하니 … 수 있다: 『伊川擊壤集』「詩酒吟」에 나온다.
46 진회(秦淮): 南京을 지나 揚子江으로 흐르는 운하의 이름이다. 秦나라 때에 만들었으며 양쪽 기슭은 유람지로 유명하다.

릉廬陵 사람으로, 내 이모부인 중윤공中允公의 조카이다.

喜. 原道, 吉安廬陵人, 吾母姨夫中允公從子也.

그 후 그것을 이겨 내려는 노력이 비록 때로 있었지만, 그것이 얼마나 거칠고 엉성하였던가! 15-6년 동안 미친 듯이 제멋대로 굴다가도 양심이 한 번 발하면 분하고 한스러워서 몸 둘 바를 몰랐다. 지난 겨울과 이번 봄에 힘써 노력하였는데도 일상생활에서는 더욱더 애써야 한다고 느껴져서, 하우下愚는 결국 성현의 만분의 일도 바랄 수 없고 소인이 되고 마는 것을 면할 길이 없는 것인가 의심하게 되었다. 5-6월이 되면서 기상이 점차 좋아지는 것을 느꼈고, 이에 더욱 각고의 노력을 들이니 날마다 나아지는 것이 있어서 심기가 조금씩 평온해졌다. 비록 당시에 역경을 만나서 조금 마음이 동요하는 것을 면하지 못하였지만 이윽고 떨쳐 버려서 결국 큰 해는 없었다.

厥後克之之功雖時有之, 其如鹵莽滅裂何! 十五六年之間, 猖狂自恣, 良心一發, 憤恨無所容身. 去冬今春, 用功甚力, 而日用之間, 覺得愈加辛苦, 疑下愚終不可以希聖賢之萬一, 而小人之歸, 無由可免矣. 五六月來, 覺氣象漸好, 於是益加苦功, 逐日有進, 心氣稍稍和平. 雖時當逆境, 不免少動於中, 尋卽排遣, 而終無大害也.

20일에 거스르는 일이 또 하나 있었는데 떨쳐 버리지 못해서 마음은 더욱 기쁘지 않았다. 생각건대 평소에 제어하여 행하지 않았을 뿐 아직 병의 뿌리를 제거하려는 뜻은 없었던 것

二十日, 又一逆事, 排遣不下, 心愈不悅, 蓋平日但制而不行, 未有拔去病根

47 길안(吉安): 중국 江西省 중서부에 있는 도시로, 옛 명칭은 廬陵, 吉州이다.

이다. 반복해서 본 뒤에 내 요즘의 병통은 심기의 평온함을 얻으려고 하여 저 외물의 거스름이 내 마음을 해치는 것을 미워하는 데 있으니 이는 잘못이라는 것을 알았다. 마음은 본래 크게 텅 비어서[太虛] 칠정七情이 머물 데가 있을 수 없다. 사물이 서로 접할 때에 달거나 시거나 짜거나 쓰거나 하여 온갖 것들이 가지런하지 않은데 내가 나를 거스르는 것들을 미워해서야 되겠는가? 다만 온갖 것들이 가지런하지 않은 가운데에서 그 이치를 자세히 살펴 응하면 좋을 것이다. 이렇게 하자 마음속이 시원해졌다. 이것이 아마도 극기복례克己復禮의 한 단서일 것이다!

생각건대 제어하여 행하지 않는 것은 억지스럽고 고달프지만, 이치로써 처리하면 순조롭게 통한다. 이로 인하여 생각해 보니 지금 심기가 평온한 것은 지난날과 완전히 달라진 것은 아니지만 예전에는 이처럼 8~9일간 중단이 없었던 적은 없었고, 또 지난날의 평온함은 대부분 일이 없는 때였지만 지금은 곧 역경에서도 벗어날 수 있게 되었다. 배움이 이어지지 않을 것이 두려우므로 특별히 책에 써서 날로 새로워지고 또 새로워지기를 바란다. 책을 읽고 이치를 궁구하며 경敬과 서恕에 종사하는 사이에 점차 극기복례의 경지에 나아가는 것, 이것이 나의 뜻이다. 공효가 더딜지 빠를지는 감

之意. 反復觀之, 而後知吾近日之病, 在於欲得心氣和平, 而惡夫外物之逆以害吾中, 此非也. 心本太虛, 七情不可有所. 於物之相接, 甘辛鹹苦, 萬有不齊, 而吾惡其逆我者, 可乎? 但當於萬有不齊之中, 詳審其理以應之, 則善矣. 於是中心灑然. 此殆克己復禮之一端乎!

蓋制而不行者硬苦, 以理處之則順暢. 因思心氣和平, 非絶於往日, 但未如此八九日之無間斷; 又往日間和平, 多無事之時, 今乃能於逆境擺脫. 懼學之不繼也, 故特書於冊, 冀日新又新, 讀書窮理, 從事於敬恕之間, 漸進於克己復禮之地, 此吾志也. 效

히 알 바가 아니다.

之遲速, 非所敢知.

|1-15| 가을 물과 같이 담박함은 가난함 속의 맛이요, 봄바람과 같이 온화함은 고요한 뒤의 공효로다.

|1-15| 澹如秋水貧中味, 和似春風靜後功.

|1-16| 객기를 힘써 제거하고 청빈을 굳게 지킨다.

|1-16| 力除閒氣, 固守淸貧.

|1-17| 병든 몸이 쇠약하고 피곤하며 집안일이 뒤엉켜 있어서 성현의 경전經傳에 마음을 쏟고 뜻을 다할 수가 없으니 마음속은 더욱 비루하고 거짓되어 앎을 지극하게 할 수가 없고, 외모는 더욱 사납고 거만해지는데 어떻게 행하는 것에 힘쓰겠는가? 세월은 유수와 같은데 어떻게 애통함을 견디겠는가? 어찌하나, 어찌하나!

|1-17| 病體衰憊, 家務相纏, 不得專心致志於聖經賢傳, 中心益以鄙詐而無以致其知, 外貌益以暴慢而何以力於行! 歲月如流, 豈勝痛悼? 如何, 如何!

|1-18| 여러 날 집안일이 서로 이어져서 어버이에 대한 근심을 내려놓을 수 없고, 책 읽는 일정이 중단되어 마음속이 비루해지니 너무나 부끄럽다. 가만히 생각해 보건대 성현은 길흉화복에 있어 한결같이 하늘을 따랐으니 틀림없이 조금도 마음속에서 동요하지 않았을 것이다. 내가 성현처럼 되지 못하여 구구한 이해의 사이에서 동요하는 것을 면하지 못하는 까닭은 이치를 살핌이 정밀하지 않으며, 몸소

|1-18| 數日家務相因, 憂親不置, 書程間斷, 胸次鄙吝, 甚可愧恥. 竊思聖賢吉凶禍福, 一聽於天, 必不少動於中. 吾之所以不能如聖賢, 而未免動搖於區區利害之間者, 察理

행하는 것이 익숙지 않기 때문이다. 내가 할 바는 도를 따르는[惠迪][48] 것일 뿐, 길흉화복은 내가 어떻게 그 사이에 관여할 수 있겠는가? 무릇 순조로운 상황에 처해도 기뻐해서는 안 되니, 기뻐하는 마음이 생겨나면 교만하고 오만함이 이로 말미암아 일어난다. 거스르는 상황에 처해도 싫어해서는 안 되니, 싫어하는 마음이 생겨나면 원망하고 탓함이 이로 말미암아 일어난다. 한번 기뻐하고 한번 싫어하는 것은 모두 마음을 움직이게 하니, 마음이 움직여서는 안 된다. 성현의 마음은 마치 고요한 물과 같아서 순조롭건 거스르건 이치로써 처리할 뿐이니, 어찌 밖에서 이른 것으로 근심과 즐거움을 삼겠는가! 아, 내가 어떻게 여기에 이를 수 있겠는가? 힘쓰고 힘써서 소홀히 하지 말아야 한다.

不精, 躬行不熟故也. 吾之所爲者, 惠迪而已, 吉凶禍福, 吾安得與於其間哉! 大凡處順不可喜, 喜心之生, 驕侈之所由起也; 處逆不可厭, 厭心之生, 怨尤之所由起也. 一喜一厭, 皆爲動其中也, 其中不可動也. 聖賢之心如止水, 或順或逆, 處以理耳, 豈以自外至者爲憂樂哉! 嗟乎, 吾安得而臻玆也? 勉旃勉旃, 毋忽.

|1-19| 자주 역경이 있었지만 모두 순리대로 처리했다.

|1-19| 屢有逆境, 皆順而處.

|1-20| 베갯머리에서 생각해 보니, 서울에 있을 때에는 밤낮으로 중단 없이 책을 읽었고 정신에는 근심이 없었는데 그 후 10여 년은 질

|1-20| 枕上思在京時, 晝夜讀書不間, 而精神無恙. 後

48 도를 따르는[惠迪]: 『書經』「虞書 · 大禹謨」. "禹曰, '惠迪吉, 從逆凶, 惟影響.'" 『書集傳』. "惠, 順. 迪, 道也."

병이 이어져서 예전처럼 정진할 수 있는 때가 적었다. 애통함을 견딜 수 없지만, 어쩔 수가 없다. 가난까지 겹쳐 몸조리할 약도 없으니, 다만 마음을 넓게 갖고 억센 기운이 어지럽히지 못하게 하며 정신을 잘 길러 내어 조금이라도 성장하기를 도모할 수 있을 뿐이다. 아! 세상에 나이가 젊고 혈기가 왕성한[49] 사람이 어찌 적겠는가? 하릴없이 날을 보내는 데 지나지 않으니, 참으로 애석하다!

十餘年, 疾病相因, 少能如昔精進. 不勝痛悼, 然無如之何. 兼貧乏, 無藥調護, 只得放寬懷抱, 毋使剛氣得撓, 愛養精神以圖少長. 噫! 世之年壯氣盛者豈少? 不過悠悠度日, 誠可惜哉!

|1-21| 하나의 일에서라도 허용하는 것을 줄여야 하니, 생각건대 하나의 일이라도 잘못되면 마땅히 통렬하게 극기복례의 공부를 해서 이 마음이 맑고 허명虛明하게 되도록 애써야 일에 응함에 잘못이 없을 수 있을 것이다. 고요한 때 함양하고 움직일 때 성찰하는 것은 잠시라도 소홀히 해서는 안 된다. 만약 본심이 사물에 의해 어지러워졌는데 맑고 깨끗하게 하는 공부가 없다면 마음은 더욱 어지러워지고 기氣는 더욱 탁해질 것이며, 질곡하는 것이 반복되면[50] 잘못이 더욱 커질 것이다.

|1-21| 一事少含容, 蓋一事差, 則當痛加克己復禮之功, 務使此心湛然虛明, 則應事可以無失. 靜時涵養, 動時省察, 不可須臾忽也. 苟本心爲事物所撓, 無澄清之功, 則心愈亂, 氣愈濁, 梏之反覆, 失愈遠矣.

---

49 나이가 젊고 혈기가 왕성한: 『文選』, 阮瑀, 「爲曹公作書與孫權」. "仁君年壯氣盛, 緖信所嬖."

50 질곡하는 것이 반복되면: 『孟子』「告子上」 8장. "雖存乎人者, 豈無仁義之心哉? 其所以放其良心者, 亦猶斧斤之於木也, 旦旦而伐之, 可以爲美乎? 其日夜之所息, 平旦之氣, 其好惡與人相近也者幾希, 則其旦晝之所爲, 有梏亡之矣. 梏之反覆, 則其夜氣不足以存, 夜氣不足以存, 則其違禽獸不遠矣."

|1-22| 『근사록』을 보니 정신이 수렴되고 심신이 검속되어, 부족한 듯 감히 조금이라도 방종하지 않으려는 뜻이 생기고, 두려운 듯 분발하여 앞으로 나아가려는 뜻이 생기는 것을 느꼈다.

|1-22| 觀『近思錄』, 覺得精神收斂, 身心檢束, 有歉然不敢少恣之意, 有悚然奮拔向前之意.

|1-23| 조공무晁公武[51]가 말하기를 "강절 선생은 은거하면서 넓게 공부하였는데 『주역』에 더욱 정통하여 세상에서는 그가 『주역』을 지은 본원을 궁구하여 미래의 일을 미리 알았다고 한다. 그가 처음 배울 때에는 잠을 자도 베개를 두지 않은 것이 30년이었다."[52]라고 하였다. 아! 선철先哲이 고심한 것이 이러하였는데, 우리는 장차 어떻게 해야 할 것인가!

|1-23| 晁公武謂: "康節先生隱居博學, 尤精於『易』, 世謂其能窮作『易』之本原, 前知來物. 其始學之時, 睡不施枕者三十年." 嗟乎! 先哲苦心如此, 吾輩將何如哉!

|1-24| 어느 날 일 때문에 성질을 버럭 냈는데, 화는 곧 그쳤지만 며칠 동안 일이 순조롭지 않아서 가슴 속에 때때로 응어리가 생김을 면하지 못하였다. 그러나 이러한 기질의 치우침과 학문의 흠결을 갑자기 없애기도 어려우니, 다만 점차적으로 없어지게 할 뿐이다. '종일토록 조급한 말소리와 서두르는 얼굴빛이

|1-24| 一日, 以事暴怒, 卽止, 數日事不順, 未免胸臆時生磊塊. 然此氣稟之偏, 學問之疵, 頓無亦難, 只得漸次消磨之. '終日無疾言

51 조공무(晁公武): 1105-1180. 자는 子止, 鉅野人. 紹興2년(1132) 진사. 남송의 藏書家로서 『郡齋讀書志』를 편찬하였다.

52 강절 선생은 … 것이 30년이었다: 『郡齋讀書志』 권1상. 邵雍의 『皇極經世』에 대한 설명 가운데에 나오는 말이다.

없는 것'[53]이 어찌 아침저녁의 노력이었겠는가? 부지런히 힘쓰고 게으름이 없어야 한다.

遽色', 豈朝夕之力邪? 勉之, 無怠.

|1-25| 베갯머리에서 생각해 보건대, 근래 마음속에 한가한 생각이 매우 적어졌으니 또한 한걸음 나아간 것이다.

|1-25| 枕上思, 近來心中閒思甚少, 亦一進也.

|1-26| 잠자리에서 일어나 책을 읽는데 버드나무 그늘이 동쪽 창에 이르니 모두 오묘한 홍취가 있었다. 저녁에 두 번이나 거스르는 일이 있어서 비록 마음이 동요되었지만 곧바로 사라져서 노여운 마음이 드러나지 않았다. 하나하나 이렇게 점차적으로 닦아 나간다면 좋을 것이다.

|1-26| 寢起讀書, 柳陰及東窓, 皆有妙趣. 晚二次事逆, 雖動於中, 隨卽消釋, 怒意未形. 逐漸如此揩磨, 則善矣.

|1-27| 무릇 배우는 이의 실천 공부는 지극히 어렵고 지극히 위태로운 곳에서부터 시험해 가야만 비로소 어디에 가도 이롭지 않음이 없게 된다. 만약 지극히 어렵고 지극히 위태로운 것을 버려둔다면, 그 이외의 실천은 말할 만한 것이 못 된다.

|1-27| 大抵學者踐履工夫, 從至難至危處試驗過, 方始無往不利. 若舍至難至危, 其他踐履, 不足道也.

|1-28| 베갯머리에서 조용히 『중용』을 암송

|1-28| 枕上默誦

53 종일토록 조급한 … 없는 것: 『朱子語類』 권103, 9조목을 보면, 朱熹가 李侗을 회상하며 이 말을 인용하기도 한다.

하다가 "큰 덕이 있는 사람은 반드시 천명天命을 받는다."[54]는 구절에 이르러 두려워하면서 생각하였다. 순임금은 큰 덕이 있었기에 이미 천명을 받았고, 공자의 덕은 비록 천명을 받지는 못했지만 도리어 만세에 제왕의 스승이 되었으니 이는 또한 같은 것이다. 아! 덕이 있는 사람에게 돌아오는 보응을 알면 당연히 덕이 없는 사람에게 돌아오는 보응을 알 것이다. 어떻게 닦아야 나의 덕을 두텁게 할 수 있겠는가!

『中庸』, 至"大德必受命", 惕然而思, 舜有大德, 旣受命矣; 夫子之德, 雖未受命, 卻爲萬世帝王師, 是亦同矣. 嗟乎! 知有德者之應, 則宜知無德者之應矣. 何修而可厚吾德哉!

1-29 "위로는 하늘을 원망하지 않고 아래로는 사람을 탓하지 않는다. 군자는 평이함에 처하면서 천명을 기다리고 소인은 위험한 일을 행하면서 요행을 바란다."[55] 등불 아래에서 『중용』을 읽다가 이 구절을 쓰니, 못난 내가 항상 복용하는 효과 있는 약이다.

1-29 "上不怨天, 下不尤人, 君子居易以俟命, 小人行險以僥倖." 燈下讀『中庸』, 書此, 不肖恒服有效之藥也.

1-30 천천히 길을 걷다가 사단四端을 성찰하니 심신이 저절로 검속된다. 이 또한 고요한 때의 경敬 공부이다.

1-30 緩步途間, 省察四端, 身心自然約束, 此又靜時敬也.

---

54 큰 덕이 … 천명(天命)을 받는다: 『中庸章句』 17장. "詩曰, '嘉樂君子, 憲憲令德! 宜民宜人. 受祿于天. 保佑命之, 自天申之.' 故大德者必受命."

55 위로는 하늘을 … 요행을 바란다: 『中庸章句』 14장. "君子素其位而行, 不願乎其外. 素富貴, 行乎富貴. 素貧賤, 行乎貧賤. 素夷狄, 行乎夷狄. 素患難, 行乎患難. 君子無入而不自得焉. 在上位不陵下, 在下位不援上, 正己而不求於人則無怨. 上不怨天, 下不尤人. 故君子居易以俟命, 小人行險以僥幸. 子曰, '射有似乎君子. 失諸正鵠, 反求諸其身.'"

|1-31| 성질을 버럭 냈던 것으로 인하여 천천히 생각해 보니, 남을 책망함에 너그러움이 없었기 때문이다. 남을 책망하려 한다면 반드시 내가 이 일을 할 수 있는지를 생각해야 한다. 만약 할 수 있다면, 내가 성현을 배워서 비로소 이렇게 할 수 있게 된 것인데 어떻게 갑자기 아직 공부를 한 적이 없거나 공부가 깊지 않은 저 사람을 책망할 수 있는지를 또 생각해야 한다. 하물며 사람을 책망하는 이 이치도 내가 꼭 이것을 모두 잘할 수 있는 것이 아닌 경우에는 어떠하겠는가? 이로써 헤아려 보니, 평생 동안 남을 책망한 것에는 터무니없는 경우가 많았다. 경계하고 경계해야 한다. "자신을 책망하기를 후하게 하고 남을 책망하기를 적게 한다면 원망이 멀어질 것이다."[56]라는 말이 참으로 그러하다. 남을 책망하는 마음으로 자기를 책망한다면, 도道를 다하는 것이다.

|1-31| 因暴怒, 徐思之, 以責人無恕故也. 欲責人, 須思吾能此事否? 苟能之, 又思曰, 吾學聖賢方能此, 安可遽責彼未嘗用功與用功未深者乎? 況責人此理, 吾未必皆能乎此也. 以此度之, 平生責人, 謬妄多矣. 戒之戒之. 信哉, "躬自厚而薄責於人, 則遠怨." 以責人之心責己, 則盡道也.

|1-32| 일로 인하여 가난에 처하기가 어렵다는 것을 알게 되었는데, 아무리 생각해 보아도 이해할 수 없으니 어쩔 수 없는 것으로 쳐야겠다. 공자는 "지사志士는 시신이 도랑에 버려질 것을 잊지 않는다."[57]라고 하였는데, 그렇게 하

|1-32| 因事知貧難處, 思之不得, 付之無奈. 孔子曰"志士不忘在溝壑", 未易能也. 又曰"貧而

56 자신을 책망하기를 … 멀어질 것이다: 『論語』「衛靈公」14장.
57 지사(志士)는 시신이 … 잊지 않는다: 『孟子』「滕文公下」1장.

기가 쉽지 않다. 또 "가난하면서도 즐거워한다."[58]라고 하였으니, 도달하기가 쉽지 않다. 그러나 옛날 사람들은 아마도 반드시 우리가 가난에 대처하는 것과 같지 않았을 것이다.

樂", 未易及也. 然古人恐未必如吾輩之貧.

밤에 자사자子思子가 '현재의 위치에 있으면서 밖의 것을 원하지 않는다.'[59]라고 한 구절을 읽다가 유씨,[60] 여씨[61]의 말에 이르러 약간 얻는 것이 있었다. 유씨는 "군자는 평이함에 처하더라도 반드시 얻지 못하는 것은 아니니 궁하거나 통하거나 모두 좋다. 소인은 위험한 일을 행하더라도 반드시 항상 얻는 것은 아니니 궁하거나 통하거나 모두 추하다."[62]라고 하였다. 진실로 경험한 것이 아니라면 이러한 맛을 알지 못하는 것이니, 참으로 나의 백세의 스승이다. 또 그는 "요컨대 독실하게 믿어야 할 뿐이다."라고 하였으니, 지금부터 어떻게 감히 독실하게 믿지 않을 수 있겠는가.

夜讀子思子'素位不願乎外', 及游·呂之言, 微有得. 游氏"居易未必不得, 窮通皆好; 行險未必常得, 窮通皆醜", 非實經歷, 不知此味, 誠吾百世之師也. 又曰: "要當篤信之而已." 從今安敢不篤信之也.

|1-33| 일의 처리하기 어려움을 가지고 밤에

|1-33| 以事難處,

---

58 가난하면서도 즐거워한다: 『論語』「學而」 15장. "子貢曰: '貧而無諂, 富而無驕, 何如?' 子曰: '可也. 未若貧而樂, 富而好禮者也.'"

59 현재의 위치에 … 원하지 않는다: 『中庸章句』 14장. "君子, 素其位而行, 不願乎其外."

60 유씨: 游酢(1053-1123)이다.

61 여씨: 呂大臨(1046-1092)이다.

62 군자는 평이함에 … 모두 추하다: 『中庸輯略』 권上. "蓋君子爲能循理, 故居易以俟命. 居易未必不得也, 故窮通皆好. 小人反是, 故行險以僥幸. 行險未必常得也, 故窮通皆醜. 學者要當篤信而已."

구소九韶[63]와 지극한 데까지 논하였는데, 반드시 객기를 힘써 없애고 도덕道德에 순수해야만 하지, 만약 상정常情이 한번 동하면 도道에서 멀어질 것이라고 하였다.

夜與九韶論到極處, 須是力消閒氣, 純乎道德可也, 倘常情一動, 則去道遠矣.

|1-34| 베갯머리에서 곰곰이 생각해 보건대, 세상일에 나서고 물러섬에는 오직 성현을 배워야만 폐단이 없으니, 궁함과 통함, 얻음과 잃음 같은 것은 천명에 맡겨 두어도 된다. 그렇지만 이 마음에 반드시 조금도 부끄러움이 없고 스스로 처신함에 반드시 그 본분을 다해야만 비로소 그것을 하늘에 돌릴 수 있다. "어떤 사람을 성현이라 하는가? 어떤 사람을 소인이라 하는가?"라고 크게 써서 스스로 경계하고자 한다.

|1-34| 枕上熟思, 出處進退, 惟學聖賢爲無弊, 若夫窮通得喪, 付之天命可也, 然此心必半毫無愧, 自處必盡其分, 方可歸之於天. 欲大書"何者謂聖賢? 何者謂小人?"以自警.

|1-35| 지금부터 반드시 순수하게 하고 낮춤으로 처신하며[64] 도덕에 순응해야만[65] 비로소 거의 이룰 수 있을 것이다. 아! 사람이 태어나서 진실로 여기에 이를 수 있다면 비록 추위와 굶주림으로 죽고 형벌을 입어 죽을지라도 어

|1-35| 自今須純然粹然, 卑以自牧, 和順道德, 方可庶幾. 嗟乎! 人生苟得至此, 雖寒饑死, 刑

63 구소(九韶): 胡九韶이다. 字는 鳳儀이고 金溪 사람이다. 어려서부터 吳與弼에게 배웠다. 「崇仁學案」2에 나온다.

64 낮춤으로 처신하며: 『周易』 謙卦 初六. "象曰, '謙謙君子, 卑以自牧也.'" 이에 대해 程頤는 "自牧은 자처함이다."라고 하였다.

65 도덕에 순응해야만: 『周易』 「說卦傳」 제1장. "和順於道德, 而理於義." 이에 대해 朱熹는 "和順은 從容하여 어그러지고 거스르는 바가 없는 것이다."라고 하였다.

찌 대장부됨에 해가 되겠는가! 만약 그렇게 하지 못한다면 비록 아무리 부귀하고 아무리 장수하더라도 소인됨을 면치 못할 것이다. 생각 없이 처신해서 되겠는가!

戮死, 何害爲大丈夫哉! 苟不能然, 雖極富貴, 極壽考, 不免爲小人. 可不思以自處乎!

1-36 무릇 일에는 참으로 감당하지 못할 바가 있지만 군자는 이를 처리함에 마땅하게 하지 않는 바가 없으니, 이로써 군자가 되기 어려움을 알겠다. 호생胡生[66]은 사람이 태어나 이 세상을 살아가면서 좋은 사람 되기가 어렵다고 말하였는데, 나는 깊이 그것을 음미하였다. 아! 남의 선악을 보고 자신을 돌이켜 보지 않음이 없어야 된다.

1-36 凡事誠有所不堪, 君子處之, 無所不可, 以此知君子之難能也. 胡生談及人生立世, 難作好人, 僕深味之. 嗟夫! 見人之善惡, 無不反諸己, 可也.

1-37 도중에 틈틈이 호구소와 입신해서 세상을 살아가는 것에 대해 이야기하는 데 미쳤다. 이전에 나는 감히 중용中庸에 미치기를 바랄 수 없다고 생각하였지만, 며칠 곰곰이 생각해 보니 반드시 중용으로 자임해야만 비로소 이 삶을 욕되게 하지 않을 수 있는 것이다. 단지 잘 해내기는 어렵겠지만, 어려움을 두려워하고 구차히 편안하려 해서는 안 되고 곧바로 받아들이고 감당해야 한다.

1-37 途間與九韶談及立身處世. 向時自分不敢希及中庸, 數日熟思, 須是以中庸自任, 方可無忝此生. 只是難能, 然不可畏難而苟安, 直下承當可也.

66 호생(胡生): 「崇仁學案」에 호씨는 호구소와 호거인이 나온다.

|1-38| 독서를 마치고서 빚을 갚기가 어렵고 생계가 곤란한 것을 생각하니 계산하고 비교하는 마음이 일어나는 것을 면치 못하였다. 계산하고 비교하는 마음이 일어나니 학문을 하려는 뜻을 전일하게 할 수 없음을 천천히 느끼게 되었다. 평생 동안 해 온 일이 오늘날 이 정도에 지나지 않는구나. 하물며 혈기는 날마다 쇠하는데, 만약 또다시 임시방편으로 하고 지나간 것을 답습하려 한다면 학문이 어떻게 향상되겠는가? 이 삶을 장차 어떻게 감당하겠는가? 이에 "분수에 따라 독서한다."[67]는 말을 벽에 크게 쓰고 스스로 경계하였다. 궁함과 통함, 얻음과 잃음, 죽음과 삶, 근심과 즐거움은 모두 하늘에 맡기고 이 마음을 반드시 담박하게 하여 조금도 안에서 동요하는 것이 없도록 해야 된다.

|1-38| 讀罷, 思債負難還, 生理蹇澀, 未免起計較之心. 徐覺計較之心起, 則爲學之志不能專一矣. 平生經營, 今日不過如此, 況血氣日衰一日, 若再苟且因循, 則學何由向上? 此生將何以堪? 於是大書"隨分讀書"於壁以自警. 窮通·得喪·死生·憂樂一聽於天, 此心須澹然, 一毫無動於中, 可也.

|1-39| 피곤하여 누워 잠을 자며 꿈을 꾸는 동안에도 때때로 경계하고 두려워하는 것은 시간이 지나면 배울 수 없기 때문이다.

|1-39| 倦臥夢寐中, 時時警恐, 爲過時不能學也.

|1-40| 근자에 늦게 인창鄰倉에 가서 곡식을 빌렸는데, 이로 인하여 생각하기를 지난 빚도 갚지 못했는데 새로운 빚이 또 무거우니 이 생

|1-40| 近晩往鄰倉借穀, 因思舊債未還, 新債又重, 此生

67 분수에 따라 독서한다: 『朱子語類』 권121. "世昌問, '先生教人, 有何宗旨?' 曰, '某無宗旨, 尋常只是教學者隨分讀書.'"

활을 장차 어쩌나 하였다. 천천히 또 생각해 보니 반드시 현재의 위치에 따라 행해야지[68] 계산하고 비교할 필요가 없다. "부귀해도 지나치지 않고 가난하고 천해도 즐거우니 남아가 여기에 이르면 호걸 영웅이다."[69] 그러나 이러한 마음을 갖기는 매우 어려워서 감히 힘쓰지 않을 수 없으니, 가난하고 천해도 즐거울 수 있으면 부귀해도 지나치지 않게 된다. 가난하고 천함과 부귀함, 즐거움과 지나치지 않음은 마땅히 항상 경계하고 단속해야 하니, 고금의 몇 사람이 이러한 경지에 이르렀는가!

將何如也? 徐又思之, 須素位而行, 不必計較. "富貴不淫貧賤樂, 男兒到此是豪雄." 然此心極難, 不敢不勉, 貧賤能樂, 則富貴不淫矣. 貧賤富貴, 樂與不淫, 宜常加警束, 古今幾人臻斯境也!

|1-41| 아침 일찍 베갯머리에서 생각해 보니, 세상에 대처하는 데 활기가 없었다. 반드시 천지의 국량으로 국량을 삼고 성인의 덕으로 덕을 삼아야 비로소 딱 좋을 수 있다. 아! 어떻게 동지를 얻어 이 일에 함께 힘쓸 수 있겠는가!

|1-41| 早枕思, 處世不活, 須以天地之量爲量, 聖人之德爲德, 方得恰好. 嗟乎, 安得同志共勉此事!

|1-42| 아침 일찍 베갯머리에서 생각해 보건대, 마땅히 천지와 성인으로 준칙을 삼아야 한다. 이어서 자사가 『중용』을 지어 그 극치를

|1-42| 早枕思, 當以天地聖人爲之準則, 因悟子思作『中

---

68 현재의 위치에 따라 행해야지: 『中庸章句』 14장. 君子, 素其位而行, 不願乎其外.

69 부귀해도 지나치지 … 호걸 영웅이다: 『二程文集』 권3, 程顥 「秋日偶成」. "閑來無事不從容, 睡覺東窓日已紅, 萬物靜觀皆自得, 四時佳興與人同, 道通天地有形外, 思入風雲變態中, 富貴不淫貧賤樂, 男兒到此是豪雄."

논함에 역시 천지의 도를 들어 성인으로써 그에 짝지은 것[70]이 아마도 이러할 것임을 깨달았다. 아! 천도에 이르지 못하고 성인聖人에 이르지 못하였다면 완성된 사람[成人]이라고 일컬을 수 없다. 이는 옛날의 영웅호걸들이 평생토록 부지런히 힘쓰고 조심스럽게 처신한 까닭이다.

庸』, 論其極致, 亦擧天地之道, 以聖人配之, 蓋如此也. 嗟夫! 未至於天道, 未至於聖人, 不可謂之成人. 此古昔英豪, 所以孜孜翼翼終身也.

1-43 식사 후에 일을 처리하는 것이 난폭하였는데, 저 사람이 비록 전혀 옳지 않았지만 내가 그에게 응대함에는 마땅히 차분하게 했어야 했다. 천천히 생각해 보니, 비록 박절히 책망하여 저 사람이 물론 받아들였지만 남을 돕는 사람이 하는 일은 아니다.

1-43 食後處事暴, 彼雖十分不是, 然我應之, 自當從容. 徐思雖切責之, 彼固當得, 然不是相業.

1-44 사람이 살면서 다만 신명神明을 저버리지 않는다면 궁하거나 통하거나 죽거나 살거나 모두 족히 애석할 것이 없다. 이와 같기를 구하고자 하는 것은 오직 신독愼獨일 것이다! 동중서는 "사람이 하는 일은 그 아름다움과 악함이 극에 이르면 곧 천지와 더불어 유통하고 왕래하여 서로 응한다."[71]라고 하였다. 아! 하늘과 사람이 서로 관계하는 즈음은 두려

1-44 人生但能不負神明, 則窮通死生, 皆不足惜矣. 欲求如是, 其惟愼獨乎! 董子云: "人之所爲, 其美惡之極, 乃與天地流通, 往來相應." 噫! 天人相與

---

70 천지의 도를 … 짝지은 것: 『中庸章句』 21장부터 32장까지 天道와 人道에 대해 번갈아 논하고 聖人이 天道의 극치를 다함을 말하고 있다.

71 사람이 하는 … 서로 응한다: 『漢書』 卷56, 「董仲舒傳」.

워할 만하도다!

之際, 可畏哉!

|1-45| 사람은 반드시 마음속을 가지런히 하고 다스려서 밝고 깨끗하게 하고 항상 깨어 있도록 해야 비로소 좋으니, 이것이 경敬으로써 안을 곧게 하는[72] 공부이다. 아! 경敬하지 않으면 곧지 않고, 곧지 않으면 흐리멍덩하여 거꾸러진다. 모든 일이 여기서부터 무너지니, 두려워하지 않을 수 있겠는가!

|1-45| 人須整理心下, 使教瑩淨, 常惺惺地, 方好, 此敬以直內工夫也. 嗟夫! 不敬則不直, 不直便昏昏倒了, 萬事從此隳, 可不懼哉!

|1-46| 모든 일을 반드시 의義로써 결단해야 하니, 이로움과 해로움을 계산하고 비교하면 곧 그르다.

|1-46| 凡事須斷以義, 計較利害, 便非.

|1-47| 사람은 반드시 가난하고 천하며 근심스럽고 어려운 상황에 발을 딛고 서서, 거칠고 사나움을 이기고 다스려서 심성心性이 순수하도록 하고, 위로는 하늘을 원망하지 않고 아래로는 사람을 탓하지 않으며,[73] 사물과 나를 모두 잊고 오직 리理가 있을 뿐임을 알아야 한다.

|1-47| 人須於貧賤患難上立得腳住, 克治粗暴, 使心性純然, 上不怨天, 下不尤人, 物我兩忘, 惟知有理而已.

|1-48| 오늘 빈곤함 가운데에서도 유익함이 조금 있음을 느끼니, 보건대 사람이 빈곤한 가

|1-48| 今日覺得貧困上稍有益, 看來

72 경(敬)으로써 안을 곧게 하는: 『周易』 坤卦 「文言傳」.

73 위로는 하늘을 … 탓하지 않으며: 『中庸章句』 14장.

운데에서 노력을 들이지 않으면 끝내 일을 이룰 수 없고 결국 나약해지게 된다.

人不於貧困上著力, 終不濟事, 終是脆愞.

|1-49| 곰곰이 생각해 보건대, 평생 치렀던 시험들을 차마 돌이켜 보지 못하겠다. 간혹 예전의 원고를 보면 배움은 앞으로 나아가지 않았고 심신은 거칠고 게을러졌음이 심히 한스러우니, 걱정스럽고 부끄럽다. 오늘 해야 할 일은 일찍 일어나 세수하고 머리를 빗고 가묘家廟에서의 예를 마친 뒤 옷깃을 바르게 하고 단정히 앉아 성현의 책을 읽으며 이 마음을 수렴하여 외물에 의해 어지러워지지 않도록 하며 밤에는 피곤하여 잠드는 것이다. 이 밖의 것은 헤아려야 할 바가 아니니다. 궁하거나 통하거나 오래 살거나 일찍 죽거나 하는 것에는 자체로 명命이 있으니, 마땅히 독실하게 믿어야 한다.

|1-49| 熟思平生歷試, 不堪回首, 間閱舊稿, 深恨學不向前, 身心荒怠, 可憂可愧. 今日所當爲者, 夙興盥櫛, 家廟禮畢, 正襟端坐, 讀聖賢書, 收斂此心, 不爲外物所汨, 夜倦而寢, 此外非所當計. 窮通壽夭, 自有命焉, 宜篤信之.

|1-50| 마음은 활물이라서 함양이 충분치 않으면 요동치는 것을 면하지 못하니, 다만 항상 책에 편안히 머문다면 거의 외물에 제어되지 않을 것이다.

|1-50| 心是活物, 涵養不熟, 不免搖動, 只常常安頓在書上, 庶不爲外物所勝.

|1-51| 일에 응한 뒤에는 곧 반드시 책을 보아서 이 마음이 잠시라도 내달리지 않도록 해야 한다.

|1-51| 應事後, 卽須看書, 不使此心頃刻走作.

|1-52| 수일간 함양하여 정신이 약간 좋아졌으니, 반드시 마디마디 계속해 나가서 끊어지지 않게 해야 한다.

|1-52| 數日養得精神差好, 須節節接續去, 莫令間斷.

|1-53| 한 마음을 순수하고 깨끗하게 하여 신명神明을 대한다.

|1-53| 精白一心, 對越神明.

|1-54| 만약 조금이라도 그 도道를 다하지 않는다면 곧 스스로를 하늘로부터 끊는 것이다.

|1-54| 苟一毫不盡其道, 卽是自絕於天.

|1-55| 밤에 큰 비가 왔는데 지붕이 새서 마른 데가 없지만 내 마음은 태연하였다.

|1-55| 夜大雨, 屋漏無乾處, 吾意泰然.

|1-56| 본원을 함양하는 공부는 일상생활에서 크게 얻어진다.

|1-56| 涵養本源工夫, 日用間大得.

|1-57| 밤에 『회암문집』을 보았는데 며칠 밤 동안 기름이 부족하자 가난한 아내가 관솔을 태워 밝혀 주니 소리 내어 글을 읽기에 매우 좋았다. 여러 학생들을 위해 『맹자』 마지막 장을 가르쳤더니 감격스러움을 이기지 못하였다.[74] 잠자리에 임해서 계속 「명도선생행장」

|1-57| 夜觀『晦菴文集』, 累夜乏油, 貧婦燒薪爲光, 誦讀甚好. 爲諸生授『孟子』卒章, 不勝感激. 臨寢, 猶諷詠「明道

74 여러 학생들을 … 이기지 못하였다: 『孟子』의 마지막 장인 「盡心下」 38장에서는 요순으로부터 탕왕, 문왕, 공자에 이르기까지 이어진 聖人의 道가 후세에 전해지지 못할 것을 염려하고 있다. 程頤는 程顥를 위해 「明道先生墓表」를 써서 공자 이후 聖人의 道가 孟子에 의해 이어져서 程顥에 이르렀음을 드러냈고, 朱熹는 『孟子集註』에서 이

을 읊조렸다. 한참동안 그렇게 하니 완고하고 우둔한 자질임에도 그것에 의해 두려워하며 흥기하게 되었다.

先生行狀」. 久之, 頑鈍之資爲之惕然興起.

|1-58| 중당中堂에서 책을 읽다 피곤해져 후원後園을 거닐다 돌아와서 거문고[絲桐]로 삼롱三弄[75]을 연주하니 마음이 한가롭고 해는 밝고 바람은 고요하다. 하늘과 땅 사이에 또 무슨 즐거움이 있을지 모르겠다!

|1-58| 中堂讀倦, 遊後園歸, 絲桐三弄, 心地悠然, 日明風靜, 天壤之間, 不知復有何樂!

|1-59| 아침 일찍 베갯머리에서 강악剛惡[76]함을 통렬히 후회하다가 우연히 두 구를 얻었다. "어찌 저 사람을 교화시키는 것이 어려워서이겠는가! 참으로 내 덕이 강고하지 못해서이다." 거슬리는 상황을 만나면 성질을 버럭 냈지만 두세 번 생각함으로써 마음이 다스려지고 풀어졌다. 대개 평소에 자기에게 덕이 없으면 남을 책망하는 것을 전일하게 하기에도 어렵다. 더구나 남을 교화시키는 것은 또한 마땅

|1-59| 早枕, 痛悔剛惡, 偶得二句, "豈伊人之難化, 信吾德之不競." 遇逆境暴怒, 再三以理遣, 蓋平日自己無德, 難於專一責人, 況化人亦當以漸, 又一時偶差, 人所不

장 말미에 「明道先生墓表」를 수록하였다.

75 삼롱(三弄): 세 번 연주한다는 뜻의 三弄은 梅花三弄의 약칭으로, 晉나라 때 사람인 桓伊가 지은 피리 연주곡이다. 한편 거문고 연주법의 일종으로서 三弄은 줄을 힘 있게 누르고 계속 올려치는 기법이다.

76 강악(剛惡): 『通書』「師」. "或問曰, '曷爲天下善?' 曰, '師.' 曰, '何謂也?' 曰, '性者, 剛柔善惡, 中而已矣.' '不達.' 曰, '剛善, 爲義·爲直·爲斷·爲嚴毅·爲幹固. 惡, 爲猛·爲隘·爲强梁. 柔善, 爲慈·爲順·爲巽. 惡, 爲懦弱·爲無斷·爲邪佞.' 惟中也者, 和也, 中節也, 天下之達道也, 聖人之事也."

히 점차적으로 해야 하며, 또 한때 우연히 실수하는 것은 사람들이 면하지 못하는 바인데 어쩌겠는가? 아! 중용中庸의 도道가 어렵도다.

免? 嗚呼! 難矣哉, 中庸之道也.

|1-60| 베갯머리에서 생각해 보니, 『회암문집』과 『중용』 모두 심신과 성정으로 돌이키는 것이어서 자못 의미가 있었다. 어제 다음과 같이 경계하는 말을 쓰고자 하였다. "온후하고 화평한 기운[77]이 저 난폭하고 편협한 마음을 이김이 있으면 내 배움은 약간의 진전이 있을 것이다." 오늘 그것에 이어서 다음과 같이 썼다. "여기에 나아가고자 하면서 경敬을 견지하고 리理를 궁구하는 공부 외에 나는 다른 방법을 알지 못하겠다." 대개 요즘 이 두 가지 공부가 절실함을 깨달았는데, 『문집』 가운데에서 이 화두를 음미하자 더욱 의미가 있었기 때문이다.

|1-60| 枕上思『晦菴文集』及『中庸』, 皆反諸身心性情, 頗有意味. 昨日欲書戒語云, "溫厚和平之氣, 有以勝夫暴戾逼窄之心, 則吾學庶幾少有進耳." 今日續之云, "欲進乎此, 舍持敬窮理之功, 則吾不知其方矣." 蓋日來甚覺此二節工夫之切, 而於『文集』中玩此話頭, 益有意味也.

|1-61| 7월 5일, 종요鍾繇[78]의 법첩法帖을 임서臨書하려고 밝은 창 깨끗한 책상 앞에 앉자

|1-61| 七月初五日, 臨鍾帖, 明窓淨

---

77 온후하고 화평한 기운: 『朱熹集』 권37, 「上黃端明」. "蓋其平生氣稟偏駁, 治己則不能謹於細微, 立志則不能持於常久, 以至待人接物之際, 溫厚和平之氣不能勝其粗厲猛起之心, 是以常竊自悼."

78 종요(鍾繇): 151-230. 潁川 長社 사람으로 자는 元常이다. 삼국시기 魏나라 관리이자 서법가이다.

마음이 참으로 좋았다. 평소에 다만 붓과 벼루 그리고 성현의 도서를 가까이하다 보니, 가난과 천함, 근심과 걱정이 자신에게 있는지도 몰랐다.

几, 意思甚佳. 平生但親筆硯及聖賢圖籍, 則不知貧賤患難之在身也.

|1-62| 사람이 근심 걱정을 만나면 반드시 마음을 평온하게 하고 기운을 편안하게 하여 대처해야 한다. 싫어하는 마음이 한번 생기면 반드시 하늘을 원망하고 사람을 탓하게 되니, 여기에서 곧 학력學力은 힘쓰지 않아서는 안 됨을 안다.

|1-62| 人之遇患難, 須平心易氣以處之, 厭心一生, 必至於怨天尤人, 此乃見學力不可不勉.

|1-63| 빈곤한 가운데에서는 매사 사람을 얽어맨다. 비록 이러하지만 힘쓰지 않아서는 안 되니, 한편으로는 곤궁에 대처하고, 한편으로는 배움을 진전시켜 나가는 것이다.

|1-63| 貧困中事事纏人, 雖則如此, 然不可不勉, 一邊處困, 一邊進學.

|1-64| 7월 12일 밤, 베갯머리에서 생각해 보니 가계의 궁핍함이 심하여 그것에 처신함을 감당할 수 없었다. 반복해서 생각해 보아도 방안을 얻지 못하였다. 늦게까지 일어나지 못하다가 한참 후에 비로소 방안을 얻었다. 생각건대 또한 따로 교묘한 방법이 있는 것은 아니고, 다만 분수에 따르고, 쓰는 것을 절약하며, 가난을 편안히 여길 따름이다. 비록 춥고 굶주려 죽을지라도 감히 처음의 마음을 바꾸지 않을 것임을 맹세하였다. 이에 기뻐하며 일어났

|1-64| 七月十二夜, 枕上思家計窘甚, 不堪其處. 反覆思之, 不得其方. 日晏未起, 久方得之. 蓋亦別無巧法, 只隨分·節用·安貧而已. 誓雖寒饑死, 不敢易初心也. 於是欣然而起. 又悟"若

다. 또 "완숙해지려면 또한 반드시 여기에서부터 해 나가야 한다."[79]는 것을 깨달았다.

要熟, 也須從這裏過."

|1-65| 모든 일에 있어서 다 자신을 책망해야 한다.

|1-65| 凡百皆當責己.

|1-66| 어젯밤에는 가난과 병이 번갈아 공격해 와서 전일하게 책을 볼 수가 없었고 마음속이 편안하지 않음을 면치 못하였다. 곰곰이 생각해 보니 반드시 이러한 부분에서 공부하여 마음속이 태연해지도록 해서 계속 분수에 따라 학문을 진전시켜야만 한다. 그렇지 않으면 타개하지 못하는 곳이 있게 된다. "군자는 어디를 가도 스스로 얻지 못함이 없다."[80]라고 한 것은 대단히 어려운 일로서 여기에서 성인聖人과 우자愚者의 다름을 볼 수 있으니 힘쓰지 않을 수 있겠는가? 무릇 하늘을 원망하고 사람을 탓하는 것은 모두 이 관문을 통과하지 못한 것일 뿐이다. 선철先哲은 "심신은 반드시 편안히 머무는 곳이 있어야 한다."라고 하였다. 생각건대 심신이 편안히 머무를 곳이 없으면 날마다 오직 이로움과 해로움 가운데에서 어지러울 뿐이다. 이는 또한 말로 다 할 수 있는 것이

|1-66| 昨晚以貧病交攻, 不得專一於書, 未免心中不寧. 熟思之, 須於此處做工夫, 教心中泰然, 一味隨分進學方是; 不然, 則有打不過處矣. "君子無入而不自得", 煞是難事, 於此可以見聖愚之分, 可不勉哉. 凡怨天尤人, 皆是此關不透耳. 先哲云, "身心須有安頓處." 蓋身心無安頓處, 則日惟擾擾於利害之中而已. 此亦非言可盡,

79 완숙해지려면 또한 … 나가야 한다: 『二程遺書』 권3. "自'舜發於畎畝之中', 至'孫叔敖舉於海', 若要熟, 也須從這裏過."

80 군자는 어디를 … 못함이 없다: 『中庸章句』 14장.

아니니, 묵묵히 알아야 한다.

默而識之可也.

|1-67| 밝은 창가에서 붓과 벼루를 가까이하니 마음이 심히 청량하여 일신이 이렇게 곤궁한 것도 잊어버렸다. 강절康節은 "비록 가난하지만 해가 높이 뜨도록 잠자는 것에 방해되지 않는다."[81]라고 하였다.

|1-67| 晴窓親筆硯, 心下淸涼之甚, 忘卻一身如是之窘也. 康節云: "雖貧無害日高眠."

|1-68| 달 아래에서 시를 읊으며 홀로 녹음 사이를 걷다가 때로 긴 대나무에 기대면 상쾌한 바람 천천히 불어오고 세상이 고요하여 마음은 참으로 평온하고 담박하니, 강절이 말한 바 '마음을 치는'[82] 일이 없다.

|1-68| 月下詠詩, 獨步綠陰, 時倚修竹, 好風徐來, 人境寂然, 心甚平澹, 無康節所謂'攻心'之事.

|1-69| 어제 『문집』에서 또 곤경에 대처하는 방법을 얻었는데, 밤에 베갯머리에서 자세히 생각해 보니 여기에서부터 해 나가지 않으면 참으로 사람이 될 수가 없다. "잘하지 못하는 것을 잘할 수 있게 한다."[83]는 것이 어찌 빈 말이겠는가?

|1-69| 昨日於『文集』中又得處困之方, 夜枕細思, 不從這裏過, 眞也做人不得. "增益其所不能", 豈虛語哉!

---

81 비록 가난하지만 … 방해되지 않는다: 『擊壤集』 권8, 「寄亳州秦伯鎭兵部」. "雖貧無害日高眠, 人不堪憂我自便, 煆鍊物情時得意, 新詩還有百來篇."

82 마음을 치는: 『擊壤集』 권8, 「林下五吟」. "有物輕醇號太和, 半醺中最得春多, 靈丹換骨還如否, 白日升天似得麼, 儘快意時仍起舞, 到忘言處只謳歌, 賓朋莫怪無拘檢, 眞樂攻心不柰何."

83 잘하지 못하는 … 잘하게 한다: 『孟子』 「告子下」 15장.

|1-70| 요즘 '중中' 자가 좋음을 크게 깨달았는데, 다만 공부가 어려울 뿐이다. 그러나 힘쓰지 않아서는 안 된다. 강절의 시에서 "산을 뽑고 세상을 덮는 것[84]은 재주와 힘에 달려 있지만, 여기에 이르러서는 조금이라도 억지로 할 수 있겠는가!"[85]라고 하였다.

|1-70| 日來甚悟'中'字之好, 只是工夫難也, 然不可不勉. 康節詩云, "拔山蓋世稱才力, 到此分毫强得乎!"

|1-71| 곤경에 처했을 때 할 수 있는 바는 "말을 충성스럽고 믿음직스럽게 하며 행동을 독실하고 공경스럽게 하는"[86] 것일 뿐이다.

|1-71| 處困之時, 所得爲者, "言忠信, 行篤敬"而已.

|1-72| 몸을 차분하고 다툼 없는 데에 의지하고, 마음을 편안하고 담박하여 어지럽지 않은 곳에서 노닐게 하며, 날마다 성현의 아름다운 말과 훌륭한 행동으로 마음을 비옥하고 윤택하게 한다면 거의 진전이 있을 것이다!

|1-72| 寄身於從容無競之境, 遊心於恬澹不撓之鄕, 日以聖賢嘉言善行沃潤之, 則庶幾其有進乎!

|1-73| 사람의 병통을 알지 못하면 그만이지만, 알면서도 이기고 다스리는 데 용맹하게 하지 못하여 그 형세가 날로 심해지도록 해서야 되겠는가? 뜻을 확립하지 못함을 옛 사람들은

|1-73| 人之病痛, 不知則已, 知而克治不勇, 使其勢日甚, 可乎哉? 志之不立,

---

84 산을 뽑고 … 덮는 것: 『史記』「項羽本紀」. "力拔山兮氣蓋世, 時不利兮騅不逝, 騅不逝兮可奈何, 虞兮虞兮奈若何."

85 산을 뽑고 … 수 있겠는가: 『擊壤集』 권17, 「先天吟」. "若問先天一字無, 後天方要着功夫, 拔山蓋世稱才力, 到此分毫强得乎."

86 말을 충성스럽고 … 공경스럽게 하는: 『論語』「衛靈公」 5장.

깊이 경계하였다.

古人之深戒也.

|1-74| 남아는 세상에서 당당하게 살아야 한다.

|1-74| 男兒須挺然生世間.

|1-75| 밤에 앉아서 한 몸과 한 집안을 생각해 보니, 만약 평안을 얻는다면 매우 다행이겠지만 비록 가난함이 너무 심하더라도 또한 분수를 따를 뿐이다. 공자는 "명命을 알지 못하면 군자가 될 수 없다."[87]라고 하였다.

|1-75| 夜坐思一身一家, 苟得平安, 深以爲幸, 雖貧窶大甚, 亦得隨分耳. 夫子曰, "不知命, 無以爲君子也."

|1-76| 선유가 "도리는 고르게 펼쳐져 있다."[88]라고 하였으니 이 말이 참으로 그러하다. 조급해서도 안 되고 태만해서도 안 되니, 고르게 펼쳐져 있다는 말이 어찌 이와 같이 하는 것이 아니겠는가? 근래 때때로 이러함을 볼 수 있었는데, 그 때문에 이 마음이 예전과 비교하면 또한 조금씩 안정되어 가고 있다. 다만 눈의 통증으로 책 보기를 그만둔 지가 일 년 남짓인 것이 한탄스러울 뿐이다.

|1-76| 先儒云, "道理平鋪在." 信乎斯言也. 急不得, 慢不得, 平鋪之云, 豈不是如此? 近來時時見得如此, 是以此心較之往年, 亦稍稍向定. 但眼痛廢書一年餘, 爲可歎耳.

|1-77| 큰일을 처리하는 사람은 반드시 깊이

|1-77| 處大事者,

---

87 명(命)을 알지 … 수 없다: 『論語』「堯曰」 3장.

88 도리는 고르게 펼쳐져 있다: 『朱子語類』 권117. "今且當理會常, 未要理會變. 常底許多道理未能理會得盡, 如何便要理會變? 聖賢說話, 許多道理平鋪在那裏, 且要闊著心胸平去看, 通透後自能應變."

침잠하여 상세히 살펴야 한다.

須深沈詳察.

1-78 『송명신언행록』에서 구산(양시)이 동파(소식)에 대해 논하며 "군자가 기르는 바는 사납고 오만하며 간사하고 편벽된 기운이 몸에 펼쳐지지 않게 하려는 것이다."[89]라고 한 부분을 보고 크게 깨달은 바가 있었다. 그러나 뜻이 기운을 거느리지 못하여 공부가 끊어지니, 심하구나, 성현 되기가 어려움이여.

1-78 看『言行錄』, 龜山論東坡云, "君子之所養, 要令暴慢邪僻之氣不設於身體." 大有所省. 然志不能帥氣, 工夫間斷, 甚矣, 聖賢之難能也.

1-79 며칠 『이정유서』를 보니 매우 좋았다. 그로 인하여 생각해 보니, 두 정 선생의 말은 참으로 성인의 전수를 얻은 것이었다. 어째서 그러한가? 그들이 도리를 말한 것은 높지도 않고 낮지도 않으며 급하지도 않고 느슨하지도 않아서 온화하기가 공자의 말씀과도 같기 때문이다. 그것을 읽다 보면 자연스럽게 사람의 마음이 평온해지고 기운이 조화로워지며 온갖 염려가 모두 사라진다.

1-79 累日看『遺書』, 甚好. 因思二程先生之言, 眞得聖人之傳也. 何也? 以其說道理, 不高不低, 不急不緩, 溫乎其夫子之言也. 讀之, 自然令人心平氣和, 萬慮俱消.

1-80 이 마음을 함양하여 사물이 이기지 않도록 하는 것은 일상생활의 공부에서 매우

1-80 涵養此心, 不爲事物所勝, 甚切

89 군자가 기르는 … 하려는 것이다: 『宋名臣言行錄』 後集 권9. "爲文要有溫柔敦厚之氣, 對人主語言及章疏文字, 溫柔敦厚尤不可無. 如子瞻詩多所譏玩, 殊無惻怛愛君之意. 荊公在朝論事多不循理, 惟是爭氣而已. 何以事君? 君子之所養, 要令暴慢邪僻之氣不設於身體."

절실하다.

日用工夫.

|1-81| 주자가 "60세 이후에는 크게 진보하는 일이 많지 않다."라고 한 말을 보고 망연자실하였다. 아! 세월이 흘러간다. 따라잡을 수가 없다.

|1-81| 看朱子"六十後, 長進不多"之語, 悅然自失. 嗚呼! 日月逝矣, 不可得而追矣.

|1-82| 11월에 홑이불을 덮으니 밤새도록 몹시 춥고 배가 아팠다. 여름에 쓰는 베 휘장을 더 덮었는데, 가난을 싫어하는 뜻은 조금도 없었다.

|1-82| 十一月單衾, 徹夜寒甚, 腹痛. 以夏布帳加覆, 略無厭貧之意.

|1-83| 문 밖을 한가롭게 노닐다 돌아왔다. 정자는 "화락은 다만 마음속에 일이 없는 것이다."[90]라고 하였는데, 이 말이 참으로 그러하다! 근래 심신이 조금 고요해졌으니 또한 한걸음 나아간 듯하다.

|1-83| 閒遊門外而歸. 程子云, "和樂只是心中無事." 誠哉, 是言也! 近來身心稍靜, 又似進一步.

|1-84| 요사이 4, 5경(更: 새벽 1-5시 사이) 무렵에 자주 잠에서 깨어 심신을 통렬히 성찰하고 사물의 이치를 정밀히 살폈다.

|1-84| 近日多四五更夢醒, 痛省身心, 精察物理.

|1-85| "세상의 기뻐할 만하고 노여워할 만

|1-85| "世間可喜

---

90 화락은 다만 … 없는 것이다: 『二程遺書』 권2上. "中心斯須不和不樂, 則鄙詐之心入之矣. 此與'敬以直內'同理. 謂敬爲和樂則不可, 然敬須和樂, 只是中心沒事也."

한 일들에 대해 스스로 그것에 일부분 집착하여 따라가니, 수고롭다고 할 만하다."[91] 이 말이 참으로 그러하다!

可怒之事, 自家著一分陪奉他, 可謂勞矣." 誠哉, 是言也!

|1-86| 선철이 다음과 같이 말했다. "임금이 타는 큰 수레가 장식 없는 초라한 수레와 달리기를 겨루고, 난봉鸞鳳이 올빼미와 먹을 것으로 다투고, 진귀한 옥돌[連城][92]이 기와 조각과 서로 부딪치고, 군자가 소인과 싸움질을 하면 이기지 못할 뿐만 아니라 이겨서도 안 된다."[93]

|1-86| 先哲云, "大輅與柴車較逐, 鸞鳳與鴟梟爭食, 連城與瓦礫相觸, 君子與小人鬪力, 不惟不能勝, 兼亦不可勝也."

|1-87| 『주역』을 배움에 약간 진전이 있었는데, 다만 정력이 줄어들고 세월이 많이 남아 있지 않은 것이 한스럽다. 분수에 따라 공부하여 여생을 마칠 수 있을 뿐이다.

|1-87| 學『易』稍有進, 但恨精力減而歲月無多矣. 卽得隨分用工, 以畢餘齡

---

91 세상의 기뻐할 … 할 만하다: 『二程遺書』 권18. "問, '不遷怒, 不貳過, 何也? 語錄有怒甲不遷乙之說, 是否?' 曰, '是.' 曰, '若此則甚易, 何待顏氏而後能?' 曰, '只被說得粗了, 諸君便道易, 此莫是最難. 須是理會得, 因何不遷怒? 如舜之誅四凶, 怒在四凶, 舜何與焉? 蓋因是人有可怒之事而怒之, 聖人之心本無怒也. 譬如明鏡, 好物來時, 便見是好, 惡物來時, 便見是惡, 鏡何嘗有好惡也? 世之人固有怒於室而色於市. 且如怒一人, 對那人說話, 能無怒色否? 有能怒一人而不怒別人者, 能忍得如此, 已是煞知義理. 若聖人, 因物而未嘗有怒, 此莫是甚難. 君子役物, 小人役於物. 今人見有可喜可怒之事, 自家著一分陪奉他, 此亦勞矣. 聖人心如止水.'"

92 진귀한 옥돌[連城]: 춘추시대 초나라 사람인 卞和가 산에서 발견한 진귀한 옥돌을 和氏璧이라고 한다. 화씨벽은 전국시대에 趙나라 惠文王의 손에 들어가게 되었는데, 秦나라의 昭王이 이것을 자기 나라의 15개 성과 바꾸자고 청하였다. 이에 따라 '連城'은 화씨벽을 가리키는 말로 쓰였다.

93 임금이 타는 … 안 된다: 『宋名臣言行錄』 後集 권11에 수록된 范純仁(1027~1101)의 말이다. 범순인은 자가 堯夫고, 范仲淹의 둘째 아들이다.

焉耳.

|1-88| 주의奏議 한 편을 읽었는데 사람을 송연하게 하였다. 아! 청의淸議는 침범할 수 없다.

|1-88| 讀奏議一篇, 令人悚然. 噫! 淸議不可犯也.

|1-89| 오늘 만나는 상황에 따라 편안해 하는 이치를 생각하여 얻었는데, 한 숨이라도 붙어 있을 때까지 이 뜻은 잠시의 해이함도 용납하지 않으니, 어찌 늙었다는 이유로 일삼음에 싫증내겠는가?

|1-89| 今日思得隨遇而安之理, 一息尙存, 此志不容少懈, 豈以老大之故而厭於事也?

|1-90| 며칠 동안 생각해 보니, 평소 허공에 집을 지으면서 시간을 보냈다.

|1-90| 累日思, 平生架空過了時日.

|1-91| 배우는 사람들과 이야기를 한 것이 오래되었는데, 대체로 자기의 근본을 길러서, 조금이라도 이익을 얻으려는 마음이 싹트게 해서는 안 된다는 것으로 권면하였다.

|1-91| 與學者話久, 大概勉以栽培自己根本, 一毫利心不可萌也.

|1-92| 삼강오상은 천하의 원기元氣이니, 한 집안에서도 그러하고, 한 몸에서도 그러하다.

|1-92| 三綱五常, 天下元氣, 一家亦然, 一身亦然.

|1-93| 움직이거나 고요하거나 말하거나 침묵하는 데 자기의 공부 아닌 것이 없다.

|1-93| 動靜語默, 無非自己工夫.

|1-94| 수렁밭을 보고 늦게 돌아오는데 중도에 소낙비가 내렸다. 비가 그치자 달이 밝아졌

|1-94| 看漚田晩歸, 大雨中途, 雨止

고 옷은 모두 축축해졌다. 가난하고 천한 분수에 당연한 것이다. 정좌하면서 홀로 지내는 것은 어렵지 않지만, 넓은 집에 거처하며[94] 천하에 응하는 것은 어렵다.

月白, 衣服皆濕, 貧賤之分當然也. 靜坐獨處不難, 居廣居應天下爲難.

|1-95| 일을 종종 조급하게 하여 망쳐 버렸다.

|1-95| 事往往急便壞了.

|1-96| 호문정공胡文定公[95]이 말했다. "세상일은 응당 떠다니는 구름, 흐르는 물과도 같은 것이니, 만나는 바에 따라 편안하면 된다."

|1-96| 胡文定公云, "世事當如行雲流水, 隨所遇而安, 可也."

|1-97| 헛된 생각이 참된 마음을 해치거나 객기가 원기를 손상시키지 않게 하라.

|1-97| 毋以妄想戕眞心, 客氣傷元氣.

|1-98| 한번 보라, 바람이 세차고 날씨가 추운 밤에도 문에서 발붙이고 있는 사람이 누구인지를.[96]

|1-98| 請看風急天寒夜, 誰是當門定脚人.

|1-99| 여러 날 역사책을 보면서, 수렴하는 것이 지극한 요체가 됨을 더욱 깨달았다.

|1-99| 看史數日, 愈覺收斂爲至要.

---

94 넓은 집에 거처하며: 『孟子』「藤文公下」 2장. 朱熹는 넓은 집[廣居]을 仁이라고 풀이하였다.

95 호문정공(胡文定公): 1074~1138. 胡安國이다.

96 한번 보라 … 사람이 누구인지를: 『擊壤集』 권7, 「崇德閣下答諸公不語禪」. "浩浩長空走日輪, 何煩苦苦辨根塵, 鵬程萬里非由駕, 鶴算三千別有春, 鉛錫點金終屬假, 丹青畫馬要求眞, 請觀風急天寒夜, 誰是當門定脚人."

|1-100| 사람은 살면서 자신을 소중하게 여겨야 한다.

|1-100| 人生須自重.

|1-101| 새로 지은 집에 한가로이 누워 있는데 서녘 해가 창에 밝으니 기분이 좋았다. 도리는 고르게 펼쳐져 있어서 조금의 의도도 덧붙일 수 없다.

|1-101| 閒臥新齋, 西日明窓, 意思好. 道理平鋪在, 著些意不得.

|1-102| 저 사람이 인색하고 거짓된 마음으로 나를 대해도 나는 광명정대한 마음의 본체로 그를 대할 것이다.

|1-102| 彼以慳吝狡僞之心待我, 吾以正大光明之體待之.

|1-103| 『시경』에서 "두려워하고 경계하여 깊은 못에 임하듯이 하고 얇은 얼음을 밟듯이 하노라."[97]라고 하였는데, 72세가 되어서야 비로소 이 맛을 알게 되었다. 현인 되기가[98] 쉽지 않음이 참으로 그러하다.

|1-103| 『詩』云, "戰戰兢兢, 如臨深淵, 如履薄冰." 七十二歲方知此味. 信乎, 希賢之不易也.

|1-104| 밤에 조용히 각閣 위에 누워 있다가 "고요할 때에는 비어 있고 움직일 때에는 곧다."[99]라는 말의 뜻을 깊이 깨달았는데, 다만

|1-104| 夜靜臥閣上, 深悟"靜虛動直"之旨, 但動時工夫尤

---

97 두려워하고 경계하여 … 밟듯이 하노라: 『詩經』 「小雅·小旻」.

98 현인 되기가: 『通書』 「志學」. "聖希天, 賢希聖, 士希賢."

99 고요할 때에는 … 때에는 곧다: 『通書』 「聖學」. "或問, '聖可學乎?' 濂溪先生曰, '可.' '有要乎?' 曰, '有.' '請問焉.' 曰, '一爲要. 一者無欲也. 無欲則靜虛動直. 靜虛則明, 明則通. 動直則公, 公則溥. 明通公溥庶矣乎.'"

움직일 때의 공부가 더욱 쉽지 않다. 정자는 "오륜에 대해서 본분을 다하지 못하는 것이 꽤 있다."[100]라고 하였는데 이 말이 지극하다.

不易. 程子云, "五倫多少不盡分處." 至哉, 言也.

|1-105| 배움이 남을 탓하지 않음에 이른다면 배움이 지극한 것이다. 나는 그러한 말은 들어 보았지만, 그러한 사람은 보지 못하였다.[101]

|1-105| 學至於不尤人, 學之至也. 吾聞其語矣, 未見其人也.

|1-106| 오후에 『육선공집陸宣公集』[102]과 『유서遺書』, 『주역』을 보았다. 일단 성현의 말씀을 가까이하니 마음이 전일하게 되었다. 다만 이 몸이 약간 편안해졌을 뿐이니 잠시라도 떨어져 있어서는 안 되겠다.

|1-106| 午後看『陸宣公集』及『遺書』·『易』. 一親聖賢之言, 則心便一. 但得此身粗安, 頃刻不可離也.

|1-107| 정자에서 쉬며 채소를 거두는 것을 보면서 한참 누워 있다가 고요한 가운데의 생각을 보았으니, 이것이 함양공부이다.

|1-107| 憩亭子看收菜, 臥久, 見靜中意思, 此涵養工夫也.

|1-108| 밤에 각閣에 누워 있다가 주자가 "한산함은 참된 즐거움이 아니다."[103]라고 말한

|1-108| 夜臥閣中, 思朱子云"閒散不是

---

100 오륜에 대해서 … 꽤 있다: 『二程遺書』 권1. "天地生物, 各無不足之理, 常思天下君臣·父子·兄弟·夫婦有多少不盡處."

101 나는 그러한 … 보지 못하였다: 『論語』「季氏」 11장. "孔子曰, '見善如不及, 見不善如探湯, 吾見其人矣, 吾聞其語矣. 隱居以求其志, 行義以達其道, 吾聞其語矣, 未見其人也.'"

102 『육선공집』: 陸贄(754~805)의 문집이다.

103 한산함은 참된 즐거움이 아니다: 『朱子語類』 권113. "問, '山居頗適, 讀書罷, 臨水登

것을 생각하였고, 그로 인해서 정자가 "사람이 천지간에 전혀 막히고 거리끼는 곳이 없고 큰 것과 작은 것에 모두 쾌활하다."[104]라고 말한 것이 곧 참된 즐거움임을 깨달았다. 힘쓰고 힘써야 한다!

眞樂", 因悟程子云 "人於天地間, 並無窒礙處, 大小咸快活", 乃眞樂也. 勉旃, 勉旃!

|1-109| 어느 때 어느 곳이라도 공부 아닌 것이 없다.

|1-109| 無時無處不是工夫.

|1-110| 나이가 많다고 번거로움을 싫어하는 것은 도리가 아니다. 주자는 "하루를 죽지 않았으면 하루를 합당하게 해야 한다."[105]라고 하였다. 그러므로 "일을 함에 싫증내는 것은 모두 성실함이 없는 것이다."[106]

|1-110| 年老厭煩非理也. 朱子云: "一日不死, 一日要是當." 故"於事厭倦, 皆無誠."

|1-111| 비록 온갖 변화가 어지럽더라도 그것에 응하는 데에는 각기 정해진 도리가 있다.

|1-111| 雖萬變之紛紜, 而應之各有定理.

山, 覺得甚樂.' 曰, '只任閑散不可, 須是讀書.' 又言上古無閑民. 其說甚多, 不曾記錄. 大意似謂閑散是虛樂, 不是實樂."

104 사람이 천지간에 … 모두 쾌활하다: 『二程遺書』 권15. "人於天地間, 並無窒礙處, 大小大快活."

105 하루를 죽지 … 해야 한다: 『朱子語類』 권60. "敬之問, '夭壽不貳, 修身以俟之, 所以立命也. 壽夭是天命, 修身是順天命. 安於天理之正, 無一毫人欲計較之私, 而天命在我, 方始流行.' 曰, '夭壽不貳, 是不疑他. 若一日未死, 一日要是當, 百年未死, 百年要是當, 這便是立命.'

106 일을 함에 … 없는 것이다: 『二程遺書』 권5. "不能動人, 只是誠不至, 於事厭倦, 皆是無誠處."

명유학안 권2,
숭인학안 2

明儒學案 卷二,
崇仁學案二

문경 경재 호거인 선생

文敬胡敬齋先生居仁

|2-1| 호거인(胡居仁, 1434-1484)은 자가 숙심叔心이며 요주饒州의 여간(餘干: 지금의 江西省) 사람이다. 배우는 사람들은 그를 경재敬齋 선생이라고 불렀다.

약관의 나이에 분발하여 성현의 학문에 뜻을 두고 강재康齋 오吳 선생[吳與弼]의 문하에 가서 유학하였다. 마침내 과거에 뜻을 끊고 매계산梅溪山 속에 집을 짓고서 부모를 섬기고 강학하는 일 이외에는 세상일에 관여하지 않았다. 오랫동안 그렇게 한 뒤에 견문을 넓히고자 하여 민(閩: 福建)에 갔다가 절(浙: 浙江)을 지나고 금릉(金陵: 南京)에 들어갔다가 팽려(彭蠡: 鄱陽湖)를 거쳐 돌아왔는데, 이르는 곳마다 학문하는 선비를 방문하였다. 돌아와서는 고향 사람인 누일재婁一齋[1] · 나일봉羅一峰[2] · 장동백張東白[3]

|2-1| 胡居仁字叔心, 饒之餘干人也. 學者稱爲敬齋先生.

弱冠時, 奮志聖賢之學, 往遊康齋吳先生之門, 遂絶意科學, 築室於梅溪山中, 事親講學之外, 不干人事. 久之, 欲廣聞見, 適閩, 歷浙, 入金陵, 從彭蠡而返, 所至訪求問學之士. 歸而與鄕人婁一齋 · 羅一峰 · 張東

---

1 누일재(婁一齋): 婁諒. 『명유학안』 권2, 「崇仁學案二」 참고.

과 익양弋陽의 구봉龜峰, 여간餘干의 응천사應天寺에서 회합을 가졌다.

白爲會於弋陽之龜峰·餘干之應天寺.

제학提學 이령李齡과 종성鍾城[4]이 연달아 백록동서원白鹿洞書院을 맡아 달라고 청하였고, 제생諸生도 귀계貴溪의 동원서원桐源書院에서 강학해 달라고 청하였다. 회왕淮王이 그의 소문을 듣고 왕부王府에서 『역易』을 강의해 달라고 청하였다. 왕이 그의 시문을 출판하려 하자 선생은 사양하면서 "아직 조금 더 진보할 필요가 있습니다"라고 말하였다.

提學李齡·鍾城相繼請主白鹿書院, 諸生又請講學貴溪桐源書院. 淮王聞之, 請講『易』於其府. 王欲梓其詩文, 先生辭曰: "尙需稍進."

선생은 근엄하고 굳세고 청빈하였으며, 매사에 법도를 따랐다. 매일매일 반드시 공부의 계획을 세우고 잘한 일과 잘못한 일을 상세하게 기록하여 스스로 반성하였다.[5] 아무리 하찮은 물건이라도 자세하게 구별하여 죽을 때까지 뒤섞어 놓고 같이 사용하지 않았다.[6]

先生嚴毅淸苦, 左繩右矩. 每日必立課程, 詳書得失以自考. 雖器物之微, 區別精審, 沒齒不亂.

아버지가 병이 들자 똥의 맛을 봐서 병세가 깊은지 얕은지를 살폈다. 형이 외출하면 문으로 마중을 나가서 기다렸으며, 병이 나면 몸소

父病, 嘗糞以驗其深淺. 兄出則迎候於門, 有疾則躬調藥

2 나일봉(羅一峰): 羅倫. 『명유학안』 권45, 「諸儒學案上三」 참고.
3 장동백(張東白): 張元禎. 『명유학안』 권45, 「諸儒學案上三」 참고.
4 종성(鍾城): 『明史』 「儒林傳一」에는 '鍾成'으로 되어 있다.
5 매일매일 … 반성하였다: 『明史』 「儒林傳一」, "手置一冊, 詳書得失, 用自程考." 張伯行, 「胡居仁傳」(『胡敬齋集』 卷首), "篤學力行, 日立課程, 書言動自考."
6 하찮은 … 않았다: 鄭秀, 「胡敬齋傳」(『明文海』권398), "雖在暗室屋漏, 夫婦如賓, 楎椸筐篋*, 沒齒不淆亂."(*楎椸筐篋: 『禮記』 「內則」, "男女不同椸枷, 不敢縣於夫之楎·椸, 不敢藏於夫之篋·笥, 不敢共湢浴." 鄭玄注: "竿謂之椸. 楎, 杙也." 孔穎達 疏: "楎·椸是同類之物. 橫者曰椸, 則以竿爲之.")

약과 미음을 조리하였다. 부모의 상을 치를 때는 마실 것도 입에 넣지 않고,[7] 장작처럼 야위고 뼈만 남아서 지팡이가 없으면 일어나지 못하였으며,[8] 삼 년 동안 침실에 들어가지 않는 등, 매사에 고례古禮에 의거하였다.

세상의 풍속에 따라 묏자리를 잡지 않아서 마을 사람들에게 방해를 받자 어쩔 수 없이 소송을 하였는데, 검게 물들인 상복을 입고[9] 관아에 들어가자 사람들이 모두 비웃었다.[10]

집안은 대대로 농사를 지었는데 선생의 대에 이르러 매우 가난하여 누더기를 걸치고 거친 밥[11]을 먹었지만 여유롭게 만족하는 기색[12]을 보이면서 "인의仁義로 몸을 윤택하게 하고, 책[13]으로 집을 윤택하게 하면 그것으로 충분하다"고 말하였다.

성화成化 갑진년(20년, 1484) 3월 12일에 세상

飮. 執親之喪, 水漿不入口, 柴毁骨立, 非杖不能起, 三年不入寢室, 動依古禮.

不從流俗卜兆, 爲里人所阨, 不得已訟之, 墨衰而入公門, 人咸笑之.

家世爲農, 至先生而窶甚, 鶉衣脫粟, 蕭然有自得之色, 曰: "以仁義潤身, 以牙籤潤屋, 足矣."

成化甲辰三月十

---

7 부모의 … 않고: 『禮記』「檀弓上」, "曾子謂子思曰: '伋! 吾執親之喪也, 水漿不入於口者七日.' 子思曰: '先王之制禮也, 過之者, 俯而就之; 不至焉者, 跂而及之. 故君子之執親之喪也, 水漿不入於口者三日, 杖而后能起.'"

8 장작처럼 … 못하였으며: 『晉書』「孝友傳·許孜」, "俄而二親沒, 柴毁骨立, 杖而能起."

9 검게 물들인 상복을 입고: 원문은 '墨衰'인데, '墨経' 또는 '墨衰経'로도 쓰인다. 『左傳』 僖公23年, "遂發命, 遽興姜戎. 子墨衰経, 梁弘御戎, 萊駒爲右." 杜預注: "晉文公未葬, 故襄公稱子. 以凶服從戎, 故墨之."

10 세상의 … 비웃었다: 鄧秀, 「胡敬齋傳」(『明文海』권398), "不苟卜兆, 爲鄕里彫兒所阨, 墨縗走有司訟之, 卒得直."

11 거친 밥: 원문은 '脫粟'. 『史記』「平津侯主父列傳」, "食一肉脫粟之飯." 索隱: "脫粟, 纔脫穀而已, 言不精鑿也."

12 여유롭게 … 기색: 원문은 '蕭然有自得之色'. 『抱朴子』「刺驕」, "高蹈獨往, 蕭然自得."

13 책: 원문은 '牙籤(아첨)'. 이는 이빨이나 뼈로 만든 책갈피로 서적을 뜻하기도 한다.

을 떠났는데 향년 51세였다. 만력萬曆 을유년(13년, 1585) 공묘孔廟에 종사되었다.

|2-2| 선생은 일생 동안 경敬에서 힘을 얻었기 때문에 그 잡아서 지키는 바가 볼 만하였다. 주취거周翠渠[14]는 "그대의 학문이 도달한 바, 그것이 얕은지 깊은지는 내 알지 못하지만, 그대의 학문이 향한 바를 보면, 바른길을 얻었음을 또 어찌 의심하리오. 만약 조금 더 오래 살았다면, 반드시 원대한 경지에 올랐을 텐데, 애통하게도 수명이 길지 못하여, 심오한 경지에 이르렀으면서도 다하지 못한 바가 있는 듯하네."[15]라고 말하였는데, 이것이 정론이다.

그가 마음에 주재함이 있는 것[有主, 즉 敬]을 가지고 정중靜中의 함양을 말한 것[16]은 특히 배우는 자에게 나루터나 다리와 같은 말이다. 그러나 이 말은 바로 백사(白沙, 진헌장)의 이른바 "고요하게 (정좌하는) 가운데 단예端倪를 길러 내었더니, 일상생활의 응수가 마치 재갈을 물

二日卒, 年五十一. 萬曆乙酉從祀孔廟.

|2-2| 先生一生得力於敬, 故其持守可觀. 周翠渠曰: "君學之所至兮, 雖淺深予有未知. 觀君學之所向兮, 得正路抑又何疑. 倘歲月之少延兮, 必曰躋乎遠大. 痛壽命之弗永兮, 若深造而未艾." 此定案也.

其以有主言靜中之涵養, 尤爲學者津梁. 然斯言也, 卽白沙所謂"靜中養出端倪, 日用應酬, 隨吾所欲, 如馬之御銜勒

---

14 주취거(周翠渠): 周瑛, 취거는 호. 권46, 「諸儒學案上四」에 보인다.

15 그대의 … 듯하네: 周瑛의 「弔胡叔心辭」(『翠渠摘稿』권6[四庫全書本])에서 인용한 것인데 字句에 출입이 있다. 四庫全書本은 다음과 같다. "究君學之所至兮, 雖淺深予有未知. 考君學之所向兮, 得正路亦又何疑. 計積累之不已兮, 當日躋乎遠大. 恨歲月之不延兮, 欲深造而未艾."

16 마음에 … 말한 것: 예를 들면, 아래의 「居業錄」 2-47, "心常有主, 乃靜中之動; 事得其所, 乃動中之靜." 등등 참고.

려 말을 부리는 것처럼 내가 하고 싶은 대로 따라왔다"[17]는 말과 같으니, 동문 사이에 말하지 않고도 서로 일치하는 것은 당연하다.[18] 그런데도 선생은 기필코 백사를 선禪이라고 비판하려 하여 (『거업록(居業錄)』) 한 편 중에서 여러 번 언급하였다. 생각건대 선생은 견자狷者에 가깝고 백사는 광자狂者[19]에 가까우니, 이 사람을 가지고 저 사람을 의심할 필요는 없다.

也", 宜其同門冥契. 而先生必欲議白沙爲禪, 一編之中, 三致意焉. 蓋先生近於狷, 而白沙近於狂, 不必以此而疑彼也.

선생은 불교[釋氏]의 문제점을 논변하는 데 특히 힘을 쏟아서 "그들은 도리를 상상한 것일 뿐이고 본 바가 참되지 않다"[20]고 하고, 또 "이는 그 마음을 공空하게 만들고, 그 마음을 죽은 것으로 만들며, 그 마음을 통제하는 것이다"[21]라고 말했는데, 이것은 모두 불교를 따르는 사람의 마음을 설복시키기에 부족하다. 불교에도 본래 참된 견해가 없었던 적이 없었다. 그 마음은 죽인 뒤에 살아나고 통제한 뒤에 영명

先生之辨釋氏尤力, 謂"其想像道理, 所見非眞", 又謂"是空其心, 死其心, 制其心", 此皆不足以服釋氏之心. 釋氏固未嘗無眞見, 其心死之而後活, 制之而後靈, 所謂"眞空卽

---

17 정좌하는 … 따라왔다: 권5, 「白沙學案上」 5-23, 論學書, 與賀克恭, "爲學須從靜坐中養出個端倪來, 方有商量處"; 동상, 5-7, 復趙提學, "於是舍彼之繁, 求吾之約, 惟在靜坐. 久之, 然後見吾此心之體, 隱然呈露, 常若有物, 日用間種種應酬, 隨吾所欲, 如馬之御銜勒也."

18 동문 … 당연하다: 이러한 황종희의 평가에 대해 『四庫全書總目』에서는 다음과 같이 논평하고 있다. 『四庫全書總目』 子部三, 儒家類三, 「居業錄」, "黃宗羲『明儒學案』, 乃謂其主言靜中之涵養, 與獻章之'靜中養出端倪', 同門冥契, 特牽引附合之言, 非篤論也."

19 견자·광자: 『論語』 「子路」 21장, "子曰: 不得中行而與之, 必也狂狷乎! 狂者進取, 狷者有所不爲也." 또한 『孟子』 「盡心下」 37장 참조.

20 도리를 … 않다: 2-25 참고.

21 그 마음을 … 것이다: 2-80 참고.

해지니, 이것이 이른바 "진공眞空이 바로 묘유妙有"라는 것이다. "이치에 더욱 가까워 크게 진리를 어지럽힌 것"[22]은 모두 여기에 있지 않다.

妙有也". 彌近理而大亂眞者, 皆不在此.

생각건대 대화大化의 유행流行은 밤낮을 그치지 않아 멈추는 경우가 없다. 이것은 그 변화[變者]의 측면에서 본 것이니,[23] (이것이 바로) 기氣이다. 사라지면 자라나고 차면 이지러지며,[24] 봄 뒤에는 반드시 여름이 오고 가을 뒤에는 반드시 겨울이 오며, 사람이 변하여 사물이 되지 않고 사물이 변하여 사람이 되지 않으며, 풀이 바뀌어 나무가 되지 않고 나무가 바뀌어 풀이 되지 않으니, 만고에 이와 같다. 이것은 그 불변[不變者]의 측면에서 본 것이니,[25] (이것이 바로) 리理이다. 사람의 경우에도 그러하다. 그 변하는 것[變者]은 기뻐하기도 하고 성내기도 하며 슬퍼하기도 하고 즐거워하기도 하며, 이미 발하기[已發]도 하고 아직 발하지 않기[未發]도 하며, 한번은 움직였다가 한번은 고요해지며 끝없이 순환하니, (이것이 바로) 마음이다. 그 변하

蓋大化流行, 不舍晝夜, 無有止息, 此自其變者而觀之, 氣也. 消息盈虛, 春之後必夏, 秋之後必冬, 人不轉而爲物, 物不轉而爲人, 草不移而爲木, 木不移而爲草, 萬古如斯, 此自其不變者而觀之, 理也. 在人亦然, 其變者, 喜怒哀樂, 已發未發, 一動一靜, 循環無端者, 心也; 其不變者, 惻隱・羞惡・辭讓・是非,

---

22 이치에 … 것: 원문은 '彌近理而大亂眞者'. 朱熹, 「中庸章句序」, "異端之說日新月盛, 以至於老佛之徒出, 則彌近理而大亂眞矣."

23 그 변화[變者]의 … 것이니: 蘇軾, 「前赤壁賦」, "客亦知夫水與月乎? 逝者如斯而未嘗往也, 盈虛者如彼而卒莫消長也. 蓋將自其變者而觀之, 則天地曾不能以一瞬; 自其不變者而觀之, 則物與我皆無盡也, 而又何羨乎?"

24 사라지면 … 이지러지며: 『周易』「剝卦」, 彖傳, "君子尙消息盈虛, 天行也."; 『周易』「豐卦」, 彖傳, "日中則昃, 月盈則食, 天地盈虛, 與時消息, 而況於人乎? 況於鬼神乎?"

25 그 불변[不變者]의 측면에서 본 것이니: 蘇軾, 「前赤壁賦」. 위의 주석 참고.

지 않는 것[不變者]은 측은惻隱하고 수오羞惡하고 사양辭讓하고 시비是非하며, 반복해서 질곡해도 다시 싹이 나오니,[26] (이것이 바로) 성性이다.

유자儒者의 도는 지극한 변화[至變] 속에서 그 변하지 않는 것[不變者]을 얻은 뒤에 마음과 리理가 하나가 된다. 불교에서는 단지 유행하는 본체는 예측할 수 없을 정도로 변화한다는 점만 보았기 때문에 지각知覺과 운동運動을 성性으로 삼고, 작용作用을 성性으로 본다.[27] 그들이 말하는 불생불멸不生不滅이란 바로 그 지극히 변화하는 것[至變者]일 뿐이다. 한층 한층 제거하여[28] 하나의 법法도 남겨 두지 않고, 천지 만물의 변화가 바로 나의 변화[29]이므로 지극한 변화[至變] 속에 있는 변하지 않는 것[不變者]에 대해서는

(牿)[梏]❶之反覆, 萌蘖發見者, 性也.

儒者之道, 從至變之中, 以得其不變者, 而後心與理一. 釋氏但見流行之體, 變化不測, 故以知覺運動爲性, 作用見性, 其所謂不生不滅者, 卽其至變者也. 層層掃除, 不留一法, 天地萬物之變化, 卽吾之變化, 而

26 반복해서 … 나오니: 원문은 '梏之反覆, 萌蘖發見者'. '梏之反覆'·'萌蘖'은 『孟子』「告子上」 8장에 보인다.

27 지각(知覺)과 … 본다: 『佛光大辭典』「作用」, "禪宗主張現前之作用乃卽體之作用, 能徹見此作用, 卽是見性, 亦卽認識佛性. 據景德傳燈錄卷三菩提達磨條載, 波羅提與異見王之問答亦敘述佛之眞髓在徹見佛性, 佛性存於現前之作用中, 作用有身·人·見·聞·香·談論·執捉·運奔等八種 … , 卽該攝法界之意." 『景德傳燈錄』 권3 참고.

28 한층 … 제거하여: 원문은 '層層掃除'. 『劉宗周全集』 第三冊上, 文編·卷七, 「答胡嵩高·朱綿之·張奠夫諸生」(408-9쪽), "彼其于聖人之道, 旣嘗童而習之矣, 彝倫日用託於耳目之近者, 槪可知也, 稍讀佛氏書而異之. 其言單提性宗, 離四句·絶百非, 層層折入, 亦復層層掃除, 以視吾儒言天載, 尙隔幾重階級, 而自詫爲妙道, 自歎爲希有, 安得不去而從之乎? 此厭嘗喜新之惑也."

29 천지 … 변화: 원문은 '天地萬物之變化, 卽吾之變化'. 권30, 「粤閩王門學案」, 薛侃傳, "釋氏之所謂心, 以無心爲心, 天地萬物之變化, 皆吾心之變化也. 譬之於水, 釋氏爲橫流之水, 吾儒爲原泉混混不舍晝夜之水也." 참고.

❶ 梏: 저본에는 '牿'이라 되어 있으나, 黃宗羲全集本 및 『孟子』「告子上」 8장에 근거하여 '梏'으로 고쳤다.

아무 일도 하지 않는다.

至變中之不變者, 無所事之矣.

그러므로 리理에는 선善하지 않음이 없지만, 기氣는 교감하고 착종하여 들쭉날쭉하고 가지런하지 않으므로 맑은 것과 탁한 것, 치우친 것과 바른 것이 생겨난다. 성性에는 선하지 않음이 없지만, 마음은 동정動靜하고 감응感應하는 데 그 단서가 일정하지 않으므로 참된 것과 허망한 것이 뒤섞여 있다. 불교에서는 이미 지극한 변화[至變]를 본체로 삼았기 때문에 당연히 흐름에 따라서 흔들리지 않을 수 없으니, 그들이 미친 듯이 날뛰고 망령된 짓을 하는 것 역시 자연스러운 이치이다. 그들이 정좌靜坐하여 바짝 마른 나무처럼 되었을 때 모든 것을 굴복시키는데, 이는 원래 마음을 보존하고 성을 기르기[存心養性] 위한 것이 아니라 이 유행하는 본체를 알아내려는 것에 불과하다. 견해가 이미 참된데도 유자儒者가 그들이 본 바는 참이 아니며 단지 겉모습만 비슷할 뿐이라고 말하기 때문에 막을수록 그들의 기세가 더 커지는 것이다.

是故理無不善, 氣則交感錯綜, 參差不齊, 而淸濁偏正生焉; 性無不善, 心則動靜感應, 不一其端, 而眞妄雜焉. 釋氏旣以至變爲體, 自不得不隨流鼓盪, 其猖狂妄行, 亦自然之理也. 當其靜坐枯槁, 一切降伏, 原非爲存心養性也, 不過欲求見此流行之體耳. 見旣眞見, 儒者謂其所見非眞, 只得形似, 所以遏之而愈張其焰也.

선생이 나라를 다스리는 방법[治法]에 대해 말한 것 가운데 병농일치의 부병제府兵制는 아직 부활시킬 수 없으니 우선 둔전제屯田制를 실시하자는 것,[30] [향대부(鄕大夫)가 자기 지역의 인재를 추천하는 『주례』의] 빈흥賓興 제도가 시행되지 않고 있으니 우선 천거薦擧 제도를 시행하자는

先生言治法: 寓兵未復, 且先行屯田; 賓興不行, 且先薦擧; 井田之法, 當以田爲母, 區畫有定數, 以人爲子, 增減

것,[31] 정전법井田法은 땅을 어미[母]로 삼아서 구획에 정수定數를 두되 인구수를 자식[子]으로 삼아서 수에 따라 증감하여 땅을 주어야 한다는 것,[32] 관직을 설치하는 법은 정관正官의 경우는 조정에서 임명하되 속관의 경우 중요한 자리는 추천을 받고 작은 자리는 해당 관청의 수장이 직접 임명하게 하자는 것[33] 등은 모두 세상사에 어두운 유학자의 말이 아니다. 뒷날 왕도를 행할 군주가 나오면 취하여 법으로 삼아야 할 것들이다.

以授之; 設官之法, 正官命於朝廷, 僚屬大者薦, 小者自辟. 皆非迂儒所言, 後有王者, 所當取法者也.

---

30 병농일치의 … 것: 『居業錄』(正誼堂本) 5:57, "古者, 三時務農, 一時講武, 此聖王寓兵于農, 萬世之良法. 今旣不行此法, 亦當行屯田法, 以免坐食之費."

31 빈흥(賓興) 제도 … 것: 『居業錄』 5:25, "得賢之道, 須如『周禮』賓興, 明道選擧, 方無所遺, 其次莫如搜訪薦擧."(『周禮』「地官·大司徒」, "以鄕三物敎萬民而賓興之." 鄭玄注: "興猶擧也. 民三事敎成, 鄕大夫擧其賢者能者, 以飮酒之禮賓客之, 旣則獻其書於王矣.")

32 정전법(井田法)은 … 것: 『居業錄』 5:45, "或曰: 田之數不可益, 人之生無窮, 只恐將來人多田少, 養不給如何? 曰: 天地間氣, 只生得天地間許多人, 旣生之, 必能養之. 將海內之田, 區畫已定, 籍記天下人口之數而加減之. 只要均平, 不拘多少. 多則每區十人亦可, 少則每區四五人亦可. 當以田爲母而區畫已有定數, 以人爲子而增減以受之."(『朱子語類』 111: 11, "又曰: '林勳『本政書』每鄕開具若干字號田, 田下註人姓名, 是以田爲母, 人爲子, 說得甚好.'")

33 관직을 … 것: 『居業錄』 5:16, "凡佐貳官必須命於朝, 僚屬則令長官自擇, 六部則一正三副命于朝, 監司則一正二副·郡則一正一副命于朝, 邑則惟正官命于朝, 其餘僚屬, 大者薦聞, 小者自辟. 如此則君相事亦簡, 亦不患不得人. 蓋君子小人各從其類, 長貳君子, 必不肯用小人爲僚屬."

거업록

|2-3| "고요한 가운데에 무언가가 있다[靜中有物]."[34]는 것은 단지 언제나 잡아서 지키고 주재하는 것이 있다는 말이니, (이것을 안다면) 공허하고 적막하거나 어둡고 막힐 근심이 없을 것이다.[35]

|2-4| 마음을 잃어 버렸다는 사실을 깨닫는 것은 그래도 좋은 일이다. 곧바로 일깨우고 수

居業錄❷

|2-3| "靜中有物", 只是常有個操持主宰, 無空寂昏塞之患. [和 1:1, 5頁; 正 未見]

|2-4| 覺得心放, 亦是好事. 便提撕

---

34 고요한 … 있다:『程氏遺書』18:83;『近思錄』4:53, "或曰: '先生於喜怒哀樂未發之前, 下動字, 下靜字?' 曰: '謂之靜則可, 然靜中須有物始得. 這裏便是難處. 學者莫若且先理會得敬, 能敬則自知此矣.'"

35 이 조(條)에 대해서는 다음을 참고.『居業錄』(正誼堂本) 1:1, "今人言心學者, 便要說靜時無心. 居仁問之, 設若無心, 亦須有理. 彼又應曰: '靜無而動有.'(『通書』誠下第二) 彼信以爲靜時眞無心與理矣. 夫天命之性, 與生俱生, 不可須臾離. 故靜而未有事接之時, 則此心未動, 此理未發, 然此時此心寂然在內, 此理全具于中, 故戒謹恐懼以存養之. 若眞無心與理, 又戒懼做甚, 又存養箇甚? 必有物在內, 故須主敬, 須存養. 故程子以爲靜中有物, 靜中雖無所知覺, 亦有知覺在. 又有因程子說靜中有物, 遂要察見本體, 看未發以前氣象, 此又非也. 靜中只有箇操存涵養, 曷嘗有看見察見. 或問: '周子言「靜無而動有」, 何也?' 曰: 周子言無, 以未形而言, 非眞無也, 乃無中含有也. 故朱子解之曰: '靜非無也, 以未形而謂之無.'"

❷ 아래에서는 두 가지 판본의『居業錄』을 참고하였다. 하나는 일본 江戶시대에 간행된 和刻本이고, 다른 하나는 淸 康熙 47年(1708)에 간행된 正誼堂全書本이다. 和刻本은『和刻影印 近世漢籍叢刊 中國思想叢書 32』(臺北: 廣文書局, 1975)에 수록된 영인본을, 正誼堂本은『叢書集成初編』(上海: 商務印書館, 1936)에 수록된 排印本을 이용하였다. 정의당본은 발행자인 張伯行이 '心性'·'學問'·'聖賢' 등 8가지 주제에 따라 8권으로 편집한 책인데 일반적으로 통행되고 있다. 화각본은 이러한 분류가 없는 4권본인데 弘治 17년(1504) 余祐가 처음으로 간행한『거업록』의 모습을 간직하고 있는 것으로 생각된다. 특히『명유학안』에서 인용하고 있는 것은 이 화각본과 동일한 계열의 판본으로 판단된다. 아래에서는 화각본의 경우는 '和', 정의당본은 '正'으로 표시하고, 권수와 조목, 쪽수를 예컨대 '1:1, 5頁'의 방식으로 표시하였다.

렴하여 다시 도망가지 않게 (하면 되니, 이것이) 바로 경을 위주로 하여 마음을 보존하는[主敬存心] 공부이다. 만약 마음을 둘 곳을 모른다면 망막하고 아득할 것이니, 이렇다면 무슨 공부를 하겠는가!

收斂, 再不令走, 便是主敬存心工夫. 若心不知下落, 茫茫蕩蕩, 是何工夫! [和 1:2, 5頁; 正 2:23, 12頁]

[2-5] 리理를 궁구하는 방법은 한 가지가 아니며, (리를) 얻는 곳도 한군데가 아니다. 혹은 독서에서 얻기도 하고, 혹은 강론에서 얻기도 하며, 혹은 사려에서 얻기도 하고, 혹은 실행에서 얻기도 한다. 독서하여 얻는 것이 많기는 하지만, 강론하여 얻는 것이 더욱 빠르고, 사려하여 얻는 것이 가장 깊으며, 실행하여 얻는 것이 가장 알차다.

[2-5] 窮理非一端, 所得非一處. 或在讀書上得之, 或在講論上得之, 或在思慮上得之, 或在行事上得之. 讀書得之雖多, 講論得之尤速, 思慮得之最深, 行事得之最實. [和 1:8, 9頁; 正 2:58, 16頁]

[2-6] 공자는 단지 사람들에게 (말을) 진실하고 믿음직하게 하며, (행동을) 돈독하고 공경하게 하는 데서 공부하라고 가르쳤는데,[36] 그렇게 하면 잃어버린 마음[放心]은 저절로 거둬들일 수 있고 덕성德性은 저절로 기를 수 있다. 맹자는 잃어버린 마음을 되찾으라고 말하여 사람들에게 (공부의 길을) 보여 주었지만, 사람

[2-6] 孔子只教人去忠信篤敬上做, 放心自能收, 德性自能養. 孟子說出求放心以示人, 人反無捉摸下工夫處, 故程子說主敬. [和 1:13, 11

36 공자는 … 가르쳤는데: 『論語』「衛靈公」5장, "子張問行. 子曰: '言忠信, 行篤敬, 雖蠻貊之邦, 行矣. 言不忠信, 行不篤敬, 雖州里, 行乎哉? 立則見其參於前也, 在輿則見其倚於衡也, 夫然後行.' 子張書諸紳."

들은 도리어 공부를 시작할 곳을 종잡을 수 없었다. 그렇기 때문에 정자가 경을 위주로 하라[主敬]고 말한 것이다.[37]

頁; 正 未見]

|2-7| 주자(周子, 주돈이)에게 '정을 위주로 한다[主靜]'는 설이 있어서 배우는 사람들이 마침내 전적으로 정좌靜坐에 뜻을 두다가 선禪으로 흘러가는 경우가 많다. 생각건대 정靜은 체體이고 동動은 용用이며, 정靜은 주主이고 동動은 객客이다. 그러므로 "정을 위주로 한다"는 것은 체가 서고 용이 행해진다는 말이고, 또한 마음을 정돈하여 어지럽고 혼란하거나 조급하고 경망하지 않게 만든 뒤에야 천하의 움직임[動]을 통제할 수 있다는 말이다. 단지 정靜의 의미가 동動보다 중요하다는 것이지, 정靜에만 치우치라는 말이 아니다. 내가 생각건대, 정좌하는 가운데 계신공구戒愼恐懼함이 있다면 본체本體가 이미 확립되어 저절로 공적空寂으로 흐르지 않을 것이다. 그렇다면 정좌하더라도 무슨 문제가 있겠는가?

|2-7| 周子有主靜之說, 學者遂專意靜坐, 多流於禪. 蓋靜者體, 動者用; 靜者主, 動者客. 故曰主靜, 體立而用行也, 亦是整理其心, 不使紛亂躁妄, 然後能制天下之動. 但靜之意重於動, 非偏於靜也. 愚謂靜坐中有個戒愼恐懼, 則本體已立, 自不流於空寂, 雖靜何害! [和 1:15, 12頁; 正 3:22, 31頁]

---

37 공자는 … 것이다: 『居業錄』(正誼堂本) 3:12, "孟子才高, 在心性源頭處理會, 曰存心養性, 曰求放心·擴充四端之類. 其曰操·曰存·曰養·曰求·曰擴充, 孟子工夫, 便在此下手, 非有孟子天資, 便無可依據. 故孔子只教人忠信篤敬·博文約禮, 便有依據持循, 而心性工夫, 亦無不盡矣. 河洛之教, 實祖孔子. 故主敬·主一·莊整嚴肅·整衣冠·齊容貌·格物窮理, 益詳益盡, 學者亦不患無依歸下手處矣."

|2-8| 사람의 마음은 조금이라도 놓아 버리면 곧바로 도리가 없어지고, 조금이라도 거둬들이면 곧바로 도리가 있게 된다.

|2-8| 人心一放, 道理便失; 一收, 道理便在. [和 1:30, 17頁; 正 未見]

|2-9| [동중서(董仲舒)는] "그 의義를 바르게 하고 이利를 도모하지 않으며, 그 도道를 밝히고 공功을 계산하지 않는다."[38]고 하였다. 배우는 자가 이것을 가지고 마음을 세운다면 광대廣大하고 고명高明[39]하게 될 것이요, 이를 확충한다면 순수한 유자[純儒]가 될 것이요, 미루어 행한다면 바로 순수한 왕자王者의 정치일 것이다.

|2-9| "正其義❸不謀其利, 明其道不計其功." 學者以此立心, 便廣大高明; 充之則是純儒; 推而行之, 卽純王之政. [和 1:43, 20頁; 正 3:101, 41頁]

|2-10| 정자程子와 주자朱子가 성학聖學의 문과 뜰을 열어 준 것은 다만 경을 위주로 하고[主敬] 리를 궁구하라[窮理]고 말해 준 데 있으니, 그리하여 배우는 사람에게 (성학으로) 들어갈 곳이 있게 해 주었다.

|2-10| 程·朱開聖學門庭, 只主敬窮理, 便敎學者有入處. [和 1:45, 20頁; 正 2:4, 9頁]

|2-11| 기氣가 드러나서 작용하는 곳이 바로 신神이다. 진공보[陳公甫, 진헌장(陳獻章)]는 "어떻게 움직이더라도 신神이 아닌 것이 없다."[40]고

|2-11| 氣之發用處卽是神. 陳公甫說"無動非神", 他只窺

38 그 의(義)를 … 않는다: 『漢書』「董仲舒傳」.

39 광대(廣大)하고 고명(高明): 『中庸章句』 27장, "故君子尊德性而道問學, 致廣大而盡精微, 極高明而道中庸, 溫故而知新, 敦厚以崇禮."

40 어떻게 … 없다: 원문은 '無動非神'. 권5「白沙學案上」, 5-11, 論學書·復張東白, "夫學有由積累而至者, 有不由積累而至者, 有可以言傳者, 有不可以言傳者. 夫道至無而動, 至近而神, 故藏而後發, 形而斯存. 大抵由積累而至者, 可以言傳也; 不由積累而至者, 不

말했는데, 그는 단지 엿보고 추측하여 여기에 이르렀을 뿐이고, 내면의 본체를 알지 못하였기 때문에 기氣를 리理라고 인식한 것이다.

測至此, 不識裏面本體, 故認[氣]爲理.❹ [和 1:52, 23頁; 正 6:17, 73頁]

|2-12| 일마다 그 마땅히 그래야 하는 리理를 보존하고 자신은 거기에 관여하지 않는다면 그것은 바로 왕자王者의 일이다. 일마다 조금이라도 계산하고 비교한다면 그것은 바로 사적이고 인색한 마음[私吝心][41]이니, 이런 마음을 가지면 바로 패도霸道로 흘러가 버린다.

|2-12| 事事存其當然之理, 而己無與焉, 便是王者事; 事事著些計較, 便是私吝心, 卽流於霸矣. [和 1:54, 23頁; 正 4:33, 48頁]

|2-13| 도리가 관통하는 곳에 도달하면 일을 처리하는 데 저절로 요령이 있게 되고, 요령이 있으면 힘을 남기지 않고 (전력을 다하게) 된다. 무릇 일에는 반드시 리理가 있다. 처음에는 하나의 일마다 하나의 리가 있으나 리를 많이 궁구하면 (리가) 하나로 모여들고, (리가) 하나가 되면 잡는 바가 더욱 간단하게 된다. 일을 처리할 때는 반드시 강령綱領[42]을 잡고서 조목條目

|2-13| 道理到貫通處, 處事自有要, 有要不遺力矣. 凡事必有理, 初則一事一理, 窮理多則會於一, 一則所操愈約. 制事之時, 必能(契)[挈]❺其總領而理其

可以言傳也. 知者能知至無於至近, 則無動而非神; 藏而後發, 明其幾矣; 形而斯存, 道在我矣."

❸ 義: 저본에는 '義'로 되어 있으나 四庫本에는 '誼'로 되어 있다. 『居業錄』의 경우, 和刻本에는 '誼'로 되어 있으나 正誼堂本에는 '義'로 되어 있다.

41 사적이고 인색한 마음: 원문은 '私吝心'. 『程氏遺書』 6:31; 『近思錄』 5:20, "'飢食渴飲, 冬裘夏葛.'* 若致(原注: 一作「置」)些私吝心(原注: 吝心, 一作「意」)在, 便是廢天職."(*飢食渴飲, 冬裘夏葛: 韓愈,「原道」, "帝之與王, 其號名殊, 其所以爲聖一也. 夏葛而冬裘, 渴飲而饑食, 其事雖殊, 其所以爲智一也.")

42 강령(綱領): 원문은 '總領'. 이에 대해서는 다음을 참조. 『居業錄』(正誼堂本) 2:141, "萬

을 다스릴 수 있어야 기회機會를 살리고 근심 걱정[悔吝][43]이 없을 것이다.

條目, 中其機會而無悔吝. [和 1:63, 26쪽; 正 未見]

|2-14| 유자儒者는 도리道理를 기르지만, 불교와 도교[釋老]는 단지 정신精神만을 기를 뿐이다. 유자는 한 몸의 바른 기운[正氣]을 기르기 때문에 천지와 틈이 없지만, 불교와 도교는 한 몸의 사적인 기운[私氣][44]을 기르기 때문에 하늘을 거스르고 이치에 어긋난다.

|2-14| 儒者養得一個道理, 釋·老只養得一個精神. 儒者養得一身之正氣, 故與天地無間; 釋·老養得一身之私氣, 故逆天背理. [和 1:62, 25쪽; 正 未見]

|2-15| 불교에서 도를 본 것은 한 무제漢武帝가 이 부인李夫人을 본 것[45]처럼 참으로 본 것이 아니다. 그들은 단지 이 도리를 상상할 뿐이기 때문에 고생은 해도 효과가 없다. 유자의 경우는 사물에 나아가 궁구한다.

|2-15| 釋氏見道, 只如漢武帝見李夫人, 非眞見也. 只想像這道理,❻ 故勞而無功. 儒者便卽事物上窮究. [和 1:73, 31

事有根本總領, 根本總領不正, 其餘俱不可正."

❹ 氣: 저본에는 '氣' 자가 없으나, 四庫本 및 『居業錄』에 근거하여 보충하였다.

❺ 挈: 저본에는 '契'로 되어 있으나 黃宗羲全集本과 四庫本 및 『居業錄』에 근거하여 '挈'로 고쳤다.

43 근심 걱정거리[悔吝]: 『周易』「繫辭上傳」 2장, "是故吉凶者, 失得之象也; 悔吝者, 憂虞之象也."; 동상, 3장, "吉凶者, 言乎其失得也; 悔吝者, 言乎其小疵也."

44 불교와 … 기운[私氣]: 『居業錄』(正誼堂本) 8:152, "'配義與道'之氣, 方是浩然之氣, 是天地間正氣. 老·佛所養, 一身之私氣."

45 한 무제(漢武帝)가 … 본 것: 한 무제는 총애하던 이 부인이 죽자 방사(方士)로 하여금 귀신을 불러오게 하고, 직접 「李夫人賦」를 지었다고 한다. 『漢書』 권97上, 「外戚傳·孝武李夫人」 참고.

❻ 非眞見也. 只想像這道理: 『居業錄』에는 '非眞見者也. 釋氏只想像這道理'로 되어 있다.

頁; 正 7:20, 79頁]

|2-16| 사람이 비록 경敬을 지키더라도 또한 의리義理로 (마음을) 적셔 주어야 비로소 이 마음이 기쁘게 될 수 있다. 그렇지 않다면 단지 억지로 잡아서 지키는 것일 뿐이다.

|2-16| 人雖持敬, 亦要義理來浸灌, 方得此心悅懌. 不然, 只是硬持守也. [和 1:98, 37頁; 正 2:14, 11頁]

|2-17| 지금 사람들은 "고요할 때[靜時]는 (마음을) 잡아서는 안 되니, 잡는다면 이는 곧 (마음이) 움직인 것이다."라고 말한다. 학문을 익히지 않은 것이 이 지경까지 이르렀다니, 심히 두려워할 만하다. 고요할 때 (마음을) 잡지 않는다면 언제 잡을 것인가? 그들의 생각은 "이 마음을 움직이게 해서는 안 되고, 그것이 스스로 보존하기를 기다려야 한다. 만약 잡는다면 생각[意]을 해야 할 것이고, 생각한다면 고요할 수 없다."라는 것이다. 이는 (마음이) 텅 비어 조용하고[空寂] 아득하여 어두운[杳冥] 것을 고요함[靜]이라고 생각하려는 것이니, 이른바 고요함이라는 것이 단지 '사려가 아직 싹트지 않고, 사물이 아직 이르지 않은 때'[46]를 가리키는 말이고, 그 속에는 잡아서 지키려는 뜻[意]이 늘 존재하고 있음을 알지 못하는 것이다. 만약 (마음을) 잡아서 지키지 않으면서 그것이 스스

|2-17| 今人說靜時不可操, 才操便是動. 學之不講, 乃至於此, 甚可懼也. 靜時不操, 待何時去操? 其意以爲不要惹動此心, 待他自存, 若操便要著意, 著意便不得靜. 是欲以空寂杳冥爲靜, 不知所謂靜者, 只是以思慮未萌·事物未至而言, 其中操持之意常在也. 若不操持, 待其自存, 決無此理. 程子曰: "人心自由便放去."

46 사려가 … 때: 원문은 '思慮未萌, 事物未至'. 『晦庵集』권64, 「與湖南諸公論中和第一書」, "按『文集』『遺書』諸說, 似皆以思慮未萌·事物未至之時爲喜怒哀樂之未發. 當此之時, 卽是此心寂然不動之體, 而天命之性當體具焉." 또한, 권67, 「已發未發說」 참고.

로 보존하기를 기다린다면 결코 그렇게 될 리가 없을 것이다. 정자程子는 "사람의 마음이 스스로 말미암도록 (놓아둔다면 마음을) 잃어버리고 말 것이다."라고 말하였다.[47]

그들은 또 사려가 어수선한 것을 고요하지 않다고 간주하여 마침내 사려를 막고 끊어 버리는 것을 고요함이라고 여기는데, 이는 군자의 아홉 가지 생각[九思][48] 역시 존양의 방법[存養法]임을 전혀 알지 못하는 것이다. 단지 전일專一하려 해야 하니, 전일할 때라면 저절로 잡념이 없어져서 일이 있을 때도 전일하고, 일이 없을 때도 전일할 것이다. 이것이 경敬이 동정動靜을 관통하여 (언제나) 잡아서 보존[操存]하는 데 가장 중요한 방법이 되는 까닭이다.

又以思慮紛擾爲不靜, 遂遏絶思慮以爲靜, 殊不知君子九思, 亦是存養法. 但要專一, 若專一時, 自無雜慮, 有事時專一, 無事時亦專一, 此敬之所以貫乎動靜爲操存之要法也. [和 1:104, 38頁; 正 2:24, 12頁]

|2-18| 경敬은 존양存養의 방도로서 처음부터 끝까지 관통되는 것이다. 이른바 "함양涵養할 때는 경敬해야 하고, 학문을 진전시키는 일은 지식을 지극하게 하는 데[致知] 달려 있다."[49]는 것은 알기 전에 먼저 이 마음을 존양해야 비로소 지식을 지극하게 할 수 있다는 말이다. 또

|2-18| 敬爲存養之道, 貫徹始終. 所謂"涵養須用敬, 進學則在致知", 是未知之前, 先須存養此心, 方能致知. 又謂

47 정자(程子)는 … 말하였다: 『程氏遺書』 18:85; 『近思錄』 4:55, "曰: '心誰使之?' 曰: '以心使心則可, 人心自由便放去也.'"

48 군자의 아홉 가지 생각: 원문은 '君子九思'. 『論語』 「季氏」 10장, "孔子曰: '君子有九思: 視思明, 聽思聰, 色思溫, 貌思恭, 言思忠, 事思敬, 疑思問, 忿思難, 見得思義.'" 集註: "程子曰: '九思各專其一.'"

49 함양(涵養)할 … 있다: 『程氏遺書』 18:28; 『近思錄』 2:58.

"이 [인(仁)의] 리理를 알았다면 성誠과 경敬으로 보존할 뿐이다."[50]라고 하였으니, 지식을 지극하게 한 뒤에는 다시 존양해야 비로소 잃어버리지 않을 수 있다. 생각건대 지식을 지극하게 하는 공부는 때가 있지만, 존양의 공부는 쉴 때가 없다.

"識得此理, 以誠敬存之而已", 則致知之後, 又要存養, 方能不失. 蓋致知之功有時, 存養之功不息. [和 1:105, 39頁; 正 2:7, 10頁]

|2-19| 정자程子는 "일에 선도 있고 악도 있는 것은 모두 천리天理이다. 천리 속에 있는 것은 좋고 나쁨이 있게 마련이니, '사물이 똑같지 않은 것은 사물의 실정'인 것이다."라고 말하였다.[51] 내가 생각건대, 음양陰陽과 동정動靜의 리理가 교감交感하고 착종錯綜하여 만수萬殊가 나오는데, 이것은 자연스러운 리理로서 만물이 어길 수 없는 것이다. 그렇기 때문에 (정자는 위와 같이) 말한 것이다. 그러나 사람의 경우를 말한다면 선한 것은 천리이고 악한 것은 기품氣稟과 물욕物欲이다. 어찌 스스로 성찰하지 않아서 기품이라는 악한 것과 같아질 수 있겠는가?

|2-19| 程子曰: "事有善惡, 皆天理也. 天理中物, 須有美惡, 蓋'物之不齊, 物之情也'." 愚謂陰陽動靜之理, 交感錯綜而萬殊出焉, 此則理之自然, 物之不能違者, 故云. 然在人而言, 則善者是天理, 惡者是氣稟物欲, 豈可不自省察, 與氣稟惡物同乎?❼ [和 1:124, 47頁; 正 未見]

|2-20| 마음이 정밀하고 밝은 것[精明]은 경敬

|2-20| 心精明是

50 이 … 뿐이다: 『程氏遺書』 권2上:28(識仁篇).

51 정자(程子)는 … 말하였다: 『程氏遺書』 권2上:29. '사물이 똑같지 않은 것은 사물의 실정'은 『孟子』 藤文公上:4에 보인다.

❼ 與氣稟惡物同乎: 和刻本 『거업록』에는 '與氣稟中惡物同乎'로 되어 있다.

의 효과이다. 하나를 위주로 하면[主一] 곧바로 정밀하고 밝아질 것이요, 둘로 셋으로 나뉜다면 혼란할 것이다.

敬之效, 才主一則精明, 二三則昏亂矣. [和 1:131, 49頁; 正 1:17 4頁]

|2-21| 마음에 주재함이 없다면 고요해도 공부가 아니며 움직여도 공부가 아니다. 고요하되 주재함이 없다면, 천성天性을 공空하게 만들거나 그렇지 않으면 천성을 어둡게 할 것이니, 이는 대본大本[52]이 세워지지 않았기 때문이다. 움직이되 주재함이 없다면, 미친 듯이 날뛰며 망령된 짓을 하거나 그렇지 않으면 외물을 좇고 사적인 것을 추구할 것이니, 이는 달도達道[53]가 행해지지 않았기 때문이다. 이미 (대본이) 세워진 뒤에는 저절로 만사를 잘 처리할 수 있으니, 이는 주재함이 있기 때문이다.

|2-21| 心無主宰, 靜也不是工夫, 動也不是工夫. 靜而無主, 不是空了天性, 便是昏了天性, 此大本所以不立也. 動而無主, 若不猖狂妄動, 便是逐物徇私, 此達道所以不行也. 已立後, 自能了當得萬事, 是有主也. [和 1:136, 51頁; 正 1:23, 4頁]

|2-22| 사람들의 배움은 잘못되기가 쉽다. 나중소[羅仲素, 나종언(羅從彦)]와 이연평[李延平, 이통(李侗)]은 배우는 사람들에게 정좌靜坐하는 가운데 희로애락이 발發하기 이전의 기상氣象을 보라고 가르쳤는데,[54] 이것은 잘못된 것이

|2-22| 人之學易差. 羅仲素·李延平教學者靜坐中看喜怒哀樂未發以前氣象, 此便差却. 旣

---

52 대본(大本): 『中庸章句』 1장, "喜怒哀樂之未發, 謂之中; 發而皆中節, 謂之和. 中也者, 天下之大本也; 和也者, 天下之達道也."

53 달도(達道): 위의 주석 참고.

54 나중소(羅仲素) … 가르쳤는데: 『晦庵集』 권97, 「延平先生李公行狀」, "初, 龜山先生唱道, 東南士之遊其門者甚衆. 然語其潛思力行·任重詣極如羅公, 蓋一人而已. 先生旣從之學, 講誦之餘, 危坐終日, 以驗夫喜怒哀樂未發之前氣象爲如何, 而求所謂中者."

다. 아직 발하지도 않았는데 어떻게 볼 수 있겠는가? 단지 존양存養하기만 하면 된다.

여여숙[呂與叔, 여대림(呂大臨)]과 소계명[蘇季明, 소병(蘇昞)]은 희로애락이 발發하기 이전의 상태에서 중中을 구하였는데, 정자程子는 그것을 잘못이라고 하였고,[55] 주자朱子는 이미 발한 때에 나아가서 그 발하기 이전에 (갖추어져) 있는 것을 묵식默識하는 것은 가능하다고 하였다.[56]

내가 생각건대, 만약 미발의 중[未發之中]을 구하거나 미발의 기상[未發氣象]을 본다면 동動과 정靜이 어긋나서 도리어 형세를 위급하게 만들어 차분하게 함영涵泳하는 맛이 없을 것이다. 그러므로 옛사람들은 고요한 때[靜時]에 대해서는 단지 '잡아서 보존한다[操存]', '함양涵養한다'는 말만을 하였으니, 이러한 것이 바로 고요한 때의 공부[靜中工夫]이다. 사색思索과 성찰省察은

是未發, 如何看得? 只存養便是.

呂與叔・蘇季明求中於喜怒哀樂未發之前, 程子非之, 朱子以爲卽已發之際, 默識其未發之前者則可.

愚謂若求未發之中, 看未發氣象, 則動靜乖違, 反致理勢危急, 無從容涵泳意味. 故古人於靜時, 只下個'操存'・'涵養'字, 便是靜中工夫. 思索省察, 是動

55 여여숙(呂與叔) … 하였고: 『程氏遺書』 18:82; 『近思錄』 4:53, "蘇季明問: '中之道與喜怒哀樂未發謂之中, 同否?' 曰: '非也. 喜怒哀樂未發是言在中之義, 只一箇中字, 但用不同.' 或曰: '喜怒哀樂未發之前求中, 可否?' 曰: '不可. 旣思於喜怒哀樂未發之前求之, 又却是思也. 旣思卽是已發. (原注: 思與喜怒哀樂一般.) 纔發便謂之和, 不可謂之中也.' 又問: '呂學士言: 「當求於喜怒哀樂未發之前.」 信斯言也, 恐無著摸, 如之何而可?' 曰: '看此言如何地下. 若言存養於喜怒哀樂未發之時, 則可; 若言求中於喜怒哀樂未發之前, 則不可.' 又問: '學者於喜怒哀樂發時, 固當勉强裁抑, 於未發之前, 當如何用功?' 曰: '於喜怒哀樂未發之前, 更怎生求? 只平日涵養便是. 涵養久, 則喜怒哀樂發自中節.'"

56 주자(朱子)는 … 하였다: 『晦庵集』 권64, 「與湖南諸公論中和第一書」, "然未發之前, 不可尋覓; 已覺之後, 不容安排. 但平日莊敬涵養之功至, 而無人欲之私以亂之, 則其未發也, 鏡明水止, 而其發也, 無不中節矣. 此是日用本領工夫, 至於隨事省察, 卽物推明, 亦必以是爲本, 而於已發之際觀之, 則其具於未發之前者, 固可嘿識."

움직일 때의 공부[動上工夫]이다. 그러나 동動과 정靜 두 가지는 시간적 경계가 매우 분명하여 공부를 하는 데 각각 마땅한 바가 있으므로 어지럽히거나 뒤섞어서는 안 된다. 이것이 이른바 "동과 정이 그 때를 잃지 않으니 그 도가 광명光明하다."[57]는 것이다.

上工夫. 然動靜二端, 時節界限甚明, 工夫所施, 各有所當, 不可乖亂混雜, 所謂"動靜不失其時, 其道光明".

지금 세상에는 또 한 부류의 학문이 있는데, 거기에서는 "고요한 때[靜中]에 대해서는 '잡는다[操]'는 말을 할 수가 없다. 만약 잡는다면 그때는 다시 고요함[靜]이 아니다."라고 말한다. 그러면서 '무엇을 생각하고, 무엇을 염려하겠는가[何思何慮]'(=사려가 없는 것)[58]를 중심으로 삼아서 (일체의) 사려를 물리치는 것을 고요한 때의 공부[靜中工夫]로 삼는다.

今世又有一等學問, 言"靜中不可著個'操'字, 若操時又不是靜." 以"何思何慮"爲主, 悉屛思慮, 以爲靜中工夫.

그렇기 때문에 그들은 도교나 불교로 흘러가 버리는 것이다. 그들은 '잡는다'는 말이 잡아서 지킨다는 의미라는 것, 즉 고요할 때의 경敬임을 알지 못한다. 만약 '잡는다'는 말이 없다면(=마음을 잡지 않는다면) 마음속에 주재함이 없어서 아득하고 막막하여 귀착할 곳이 없을 것이니, 밖으로 치달리지 않는다면 반드시 공무空無에 빠질 것이다. 이것이 배움이 잘못되기 쉬운 까닭이다.

只是如此, 所以流於老・佛. 不知'操'字是持守之意, 卽靜時敬也. 若無個'操'字, 是中無主, 悠悠茫茫, 無所歸著, 若不外馳, 定入空無. 此學所以易差也. [和 1:138, 52頁; 正 8:35,

57 동과 … 광명(光明)하다: 『易』「艮卦」, 彖傳.

58 무엇을 … 염려하겠는가: 『易』「繫辭下傳」 5장, "子曰: '天下何思何慮? 天下同歸而殊塗, 一致而百慮, 天下何思何慮?'"

91頁]

|2-23| 용모와 언사에서 공부하는 것[59]이 바로 실학實學인데, 신독愼獨이 그 요체이다.

|2-23| 容貌辭氣上做工夫, 便是實學, 愼獨是要. [和 1:145, 56頁; 正 8:109, 101頁]

|2-24| 『하남정씨유서河南程氏遺書』에서는 "불교에는 경敬으로 안을 곧게 하는 것은 있지만 의義로 밖을 방정하게 하는 것은 없다."[60]고 말하고, 또 "불교에는 안팎의 도가 겸비되지는 않았다."[61]고 말하였는데, 이것은 기록자의 오류이다.

정자程子는 본래 "오직 안을 곧게 하지 못할까 걱정이다. 안이 곧다면 밖은 반드시 방정하다."고 말하였다.[62] 생각건대, 체體와 용用에는 두 가지 이치가 없으며, 안을 곧게 하는 것과 밖을 방정하게 하는 것은 다른 것이 아니다. 어찌 안을 곧게 할 수 있는데 밖을 방정하게 하지 못하고, 체가 세워졌는데 용이 행해지지 않는 경우가 있겠는가? 경敬하면 마음속에 주

|2-24| 『遺書』言 "釋氏有敬以直內, 無義以方外", 又言 "釋氏, 內外之道不備", 此記者之誤.

程子固曰: "惟患不能直內. 內直則外必方." 蓋體用無二理, 內外非二致, 豈有能直內而不能方外, 體立而用不行者乎? 敬則中有主, 釋氏中無主, 謂之

59 용모와 … 것: 『論語』「泰伯」4장, "君子所貴乎道者三: 動容貌, 斯遠暴慢矣; 正顏色, 斯近信矣; 出辭氣, 斯遠鄙倍矣. 籩豆之事, 則有司存." 集註: "辭, 言語. 氣, 聲氣也."

60 불교에는 … 없다: 『程氏遺書』4:34, "彼釋氏之學, 於敬以直內則有之矣, 義以方外則未之有也. 故滯固者入於枯槁, 疏通者歸於肆恣, 此佛之教所以爲隘也."

61 불교에는 … 않았다: 『程氏遺書』11:18, "'敬以直內, 義以方外', 合內外之道也(原注: 釋氏, 內外之道不備者也)."

62 정자(程子)는 … 말하였다: 『程氏遺書』18:11, "問: '人有專務敬以直內, 不務方外, 何如?' 曰: '有諸中者, 必形諸外. 惟恐不直內, 內直則外必方.'"

재함이 있다. 불교는 마음속에 주재함이 없는데, "경으로써 (안을 곧게 하는 것이 있다)"고 말할 수 있겠는가?

敬, 可乎? [和 1:150, 58頁; 正 未見]

|2-25| 코끝에서 흰 숨결을 보는 수행법[63]은 그것으로 호흡을 조절하여 병을 없앤다면 괜찮지만, 그것으로 마음을 보존한다면 완전히 잘못된 것이다. 생각건대 이는 신변의 친근한 것 하나를 취해서 마음을 붙들어 매는 방법이다. 예를 들어 (불교의) 돌이켜 보고 내면을 응시하는 것도 이러한 방법이며, 불교에서 염주를 사용하는 것도 이러한 방법이니, 그 마음을 통제하여 함부로 움직이지 못하게 하는 것이다. 아아! 마음의 신령神靈함은 뭇 리理를 갖추고 있어 모든 일에 응하기에 충분한데, 경敬으로 보존하지 못하고 도리어 사소한 것에 매어놓고서 쓸모없는 곳에 방치하고 있으니, 슬프구나!

|2-25| 視鼻端白, 以之調息去疾則可, 以之存心則全不是.❽ 蓋取在身至近一物以繫其心, 如反觀內視, 亦是此法, 佛家用數珠, 亦是此法, 羈制其心, 不使妄動. 嗚呼! 心之神靈, 足以具衆理應萬事, 不能敬以存之, 乃羈於一物之小, 置之無用之所, 哀哉! [和 1:159, 60頁; 正 7:29, 81頁]

|2-26| 마땅히 그렇게 해야 하는 곳이 바로 천리天理이다.

|2-26| 當然處卽是天理. [和 1:166, 63

---

63 코끝에서 … 수행법: 『楞嚴經』 권5, "孫陀羅難陀卽從座起, 頂禮佛足而白佛言: '我初出家從佛入道, 雖具戒律, 於三摩提, 心常散動未獲無漏. 世尊教我及俱絺羅觀鼻端白, 我初諦觀經三七日, 見鼻中氣出入如煙, 身心內明圓洞世界, 遍成虛淨猶如瑠璃, 煙相漸銷鼻息成白, 心開漏盡, 諸出入息化爲光明, 照十方界得阿羅漢, 世尊記我當得菩提. 佛問圓通, 我以銷息息久發明, 明圓滅漏斯爲第一!'" 2-40 참고.

❽ 全不是: 『거업록』에는 '全不是' 뒤에 '久必入異教' 5자가 있다.

頁; 正 3:103, 42頁]

2-27 선가禪家에서 마음을 보존하는 방법은 맹자의 "잃어버린 마음을 찾는다."[64]거나 "잡으면 보존된다."[65]는 것과 서로 비슷한 것 같지만 실제로는 다르다. 맹자는 단지 감히 그 마음을 제멋대로 움직이도록 풀어놓지 않았으니, 이른바 '잡는다[操]'는 것은 단지 단속하고 수렴하여 안에 주재함이 있게 하는 것일 뿐이다. 이것이 어찌 불교에서 마치 어떤 것이 여기에 있는 것처럼 언제나 마음의 광명光明함을 지켜보는 것과 같은 것이겠는가?

대저 이미 수렴하여 주재함이 있다면 심체心體가 환하게 밝아서 일을 만날 때 비춰 보고 살피는 것이 틀림없이 정밀할 것이다. 만약 광명한 마음을 지키고 있다면 단지 이 마음을 혼란하게 만들 뿐이며, 안에서 (광명한 마음을) 서로 붙들고 있는 데 익숙해서 떨쳐 버리지 못한다면 인륜과 세상사를 모두 돌보지 않을 것이다. (불교에서는) 또한 도道는 없는 곳이 없으므로 어디를 가든지 이 광명한 마음만 잃어버리지 않는다면, 절도에 맞든지 맞지 않든지 상관없이 모두 도라고 생각한다.

2-27 禪家存心, 雖與孟子"求放心"·"操則存"相似, 而實不同. 孟子只是不敢放縱其心, 所謂操者, 只約束收斂, 使內有主而已, 豈如釋氏常看管一個心光光明明, 如一物在此?

夫既收斂有主, 則心體昭然, 遇事時, 鑒察必精; 若守著一個光明底心, 則只了與此心打攪, 內自相持既熟, (割)[剝]❾舍不去, 人倫世事都不管. 又以爲道無不在, 隨其所之, 只要不失此光明之心, 不拘中節不中節, 皆是

---

64 잃어버린 마음을 되찾는다: 원문은 '求放心'. 『孟子』「告子上」 11장.

65 잡으면 보존된다: 원문은 '操則存'. 『孟子』「告子上」 8장.

❾ 剝: 저본에서는 『명유학안』 賈本에 근거하여 '剝'을 '割'로 고쳤다. 그러나 『거업록』에는 '剝'으로 되어 있다.

道也. [和 1:178, 69頁; 正 未見]

|2-28| 참으로 경敬을 위주로 할 수 있다면 저절로 잡념이 없어질 것이다. 사려를 물리치려고 하는 것은 모두 경이 부족한 것이다.

|2-28| 眞能主敬, 自無雜慮, 欲屛思慮者, 皆是敬不至也. [和 1:194, 75頁; 正 2:11 10頁]

|2-29| 이 리理가 있으면 이 기氣가 있으니, 기는 곧 리가 하는 것이다.[66]

[황종희의 안어(按語)] 이것은 거꾸로 말한 것이다. 이 기가 있으면 이 리가 있으니, 리는 곧 기가 하는 것이다.[67]

|2-29| 有此理則有此氣, 氣乃理之所爲.

是反說了. 有此氣則有此理, 理乃氣之所爲.[⑩] [和 1:215 80頁; 正 未見]

|2-30| 진공보(陳公甫, 진헌장)는 "고요하게(정좌하는) 가운데 단예端倪를 길러 낸다."[68]고 하고, 또 "간직한 뒤에 발한다."[69]고 말하였다.

|2-30| 陳公甫云: "靜中養出端倪", 又云: "藏而後發". 是

---

66 이 … 것이다: 먼저 리(理)가 있고 기(氣)가 나중에 있으며, 기(氣)의 운동·변화는 리(理)가 주재하는 것이라는 의미인 듯하다. 이 부분은 『거업록』(和 1:215)에는 다음과 같이 되어 있다. "有此理則有此氣, 氣乃理之所爲. 故朱子曰: '太極者, 本然之妙; 動靜者, 所乘之機.'(『太極圖說解』) 本然之妙, 理也; 所乘之機, 則此理流行而有氣矣."
또한 다음을 참고. "有理必有氣, 理所以爲氣, 氣乃理之所爲."(正 8:187); "有理而后有氣, 有是理必有是氣, 有是氣必有是理, 二之則不是."(正 8:102); "有理而後有氣, 有氣則有象有數."(和 2:137; 正 6:23)

67 리는 … 것이다: 리는 기의 변화에서 불변의 측면을 가리켜 말한 것이라는 의미인 듯하다. 2-2의 "대화(大化)의 유행(流行)은 … 이(理)이다." 참고.

68 정좌하는 … 길러 낸다: 앞의 2-2, 「호거인전」의 주석 참고.

69 간직한 뒤에 발한다: 앞의 2-11의 주석 참고.

⑩ 是反說了 … 理乃氣之所爲: 이 부분은 본래 황종희의 按語인데 잘못하여 본문에 들어간 듯하다. 이렇게 생각하는 이유는 다음과 같다.

이는 이 도리를 안배하고 조작한 것이니, 모두 그 스스로 그러함[自然]에 따른 것이 아니다.

將此道理來安排作弄, 都不是順其自然. [和 1:216, 81頁; 正 7:38 83頁]

|2-31| 누극정[婁克貞, 누량(婁諒)]은 "나는 육자(陸子, 육구연)에 비할 바가 아니다. (다만) 육자는 리理를 궁구하지 않았지만 나는 도리어 리를 궁구하려고 했고, 공보(公甫, 진헌장)는 책을 읽지 않았지만 나는 열심히 책을 읽었다."라고 말하였다. 내가 보기에, 그 역시 리를 궁구한 것이 아니다. 그는 책을 읽었지만 단지 성현의 말씀을 가져다가 자기의 견해를 옹호했을 뿐이지, 마음을 비우고 성현이 말씀하신 뜻을 구하고서 자기를 버리고 그것을 따른 적이 없었다.

|2-31| 婁克貞說他非陸子之比, 陸子不窮理, 他却肯窮理; 公甫不讀書, 他勤讀書. 以愚觀之, 他亦不是窮理, 他讀書只是將聖賢言語來護己見, 未嘗虛心求聖賢指意, 舍己以從之也. [和 1:217, 81頁; 正 7:39 83頁]

|2-32| 경敬이 곧 잡는 것[操]이니, 경 이외에 별도로 잡아서 보존하는 공부[操存工夫]가 있는 것이 아니다. 격물格物이 곧 치지致知이니, 격물

|2-32| 敬便是操, 非敬之外, 別有個操存工夫; 格物便是致

우선, 『거업록』에는 "有此理則有此氣, 氣乃理之所爲"와 유사한 서술이 보인다(번역문의 주석 참고). 또한, 후대의 학자들이 "氣乃理之所爲"를 호거인의 발언으로 인용하고 있다(羅欽順 『困知記』 권하, 50조; 陸世儀 『思辨錄輯要』 권23, 天道類). 따라서 이 구절은 호거인의 말이라고 판단할 수 있다.
그런데 "是反說了…"는 위의 발언과 반대되는 내용이고, 『거업록』에는 보이지 않는다. 또한 『명유학안』에는 황종희가 자신의 견해를 덧붙이는 경우가 종종 있는데, 이 부분의 내용은 황종희의 이기(理氣)에 대한 견해와 모순되지 않는다(2-2 참고).
이러한 점에서 "是反說了…"는 황종희의 안어(按語)인데, 잘못하여 본문에 들어간 것으로 판단된다.

이외에 별도로 치지 공부致知工夫가 있는 것이 아니다.

知, 非格物之外, 別有個致知工夫. [和 1:219, 82頁; 正 2:8 10頁]

|2-33| 진공보도 조금 도리道理의 본원本原을 엿보기는 하였지만, 그 밑바탕에 순서에 따라 공부한 바가 없기 때문에 마침내 공허한 견해[空見]을 이룬 것이다.

|2-33| 陳公甫亦窺見些道理本原, 因下面無循序工夫, 故遂成空見. [和 1:221, 82頁; 正 未見]

|2-34| 불교에서도 마음을 잃어버리지는 않는다. 단지 내면에 주재함이 없을 뿐이다.

|2-34| 釋氏心亦不放, 只是內裏無主. [和 1:222, 83頁; 正 未見]

|2-35| 이 마음이 (이 마음이) 되게 하는 것이 리理이고, 이 리를 갖추고 있는 것이 마음이다. 그렇기 때문에 리에 비추어 옳은 곳에 마음은 곧 편안하고, 마음이 보존된 곳에 리는 곧 존재한다. 단지 자기 자신만 그러한 것이 아니라 사람도 그러하니, 행하는 바가 리에 맞는다면 사람 역시 감화되어 (나를) 따를 것이다. 단지 사람만 그러한 것이 아니라 사물도 그러하니, 진실로 행하는 바가 리에 맞는다면 온갖 사물 역시 각자 제자리를 얻을 것이다.

|2-35| 所以爲是心者, 理也; 所以具是理者, 心也. 故理是處, 心卽安; 心存處, 理卽在. 非但在己如此, 在人亦然, 所行合理, 人亦感化歸服. 非但在人如此, 在物亦然, 苟所行合理, 庶物亦各得其所. [和 1:223, 83頁; 正 1:6 2頁]

|2-36| 선가禪家에서는 리理와 의義[70]로 마음

|2-36| 禪家不知

70 리(理)와 의(義): 『孟子』「告子上」7장, "心之所同然者, 何也? 謂理也, 義也." 朱熹 集

을 기를 줄을 모르고, 단지 죽은 방법만 고수한다.

以理義養心, 只捉住一個死法. [和 1:229, 85頁; 正 未見]

2-37 불교에서 마음을 말하는 것은 단지 (주관적인) 생각을 말한 것이지 참으로 이 마음을 안 것이 아니다. 불교에서 성性을 말하는 것은 단지 인심人心, 형기의 사사로움[形氣之私]을 말한 것이고, 성명의 바름[性命之正]을 알지 못한 것이다.[71]

2-37 釋氏說心, 只說著一個意思, 非是眞識此心也. 釋氏說性, 只說著一個人心形氣之私, 未識性命之正. [和 1:237, 88頁; 正 7:15 78頁]

2-38 "온몸에 가득 차 있는 것은 측은지심惻隱之心"[72]이니, 몸 전체가 다 마음이다. 찌르면 아파하니, 이것이 마음이 아니라면 무엇이겠는가? 그렇지만 아픔을 아는 것은 인심人心이고, 측은하게 여기는 것은 도심道心이다.

2-38 "滿腔子是惻隱之心", 則滿身都是心也. 如刺著便痛, 非心而何? 然知痛是人心, 惻隱是道心. [和 1:238, 88頁; 正 1:21 4頁]

2-39 "온몸에 가득 차 있는 것이 측은지심"이라면, 몸 밖은 무슨 마음인가? 몸 밖은 비록 마음이라고 말할 수는 없지만 그 리理는 마음에 갖추어져 있다. 그 리가 마음에 갖추어져

2-39 "滿腔子是惻隱之心", 腔子外是何心? 腔子外雖不可言心, 其理具於

注: "程子曰: '在物爲理, 處物爲義, 體用之謂也.'"

71 인심(人心), 형기의 사사로움[形氣之私], 성명의 바름[性命之正]: 朱熹, 「中庸章句序」 "心之虛靈知覺, 一而已矣, 而以爲有人心·道心之異者, 則以其或生於形氣之私, 或原於性命之正, 而所以爲知覺者不同, 是以或危殆而不安, 或微妙而難見耳."

72 온몸에 … 측은지심(惻隱之心): 『程氏遺書』 3:45; 『近思錄』 1:24. '강자(腔子)'에 대해 葉采의 『近思錄集解』에서는 '구각(軀殼, 몸통)과 같다[腔子猶軀殼也]'고 하였다.

있기 때문에 느끼면 응하는 것이다. 만약 마음이 밖으로 치달린다면 마음 역시 물건일 뿐이니, 어떻게 뭇 리를 갖추고서 온갖 일에 응할 수 있겠는가?

心. 因其理具於心, 故感著便應. 若心馳於外, 亦物耳, 何能具衆理·應萬事乎? [和 1:240, 89頁; 正 未見]

|2-40| 이교異教에서 말하는 마음을 보존하는 방법에는 두 가지가 있다. 하나는 마치 어떤 물건이 늘 여기에 있는 것처럼 이 마음을 지켜보는 것이다. 다른 하나는 사려를 물리치고 사물을 없애 버려서, 마음을 텅 비고 넓게 만들어 외물과 어울리지 못하게 하는 것이다.

그들이 말하는 도道에도 역시 두 가지가 있다. 하나는 마치 어떤 물건이나 일이 앞에 있는 것처럼 이 도를 상상하고 모색하는 것이다. 다른 하나는 지각知覺, 운동運動을 성性으로 간주하여, 모든 동작은 도道가 아닌 것이 없으니 (무슨 일이든) 언제나 (도를) 떠날 수 없다고 말하는 것이다. 그렇기 때문에 (결국) 미친 듯이 날뛰고 망령된 짓을 하는 것이다.

|2-40| 異教所謂存心有二也: 一是照管此心,⑪ 如有一物常在這裏; 一是屏除思慮, 絶滅事物, 使其心空豁無所外交.

其所謂道, 亦有二也: 一是想像摸索此道, 如一個物事在前; 一是以知覺運動爲性, 謂凡所動作, 無不是道, 常不能離, 故猖狂妄行. [和 1:258, 95頁; 正 7:28 81頁]

|2-41| 단지 지극히 공경恭敬하기만 하면 마음은 숙연하여 저절로 보존될 것이니, 이는 마

|2-41| 只致其恭敬, 則心肅然自存, 非自捉住一個心來

⑪ 照管此心: 四庫本에도 '照管一心'이라 되어 있으나, 『거업록』에는 '照看一心'으로 되어 있다.

음을 붙잡아다가 여기에 놓아두는 것이 아니다. 책을 읽고 일을 논할 때 모두 끝까지 미루어서 밝혀내는 것이 바로 궁리窮理이니, 이는 허공에서 리理를 찾는 것이 아니다.

存放這裏. 讀書論事, 皆推究到底, 卽是窮理, 非是懸空尋得一個理來看. [和 1:268, 98頁; 正 2:18 11頁]

|2-42| 사람들은 주자의 「조식잠調息箴」[73]을 가지고 마음을 보존[存心]할 수 있다고 하지만, 이것은 단지 기氣를 조절하는 것일 뿐이다. 단지 공경恭敬하고 안상(安詳, 침착하고 세심함)하는 것[74]이 바로 마음을 보존하는 방법이니, 어찌 호흡 조절[調息]을 빌려서 마음을 보존하겠는가? 이것을 가지고 마음을 보존한다면 도道에 매우 해로울 것이다.[75]

|2-42| 人以朱子「調息箴」爲可以存心, 此特調氣耳. 只恭敬安詳, 便是存心法, 豈假調息以存心? 以此存心, 害道甚矣. [和 1:269, 99頁; 正 3:65 37頁]

|2-43| 마음은 단지 하나의 마음이다. 이른바 잡아서 보존한다[操存]는 것은 곧 스스로 잡고서 스스로 보존하는 것일 뿐이며, 경敬은 마

|2-43| 心只是一個心, 所謂操存, 乃自操而自存耳; 敬是

---

73 주자의 「조식잠(調息箴)」: 『晦庵集』권85, 「調息箴」, "鼻端有白, 我其觀之. 隨時隨處, 容與猗移. 靜極而噓, 如春沼魚. 動極而翕, 如百蟲蟄. 氤氳開闢, 其妙無窮. 孰其尸之, 不宰之功. 雲卧天行, 非予敢議. 守一處和, 千二百歲." '鼻端有白'에 관해서는 2-25 참고. 주희가 언제 「조식잠」을 지었는지는 미상. 陸隴其, 『讀朱隨筆』권4, 「朱子大全集卷八十五」, "調息箴, 不知是何年作."

74 공경(恭敬)하고 안상(安詳)하는 것: 『張子語錄』 附, 「語錄抄」 6조; 『近思錄』 11:20, "蓋稍不敬事, 便不忠信. 故敎小兒, 且先安詳恭敬." 이 구절은 『小學』 「嘉言第五」에도 실려 있는데, 『小學集註』에서는 「集說」을 인용하여 "安, 謂安靜; 詳, 謂詳審."라고 풀이하고 있다.

75 이것을 … 것이다: 『居業錄』(正誼堂本) 3:61, "『參同契』『陰符經』, 朱子註之, 甚無謂, 使人入異端去. 調息箴亦不當作." 참고.

음이 스스로 경하는 것일 뿐이다.

心自敬耳. [和 1:276, 100頁; 正 未見]

2-44 "경敬을 위주로 한다는 것은 뜻[意]이 있는 것이다."[76]는 마음을 가지고 말한 것이며, "일삼아 함이 없는 바를 행한다."[77]는 리理를 가지고 말한 것이다. 마음에 보존하고 주재하는 바가 있기 때문에 "뜻이 있고", 마땅히 그래야 하는 리理에 따르기 때문에 "일삼아 하는 바가 없는" 것이다. 이 (뜻이) "있음" 속에는 (보존하고 주재하려는 것 말고 다른 뜻이) 있었던 적이 없고, (일삼아 하는 바가) "없음" 속에는 (마땅히 그래야 하는 리에 따르는 일이) 없었던 적이 없으니, 이는 마음과 리가 하나가 된 것이다.

2-44 "主敬是有意", 以心言也; "行其所無事", 以理言也. 心有所存主, 故有意; 循其理之當然, 故無事. 此有中未嘗有, 無中未嘗無, 心與理一也. [和 1:305, 108頁; 正 2:10 10頁]

2-45 배움이 조금이라도 잘못되기만 하면 바로 이교異敎에 빠져 버리는 것은 성현의 뜻을 오인하는 경우가 매우 많기 때문이다. 이쪽(=유교)에서 '무위無爲'라고 말한 것은 사의私意로 조작하는 일이 없다는 뜻인데, 저쪽(=이교)에서는 마침내 정말로 허정虛淨한 무위라고 생각한다. 이쪽에서 '마음이 비었다[心虛]'고 말한 것은

2-45 學一差, 便入異敎, 其誤認聖賢之意者甚多. 此言'無爲', 是無私意造作, 彼遂以爲眞虛淨無爲矣. 此言'心虛'者, 是心有主而

76 경(敬)을 … 것이다: 이는 다음을 가리켜 말한 것인 듯하다. 『程氏遺書』 24:43, "主一者謂之敬. 一者謂之誠. 主則有意在."

77 일삼아 … 행한다: 원래는 사적인 지혜에 의지하지 않고 자연스러운 추세에 따라서 행동한다는 뜻인데, 여기서는 마땅히 그래야 하는 리(理)에 따라서 행동한다는 뜻으로 사용되고 있다. 『孟子』 「離婁下」 26장, "禹之行水也, 行其所無事也." 朱熹 集註: "禹之行水, 則因其自然之勢而導之, 未嘗以私智穿鑿而有所事."

마음에 주재함이 있어서 외부의 간사함이 들어오지 않기 때문에 어둡거나 막히는 일이 없다는 뜻인데,[78] 저쪽에서는 마침내 정말로 공空하여 아무것도 없다고 생각한다. 이쪽에서 '생각함이 없다[無思]'고 말한 것은 고요하여 움직이지 않는[寂然不動] 가운데 모든 리理가 다 갖추어져 있다는 뜻인데,[79] 저쪽에서는 마침내 정말로 생각함이 없는 것이라고 생각한다. 이쪽에서 '어딜 가더라도 도가 아닌 곳이 없다'고 말한 것은 도리는 없는 곳이 없으므로 마땅히 잡아서 보존하고 성찰하며, 다급하거나 위태로운 상황에서도 도리를 떠나서는 안 된다는 뜻인데,[80] 저쪽에서는 마침내 무릇 그들이 가는 곳은 도道가 아닌 곳이 없다고 생각한다. 그렇기 때문이 미친 듯이 날뛰고 제멋대로 하도록 맡겨 두고 돌아보지 않는 것이다.

外邪不入, 故無昏塞, 彼遂以爲眞空無物矣. 此言'無思', 是寂然不動之中, 萬理咸備, 彼遂以爲眞無思矣. 此言'無適而非道', 是道理無處無之, 所當操存省察, 不可造次顚沛之離, 彼遂以爲凡其所適, 無非是道, 故任其猖狂自恣而不顧也. [和 1:327, 114頁; 正未見]

|2-46| 불교에서는 신식神識[81]을 리理로 오인

|2-46| 釋氏誤認

---

78 이쪽에서 … 뜻인데: 『程氏遺書』 15:177; 『近思錄』 4:48, "有主則虛, 虛謂邪不能入."

79 이쪽에서 … 뜻인데: 『周易』 「繫辭上傳」:10, "易, 无思也, 无爲也, 寂然不動, 感而遂通天下之故."

80 이쪽에서 … 뜻인데: 『程氏遺書』 4:34; 『近思錄』 13:3, "道之外無物, 物之外無道, 是天地之間, 無適而非道也. 卽父子而父子在所親, 卽君臣而君臣在所嚴, 以至爲夫婦, 爲長幼, 爲朋友, 無所爲而非道, 此道所以不可須臾離也."

81 신식(神識): 신비로운 心識이라는 뜻으로 靈魂과 비슷한 말. 『동국대학교 불교학술원 불교사전』 "중생의 심식(心識)은 영묘부사의(靈妙不思議)한 것이란 뜻으로 하는 말."; 『佛光大辭典』 "猶言靈魂. 有情之心識靈妙不可思議, 故稱神識. … 楞嚴經卷八: '臨終時先見猛火滿十方界, 亡者神識飛(墮)[墜], 乘煙入無間獄.'"

하기 때문에 작용作用이 성性[82]이라고 하는데, 이는 신식이 기氣의 영묘함이고 이 리를 오묘하게 하는 것이니, 신식을 리로 여기면 안 된다는 사실을 전혀 모르는 것이다. 성은 내 몸의 리이고 작용은 내 몸의 기이니, 기를 리로 여기는 것은 형이하자形而下者를 형이상자形而上者로 간주하는 것이다.

情[神]⓬識爲理, 故以作用是性, 殊不知神識是氣之英靈, 所以妙是理者, 就以神識爲理則不可. 性是吾身之理, 作用是吾身之氣, 認氣爲理, 以形而下者作形而上者. [和 2:9, 127頁; 正 7:16 78頁]

|2-47| 마음에 항상 주재함이 있는 것이 바로 '고요함 속의 움직임[靜中之動]'이며, 일이 제자리를 얻는 것이 바로 '움직임 속의 고요함[動中之靜]'[83]이다.

|2-47| 心常有主, 乃'靜中之動'; 事得其所, 乃'動中之靜'. [和 2:24, 134頁; 正 未見]

|2-48| 지금 사람들은 명성을 위해 학문을 하는 경우가 많다. 이렇다면 학문을 할 때 이

|2-48| 今人爲學, 多在聲價上做. 如此

『朱子語類』 126:35, "儒者以理爲不生不滅, 釋氏以神識爲不生不滅."

82 작용(作用)이 성(性): 앞의 「호거인전」의 주석 및 『景德傳燈錄』 권3, 菩提達磨條에 보이는 波羅提와 異見王의 問答 참고.

83 '고요함 속의 움직임[靜中之動]'·'움직임 속의 고요함[動中之靜]': 『程氏遺書』 7:38, "靜中便有動, 動中自有靜."; 『晦庵集』권32, 「答張欽夫」, "蓋心主乎一身而無動靜語默之間, 是以君子之於敬, 亦無動靜語默而不用其力焉. 未發之前是敬也, 固已主乎存養之實; 已發之際是敬也, 又常行於省察之間. 方其存也, 思慮未萌而知覺不昧, 是則靜中之動, 復之所以'見天地之心'也; 及其察也, 事物紛糾而品節不差, 是則動中之靜, 艮之所以'不獲其身'·'不見其人'也. 有以主乎靜中之動, 是以寂而未嘗不感; 有以察乎動中之靜, 是以感而未嘗不寂. 寂而常感, 感而常寂, 此心之所以周流貫徹而無一息之不仁也."

⓬ 神: 저본에는 '情'으로 되어 있으나 『거업록』에 근거하여 '神'으로 고쳤다.

미 도와 유리된 것이니, 일생을 다 바쳐 공부해도 끝내 도를 터득할 수 없을 것이다.

則學時已與道離了, 費盡一生工夫, 終不可得道.⑬ [和 2:65, 156頁; 正 2:172 25頁]

|2-49| 공자 문하의 가르침은 오직 박문博文과 약례約禮[84] 두 가지이다. 박문은 책을 읽고 리理를 궁구하는 일이니, 이렇게 하지 않는다면 마음에서 분명하게 알[85] 방법이 없을 것이다. 약례는 잡아서 지키고 힘써 행하는 일이니, 이렇게 하지 않는다면 자기 것으로 만들 방법이 없을 것이다.

|2-49| 孔門之敎, 惟博文·約禮二事. 博文是讀書窮理事, 不如此, 則無以明諸心; 約禮是操持力行事, 不如此, 無以有諸己. [和 2:74, 158頁; 正 未見]

|2-50| 장자[張子, 장재(張載)]는 태화太和를 도체道體로 간주하였다.[86] 생각건대 태화는 기氣[87]로서 만물이 그로 말미암아 생겨나는 것이다. 그렇기 때문에 "태화를 보존하고 그에 화합하여 이에 이롭고 바르다."[88]고 한 것이다.

|2-50| 張子以太和爲道體. 蓋太和是氣, 萬物所由生, 故曰: "保合太和, 乃利貞." 所以爲是太

---

84 박문(博文)과 약례(約禮):『論語』「子罕」10장, "夫子循循然善誘人, 博我以文, 約我以禮."

85 마음에서 … 알: 원문은 '明諸心'.『程氏文集』권8,「顏子所好何學論」;『近思錄』2:32, "君子之學, 必先明諸心, 知所養(原註: 一作「往」), 然後力行以求至, 所謂'自明而誠也'."

86 장자(張子)는 … 간주하였다:『正蒙』「太和」, "太和所謂道, 中涵浮沈·升降·動靜·相感之性, 是生絪縕·相蕩·勝負·屈伸之始. 其來也幾微易簡, 其究也廣大堅固. 起知於易者, 乾乎! 效法於簡者, 坤乎! 散殊而可象爲氣, 淸通而不可象爲神. 不如野馬·絪縕, 不足謂之太和. 語道者知此, 謂之知道; 學『易』者見此, 謂之見『易』. 不如是, 雖周公才美, 其智不足稱也已."

87 태화는 기(氣):『周易』「乾卦」, 彖傳. 朱熹 本義: "大和, 陰陽會合冲和之氣也." '태화(太和)'는『周易』에는 '大和'로 되어 있다.

88 태화를 … 바르다:『周易』「乾卦」彖傳.

이 태화가 (태화가) 되게 하는 것이 도道이니, 태화를 도체로 여긴다면 잘못이다.

和者, 道也, 就以太和爲道體, 誤矣. [和 2:86, 164頁; 正 8:217 115頁]

|2-51| 상채[上蔡, 사량좌(謝良佐)]는 명도[明道, 정호(程顥)]의 말을 기록하여 "리理를 터득한 뒤에는 풀어놓아야 한다."고 하였다.[89] 주자朱子는 그것을 의심하여, '이는 리를 터득한 뒤에는 자연히 흉금이 열리고 편안해진다는 말이다. 만약 의도적으로 풀어놓으려고 한다면 도리어 병통이 될 것이다.'라고 하였다.[90]

|2-51| 上蔡記明道語, 言"既得後, 須放開". 朱子疑之, 以爲既得後, 心胸自然開泰, 若有意放開, 反成病痛.

내가 생각하기에, 리를 터득한 뒤에 풀어놓

愚以爲得後放開,

---

⑬ 終不可得道: 『거업록』에는 '終不可得道' 뒤에 '甚可惜也, 才氣高者有此病.' 11자가 더 있다.

89 상채(上蔡) … 하였다: 『程氏遺書』 3:9, "既得後, 便須放開, 不然, 却只是守."(참고로 『遺書』의 권3은 '謝顯道記憶平日語'이다.)
『上蔡語錄』 卷上, "明道曰: '賢看某如此, 某煞用工夫. 見理後, 須放開, 不放開, 只是守.' 開又近於放倒, 故有禮以節之; 守幾於不自在, 故有樂以樂之. 樂卽是放開也."
『程氏遺書』 2상:131, "觀天理, 亦須放開意思, 開闊得心胸, 便可見, 打撲了習心兩漏三漏子."

90 주자(朱子)는 … 하였다: 『晦庵集』 권43, 「答林擇之」, "又'既得後, 須放開', 此亦非謂須要放開, 但謂既有所得, 自然意思廣大, 規模開廓(原註: '須'字如用'必'字). 若未能如此, 便是未有所得, 只是守爾. 蓋以放開與否爲得與未得之驗. 若謂有意須放敎開, 則大害事矣. 上蔡論周恭叔放開忒早, 此語亦有病也."
동상, 권45, 「答廖子晦」, "'既得後, 須放開, 不然, 却只是守'者, 此言既自得之後, 則自然心與理會, 不爲禮法所拘而自中節也. 若未能如此, 則是未有所自得, 纔方是守成法之人爾. 亦非謂既自得之, 又却須放敎開也."
동상, 권52, 「答吳伯豐」, "明道之語, 亦上蔡所記. 或恐'須'字, 是必然之意, 言既得則自有此驗, 不但如此拘拘耳, 非謂須要放開也."
『朱子語類』 97:49 "謝氏記明道語: '既得後, 須放開.' 此處恐不然. 當初必是說'既得後, 自然從容不迫', 它記得意錯了. 謝氏後來便是放開, 周恭叔又是放倒."

는 것은 비록 (인위적으로) 안배按排하는 문제가 있지만 병통은 그래도 작다. 지금 사람들은 아직 리를 터득하기도 전에 먼저 풀어놓기 때문에 장자莊子나 불교로 흘러가 버리는 것이다.

雖似涉安排, 然病痛尙小. 今人未得前, 先放開, 故流於莊·佛.

또한 아직 자기를 이기고 인을 구하지[91]도 못했으면서 먼저 안자顏子의 즐거움을 구하려고 하므로 결국 미친 듯이 굴거나 망령된 짓을 하는 데 이르는 것이다. 이는 주자[周子, 주돈이(周敦頤)]가 이정二程으로 하여금 안자가 즐거워했던 곳을 찾게 한 것[92]이, 공자와 안자가 무엇 때문에 그러한 즐거움이 있었는지, 그들이 즐거워했던 것이 무슨 일이었는지를 알기를 바라고, 그리하여 안자가 했던 공부를 하여 그와 같은 경지에 도달하려고 노력하기를 바래서 (그렇게 했던) 것임을 전혀 알지 못하는 것이다. 어찌 대뜸 자기 자신에게서 즐거움을 찾겠는가? 그러므로 풀어놓는 것이 너무 빠르고, 즐거움을 구하는 것이 너무 빠른 자들은 모두 이단으로 흘러가 버린다.

又有未能克己求仁, 先要求顏子之樂, 所以卒至狂妄. 殊不知周子令二程尋顏子之樂處, 是要見得孔·顏因甚有此樂, 所樂何事, 便要做顏子工夫, 求至乎其地, 豈有便來自己身上尋樂乎? 故放開太早, 求樂太早, 皆流於異端. [和 2:88, 165頁; 正 3:39 34頁]

|2-52| 사람이 맑고 고결한 것은 본래 좋아

|2-52| 人淸高固

91 자기를 이기고 인을 구하지: 원문은 '克己求仁'. 『論語』「顏淵」1장, "顏淵問仁. 子曰: '克己復禮爲仁. 一日克己復禮, 天下歸仁焉. 爲仁由己, 而由人乎哉?' 顏淵曰: '請問其目.' 子曰: '非禮勿視, 非禮勿聽, 非禮勿言, 非禮勿動.' 顏淵曰: '回雖不敏, 請事斯語矣.'"

92 주자(周子) … 것: 『程氏遺書』2상:23, "昔受學於周茂叔, 每令尋顏子·仲尼樂處, 所樂何事."

할 만한 일이지만, 너무 지나치게 맑고 고결한 것(을 좋아하면) 황제黃帝나 노자老子에 빠지게 된다. 넓고 큰 사람은 본래 만나기 어렵기는 하지만, 너무 지나치게 넓고 큰 사람(을 만나려 하면) 장자莊子나 불교佛敎에 빠지게 된다. 오직 지극하게 리理를 궁구하고 한결같이 리理를 따른다면, 맑고 고결함, 넓고 큼을 모르더라도 곧 정학正學이 될 것이다.

好, 然淸高太過, 則入於黃・老. 人固難得廣大者, 然廣大太過, 則入於莊・佛. 惟窮理之至, 一循乎理, 則不見其淸高・廣大, 乃爲正學. [和 2:93, 168頁; 正 2:178 26頁]

|2-53| 지혜와 계산으로 일을 처리하면 사람들이 마음으로 복종하지 않는다. 사사롭다면 저마다 다를 것이다.[93]

|2-53| 智計處事, 人不心服, 私則殊也. [和 2:106, 175頁; 正 2:152 23頁]

|2-54| 태극太極은 리理이고, 음양陰陽은 기氣이며, 동정動靜은 리와 기의 오묘한 운행이다.

|2-54| 太極者, 理也; 陰陽者, 氣也; 動靜者, 理氣之妙運也. [和 2:122, 181頁; 正 8:248 120頁]

|2-55| 세상에 설령 처리하기 어려운 일이 있다 하더라도, 만약 리理에 따라 처리하고 이해를 따지지 않는다면 본심은 또한 저절로 태연할 것이다. 만약 의리를 위주로 하지 않는다면, 처리하기 어려운 일을 만나면 만날수록 더

|2-55| 天下縱有難處之事, 若順理處之, 不計較利害, 則本心亦自泰然. 若不以義理爲主, 則遇

93 사사롭다면 … 것이다: 薛瑄, 『讀書錄』 권2, 「公則一, 私則殊.」 참고.

처리하기 어려울 것이다.

難處之事, 越難處矣. [和 2:126, 183頁; 正 2:160 24頁]

|2-56| 리理가 있은 뒤에 기氣가 있고, 기가 있으면 상象과 수數가 있다. 그러므로 리·기·상·수는 모두 그것을 가지고 길흉吉凶을 알 수 있으니, 넷은 본래 하나이다.

|2-56| 有理而後有氣, 有氣則有象有數. 故理氣象數, 皆可以知吉凶, 四者本一也. [和 2:137, 186頁; 正 6:23 74頁]

|2-57| [『주역(周易)』에서는] "하늘의 도를 세워 음陰과 양陽이라고 하였다."[94]고 하였는데, 음양陰陽은 기氣로서 리理가 그 가운데 있다. "땅의 도를 세워 유柔와 강剛이라고 하였다."고 하였는데, 강유剛柔는 질質로서 기로 인해 이루어진다. "사람의 도를 세워 인仁과 의義라고 하였다."고 하였는데, 인의仁義는 리로서 기질氣質의 안에 갖추어져 있다. 세 가지는 분分은 다르지만 리理는 하나이다.

|2-57| "立天之道曰陰與陽", 陰陽, 氣也, 理在其中; "立地之道曰柔與剛", 剛柔, 質也, 因氣以成理;⑭ "立人之道曰仁與義", 仁義, 理也, 具於氣質之內. 三者, 分殊而理一. [和 2:179, 197頁; 正 8:261 121頁]

|2-58| 천지의 사이에는 기氣가 아닌 곳이 없다. 연적에는 두 개의 구멍이 있어야 하니, 하나의 구멍에서 기가 나와야 다른 구멍으로 물

|2-58| 天地間無處不是氣. 硯水瓶須要兩孔, 一孔出

---

94 하늘의 … 하였다: 『周易』「說卦傳」 2장. 아래의 "땅의 도를 … ", "사람의 도를 … "도 마찬가지이다.

⑭ 理: 저본에는 '理' 자가 있으나, 『거업록』에 근거하여 삭제하였다.

이 들어간다. 만약 단지 하나의 구멍만 있다면 기가 나오지 못하고 안에 꽉 차서 물이 들어갈 수 없다. 이것으로 빈 그릇 안에는 모두 기가 차 있음을 알 수 있다. 그러므로 장자[張子, 張載]는 허虛와 무無의 가운데는 곧 기[95]라고 하였던 것이다.

氣, 一孔入水. 若止有一孔, 則氣不能出而塞乎內, 水不能入矣, 以此知虛器內皆有氣. 故張子以爲虛無中卽氣也.⑮ [和 2:221, 212頁; 正 6:15 73頁]

|2-59| 주자朱子는 '고요함 속의 지각[靜中知覺]'을 말했는데,[96] 이때의 지각이란 일이 와서 나를 자극하여 내가 그것을 깨닫는 것이 아니다. 다만 마음이 보존되어 있으므로 깨어 있고, 지각이 안에 있으나 아직 외물과 접하지 않은 상태이다.

|2-59| 朱子⑯所謂靜中知覺, 此知覺不是事來感我而我覺之, 只是心存則醒, 有知覺在內, 未接乎外也.⑰ [和 2:257, 221

---

95 허(虛)와 무(無)의 … 기: 『正蒙』「太和」, "知虛空卽氣, 則有無·隱顯·神化·性命, 通一無二. … 氣之聚散於太虛, 猶冰凝釋於水, 知太虛卽氣, 則無無."

96 주자는 … 말했는데: 『晦庵集』권32, 「程子養觀說」, "程子曰: '存養於未發之前則可', 又曰: '善觀者, 却於已發之際觀之', 何也? 曰: 此持敬之功, 貫通乎動靜之際者也. 就程子此章論之, 方其未發, 必有事焉, 是乃所謂靜中之知覺, 復之所以'見天地之心'也; 及其已發, 隨事觀省, 是乃所謂動上求靜, 艮之所以'止其所'也. 然則靜中之動, 非敬其孰能形之? 動中之靜, 非敬其孰能察之? 故又曰: '學者莫若先理會敬, 則自知此矣.' 然則學者豈可舍是而他求哉?"
또한 2-47의 주석 참고.

⑮ 氣也: 『거업록』에는 '氣也'의 뒤에 "然天地間氣, 剛者勝柔, 實者勝虛, 强者勝弱, 重者勝輕, 疾者勝緩, 謂之無氣則不可."의 32자가 더 있다.

⑯ 朱子: 『거업록』에는 '朱子'의 앞에 "靜不是無心, 又不是忘了, 也此心仍醒在, 仍有主. 孟子所謂操, 操便有主, 有主則自然醒."의 34자가 더 있다.

⑰ 外也: 『거업록』에는 '外也'의 뒤에 "然謂之知覺, 不如只說箇惺惺字; 謂之惺惺, 又不如只說箇操字; 謂之操, 又不如只下箇敬字."의 36자가 더 있다.

頁; 正 未見]

|2-60| 지금 사람들은 스스로 지키는 것을 배우지도 않았으면서 먼저 때에 따르는 것을 배우려고 하므로 구차하여 자립하지 못하는 것이다.

|2-60| 今人不去學自守, 先⑱要學隨時, 所以苟且不立. [和 2:261, 222頁; 正 2:87 18頁]

|2-61| 일을 처리할 때 지혜와 계산을 사용하지 않고 단지 천리天理에 따르는 것이 바로 유자儒者의 기상氣象이다.

|2-61| 處事不用智計, 只循天理, 便是儒者氣象. [和 2:265, 223頁; 正 2:147 23頁]

|2-62| "왕도王道의 밖에는 평탄한 길이 없으며, 인의仁義의 밖에는 공리功利가 없다."[97]

|2-62| "王道之外無坦途, 仁義之外無功利." [和 2:277, 225頁; 正 8:165 106頁]

|2-63| 사람이 (마음을) 수렴하여 깨어 있다면 기氣는 맑아지고 마음은 저절로 밝아지지만, 조금이라도 나태하면 곧바로 흐리멍덩해질 것이다.

|2-63| 人收斂警醒, 則氣便淸, 心自明; 才惰慢, 便昏瞶也. [和 2:284, 227頁; 正 2:109 20頁]

|2-64| 의意란 마음에 전일하게 주재하는 것

|2-64| 意者, 心

---

97 왕도(王道)의 … 없다: 『居業錄』(正誼堂本) 4:32, "先儒言: '王道之外無坦途, 擧皆荊棘; 仁義之外無功利, 擧皆禍殃.' 此推其極而言也."
呂祖謙, 『左氏博議』 권9, "齊寺人貂漏師, 寺人貂立無虧, 宋襄伐齊立孝公", "世之詆伯者, 必曰尙功利. 五伯桓公爲盛, 諸子相屠, 身死不殯, 禍且不能避, 豈功利之敢望乎? 是知王道之外無坦塗, 擧皆荊棘; 仁義之外無功利, 擧皆禍殃. 彼詆伯以功利者, 何其借譽之深也?"

⑱ 先: 正誼堂本 『거업록』에는 '先' 앞에 '預' 자가 있다.

이 있음을 말한다. (주자의) 『대학大學』 해석에서 (의를) "마음이 발한 것"[98]라고 한 것은 옳지 않은 듯하다. 마음이 발한 것은 정情인 것이다. 다만 주자朱子의 『훈몽시訓蒙詩』[99]에서 "의意는 곧 정情을 전일하게 주재하는 때"[100]라고 말한 것이 (이치에) 가깝다.[101]

有專主之謂,『大學』解以爲"心之所發", 恐未然. 蓋心之發, 情也. 惟朱子『訓蒙詩』言"意乃情專所主時"爲近. [和 2:302, 227頁; 正 8:15 88頁]

|2-65| 근본은 하나이지만 만 가지로 다르고[一本而萬殊], 만 가지로 다르지만 근본은 하나이다[萬殊而一本]. 배우는 사람은 만 가지로 다른 것[萬殊]에서부터 하나하나 궁구해 나가고, 그렇게 한 뒤에 하나의 근본[一本]을 깨달아야 한다. 만약 만 가지로 다른 것에서 체득하고 살피지 않고서 곧바로 하나의 근본을 찾으려고 한다면, 이단에 빠지지 않는 자가 없을 것이다.

|2-65| 一本而萬殊, 萬殊而一本. 學者須從萬殊上一一窮究, 然後會於一本. 若不於萬殊上體察, 而欲直探一本, 未有不入異端者. [和 3:38, 249頁; 正 未見]

|2-66| 단정하고 장중하며 정제되고 엄숙하며, 엄격하고 위엄 있으며 바르고 공경하는 것[102]은 경敬으로 들어가는 곳이다. 일깨우고

|2-66| 端莊整肅, 嚴威儼恪, 是敬之入頭處; 提撕喚醒, 是

98 『대학(大學)』 해석: 원문은 '大學解'. 유종주(劉宗周)는 이 글을 인용하면서 '大學解'를 '大學章句'라고 하였다(이 條의 마지막 주석 참고). 참고로 "意者, 心之所發也."은 朱熹 『大學章句』 經1장 注에 보인다.

99 주자(朱子)의 『훈몽시(訓蒙詩)』: 四庫全書에는 宋 · 陳思 編, 元 · 陳世隆 補, 『兩宋名賢小集』 권209-210, 「性理吟上-下」에 실려 있는데, 후대에는 '訓蒙詩百首' · '性理絶句百首' · '訓蒙絶句' · '性理吟' 등의 제목을 붙여 단행본으로도 간행되었던 듯하다.

100 의(意)는 … 때: 『兩宋名賢小集』 권209, 「性理吟上」, 意, "意乃情專所主時, 志之所向定於斯. 要須總驗心情意, 一發而俱性在玆."

101 이 조(條)에 대한 유종주(劉宗周)의 견해는 『명유학안』 권62 「蕺山學案」 62-109 참고.

각성하는 것은 경이 이어지는 곳이다. 하나를 위주로 하여 (마음이) 다른 곳으로 가지 않고[主一無適], 맑고 깨끗하여 순수하고 한결같은 것[湛然純一][103]은 경에 끊어짐이 없는 곳이다. 깨어 있어서 어둡지 않고, 정밀하고 밝아서 어지럽지 않은 것은 경의 효험이 나타나는 곳이다.

敬之接續處; 主一無適, 湛然純一, 是敬之無間斷處; 惺惺不昧, 精明不亂, 是敬之效驗處. [和 3:43, 251頁; 正 2:21 11頁]

[2-67] 경敬은 동動과 정靜을 포괄하니, 정좌靜坐하여 단정하고 엄숙하게 하고 있는 것도 경이고, 일에 따라 점검하고 지극히 삼가는 것 역시 경이다. 경은 내內와 외外를 아우르니, 몸가짐[容貌][104]이 장중하고 바른 것이 경이며, 심지心地가 맑고 깨끗하여 순수하고 한결같은 것이 경이다.

[2-67] 敬該動靜, 靜坐端嚴, 敬也; 隨事檢點致謹, 亦敬也. 敬兼內外, 容貌莊正, 敬也; 心地湛然純一, 敬也. [和 3:65, 261頁; 正 2:26 12頁]

[2-68] 옛사람들이 늙을수록 덕이 더욱 높았던 것은 잡아서 지키는 것이 안정되어 혈기와 함께 쇠약해지지 않았기 때문이다. 오늘날 재기才氣가 있는 사람들이 노년에 이르면 곧바로

[2-68] 古人老而德愈進者, 是持守得定, 不與血氣同衰也. 今日⑲才氣之人, 到

102 엄격하고 … 것: 원문은 '嚴威儼恪'.『禮記』「祭義」, "嚴威儼恪, 非所以事親也, 成人之道也." 孔穎達 正義: "嚴謂嚴肅, 威謂威重, 儼謂儼正, 恪謂恭敬."

103 맑고 깨끗하여 순수하고 한결같은 것[湛然純一]:『程氏遺書』18:236, "'齊三日, 必見其所爲齊者', 此非聖人之語. 齊者湛然純一, 方能與鬼神接, 然能事鬼神, 已是上一等人.";『周易』「繫辭上傳」11장, "聖人以此齊戒"의 朱熹 本義: "湛然純一之謂齋."

104 몸가짐[容貌]:『論語』「泰伯」4장, "動容貌, 斯遠暴慢矣"의 朱熹 集注: "容貌, 擧一身而言."

⑲ 日:『거업록』에는 '有' 자로 되어 있다.

쇠약해지는 것은 잡아서 기르는 공부가 없기 때문이다.

老年便衰, 是無持養之功也. [和 3:124, 280頁; 正 3:112 42頁]

|2-69| 진공보(陳公甫, 진헌장)는 "외물에는 다함이 있지만 나에게는 다함이 없다."[105]고 말했는데, 이것은 바로 불교의 견성설見性說이다. 그는 '불생불멸不生不滅하는 어떤 것이 천지의 사이에 있으니 이것이 나의 참된 본성[眞性]이다.'라고 망상하여 '다른 사람은 보지 못하고 깨닫지 못하지만 나만 홀로 깨달을 수 있다.'고 하였다. 그렇기 때문에 "나는 크지만 외물은 작고, 외물에는 다함이 있지만 나에게는 다함이 없다."고 말한 것이다.[106] 이는 외물과 나는 리理가 하나이고, 단지 치우침과 바름[偏正], 맑음과 탁함[淸濁]의 차이만 있을 뿐임을 전혀 모르는 것이다.

|2-69| 陳公甫說"物有盡而我無盡",⑳ 卽釋氏見性之說. 他妄想出一個不生不滅底物事, 在天地間, 是我之眞性, 謂他人不能見·不能覺, 我能獨覺, 故曰"我大物小, 物有盡而我無盡". 殊不知物我一理, 但有偏正淸濁之異.

형기形氣를 가지고 논하면, 생겨난 것에는 반드시 죽음이 있고 시작한 것에는 반드시 끝이 있는데 어떻게 나만 홀로 다함이 없을 수 있는가? 리理를 가지고 논하면, 끝없이 낳고 낳는 것[生生不窮]은 사람과 사물이 모두 그러하다.

以形氣論之, 生必有死, 始必有終, 安得我獨無盡哉? 以理論之, 則生生不窮, 人與物皆然. [和 3:139, 283頁; 正 未見]

---

105 외물에는 … 없다: 『명유학안』 권5 「白沙學案上」 5-24, 論學書, 與何時矩.

106 그는 … 것이다: 2-89; 『명유학안』 권47, 「諸儒學案中一」 47-34; 『胡文敬集』 권1, 「又復張廷祥」 참고.

⑳ 我無盡: 和刻本 『거업록』에는 '我無盡'의 뒤에 "分明異端釋氏語" 7자가 있다.

|2-70| 노자老子는 이미 무無를 말했으면서 또 "아득하고 어두운데 그 가운데 정精한 것이 있으며, 혼돈하고 혼돈한데 그 가운데 무언가가 있다."[107]고 말하였다. 그렇다면 이 이른바 무無란 없을 수가 없는 것이다. 석가釋迦는 이미 공空을 말했으면서 또 "참된 본성[眞性]이 천지의 사이에 있는데, 불생불멸不生不滅하여 윤회輪廻를 초탈한다."고 말하였다. 그렇다면 이 이른바 공空이란 공할 수가 없는 것이다. 이것이 노자와 석가의 학문이 전도되고 잘못된 까닭이니, 그들이 공空을 말하고 허虛를 말하며, 무無를 말하고 유有를 말하는 것을 모두 믿을 수가 없다. 우리 유학의 경우는 유有를 말하면 정말로 있고, 무無를 말하면 정말로 없으며, 실實을 말하면 정말로 실하고, 허虛를 말하면 정말로 허하다. 생각건대 그 도를 본 바가 명백하고 정밀하면서도 절실하여 저들처럼 허다한 간사하거나 도망가는 말이 없다.

노자는 기氣의 허虛한 것을 가리켜 도道라고 하였고, 석가는 기의 영靈한 것을 가리켜 성性이라고 하였기 때문에 간사하거나 도망가는 말이 많다. 리理를 가지고 논하면, 이 리는 쉬

|2-70| 老氏旣說無, 又說"杳杳冥冥, 其中有精; 混混沌沌, 其中有物", 則是所謂無者, 不能無矣. 釋氏旣曰空, 又說"有個眞性, 在天地間, 不生不滅, 超脫輪廻", 則是所謂空者, 不能空矣. 此老・釋之學, 所以顚倒錯謬, 說空說虛, 說無說有, 皆不可信. 若吾儒, 說有則眞有, 說無則眞無, 說實則眞實, 說虛則眞虛, 蓋其見道明白精切, 無許多邪遁之辭.

老氏指氣之虛者爲道, 釋氏指氣之靈者爲性, 故言多邪遁. 以理論之, 此理

---

107 아득하고 … 있다: 『老子』 21장, "恍兮惚兮, 其中有物. 窈兮冥兮, 其中有精."을 가리키는 듯하다.

지 않고 유행流行하며, 이 성性은 품부稟賦하는데 일정함이 있으니, 어찌 공空을 말하고 무無를 말할 수 있겠는가. 기氣를 가지고 논하면, 취산聚散과 허실虛實의 다름이 있어서 모이면 유有가 되고 흩어지면 무無가 되지만, 리理의 경우에는 모이는 데는 모이는 리가 있고, 흩어지는 데는 흩어지는 리가 있으니, 이 역시 무無라고 말해서는 안 된다. 기氣 가운데 형체가 있는 것은 실實이 되고 형체가 없는 것은 허虛가 되지만, 리의 경우에는 실實하지 않은 것이 없다.

질문하였다. "노자는 '유有는 무無에서 생긴다.'[108]라고 말하고, 부처는 '죽으면 참된 것으로 돌아간다.'고 말했는데, 이는 무슨 말입니까?"

대답하였다. "이것은 바로 그들이 리理를 알지 못하여 단지 기氣 가운데 리에 가까운 것을 가져다가 말한 것일 뿐이다. 노자는 이 몸이 어떻게 생겨나는지를 알지 못하여 무無로부터 생겨난다고 말한 것이며, 부처는 이 몸이 어떻게 죽는지 알지 못하여 죽으면 참된 것으로 돌아간다고 말한 것이다. 이는 생겨나는 데는 생겨나는 리理가 있으므로 무無라고 말해서는 안 된다는 것을 전혀 모르는 것이며, 죽으면 참된 것으로 돌아간다고 하는 것은 삶을 참되지 않

流行不息, 此性稟賦有定, 豈可說空說無? 以氣論之, 則有聚散虛實之不同, 聚則爲有, 散則爲無, 若理則聚有聚之理, 散有散之理, 亦不可言無也. 氣之有形體者爲實, 無形體者爲虛, 若理則無不實也.

問: "老氏言'有生於無', 佛氏言'死而歸眞', 何也?"

曰: "此正以其不識理, 只將氣之近理[21]者言也. 老氏不識此身如何生, 言自無中而生; 佛氏不識此身如何死, 言死而歸眞. 殊不知生有生之理, 不可謂無; 以死而歸眞, 是以生爲不眞矣.

---

108 유(有)는 … 생긴다: 『老子』 40장, "天下萬物生於有, 有生於無."

[21] 近理: 『거업록』에는 '近似'로 되어 있다.

은 것으로 간주하는 것이다."

질문하였다. "부처는 '참된 본성[眞性]은 불생불멸不生不滅한다.'고 말했는데, 이것은 무슨 의미입니까?"

대답하였다. "석가는 지각知覺과 운동運動을 성性이라고 여기는데, 이는 기氣의 영靈한 곳이다. 그렇기 때문에 또 이것을 움켜잡고서 윤회에서 벗어나려고 하는 것이다. 나는 그래서 '노자는 도道를 알지 못하여 제멋대로 기氣의 허虛한 것을 가리켜 도라고 하였고, 석가는 성性을 알지 못하여 제멋대로 기의 영靈한 것을 가리켜 성이라고 했다.'고 말하는 것이다."

問: "佛氏說'眞性不生不滅', 其意如何?"

曰: "釋氏以知覺運動爲性, 是氣之靈處, 故又要把住此物, 以免輪廻. 愚故曰: '老氏不識道, 妄指氣之虛者爲道; 釋氏不識性, 妄指氣之靈者爲性.'"㉒ [和 3:156, 292頁; 正 7:9 76頁]

|2-71| 횡거[橫渠, 장재(張載)]는 "기氣가 태허太虛에서 모였다 흩어졌다 하는 것은 마치 얼음이 물에서 얼었다 녹았다 하는 것과 같다."[109] 고 말했는데, 나는 감히 이것을 옳다고 하지 못하겠다. 생각건대 기는 모이면 형체를 이루고 흩어지면 없어지는데, 이것이 어찌 얼음이 아직 얼지 않았을 때도 물이고, 얼음이 녹은 뒤에도 역시 처음의 그 물인 것과 같겠는가?[110]

|2-71| 橫渠㉓言 "氣之聚散於太虛, 猶冰之凝釋於水", 某㉔未敢以爲然. 蓋氣聚則成形, 散則盡矣, 豈若冰未凝之時是此水, 旣釋又只是此元初水也? [和 3:157, 295頁; 正 6:18 73頁]

---

109 기(氣)가 … 같다: 『正蒙』「太和」에 보인다.

110 기는 … 같겠는가: 얼음이 얼기 전의 물과 녹은 뒤의 물은 똑같지만, 형체를 이루기 전의 기(氣)와 흩어진 뒤의 기는 서로 다르다는 의미이다.

㉒ 저본에는 3개 條로 나뉘져 있으나, 四庫本 및 『거업록』에 근거하여 합하였다.

|2-72| (정자는) "앎을 지극하게 하였으면서 경敬에 있지 않은 경우는 없었다."[111]라고 하였다. 경이 근본이다!

|2-72| "未有致知而不在敬者", 敬其本歟! [和 3:160, 295頁; 正 未見]

|2-73| 요즘 사람들은 마음을 말하면 바로 본체本體를 보기를 구하거나[求見], 고요하여 움직이지 않는 곳[寂然不動處]을 살펴서 보려고[察見] 하는데, 이것은 모두 잘못된 것이다. 옛사람들은 단지 함양涵養하라고 말하고, 잡아서 지키라[操存]고 말했을 뿐이지, 어찌 보기를 구한다[求見]거나 살펴서 본다[察見]고 말한 적이 있는가. 만약 구하거나 살펴서 그 마음의 체體를 보려고 한다면, 안에서 자기들끼리 서로 어지럽게 만들어 버려서 도리어 주재함이 없어질 것이다.

"그렇다면 옛사람들이 일깨우고 각성하라고 말한 것은 잘못된 것인가?"

대답하였다. "(옛사람들이 말한 것은) 일깨우고 각성하기만 하면 곧 마음이 두려워하면서 깨어 있는 상태로 있는다[112]는 것이지, 살펴서 보

|2-73| 今人言心, 便要求見本體, 察見寂然不動處, 此皆過也. 古人只言涵養・言操存, 曷嘗言求見・察見? 若欲求察而見其心之體, 則內裏自相攪亂, 反無主矣.㉕

"然則古人言提撕喚醒, 非歟?"

曰: "才提撕喚醒, 則心惕然而在, 非察見之謂也." [和 3:179,

㉓ 橫渠: 和刻本『거업록』에는 '張橫渠'로 되어 있다.

㉔ 某: 和刻本『거업록』에는 '居仁'으로, 正誼堂本『거업록』에는 '予'로 되어 있다.

111 앎을 … 없었다: 『程氏遺書』 3:98; 『近思錄』 4:25, "入道莫如敬, 未有能致知而不在敬者. 今人主心不定, 視心如寇賊而不可制, 不是事累心, 乃是心累事. 當知天下無一物是合少得者, 不可惡也."

112 마음이 … 있는다: 원문은 '惕然而在'. 『居業錄』(正誼堂本) 7:43, "或曰: '思慮者, 感于事而心出乎外, 豈非放乎?' 曰: '思其所當思, 正所以檢點省察, 其心惕然而在. 若不思, 則物交物, 心爲所引, 其放必矣.'"

㉕ 今人言心 … 反無主矣: 正誼堂本『거업록』에는 "今人言心, 便要求察而見其心之體, 則

라고 말한 것이 아니다."

301頁; 正 1:2 1頁]

|2-74| 천지의 기화氣化는 한순간도 멈추는 일이 없으며, 사람과 사물이 생겨남에는 한시도 부족한 적이 없다. 지금 천하에는 인재가 참으로 많지만, 단지 성학聖學을 공부하지 않기 때문에 몽매한 상태로 있는 것이다.

|2-74| 天地氣化,㉖ 無一息之停, 人物之生, 無一時少㉗欠. 今天下人才儘有, 只因聖學不講, 故懵倒㉘在這裏. [和 3:182, 302頁; 正 6:19, 73頁]

|2-75| "어두운 방 귀퉁이[屋漏]에서도 부끄럽지 않다."[113]고 하였다. 아무 일도 없을지라도 모든 리理가 삼연森然하게 이미 그 속에 갖추어져 있으니,[114] 이것이 체體이다. 다만 그것이 아직 발發하지 않았을 뿐이다. 노자와 부처는 그것을 공空이나 무無라고 여기는데, 그렇다면 본체本體가 이미 단절된 것이다. 지금 사람들은 단지 노자와 부처에게는 체體는 있으나 용用이 없다고 말하지만, 나는 바로 그 체가 먼저

|2-75| "不愧屋漏", 雖無一事, 然萬理森然已具於其中, 此是體也, 但未發耳. 老·佛以爲空無, 則本體已絶矣. 今人只言老·佛有體無用, 吾謂正是其體先絶於內, 故無用

內裏自相擾亂, 反無主矣."로 되어 있다."

113 어두운 … 않다: 『中庸』 33장, "'詩'云: '相在爾室, 尙不愧于屋漏.' 故君子不動而敬, 不言而信." 朱熹 章句: "'詩·大雅·抑'之篇. 相, 視也. 屋漏, 室西北隅也. 承上文又言君子之戒謹恐懼, 無時不然, 不待言動而後敬信, 則其爲己之功益加密矣. 故下文引詩幷言其效."

114 모든 … 있으니: 『程氏遺書』 15:78; 『近思錄』 1:31, "沖漠無眹, 萬象森然已具. 未應不是先, 已應不是後."

㉖ 天地氣化: 正誼堂本 『거업록』에는 "天地開氣化"로 되어 있다.

㉗ 少: 『거업록』에는 이 글자가 없다.

㉘ 懵倒: 四庫本에는 '瞢到'로 되어 있으며, 『거업록』에는 '瞢倒'로 되어 있다.

안에서 단절되었기 때문에 밖에 용이 없는 것이라고 말한다.

於外也. [和 3:189, 305頁; 正 8:67, 96頁]

2-76 그 마음이 숙연肅然하면 천리天理는 바로 거기에 있다. 그렇기 때문에 정자程子는 "경敬하면 상제上帝를 대할 수 있다."[115]고 말한 것이다.

2-76 其心肅然, 則天理卽在. 故程子曰: "敬可以對越上帝." [和 3:205, 312頁; 正 未見]

2-77 리理를 궁구하여 융회融會하고 관통貫通하는 단계에 도달한 뒤라면 비록 생각함이 없더라도[116] 괜찮겠지만, 아직 이러한 단계에 도달하지 못했다면 마땅히 정밀하게 생각하고 심사숙고하여 그 리를 궁구해야 한다. 그렇기 때문에 상채[上蔡, 사량좌(謝良佐)]가 "무엇을 생각하고, 무엇을 염려하겠습니까?"라고 하였을 때, 정자程子는 그가 이 말을 하기에는 너무 이르다고 하였던 것이다.[117] 지금 사람들은 아직 이러한 단계에 도달하지도 못했으면서 사려思慮를 물리쳐 마음을 혼란하지 않게 만들려고

2-77 若窮理到融會貫通之後, 雖無思可也; 未至此, 當精思熟慮, 以窮其理. 故上蔡"何思何慮", 程子以爲太早. 今人未至此, 欲屛去思慮, 使心不亂, 則必流於禪學空虛, 反引"何思何慮"而欲强合之, 誤矣. [和

---

115 경(敬)하면 … 있다: 『程氏遺書』 11:16; 『近思錄』 4:37, "'毋不敬', 可以對越上帝."('毋不敬'은 『禮記』 「曲禮上」에 보인다. '對越上帝'는 『詩經』 「周頌 · 淸廟」, 「對越在天」 참고.)

116 생각함이 없더라도: 『周易』 「繫辭上傳」 10장, "易无思也, 无爲也, 寂然不動, 感而遂通天下之故. 非天下之至神, 其孰能與於此?"

117 상채(上蔡)가 … 것이다: 『程氏外書』 12:37; 『上蔡語錄』卷上; 『近思錄』 2:77, "二十年前往見伊川(一本作伯淳), 伊川曰: '近日事如何?' 某對曰: '天下何思何慮?' 伊川曰: '是則是有此理, 賢却發得太早在.' 伊川直是會鍛鍊得人, 說了又道恰好著工夫也."(天下何思何慮: 『周易』 「繫辭下傳」 5장.)

하는데, 그렇다면 반드시 선학禪學의 공허空虛로 흘러갈 것이다. 그러면서 도리어 "무엇을 생각하고 무엇을 염려하겠는가?"를 인용하여 억지로 (유학에) 합하게 하려는 것은 잘못된 것이다.

3:224, 317頁; 正 2:72, 17頁]

|2-78| 마음이 거친 것은 일에 가장 해롭다. 마음이 거친 것은 아직 경敬이 지극하지 못한 것이다.

|2-78| 心粗最害事, 心粗者, 敬未至也. [和 3:315, 349頁; 正 2:106, 20頁]

|2-79| 지금 사람들은 사려를 물리치고 끊어 버림으로써 고요함을 구하는데, 성현에게는 이런 방법이 없다. 성현은 단지 계신戒愼하고 공구恐懼하여[118] 저절로 많은 간사하거나 망령된 생각들이 없으니, 일부러 고요함을 구하지 않아도 언제나 고요하다.

|2-79| 今人屛絶思慮以求靜, 聖賢無此法. 聖賢只戒愼㉙恐懼, 自無許多邪思妄念, 不求靜, 未嘗不靜也. [和 4:26, 366頁; 正 2:118, 21頁]

|2-80| 선가禪家에서 마음을 보존하는 데는 두세 가지 방식이 있다. 하나는 무심無心하게 되려고 하여 그 마음을 공空하게 만드는 것이고, 다른 하나는 그 마음을 통제하는 것이며, 또 다른 하나는 그 마음을 관조觀照하는 것이다. 유가儒家의 경우에는 안으로 성誠과 경敬으

|2-80| 禪家存心有兩三様: 一是要無心, 空其心, 一是羈制其心, 一是照觀其心. 儒家則内存誠敬, 外盡義理而心

118 계신(戒愼)하고 공구(恐懼)하여: 『中庸』 1장, "道也者, 不可須臾離也, 可離非道也. 是故君子戒愼乎其所不睹, 恐懼乎其所不聞."

㉙ 愼: 『거업록』에는 '謹'으로 되어 있다.

로 보존하고[119] 밖으로 의리義理를 다하여 마음이 보존된다. 그렇기 때문에 유자儒者는 마음이 보존되면 모든 리가 삼연森然하게 갖추어져 있지만, 선가禪家는 마음이 보존되면 적멸寂滅하여 리理가 없다. 유자는 마음이 보존되면 주재함이 있지만 선가는 마음이 보존되면 주재함이 없고, 유가儒家는 마음이 보존되면 활발하지만 이교異敎는 마음이 보존되면 죽은 것처럼 생기가 없다. 그렇다면 선가는 그 마음을 보존할 수 있는 것이 아니다. 그것은 바로 그 마음을 공空하게 만들고, 그 마음을 죽은 것으로 만들며, 그 마음을 통제하는 것이며, 그 마음을 가지고 노는 것이다.[120]

存. 故儒者心存, 萬理森然具備, 禪家心存而寂滅無理; 儒者心存而有主, 禪家心存而無主; 儒家心存而活, 異教心存而死. 然則禪家非是能存其心, 乃是空其心, 死其心, 制其心, 作弄其心也. [和 4:67, 384頁; 正 7:24, 80頁]

|2-81| 하나[一]는 성誠이고, 하나를 위주로 하는 것[主一]은 경敬이다.[121]

|2-81| 一是誠, 主一是敬. [和 4:69, 385頁; 正 未見]

---

119 성(誠)과 경(敬)으로 보존하고: 『程氏遺書』 2상:28, "學者須先識仁. 仁者, 渾然與物同體. 義禮知信皆仁也. 識得此理, 以誠敬存之而已, 不須防檢, 不須窮索."

120 이 조(條)에 관해서는 다음을 참고. 『居業錄』(正誼堂本) 7:43, "或曰: '禪學亦能收放心, 乃背理如此, 何也?' 曰: '聖賢是隨事敬謹, 以存其心, 心有主也. 禪學絶滅物理, 屛除思慮, 以謂心存, 是空其心, 絶其理, 內未嘗有主, 何以具天下之理哉? 其學亦有數樣, 有面壁靜坐, 絶去人事, 使心不與物交, 以謂能存其心者; 有常常照看一箇心在內裏, 以爲不放者; 有只守一箇念頭, 羈制其心, 使心不能出入, 以謂存其心者, 皆非聖賢存心之法.' … 或曰: '何以謂之有主?' 曰: '在內不放, 卽有主也. 有主則惺惺.' 或曰: '釋氏何以無主?' 曰: '釋氏空靜, 是滅其主矣; 羈制其心, 則做主不得; 照看其心, 亦擾亂不能爲主. 此儒者之學, 所以內外一致, 體用全備, 釋氏則用絶于外, 體空于內, 內外離隔顚亂.'"

121 하나[一]는 … 경(敬)이다: 『程氏遺書』 24:43, "主一者謂之敬, 一者謂之誠. 主則有意在."

|2-82| 존양存養은 비록 무언가를 행行하는 것은 아니지만 이 또한 행行에 속한다. 이것은 곧 아직 행동으로 옮기지 않은 행이며, 아직 드러나지 않는 데에서 힘을 쓰는 것이다.[122]

|2-82| 存養雖非行之事, 亦屬乎行. 此乃未行之行, 用力於未形者也. [和 4:102, 395頁; 正 未見]

|2-83| 천리天理에는 선만 있고 악은 없으니, 악은 지나치거나 미치지 못하는 데서 생기는 것이다. 인성人性에는 선만 있고 악은 없으니, 악은 기품氣稟과 물욕物欲에서 생기는 것이다.

|2-83| 天理有善而無惡, 惡是過與不及上生來. 人性有善而無惡, 惡是氣稟物欲上生來. [和 4:137, 408頁; 正 1:37, 5頁]

|2-84| 조금이라도 혼미하거나 게으르면 의리義理는 저절로 없어진다.

|2-84| 才昏惰, 義理自喪. [和 4:142, 409頁; 正 2:124, 21頁]

|2-85| 태극太極은 속이 비어 있다[虛中][123]는 것은 어둡거나 막힐 염려가 없고 모든 리理가 다 갖추어져 있다는 것이다. 오직 그것이 비어 있기 때문에 모든 리를 담아서 갖출 수 있는 것이다. 사람의 마음 역시 그러하다. 노자와 부처는 이를 알지 못하여 정말로 허虛하고 공空

|2-85| 太極之虛中者, 無昏塞之患, 而萬理咸具也. 惟其虛, 所以能涵具萬理, 人心亦然. 老・佛不知, 以爲眞虛空

---

122 이 조(條)에 관해서는 다음을 참고. 『居業錄』(正誼堂本) 8:7, "或問: '存養在致知之先, 在致知之後?' 曰: '未知之前, 非存養, 則心昏亂, 義理之本源已喪, 何以能致知? 旣知之後, 非存養, 則亦放逸偸惰, 天理隨失, 何以保其知?' 先儒言: '未知之前, 非敬無以知; 旣知之後, 非敬無以守.' 又曰: '敬者, 聖學之所以成始成終者也.' 又問: '存養屬知, 屬行?' 曰: '存養乃知之本, 行之事, 此未行之行也.'"

123 가운데가 비어 있다: 원문은 '虛中'. 『周易』「中孚 ䷼・彖傳」, 程頤 易傳: "卦虛中, 爲虛舟之象."; 「未濟 ䷿」, 程頤 易傳: "五中實, 孚也; 二虛中, 誠也." 참고.

하여 아무것도 없다고 여기므로 모든 리가 다 없어져 버리는 것이다. 태극의 비어 있음[虛]은 형기形氣가 어둡게 하거나 막는 일이 없는 것이며, 사람 마음의 비어 있음은 물욕物欲이 가리거나 막는 일이 없는 것이다. 만약 정말로 공空하여 아무것도 없다면 이 리는 어디에 갖추어져 있겠는가?

無物, 而萬理皆滅也. 太極之虛, 是無形氣之昏塞也; 人心之虛, 是無物欲之蔽塞也. 若以爲眞空無物, 此理具在何處? [和 4:153, 413頁; 正 7:5, 75頁]

|2-86| 사람이 장엄하고 공경하면 체體가 곧 확립되고, 대본大本이 곧 거기에 있을 것이지만, 그렇지 않다면 혼미하고 어지러워 근본이 없어질 것이다.

|2-86| 人莊敬, 體卽立, 大本卽在, 不然則昏亂無本. [和 4:178, 420頁; 正 1:28, 4頁]

|2-87| 노자와 석가를 배우는 사람들 중에 속이는 자들이 많은 것은, 그들이 실리實理에서 단절되어 있기 때문이니 그래서 사람을 속이지 않을 수가 없는 것이다. 전에 이감李鑑[124]이 그들이 속이고 있다는 사실을 전혀 인정하지 않아서 내가 말했다. "자네가 속이려고 하는 것은 아니더라도 그들이 속이고 있다는 사실을 어떻게 할 수 있는 것은 아니다!"

|2-87| 學老·釋者多詐, 是他在實理上剗斷了, 不得不詐. 向日李鑑深不認他是譎, 吾曰: "君非要譎, 是不奈譎何!" [和 4:207, 431頁; 正 7:37, 83頁]

|2-88| 배워서 위기爲己할 줄 알게 되면 또한 당신이 전전긍긍戰戰兢兢[125]하지 않을까 걱정하

|2-88| 學知爲己, 亦不愁你㉚不戰戰

124 이감(李鑑): 미상.

지 않는다.

|2-89| 불교에서 정혼精魂[126]을 성性이라고 여기면서 이것을 전일하게 지키는 것은, 그것이 윤회를 초탈하는 방법이라고 생각하기 때문이다. 진공보(陳公甫, 진헌장)가 "외물에는 다함이 있지만 나에게는 다함이 없다."[127]고 말한 것도 이러한 의미이다.

정자程子는 "선객禪客만큼 바쁜 사람이 없다."[128]고 하였고, 또 "그들은 (짐을 짊어지기 좋아하는) 부판충負販蟲과 같으며, 돌을 안고 강에 뛰어든 사람과 같다."[129]고 하였으며, 주자朱子

兢兢. [和 4:208, 432頁; 正 2:187, 26頁]

|2-89| 釋氏是㉛認精魂爲性, 專一守此, 以此爲超脫輪迴. 陳公甫說"物有盡而我無盡", 亦是此意.

程子言"至忙者無如禪客", 又言"其如負板之蟲, 如抱石投河", 朱子謂"其只是

---

125 전전긍긍(戰戰兢兢): 『論語』「泰伯」 3장, "『詩』云: '戰戰兢兢, 如臨深淵, 如履薄冰.'" 朱熹 集注: "戰戰, 恐懼; 兢兢, 戒謹."

㉚ 愁你: 正誼堂本 『거업록』에는 '由爾'로 되어 있다.

126 정혼(精魂): 『周易』「繫辭上傳」 4장, "精氣爲物, 遊魂爲變, 是故知鬼神之情狀." 『周易傳義大全』 小註: "魂謂精魂. 其死也, [魂氣]歸乎天, 消散之意."(『程氏遺書』 3:67. [ ]는 『程氏遺書』에 의거하여 보충.)
『景德傳燈錄』 권3, "(作用--引用者)遍現俱該沙界, 收攝在一微塵. 識者知是佛性, 不識喚作精魂."
『丁福保佛學大辭典』 "【雜名】精氣魂魄也. 碧巖第一則頌評曰: '弄精魂瞠眼睛云廓然無聖.'" (*頌評, 當作「評唱」.)

127 외물 … 없다: 2-69의 주석 참고.

128 선객(禪客)만큼 … 없다: 『程氏遺書』 15:179, "學禪者常謂天下之忙者, 無如市井之人. 答以市井之人, 雖日營利, 然猶有休息之時. 至忙者無如禪客. 何以言之? 禪者之行住坐臥, 無不在道. 存無不在道之心, 此便是常忙."

129 그들은 … 같다: 『程氏遺書』 15:179; 『近思錄』 13:6, "釋氏其實是愛身, 放不得, 故說許多. 譬如負販之蟲, 已載不起, 猶自更取物在身. 又如抱石沉河, 以其重愈沉, 終不道放下石頭, 惟嫌重也." 부판충(負販蟲)은 등에 물건을 짊어지고 다니기를 좋아하는 벌레를 말한다. 柳宗元, 『柳河東集』 권17, 「蝜蝂傳」, "蝜蝂者, 善負小蟲也. 行遇物, 輒持取, 卬其首負之. 背愈重, 雖困劇不止也."

는 "그들은 단지 정신精神을 가지고 놀 뿐이다."라고 하였다.[130] 이것은 참으로 그들이 도달한 바가 단지 그와 같은 모양임을 본 것이다.

作弄精神", 此眞見他所造, 只是如此模樣.

그들은 처음부터 단지 정좌靜坐만을 익혀 사려를 물리치는데, 정좌한 지 오래되면 정신精神이 광채가 나고 그 가운데는 아무것도 없게 된다. 그런 상태가 되면 마침내 그것을 진공眞空이라고 여기면서 "도리道理는 단지 이 지극히 현묘玄妙한 것이 있을 뿐이며, 천지 만물은 모두 이것이 만들어 낸 것이다. 이것을 얻으면 천지 만물이 무너지더라도 이것은 무너지지 않으며, 허망하고 덧없는 몸은 없어지더라도 이것은 없어지지 않는다."라고 말한다. 그래서 그들의 망령됨이 갈수록 심해지는 것이다.

緣他當初只是去習靜坐, 屛思慮, 靜久了, 精神光彩, 其中了無一物, 遂以爲眞空, 言: "道理只有這個極玄極妙, 天地萬物都是這個做出來. 得此則天地萬物雖壞, 這物事不壞; 幻身雖亡, 此不亡." 所以其妄愈甚. [和 4:219, 435頁; 正 7:17, 78頁]

|2-90| 지금 사람들은 배워서 관통貫通하는 곳에 도달하지도 못했으면서 도리어 천지 만물은 본래 나와 한 몸이라고 말하고, 대충 본원本原을 엿보면 곧 그것을 어찌 되었든 간에 가슴속에 놓아두고서 다시는 격물格物 공부를 하려고 하지 않는다. 이것은 모두 조장助長하

|2-90| 今人學不曾到貫通處, 却言天地萬物, 本吾一體; 略窺見本原, 就將橫豎放胸中, 再不去下格物工夫. 此皆是

㉛ 是: 和刻本『거업록』에는 '自'로 되어 있다.

130 주자(朱子)는 … 하였다: 『朱子語類』 126:52, "僩問: '禪家又有以揚眉瞬目知覺運動爲弄精魂, 而訶斥之者, 何也?' 曰: '便只是弄精魂. 只是他磨擦得來精細, 有光彩, 不如此粗糙爾.'"

는 것이니 도리어 리理와 둘이 되어 버린다. 이렇게 하는 것은 단지 거경居敬, 궁리窮理하여 내가 마땅히 해야 할 일을 다하면 천지 만물의 리가 곧 여기에 있게 되는 것만 못하다.

생각건대 이 리에는 본래 두 가지가 없다. 만약 천지 만물의 리를 가져다가 가슴속에 품거나 놓아둔다면 이는 안배按排하고 상상想像하는 것이니, 그렇게 하면 할수록 도道와 하나가 될 수 없다. 이는 마치 불교에서 '다니고, 머물고, 앉고, 눕고 하는 일상적인 사람의 모든 움직임에 도가 있지 않은 곳이 없다.'[131]고 하여 닦으면 닦을수록 도와 멀어지는 것과 마찬가지이다.

助長, 反與理二, 不若只居敬窮理, 盡得吾之當爲, 則天地萬物之理卽在此.

蓋此理本無二, 若將天地萬物之理懷放胸中, 則是安排想像, 愈不能與道爲一, 如釋氏行住坐臥, 無不在道, 愈與道離也. [和 4:235, 451頁; 正 8:39, 92頁]

|2-91| 정자程子는 도道를 체득한 것이 매우 절실하였다. 예를 들어 "솔개는 날고 물고기는 뛰논다."에 대해 말한 것[132]은 하늘과 땅 사이에 이 리理가 발현하고 가득 차지 않은 곳이 없음을 본 것이다. 만약 단지 이런 생각을 가지고 상상想像하거나 (그런 생각을) 거두어들여 가슴속에 놓아두고서 어디를 가든 도가 아닌 곳이 없다고 하였다면, 미친 사람처럼 오만방자한 데로 흘러 도리어 도와 둘이 되었을 것이

|2-91| 程子體道最切, 如說"鳶飛魚躍", 是見得天地之間, 無非此理發見充塞. 若只將此意思想像收放胸中, 以爲無適而非道, 則流於狂妄, 反於道二矣. 故引"必有事焉而勿

131 다니고 … 없다: 『程氏遺書』 15:179에 보인다. 2-89의 주석 참고.

132 솔개는 … 것: 『程氏遺書』 3:1, "'鳶飛戾天, 魚躍于淵, 言其上下察也.' 此一段子思喫緊爲人處, 與'必有事焉而勿正心'之意同, 活潑潑地. 會得時, 活潑潑地; 不會得時, 只是弄精神."

다. 그렇기 때문에 "반드시 일삼는 바가 있되, 미리 효과를 기대하지 말고, 마음에서 잊지도 말고, 억지로 조장助長하지도 말라."[133]는 말을 인용한 것이니, 이렇게 한다면 내 마음은 언제나 보존되어 상상想像이나 (인위적인) 안배按排를 용납하지 않을 것이고, 도리道理는 간단間斷 없이 유행流行할 것이다. 그렇기 때문에 ("솔개는 날고 … "와 "반드시 일삼는 … "가) 똑같이 "활발발한 곳[活潑潑地]"이라고 말한 것은 하늘과 땅, 사람과 사물의 리가 본래 서로 유통하고 있다는 사실과, 다만 내가 사의私意를 가지고 그것을 어지럽혀서는 안 된다는 사실을 드러낸 것이다.

正, 心勿忘, 勿助長", 則吾心常存, 不容想像安排, 而道理流行無間矣. 故同以"活潑潑地"言之, 以見天地人物之理, 本相流通, 但吾不可以私意撓之也. [和 4:236, 452頁; 正 8:44, 92頁]

133 반드시 … 말라: 『孟子』「公孫丑上」 2장.

교유 일재 누량 선생

教諭婁一齋先生諒

|2-92| 누량(婁諒, 1422-1491)은 자가 극정克貞이고, 별호가 일재一齋로 광신[廣信, 지금의 강서성(江西省)]의 상요上饒 사람이다. 어려서부터 성학聖學에 뜻을 두어 일찍이 사방으로 스승을 찾아다녔으나 결국 태연히 (그들을) 탐탁지 않게 여기면서 말하였다. "(그들이 하는 공부는) 대개 과거 공부[擧子學]이지 몸과 마음을 위한 공부[身心學]가 아니다." 강재[康齋, 오여필(吳與弼)]가 임천[臨川, 지금의 강서성(江西省)]에 있다는 말을 듣고서 가서 그를 따랐다. 강재가 한번 보고 기뻐하면서 "늙은이(=나)는 총명하고 성질이 급한데, 그대도 총명하고 성질이 급하구나."[1]라고 말했다. 하루는 강재가 땅에서 일을 하다가

|2-92| 婁諒字克貞, 別號一齋, 廣信上饒人. 少有志於聖學, 嘗求師於四方, 夷然不屑曰: "率擧子學, 非身心學也." 聞康齋在臨川, 乃往從之. 康齋一見喜之, 云: "老夫聰明性緊, 賢也聰明性緊." 一日, 康齋治地召先生, 往視, 云: "學者須親細務." 先

1 늙은이는 … 급하구나: 夏尙樸, 『東巖集』(四庫全書本) 권5, 「婁一齋先生行實」, "康齋一見器之, 謂『學者須帶性氣. 老夫聰明性緊, 賢友亦聰明性緊, 小兒璪聰明而性氣不逮賢友.』"(璪, 吳與弼의 아들인 듯하다.)

선생을 불렀다. 가서 보았더니 "배우는 사람은 모름지기 허드렛일을 직접 해야 한다."고 말하였다. 선생은 평소에 성격이 호방하였으나 이때부터 태도를 바꾸어 쓸고 닦는 일도 반드시 몸소 하고 하인에게 시키지 않았다.[2] 그리하여 마침내 강재의 입실 제자入室弟子가 되었다. 무릇 강재는 다른 문인에게는 말하지 않는 일도 선생에게는 모두 다 말하였다.

生素豪邁, 由此折節, 雖掃除之事, 必躬自爲之, 不責僮僕, 遂爲康齋入室. 凡康齋不以語門人者, 於先生無所不盡.

강재 학당의 규칙은 배우러 와야 만나 주고 그렇지 않은 사람은 만나지 않는 것이었다. 나일봉羅一峰[3]이 아직 과거에 급제하지 않았을 때 찾아왔으나 강재는 나가 보지 않았다. 선생이 강재에게 "이 사람은 뜻이 있고 이름도 알려진 선비인데 어째서 만나지 않으셨습니까?"라고 말하자, 강재가 "내가 무슨 시간이 있다고 이런 애송이를 만나겠느냐!"라고 말하였다. 일봉이 화가 나서 사방으로 편지를 보내 '명교名教에서 있을 수 없는 해괴駭怪한 일'이라고 하였고, 장동백張東白[4]이 그것을 좇아서 화답하였으나 강재는 못 들은 척하였다. 선생이 두 사람에게 "군자와 소인은 함께 설 수 없습니다. 가

康齋學規, 來學者始見, 其餘則否. 羅一峰未第時往訪, 康齋不出, 先生謂康齋曰: "此一有志知名之士也, 如何不見?" 康齋曰: "我那得工夫見此小後生耶!" 一峰不悅, 移書四方, 謂是名教中作怪, 張東白從而和之, 康齋若不聞. 先生語兩人曰: "君子

---

2 하루는 … 않았다: 「婁一齋先生行實」, "先生豪邁, 不屑世務. 康齋一日, 塡地栿召, 謂之曰: 『學者須親細務.』 由是益加下學之功, 在館中, 雖掃除之事必親, 不以責備家僮." (地栿: 건축용어로 하인방(下引枋)을 말하는 듯하다)

3 나일봉(羅一峰): 羅倫. 『명유학안』 권45, 「諸儒學案上三」 참고.

4 장동백(張東白): 張元禎, 『명유학안』 권45, 「諸儒學案上三」 참고. 夏尙樸의 「婁一齋先生行實」에 의하면, 장원정은 훗날 누량의 묘지명을 썼다고 한다.

령 후세 사람들이 강재를 소인이라고 한다면 두 분이 군자가 될 것은 의문의 여지가 없습니다. 그러나 만약 후세 사람들이 강재를 군자로서 대우한다면, 잘 모르겠지만 두 분은 어떤 자리에 있게 되겠습니까?"라고 말하자 마침내 두 사람의 비난이 멎었다.

小人不容並立, 使後世以康齋爲小人, 二兄爲君子無疑; 倘後世以君子處康齋, 不知二兄安頓何地?" 兩人之議遂息.

경태景泰 계유년(4년, 1453)에 향시鄕試에 합격하였으나 물러나서 10여 년간 공부하였다. 그러고 나서 비로소 회시會試를 보러 상경하였으나 항주杭州까지 갔다가 다시 돌아왔다. 다음 해인 천순天順 갑신년(8년, 1464)에 다시 상경하였는데 을방乙榜에 올라[5] 성도成都 부학府學의 훈도訓導가 되었다.[6] 얼마 뒤에 사직하고 고향에 돌아와 글을 쓰고 후학을 양성하는 일을 업으로 삼았다.

景泰癸酉, 擧於鄕, 退而讀書十餘年, 始上春官, 至杭復返. 明年天順甲申再上, 登乙榜, 分教成都. 尋告歸, 以著書造就後學爲事.

저서로는 『일록日錄』 40권이 있는데 말이 질박하고 리理가 순수하여 구차하게 사람들의 마음에 들려고 애쓰지 않았다. 『삼례정와三禮訂訛』 40권에서는, 『주례周禮』는 모두 천자의 예이므로 국례國禮라고 하고, 『의례儀禮』는 모두 공·경·대부·사·서인의 예이므로 가례家禮라고 하며, 『예기禮記』는 (『주례』와 『의례』) 두 경經의

所著『日錄』四十卷, 詞朴理純, 不苟悅人.『三禮訂訛』四十卷, 以『周禮』皆天子之禮爲國禮,『儀禮』皆公·卿·大夫·士·庶人之禮

5 을방(乙榜)에 올라: 『明史』 권70, 「選擧志二」, "擧人·貢生不第·入監而選者, 或授小京職, 或授府佐及州縣正官, 或授教職."

6 성도 … 되었다: 「婁一齋先生行實」, "某年, 以乙榜授成都府學訓導."; 『明史』 권283, 「儒林傳二」, "景泰四年擧於鄕. 天順末, 選爲成都訓導."

전傳이라고 하여 (두 경의) 각 편에 나누어 부속시켰다. 예를 들어『의례』「사관례士冠禮」에『예기』「관의冠義」을 부속시키는 종류가 그것이다. 각 편에 부속시킬 수 없는 경우에는 각각 한 경의 뒤에 부속시켰으며, 한 경의 뒤에 부속시킬 수 없는 경우에는 두 경의 뒤에 총괄하여 부속시켰는데, 이는「계사전繫辭傳」을『역易』의 뒤에 부속시킨 뜻에서 따온 것이었다.『제유부회諸儒附會』13편은 정주程朱를 기준으로 (제유에 대해) 논하거나 비판한 것이다.『춘추본의春秋本意』12편은 오직 경문經文의 풀이만 가지고 의미가 저절로 드러나게 하고 삼전三傳의 사실事實을 사용하지 않았는데, "『춘추春秋』가 반드시 삼전에 의지해야만 의미가 분명해진다면,『춘추』는 쓸모없는 책일 것이다."라고 말하였다. 선생은 '잃어버린 마음을 거두어 들여라[收放心]'를 거경居敬에 들어가는 문으로 삼고, '무엇을 생각하고, 무엇을 염려하겠는가[何思何慮].'[7]와 '조장하지도 말고 잊지도 말라[勿助勿忘].'[8]를 거경의 요지로 보았다.[9]

爲家禮; 以『禮記』爲二經之傳, 分附各篇, 如『冠禮』附『冠義』之類, 不可附各篇, 各附一經之後, 不可附一經, 總附二經之後, 取『繫辭傳』附『易』後之意.『諸儒附會』十三篇, 以程・朱論黜之.『春秋本意』十二篇, 惟用經文訓釋而意自見, 不用三傳事實, 曰: "『春秋』必待三傳而後明, 是『春秋』爲無用書矣." 先生以收放心爲居敬之門, 以何思何慮・勿助勿忘爲居敬要指.

강재의 문하에서 가장 유명한 제자는 진석재[陳石齋, 전헌장(陳獻章)]와 호경재[胡敬齋, 호거인(胡居仁)], 그리고 선생 세 사람이다. 경재가 비

康齋之門最著者, 陳石齋・胡敬齋與先生三人而已. 敬

7 무엇을 … 염려하겠는가[何思何慮]:『周易』「繫辭下傳」5장.
8 조장하지도 … 말라[勿助勿忘]:『孟子』「公孫丑上」2장.
9 선생은 … 보았다:「婁一齋先生行實」, "先生之學, 以主敬窮理爲主."

판한 것도 역시 석재와 선생이 가장 심하였는데, 두 사람에 대해 모두 유자儒者로서 이교異教에 빠져들었다고 말하였다. 그리고 선생에 대해서는 다음과 같이 말하였다. "(누량은) '육자(陸子, 육구연)는 리理를 궁구하지 않았지만 나는 도리어 리를 궁구하려고 했고, 석재는 책을 읽지 않았지만 나는 열심히 책을 읽었다.'고 말했다. 다만 그는 리도 궁구하고 책도 읽었지만 단지 성현의 말씀을 가져다가 자기의 견해를 옹호했을 뿐이다."[10] 선생의 책은 흩어지고 없어져서 볼 수 없지만, 이러한 몇 마디 말을 보면 단지 사문師門을 답습한 사람이 아니었음을 알 수 있다.

齋之所訾者, 亦唯石齋與先生爲最, 謂兩人皆是儒者陷入異敎去, 謂先生, "陸子不窮理, 他却肯窮理; 石齋不讀書, 他却勤讀書. 但其窮理讀書, 只是將聖賢言語來護己見耳." 先生之書散逸不可見, 觀此數言, 則非僅蹈襲師門者也.

경재는 또 다음과 같이 말하였다. "극정克貞은 나무꾼이 법도에 맞게 나무하는 것을 보고는 그것이 바로 도道라고 말했는데, 이것은 '물 긷고 나무하는 일[이 바로 신통(神通)이고 묘용(妙用)이다.'[11]고 하는 선종(禪宗)의 주장]과 유사하다. 그는 지각知覺, 운동運動을 가리켜 성性이라고 하기 때문에 이와 같이 말한 것이다. 도는 본래 없는 곳이 없지만 반드시 의리義理에 맞고

又言: "克貞見搬木之人得法, 便說他是道, 此與運水搬柴相似, 指知覺運動爲性, 故如此說. 道固無所不在, 必其合乎義理而無私, 乃可爲道, 豈搬木者所能?"

---

10 육자(陸子)는 … 뿐이다: 위의 2-31 참고.

11 물 긷고 … 묘용(妙用)이다: 『景德傳燈錄』권8, 「襄州居士龐蘊」, "一日石頭問曰: '子自見老僧已來, 日用事作麽生?' 對曰: '若問日用事, 卽無開口處.' 復呈一偈云: '日用事無別, 唯吾自偶諧. 頭頭非取捨, 處處勿張乖. 朱紫誰爲號, 丘山絶點埃. 神通并妙用, 運水及般柴.'"

사사로움이 없어야만 도라고 할 수 있다. 이것이 어찌 나무꾼에게 가능한 일이겠는가?"[12] 생각건대 나무꾼의 경우에는 본래 도를 안다고 말할 수 없다. 하지만 법도에 맞게 나무를 했다면 이는 곧 의리에 맞은 것이니 도가 아니라고 말해서는 안 된다. 다만 나무꾼은 행하고 있으면서도 왜 그렇게 해야 하는지 분명하게 알지 못하고, 능숙하게 하고 있으면서도 그 이유를 알지 못할 뿐이다.[13] 선생의 말에는 잘못이 없다.

蓋搬木之人, (故)[固]❶不可謂之知道; 搬木得法, 便是合乎義理, 不可謂之非道. 但行不著, 習不察耳. 先生之言, 未嘗非也.

선생은 정좌를 오래하여 선견지명先見之明이 있었다. (회시를 보러가다가) 항주杭州에서 돌아왔을 때 사람들이 어떻게 된 일이냐고 묻자, 선생은 "이번에 가면 합격하지 못할 뿐만 아니라 재앙도 있을 것이다."라고 말하였다. 과연 시험장[春闈]에 불이 나서 거자擧子들이 많이 불에 타 죽었다. 영산靈山이 무너지자 "그 감응이 나에게 있을 것이다!"고 말하면서 급히 자제子弟들을 불러서 영결永訣하였다. 그리고 문인 채

先生靜久而明, 杭州之返, 人問云何, 先生曰: "此行非惟不第, 且有危禍." 春闈果災, 擧子多焚死者. 靈山崩, 曰: "其應在我矣!" 急召子弟永訣, 命門人蔡登查周・程子卒之

12 극정(克貞)은 … 일이겠는가: 이에 대한 羅欽順의 비평이 『명유학안』 권47, 「諸儒學案中一」 47-32, 羅欽順, 困知記(『困知記』 卷下, 53조)에 보인다.

13 행하고 … 뿐이다: 『孟子』 「盡心上」 5장, "行之而不著焉, 習矣而不察焉, 終身由之而不知其道者, 衆也."

❶ 固: 底本에는 '故'로 되어 있으나, 교감주에서는 賈本과 備要本에는 '固'로 되어 있다고 하였다. 한편 『明儒學案點校釋誤』에 의하면, 二老閣本에는 '故'로 되어 있으나 四庫全書本・四部備要本・萬有文庫本・世界書局本에는 모두 '固'로 되어 있다고 한다. 여기에서는 四庫全書本 등에 따라 '固'로 고쳤다.

등蔡登에게 주자[周子, 주돈이(周敦頤)]와 정자程子가 별세한 날짜를 조사하라고 시키고는, "원공(元公, 주돈이)과 순공[純公, 정호(程顥)]도 모두 더운 달[暑月, 음력 6월 전후]에 돌아가셨는데 내가 무슨 유감이 있겠는가!"라고 말하였다. 그때는 홍치弘治 신해년(4년, 1491) 5월 27일이었고, 향년 70세였다. 문인들이 사적으로 시호를 지어 문숙 선생文肅先生이라고 하였다.

月日, 曰: "元公·純公皆暑月卒, 予何憾!" 時弘治辛亥五月二十七日也, 年七十. 門人私謚文肅先生.

아들로는 병부 낭중兵部郎中 성性이 있고, 딸은 시집가서 영서인[寧庶人, 영왕(寧王) 신호(宸濠)]의 비妃가 되었다. 서인이 반란을 일으키자 선생의 자손들은 모두 체포되었고 선생이 남긴 글은 모두 흩어져 없어지고 말았으며, 선생을 따르던 사람들은 석재와 경재에게서 배척을 받았다.

子兵部郎中性, 其女嫁爲寧庶人妃. 庶人反, 先生子姓皆逮繫, 遺文散失, 而宗先生者, 絀於石齋·敬齋矣.

문성[文成, 왕수인(王守仁)]이 17세 때 친영親迎하는 길에 광신廣信을 지나다가 선생에게 배웠는데 서로 깊이 뜻이 맞았다.[14] 이렇게 본다면 요강(姚江, 王守仁)의 학문은 선생이 그 발단이 된 것이다.

文成年十七, 親迎過信, 從先生問學, 相深契也, 則姚江之學, 先生爲發端也.

아들 침忱은 자가 성선誠善이고 호는 빙계冰溪이다. 누각에서 10년 동안 내려오지 않았는

子忱字誠善, 號冰溪. 不下樓者十年,

14 문성(文成)이 … 되었다: 『王陽明全集』 권33, 年譜一, "孝宗弘治元年戊申(1488), 先生十七歲, 在越. 七月, 親迎夫人諸氏於洪都. … 二年己酉(1489), 先生十八歲, 寓江西. 十二月, 夫人諸氏歸餘姚. 是年先生始慕聖學. 先生以諸夫人歸, 舟至廣信, 謁婁一齋諒, 語宋儒格物之學, 謂'聖人必可學而至', 遂深契之."

데,[15] 그에게 배우러 오는 사람들이 너무 많아서 절간도 수용할 수 없을 정도였고, 그의 제자 중에는 나무를 얽어서 움막을 짓고 그 속에서 공부하는 사람도 있었다.

從遊甚衆, 僧舍不能容, 其弟子有架木爲巢而讀書者.

15 누각에서 … 않았는데: 『東巖集』(四庫全書本) 권5, 「冰溪婁先生墓誌銘」, "忿其兄之所爲, 托疾不下樓者十年. 自號病閣, 戶部侍郎邵二泉呼爲樓上先生. 及兄死, 作下樓歌以諷之."

서산 사복 선생[1]

謝西山先生復

|2-93| 사복(謝復, 1441-1505)은 자가 일양一陽이고 별호는 서산西山으로 기문[祁門, 지금의 안휘성(安徽省)] 사람이다. 소파小陂에 가서 강재(康齋, 오여필)를 뵙고 스승으로 섬겼다. 3년 동안 배운 뒤에 돌아와서 몸소 실천하는 일에 종사하였다.

섭외재葉畏齋[2]가 지知에 대해 질문하자 "행行"이라고 말했는데, 진한곡陳寒谷[3]이 행行에 대해 질문하자 "지知"라고 말했다. 이해하지 못하자 다음과 같이 말하였다. "'이를 곳을 알아서 이르고, 마칠 곳을 알아서 마친다.'[4]라고 하는 것

|2-93| 謝復字一陽, 別號西山, 祁門人也. 謁康齋於小陂, 師事之. 閱三歲而後返, 從事於踐履.

葉畏齋問知, 曰: "行." 陳寒谷問行, 曰: "知." 未達, 曰: "'知至至之, 知終終之', 非行乎? '未之

---

1 서산 사복 선생: 아래에는 사복(謝復)·정항(鄭伉)·호구소(胡九韶)의 전기가 차례로 실려 있다. 『明史』 권282 「儒林傳一」의 吳與弼傳에서는 "其門人最著者曰胡居仁·陳獻章·婁諒, 次曰胡九韶·謝復·鄭伉."라고 하면서 호구소 등 세 사람의 전기를 부록으로 싣고 있다.

2 섭외재(葉畏齋): 미상.

3 진한곡(陳寒谷): 미상.

이 행行이 아니겠는가? '(좋은 말을 들었는데) 아직 그것을 실행하지 못했으면, 또다시 좋은 말을 듣게 될까 두려워한다.'[5]라고 하는 것이 지知가 아니겠는가? 지행합일知行合一이 배움의 요체이다."[6] 고을의 수령이 정치에 대해 질문하자 "의義와 이利를 잘 구별하면 백성을 사랑하고 자신을 격려할 줄을 알게 될 것입니다."라고 말하였다. 홍치弘治 을축년(8년, 1505)에 세상을 떠났다.

能行, 惟恐有聞', 非知乎? 知行合一, 學之要也." 邑令問政, 曰: "辨義利, 則知所以愛民勵己." 弘治乙丑卒.

---

4 이를 … 마친다: 원문은 '知至至之, 知終終之.'인데 『周易』「乾卦」文言傳에 보인다.

5 좋은 … 두려워한다: 『論語』「公冶長」13장, "子路有聞, 未之能行, 唯恐有聞."

6 섭외재(葉畏齋)가 … 요체이다: 王諷, 「謝西山先生復傳」(『國朝獻徵錄』 권144), "葉畏齋君問學, 曰: '知行竝進, 否則落記誦訓詁格矣.'"; 『明史』 권282, 「儒林傳二」, "或問學, 曰: '知行並進, 否則落記誦詁訓矣.'"

공명 정항 선생

鄭孔明先生伉

|2-94| 정항鄭伉은 자가 공명孔明으로 상산[常山, 지금의 절강성(浙江省)]의 상호象湖 사람이다. 과거에 뜻을 두는 것을 탐탁지 않게 생각하여 강재(康齋, 오여필)를 찾아가서 만났다. 강재가 "이 공부는 하루아침에 성과를 얻을 수 있는 것이 아닌데 잘못하여 그대를 먼 곳에서 헛걸음하게 한 것 같네."라고 하자, "이 마음이 방종하고 안일하게 된 지 이미 오래되었습니다. 선생님을 찾아온 것은 그것을 회복하기 위해서입니다. 어떻게 감히 빨리 성과를 얻기를 바라겠습니까?"라고 대답하였다. 그리하여 『소학小學』을 받고 매일 몸과 마음에서 점검하였다. 이렇게 한 지 오래되자 (도에 대해) 본 것이 있는 듯하였다.[1] 이에 비로소 고향으로 돌아와

|2-94| 鄭伉字孔明, 常山之象湖人. 不屑志於科學, 往見康齋. 康齋曰: "此間工夫, 非朝夕可得, 恐誤子遠來." 對曰: "此心放逸已久, 求先生復之耳, 敢欲速乎?" 因受『小學』, 日驗於身心. 久之, 若有見焉, 始歸而讀書, 一切折衷於朱子. 痛惡佛・老, 曰: "其在外者已非, 又

1 그리하여 … 듯하였다: 鄭善夫, 『少谷集』(四庫全書本) 권12, 「敬齋鄭先生墓表」, "因受『小學』, 日自驗之心身, 徐得聞四子六籍之要. 久之, 於道若有見焉."

서 책을 읽었는데 일체를 주자朱子를 기준으로 절충하였다. 그는 불교와 도교를 대단히 미워하여 "그 밖으로 드러난 모습 자체가 이미 잘못되었는데, 또 어찌하여 그들의 책을 읽은 뒤에야 그 잘못을 따지겠는가?"[2]라고 말하였다. 풍산楓山[3]과 동백東白[4]이 모두 그와 더불어 의론을 견주었으니,[5] 그 역시 당시의 인걸이다.

何待讀其書而後辨其謬哉!" 楓山·東白皆與之上下其議論, 亦一時之人傑也.

2 그 밖으로 … 따지겠는가: 「敬齋鄭先生墓表」, "凡古載籍鮮不讀, 但不讀佛·老之書, 嘗謂'其毁肢體·滅人倫, 卽不容誅, 又何待讀其書而後辯其謬哉?'"

3 풍산(楓山): 章懋. 『명유학안』 권45, 「諸儒學案上三」 참고.

4 동백(東白): 張元禎. 『명유학안』 권45, 「諸儒學案上三」 참고.

5 풍산(楓山)과 … 견주었으니: 鄭善夫, 『少谷集』 권12, 「敬齋鄭先生墓表」, "一時名士, 若蘭谿章楓山·開化吾文山·南昌張東白, 皆與相可否."

봉의 호구소 선생

胡鳳儀先生九韶

|2-95| 호구소胡九韶는 자가 봉의鳳儀이고 금계[金溪, 지금의 강서성(江西省)] 사람인데, 어려서부터 강재(康齋, 오여필)에게 배웠다. 집이 매우 가난하여 아이들에게 글을 가르치고 직접 농사를 지으면서 겨우 의식衣食을 해결하였다. 그런데도 매일 해 질 무렵이 되면 향을 피우면서 하늘에게 하루의 청복淸福을 준 것을 감사하였다. 그의 처가 비웃으면서 "멀건 죽으로 세 끼를 때우는데 무엇이 청복입니까?"라고 말하자 선생이 말하였다. "다행하게도 태평한 세상에 태어나 전쟁의 재앙이 없고, 또 다행하게도 온 가족이 생업을 즐거워하여 배고프거나 추운 일이 없고, 또 다행하게도 가족 중에 몸져누운 병자가 없고 감옥에 갇힌 죄수가 없다. 이것이 청복이 아니라면 무엇이란 말이오?"

강재가 부모님 상을 치르러 금릉金陵에 갔을 때 선생이 동행하였으며, 무릇 강재는 배움에

|2-95| 胡九韶字鳳儀, 金溪人, 自少從學康齋. 家甚貧, 課兒力耕, 僅給衣食. 每日晡, 焚香謝天一日淸福. 其妻笑之曰: "齏粥三廚, 何名淸福?" 先生曰: 「幸生太平之世, 無兵禍; 又幸一家樂業, 無饑寒; 又幸榻無病人, 獄無囚人, 非淸福而何?」

康齋奔喪金陵, 先生同往, 凡康齋學有

진보가 있으면 (선생에게) 일러 주지 않은 적이 없었다. 그래서 강재가 그에게 지어 준 시에서 "완고하고 우둔하나 갈고 닦아 나아진 것이 있으면, 새로 얻은 공을 번번이 벗에게 들려주고 싶어 하네."[1]라고 하였다.

進益, 無不相告, 故康齋贈之詩云: "頑鈍淬磨還有益, 新功頻欲故人聞."

강재가 배우는 사람들에게 "나는 평생 환난을 만날 때마다 힘을 얻었다."라고 말하였는데, 이에 대해 선생은 "오직 선생만이 환난을 만날수록 배움이 진보할 수 있는 것이지, 다른 사람이라면 뜻이 꺾였을 것이다."라고 말하였다. 성화(成化, 1465-1487)의 초년에 세상을 떠났다.

康齋語學者曰: "吾平生每得力於患難." 先生曰: "惟先生遇患難能進學, 在他人則隳志矣." 成化初卒.

1 완고하고 … 하네: 『康齋集』(四庫全書本) 권1, 「寄九韶」, "幽窓遺籍自朝昏, 盡日紅塵不到門. 頑鈍淬磨還有益, 新功頻欲故人聞."(이 시는 '乙巳', 즉 1425년에 지은 것이다.)

명유학안 권3, 숭인학안 3

明儒學案 卷三, 崇仁學案三

공간 장거 위교 선생[1]

恭簡魏莊渠先生校

|3-1| 위교(魏校: 1483－1543)는 자가 자재子才, 별호는 장거莊渠, 곤산崑山 사람이다. 홍치弘治 을축1505년에 진사進士에 급제하여, 남경형부주사南京刑部主事에 임명되었고, 원외랑員外郎, 낭중郎中 등을 역임하였다. 수비엄인守備奄人 유

|3-1| 魏校字子才, 別號莊渠, 崑山人. 弘治乙丑進士, 授南京刑部主事, 歷員外郎・郎中. 不

---

1 위교(魏校): 1483-1543. 明 孝宗, 世宗代에 활동한 관료이자 학자이다. 선조는 본래 李氏였다. 蘇州 葑門의 莊渠에 거주하여 스스로 莊渠를 호로 삼았다. 字는 子才이다. 어머니는 徐有貞의 딸이다. 시호는 恭簡이다. 弘治18년(1505乙丑) 문과에 급제하여 南京刑部主事를 시작으로 兵部郎中, 廣東提學副使, 江西兵備副使, 河南提學, 太常寺少卿, 大理寺를 역임하였고 여러 차례 國子祭酒를 맡았다. 嘉靖8년(1529) 太常寺卿이 되어 祭酒의 일을 관장하다가 다음해 치사하고 嘉靖22년(1543)에 별세하였다. 저서로 『周禮沿革傳』, 『周禮義疏』, 『郊祀論』, 『春秋經世』(일명 『春秋經史書』), 『大學指歸』, 『六書精蘊』, 『奕世增光錄』, 『官職會通』, 『體仁說』, 『魏莊渠粹言』, 『巷牖錄』, 『莊渠遺書』, 『莊渠詩稿全編』 등이 있다. 사고전서에 『莊渠遺書』가 수록되었다. 魏校는 主敬을 중시하는 胡居仁의 학문을 私淑하고 陸九淵의 학문을 禪이라고 의심하였다가, 뒤에 상산의 학문을 "평탄한 대도[坦然大道]"로 여기는 입장으로 전환하였다. 「郊祀論」에서는 경전에 보이는 郊祀의 장소는 南郊만 있고 北郊는 애초에 없었다고 주장하였는데, 『四庫題要』에는 魏校의 설을 비판하고 있다. 唐順之, 王應電, 王敬臣 등이 모두 제자이다. 당순지는 위교의 傳을 지었다.

근劉瑾에게 굴하지 않았고 병부랑兵部郞에 임명되었으나 병을 핑계로 귀향하였다. 가정嘉靖 초기 광동제학부사廣東提學副使로 발탁되었다. 부모의 상사를 치르고, 강서병비江西兵備에 보임되었다가, 하남제학河南提學으로 바뀌었다. 가정 7년(1528), 태상시소경太常寺少卿으로 승진하였다가, 대리大理로 자리를 옮겼다. 다음 해 태상시경太常寺卿으로 제주祭酒의 일을 주관하였고, 얼마 있다가 관직에서 물러났다.

爲守備奄人劉瑾所屈. 召爲兵部郞, 移疾歸. 嘉靖初, 起廣東提學副使. 丁憂, 補江西兵備, 改河南提學, 七年陞太常寺少卿, 轉大理. 明年, 以太常寺卿掌祭酒事, 尋致仕.

3-2 선생은 호경재胡敬齋: 胡居仁를 사숙하였다. 그 종지는 천근(天根: 사물의 근원)의 학문으로서, 사람이 처음 태어나 고요한 것으로부터 근기를 배양하는 것이다. 만일 이 본성에 따라 행하는 것이 지식을 가진 뒤에 나오면 작위적인 노력이 개입하고 섞임을 면하지 못한다. 이른바 천근天根은 곧 주재함으로 동動과 정靜을 관통하여 하나가 되게 하는 것이다. 호경재는 말한다: "마음에 주재함이 없으면 정할 때에도 공부가 아니게 되고 동할 때에도 공부가 아니게 된다." 이것이 스승(경재)의 문파에서 "경敬"으로 전승한 비결이다. 다만 호경재가 공부를 동과 정으로 구분하였던 것에 반해, 선생은 끝내 하나로 일관시키고 본과 말을 분리시켜 두 가지 일로 삼지 않았으니, 더욱 치밀해졌다고 하겠다. 섭쌍강(聶雙江: 聶豹)의 "적연함으로 돌아간다[歸寂]."는 종지는 응당 선생에

3-2 先生私淑於胡敬齋. 其宗旨爲天根之學, 從人生而靜, 培養根基, 若是孩提, 知識後起, 則未免夾雜矣. 所謂天根, 卽是主宰, 貫動靜而一之者也. 敬齋言: "心無主宰, 靜也不是工夫, 動也不是工夫." 此師門敬字口訣也. 第敬齋工夫分乎動靜, 先生貫串總是一個, 不離本末作兩段事, 則加密矣. 聶雙江歸寂之旨, 當是發端於

게서 발단이 된 것이다. 선생은 말한다: "리理는 저절로 그러하여 작위가 없다. 어찌 신령함[靈]이 있겠는가? 기氣는 형이하로서 스스로 주재主宰할 수 없다. 심心은 무형하면서 신령하여 주재할 수 있다." 리, 기, 심은 나누면 셋이 된다. 모르겠지만 천지에 단지 하나의 기가 있으며, 그 기가 승강乘降하고 왕래往來함은 곧 리이다. 사람이 얻어 심을 삼는데 또한 기이다. 기가 만일 스스로 주재하지 못한다면, 어떻게 봄이 되었다가 반드시 여름이 되고 반드시 가을이 되고 반드시 겨울이 되는가? 초목이 자라고 시드는 것, 추위와 더위가 운행하는 것, 지세의 이치에 강함과 부드러움이 있는 것, 천체의 운행에 순행함과 역행함이 있는 것 그리고 사람과 만물이 생겨나 변화하는 것은 대저 누가 그렇게 시키는가? 모두 기가 스스로 주재하는 것이다. 주재할 수 있기 때문에 이름을 붙여 리라고 말한다. 그 사이 기에 지나치거나 모자라는 바가 있음은 또한 리가 응당 그러한 것이니, 만일 기에 지나치거나 모자람이 없다면 기가 되지 않는다. 기는 주재할 수 있으면서 신령하므로 리에도 또한 신령함이 있다." 선생의 말대로라면 기의 선하고 악함은 리와 관련이 없어지고, 리는 기를 따라서 선하게 여기고 악하게 여기게 되니, 리는 죽은 것일 뿐 아니라 쓸 데없는 것이 된다. 사람에게 있어, 무형하면서도 신령한 것은 기이고, 무형하고 신령한

先生者也. 先生言: "理自然無爲, 豈有靈也? 氣形而下, 莫能自主宰, 心則虛靈而能主宰. 理也, 氣也, 心也, 岐而爲三, 不知天地間祇有一氣, 其升降往來卽理也. 人得之以爲心, 亦氣也. 氣若不能自主宰, 何以春而必夏・必秋・必冬哉! 草木之榮枯, 寒暑之運行, 地理之剛柔, 象緯之順逆, 人物之生化, 夫孰使之哉? 皆氣之自爲主宰也. 以其能主宰, 故名之曰理. 其間氣之有過不及, 亦是理之當然, 無過不及, 便不成氣矣. 氣旣能主宰而靈, 則理亦有靈矣." 若先生之言, 氣之善惡, 無與於理, 理從而善之惡之, 理不特死物, 且

가운데 주재함은 곧 리이다. 선함은 본래 리이니 곧 지나치거나 모자라면서 악함이 된다. 또한 욕구가 움직이고 정情이 날뜀에 이 리가 그 사이에도 있지 않은 적이 없다. 그러므로 "요를 위해서 있는 것도 아니요, 걸 때문에 없어지는 것도 아니다."라고 하여 기가 리에서 벗어날 수 없음을 밝힌 것이다. 선생은 상산象山: 陸九淵의 학문이 선禪이라고 의심하였지만, 뒤에 비로소 상산의 학문이 평탄한 대도가 됨을 알았으니, 사문師門의 가르침에서 다시 한번 전환한 것이다.

開物矣. 其在於人, 此虛靈者氣也, 虛靈中之主宰卽理也. 善固理矣, 卽過不及而爲惡, 亦是欲動情勝, 此理未嘗不在其間, 故曰「不爲堯存, 不爲桀亡」, 以明氣之不能離於理也. 先生疑象山爲禪, 其後始知爲坦然大道, 則於師門之教, 又一轉矣.

|3-3| 선생이 광동廣東에서 제학提學을 지낼 때 조계曹溪에 들러 대감大鑒[2]의 옷을 불태우고 그의 바릿대를 망치로 부숴 버리면서 말하였다: "뒷 사람을 미혹시킴이 없게 하는 것이다." 시호는 공간恭簡이다.

|3-3| 先生提學廣東時, 過曹溪, 焚大鑒之衣, 椎碎其鉢曰: "無使惑後人也." 諡恭簡.

「인을 체회하는 것에 대한 설」

「體仁說」

|3-4| 천지의 태화太和원기元氣는 부단히 화합하여 우주에 가득차고 사시에 유행하니, 춘

|3-4| 天地太和元氣, 氤氳氤氳, 盈

2 대감(大鑒): 선종 六祖 慧能의 諡號이다.

의[春意: 생의(生意)를 말함]가 화기애애함은 흘러 넘치는 우리 인간의 어진 기상에서 더욱 쉽게 체험할 수 있다. 사람이 이 춘의春意를 체회할 수 있으면 가슴에 화락한 기가 어느덧 생겨나 천지만물이 혈맥으로 서로 통한다. 충만해짐이 오래되면 외물과 응접함에 이르러 혼연히 일체가 되게 화기가 발현된다. 이른바 "밝은 햇살에 상서로운 구름[麗日祥雲]"이라고 하는 것이다.

滿宇內, 四時流行, 春意融融藹藹, 尤易體驗盎然吾人仁底氣象也. 人能體此意思, 則胸中和氣, 駸駸發生, 天地萬物, 血脈相貫. 充鬱之久, 及其應物, 渾乎一團和氣發見, 所謂麗日祥雲也.

|3-5| 겨울에 기가 닫고 감추는 것은 삼엄하고 주밀하게 하는 것에서 극점에 이른다. 따라서 봄에 온후한 기가 생겨나 충만하게 가득 차서 훈습하고 피어오르면 음습하고 한기 어린 계곡에도 또한 통한다. 공부하면서 정靜을 위주로 하지 않으면 어떻게 나의 인仁을 이루겠는가?

|3-5| 冬氣閉藏, 極於嚴密, 故春生溫厚之氣, 充鬱薰蒸, 陰崖寒谷亦透. 學而弗主靜, 何以成吾仁?

|3-6| 함양 공부로 인仁을 순숙하게 할 수 있습니다. 만일 타고난 성격이 부드럽고 유순해서 강직하고 굳세지 못하다면, 다시 의義에서 노력을 가할 수 있지 않겠습니까? 대답하였다. "양을 거두어들이는 것이 곧 음이고, 인仁을 끊어서 절제하는 것이 곧 의義이다. 정靜에 있으면서 한 가닥 잡념이 싹터 사적인 이해와 이익을 추구하는 데 빠지면, 곧 어긋나는 기가 발생하여 저절로 화순한 기와 서로 반목함을

|3-6| 涵養可以熟仁, 若天資和順, 不足於剛毅, 可更於義上用功否? 曰: "陽之收斂處便是陰, 仁之斷制處便是義. 靜中一念萌動, 纔涉自私自利, 便覺戾氣發生, 自與和氣

느끼게 될 것이다. 미약할 때 막아 내지 못하여 어긋나는 기가 일단 성해지면, 화순한 기는 곧 모두 완전히 소진되어 다시 접해서 이어야 한다. 물욕이라고 그저 느껴지자마자 곧 끊어 버려 그 뿌리와 싹을 베어 내는 것이 곧 정의(精義: 의리를 정밀하게 살핌) 공부이다."

相反. 不能遏之於微, 戾氣一盛, 和氣便都銷鑠盡了, 須重接續起來. 但覺纔是物欲, 便與截斷, 斬其根芽, 此便是精義工夫也."

|3-7| 하늘의 주재자는 제帝이고, 사람에게 있어 주재자는 마음이다. 경敬은 내 마음이 스스로 주재를 행하는 것이다. 이제 경을 견지하는 이가 하나의 마음을 더하여 이 마음을 다스리는 방식에서 벗어나지 못하면, 도리어 따로 주재자를 찾는 것이 된다. 봄의 기는 화락하여 만물이 생겨난다. 급박하다면 무엇에 의지해서 만물이 생겨나겠는가? 붙잡고 있기를 너무 단단히 하면, 혈기도 당연히 편안하게 통하지 못한다. 천리가 유행할 수 있겠는가?

|3-7| 天之主宰曰帝, 人之主宰曰心, 敬只是吾心自做主宰處. 今之持敬者, 不免添一個心來治此心, 却是別尋主宰. 春氣融融, 萬物發生, 急迫何緣生物? 把捉太緊, 血氣亦自不得舒暢, 天理其能流行乎?

|3-8| 단정하고 엄숙함은 밖으로 드러난 것에서 먼저 조처하는 것이 아니겠습니까? 대답하였다. "이것은 바로 안에서 나오는 것이다. 내 마음이 단속하려고 하면 사지는 곧 저절로 단속된다. 그리하여 밖으로 망령되게 행동하지 않으면, 안에서도 함부로 망령되게 생각하지 않으니, 서로 길러 주는 도리가 된다."

|3-8| 整齊嚴肅, 莫是先制於外否? 曰: "此正是由中而出. 吾心纔欲檢束, 四體便自竦然矣. 外旣不敢妄動, 內亦不敢妄思, 交養之道也."

|3-9| 나무는 반드시 뿌리를 내린 뒤에 무

|3-9| 木必有根,

성한 가지와 잎이 뒤따라 설 수 있다. 강물은 발원지가 있은 뒤에 온갖 지류들이 무궁하게 흘러나온다. 사람은 모름지기 이 마음을 보존하여 주재하는 것이 있어야 온갖 일이 순조롭게 다스려질 수 있다.

然後千枝萬葉可從而立; 水必有源, 然後千流萬派其出無窮. 人須存得此心, 有個主宰, 則萬事可以次第而治.

|3-10| 옛사람은 온축한 것이 깊고 두터웠기 때문에 밖으로 펼치는 것이 성대하였다. 지금 사람들은 쉽게 밖으로 누설되니, 어떻게 두텁게 온축하여 멀리 시행하겠는가? 배우는 이들은 깊이 완색하면서 묵묵히 이루는 기상을 가져야 한다.

|3-10| 古人蘊蓄深厚, 故發越盛大, 今人容易漏泄於外, 何由厚積而遠施! 學者當深玩默成氣象.

|3-11| 혼후함은 문채나고 밝은 것을 열고, 경박함은 교묘하고 속이는 것을 연다. 공부는 모름지기 본원을 함양해야 한다.

|3-11| 渾厚則開文明, 澆薄則開巧僞, 學須涵養本原.

|3-12| 천지에 하나의 광대한 기가 혼연하게 존재하고 만물이 그 사이에서 각양의 형상으로 나누어지니, 실로 두 가지 다른 본체는 없다. 비유하면, 많은 열매가 주렁주렁 달려 있지만 모두 큰 나무의 생기生氣가 관통하고 있는 것과 같다. 또한 물고기가 물속에 있으면 안과 밖이 모두 물인 것과 같다. 사람은 스스로 사의私意를 내어 틈을 벌리고 멀어지니, 어떻게 다시 천지만물과 합일할 수 있겠는가?

|3-12| 天地渾渾一大氣, 萬物分形其間, 實無二體. 譬若百果纍纍, 總是大樹生氣貫徹. 又如魚在水中, 內外皆水也. 人乃自以私意間隔, 豈復能與天地萬物合一乎?

|3-13| 경敬을 견지할 때 끊어지기가 쉽다. 상제가 직접 내려다보고 있는 것처럼 항상 여기면서 하면 되겠는가? 대답하였다. "상제가 언제인들 직접 내려다보지 않던가? 어찌 상상할 필요가 있겠는가? 해와 달이 밝게 비추는 것은 눈이 사물을 보는 것과 같고, 바람과 우레가 활동하는 것은 숨을 서로 내쉬는 것과 같다. 이제 내가 한 번 내쉬고 한 번 들이쉬는 사이에도 천지의 화육[大化]과 통하지 않는 적이 없다. 그러므로 한 생각의 선함도 상제는 반드시 알고, 한 생각의 선하지 않음도 상제는 반드시 안다. 천명에는 선만 있고 악은 없다. 따라서 선하면 하늘에 순응하고, 악하면 하늘을 거스른다. 하늘을 외경함이 지극한 사람은 항상 아직 생기지 않은 악을 미리 예방한다. 그러나 소인은 꺼리는 바가 없다. 이것은 상제를 신령하다고 여기지 않는 것이다.

|3-13| 持敬易間斷, 常如有上帝臨之, 可乎? 曰: "上帝何時而不鑒臨, 奚待想像也? 日月照臨, 如目斯覩, 風霆流行, 如息相呴. 今吾一呼一吸, 未嘗不與大化通也, 是故一念善, 上帝必知之, 一念不善, 上帝必知之. 天命有善無惡, 故善則順天, 惡則逆天. 畏天之至者, 嘗❶防未萌之惡; 小人無忌憚, 是弗以上帝爲有靈也.

|3-14| 천지의 기화氣化는 처음에는 지극히 혼융하고 돈후하지만 전개하여 성대해지면 문채나고 빛난다. 오래되면 점차 경박해지니 성대함이 극에 이르면 쇠퇴해지는 것이다. 성인은 쇠퇴해진 시대에 태어나 항상 질박하고 순박한 데로 되돌려서 조화를 회복하고 싶어하였다. 따라서 공자는 임방林放이 예의 근본 취지를 묻자 중대한 말로 여겼다.[3] 질(質: 바탕)이 속에서부터 점차 발현되어 나오면 문(文: 문채)

|3-14| 天地氣化, 初極渾厚, 開盛則文明, 久之漸以澆薄, 盛極則有衰也. 聖人生衰世, 常欲返樸還淳, 以回造化, 故大林放問禮之本. 質是從裏面漸發出來, 文是外面發得極

이 밖에서 발현되어 성대함을 다한다. 성인은 사람들이 항상 이 좋은 의취를 속에 보존하여 깊고 두터우면서 간절하고 정성스러움이 넉넉하게 하기를 바란다. 밖으로 보기 좋게 하는 것에만 힘쓴다면 도리어 거짓을 행하는 것이 된다.

盛, 聖人欲人常存得這些好意思在裏面, 令深厚懇惻有餘, 若只務外面好看, 却是作僞也.

|3-15| 도의 체는 넓고 넓어서 끝이 없다. 사람들은 기질에 국한되어 있어 그 순수하고 온전한 모습을 볼 수 있는 것이 거의 드물다. 자신의 소견에 의거하여 배양해 가면 결국 좁아지고 외톨이가 되어 활달하게 트이기가 어렵다. 마음을 크게 열고 의리를 널리 구하여, 세상의 총명함을 모두 모아서 자신의 총명함으로 삼으면 규모가 트이고 커져 기질이 국한시킬 수 없게 될 것이다.

|3-15| 道體浩浩無窮, 人被氣質限住, 罕能覩其純全. 若只據己見持養將去, 終是狹隘孤單, 難得展拓. 須大著心胸, 廣求義理, 盡合天下聰明爲我聰明, 庶幾規模闊大, 氣質不得而限量之.

|3-16| 리理는 기를 주재하지만, 리가 별도로 있어 기에서 주재자가 되는 것이 아니라, 단지 기에서 그와 같이 해야 하는 곳이 리의 발용發用이고 그와 같이 해야 하는 소이(所以: 이유와 근거)는 리의 본체가 그러한 것이다. 우주 전체를 통해 혼연히 하나의 리가 충만하여 유행하

|3-16| 理者氣之主宰, 理非別有一物在氣爲主, 只就氣上該得如此處, 便是理之發用, 其所以該得如此, 則理之本體然

3 공자는 임방(林放)이 … 말로 여겼다: 『논어』「八佾」: “林放問禮之本. 子曰: ‘大哉問! 禮, 與其奢也, 寧儉; 喪, 與其易也, 寧戚.’”

❶ 嘗: 『明儒言行録』에는 ‘常’으로 되어 있다.

는데, 기에 따라 발용하여 이곳에서는 곧 이렇게 해야 하고 저곳에서는 그렇게 해야 하여 천 가지 만 가지로 변하여 같지 않다. 사람들이 용用이 다양함을 보고 드디어 체體도 또한 다양함이 있다고 의심하여 하나의 리가 행하는 바가 상황에 따라서 이름을 달리하는 것으로 본체에는 다시 다른 둘이 없음을 모른다.

也. 通宇宙全體, 渾是一理, 充塞流行, 隨氣發用, 在這裏便該得如此, 在那裡又該得如彼, 千變萬化不同. 人見用有許多, 遂疑體亦有許多, 不知只是一理所爲, 隨在而異名耳, 本體更無餘二也.

|3-17| 순수하고 지극히 선한 것이 리理이다. 기가 선하지 않음이 있는 것은 리도 어떻게 하지 못한다. 이것이 곧 기가 강하고 리가 약하다는 것인가? 대답하였다. "아니다. 리는 그렇게 해야 하는 것이지만, 그러나 스스로 그렇게 할 수는 없다. 그렇게 할 수 있는 것은 모두 기가 하는 것이다. 기는 그렇게 할 수 있지만, 그러나 언제나 그렇게 할 수는 없다. 기는 자취가 있는 것에서 막히며 운행이 또한 한결같지 못하기 때문이다."

|3-17| 純粹至善者理也, 氣有弗善, 理亦末如之何. 斯乃氣強而理弱乎? 曰: "否. 理該得如此, 而不能自如此; 其能如此, 皆氣爲之也. 氣能如此, 而不能盡如此, 滯於有迹, 運復不齊故也."

|3-18| 리는 가득 차 있지만 조짐이 없다. 조짐이 없는 것은 나누고 쪼갤 수 없다. 리가 하나가 되는 이유이다. 혼륜하여 하나이니 하나인 것은 둘로 잡박할 수 없다. 리가 순수한 이유이다. 기는 형체가 있기 때문에 나눌 수 있다. 나누어지면 나누어질수록 더욱 잡박해지

|3-18| 夫理冲漠無朕, 無者不可分裂, 所以一也. 渾淪惟一, 一者不可二雜, 所以純也. 氣有形不❷可分, 愈分則

고, 아름다운 것과 나쁜 것이 나누어져 마치 온갖 다름이 있는 것처럼 된다.

愈雜, 美惡分, 若有萬不齊矣.

|3-19| 리와 기는 부합하면 하나가 되고, 어긋나면 둘이 된다. 봄의 기는 기운이 엉기어 그 조화로움이 충만하니 이것이 천지의 인仁이다. 가을의 기는 투명하고 밝아 그 맑음이 엄숙하니 이것이 천지의 의義이다. 어느 곳에서 이것은 리이고 이것은 기라고 분별하겠는가? 봄에는 의당 따뜻하고 돈후해야 하는데 따뜻하고 돈후하지 않고, 가을에는 의당 엄숙하고 차가와야 하는데 엄숙하고 차갑지 않다면, 이것은 리가 그러해야 해서 그런 것이 아니고, 기가 지나치거나 모자라서 그렇게 하지 못한 것이다. 맹자는 "의義와 도道와 짝이 된다."고 하였다. 이것은 리가 그렇게 해야 하기 때문에 기가 그렇게 할 수 있는 것으로 이른바 부합하면 하나가 된다는 것이다. 공자는 "안회는 그 마음이 삼 개월 동안 인仁에서 어긋나지 않았다."라고 하였다. 마음이 인에서 어긋나면 판연히 두 가지가 되어 합일하지 못한다. 어긋난다는 말은 두 가지 다른 것이 된다는 뜻이다.

|3-19| 理氣合則一, 違則二. 春氣氤氳, 盎乎其和, 此天地之仁也; 秋氣晶明, 肅乎其清, 此天地之義也, 何處分別是理是氣? 春宜溫厚而弗溫厚, 秋宜嚴凝而弗嚴凝, 此非理該如此, 乃是氣過不及, 弗能如此. 孟子曰: "配義與道." 此是理該如此而氣能如此, 所謂合則一也. 孔子曰: "回也, 其心三月不違仁." 心而違仁, 判爲兩物, 弗復合一, 所謂違則二也.

|3-20| 어떤 이가 물었다. "효의 근원을 보

|3-20| 或問: "孝

---

❷ 不: 『莊渠遺書』에는 '故'로 되어 있다. 번역은 『莊渠遺書』를 따랐다.

면, 한 몸에서 나누어져 효를 해야 하는 것이 아니겠습니까?" 대답하였다. "이것은 응당 그러해야 해서 그만둘 수 없는 것이다." 말하였다. "어찌 천명天命이 저절로 그러한 것이겠습니까?" 대답하였다. "어떻게 저절로 그렇게 할 수 있는가? 천지는 만물을 부단히 낳고 낳으니, 한 덩어리 좋은 기가 모이면 곧 생겨난다. 사람은 이 생의 리를 갖추고 있어 사람마다 일단의 좋은 생각이 마음에 있다. 부모는 내 몸이 생겨 나온 바이다. 그러므로 슬퍼하고 사랑함이 이에 더욱 간절하게 발현되니 그 근본은 여기에 있는 것이다."

之根原, 莫是一體而分, 該得孝否?" 曰: "此只是當然不容已處."曰: "豈天命自然乎?" 曰: "怎得便會自然如此! 天地生生, 只是一團好氣, 聚處便生, 人具此生理, 各有一團好意思在心. 父母吾身所由以生也, 故惻怛慈愛, 於此發得尤懇切, 其本在是也."

| 3-21 | 예는 공경하고 사양하는 것에 중점이 있다. 그 마음이 부들부들 두려워함이 있는 듯, 주춤주춤 감당하지 못하는 듯이 한 뒤에 의절과 문식이 걸맞게 된다. 오늘날 위엄을 세우고 예를 좋아하는 사람들은 그저 자신을 높이고 중시하여 자신의 생각을 곧바로 행할 줄 알 뿐이다. 이것은 객기에 따른 것이요, 예로 돌아간 본연의 모습이 아니다.

| 3-21 | 禮主於敬讓, 其心聳然如有畏, 退然如弗勝, 然後儀文斯稱. 今之矜嚴好禮者, 但知自尊自重, 直行己意而已, 此乃客氣所使, 非復禮之本然矣.

| 3-22 | "사려가 수없이 생겨났다가 사라지는데 어떻게 하는가?" 대답하였다. "이것은 본체가 순수하지 않기 때문에 발용에 잡박함이 많은 것이다. 공부는 마음을 전일하게 하는 것에 있다. 사려가 들쑥날쑥한 것이 느껴지면 곧

| 3-22 | "思慮萬起萬滅, 如之何?"曰: "此是本體不純, 故發用多雜, 工夫只在主一. 但覺思慮不

잘라내서 가지런하게 하고, 주재자를 세워 잡박한 사려들 가운데 먼저 사악한 사려를 제거하고 다음으로 관련이 없는 사려를 제거하면서 끝까지 심문하여 즉시 잘라내고 방치해 두지 않는다. 그렇게 오래 하면 본체가 순수하게 선하게 되어 절로 하나의 사념도 생기지 않고, 사려가 생기면 모두 선한 사려가 된다."

齊, 便截之使齊, 立得個主宰, 却於雜思慮中先除邪思慮, 以次除閒思慮, 推勘到底, 直與斬絕, 不得放過. 久之, 本體純然是善, 便自一念不生, 生處皆善念矣."

| 3-23 | 성현은 텅 비어 욕심이 없지만, 배우는 이는 탐할 만한 것을 보지 않는 것으로부터 시작하여 한 생각이라도 인욕으로 움직이면 어디에서 나온 것인지 철저히 구명해야 한다. 여러 욕심들이 성性에는 원래 없지만 몸으로부터 함께 생겨나 내 영대(靈臺: 본심)를 더럽힘을 밝게 비추어 본다. 여러 욕심이 행해지지 않으면 천리가 자연히 드러난다.

| 3-23 | 聖賢冲然無欲, 學者當自不見可欲始, 一念動以人欲, 根勘何從而來. 照見衆欲, 性中元無, 俱從軀殼上起, 穢我靈臺. 衆欲不行, 天理自見.

| 3-24 | "천명에 원형이정이 있기 때문에 사람의 본성에도 인의예지가 있다. 본성에 인의예지가 있기 때문에 가엽게 여기며 가슴 아파하는 것, 부끄럽게 여기고 미워하는 것, 사양하고 양보하는 것, 시비를 가리는 것이 있다. 순수하고 지극한 선함이 본래 그와 같은 것인데 선하지 않음이 있는 것은 어디에서 생긴 것인가?" 대답하였다. "이 불선함은 기질에서 나온 것일 뿐이다. 성은 본래 선하지만, 성 자체로 선할 수 없다. 발용하여 선함이 되는 것은

| 3-24 | "天命有元亨利貞, 故人性有仁義禮智, 人性有仁義禮智, 故人情有惻隱羞惡辭讓是非, 純粹至善, 本來如是, 其有不善, 又從何來?" 曰: "此只是出於氣質. 性本善, 然不能自善, 其發爲善, 皆

기질의 양지와 양능이다. 기질은 선함이 될 수 있지만 다 선할 수는 없다. 성은 곧 태극이고, 기질은 음양오행이 하는 것이다. 기가 운행할 때 순수하고 잡박함이 일정하지 않기 때문에 기를 품수받는 것에 본래 맑고 탁함과 두텁고 얇은 차이가 있게 된다. 얇으면 감당하지 못하여 곧 불선함을 낳는다. 성은 본래 선하기 때문에 기질의 불선함을 제거하면 곧 순수하게 선해진다. 그러나 성은 자체로 선할 수 없기 때문에 기질을 변화시켜 선으로 돌아가게 한 뒤에 양지와 양능을 확충할 수 있다."

氣質之良知良能也. 氣質能爲善, 而不能盡善. 性卽太極, 氣質是陰陽五行所爲, 氣運純駁不齊, 故氣稟合下便有淸濁厚薄, 濁則遮蔽不通, 薄則承載不起, 便生出不善來. 性惟本善, 故除却氣質不善, 便純是善; 性惟不能自善, 故變化氣質以歸於善, 然後能充其良知良能也."

| 3-25 | "사람의 본성이 원래 선하다면, 사람이 악할 때, 선은 어디에 있는가?" 대답하였다. "선은 그 자체로는 언제나 그대로이고 없어지지 않는다. 단지 기질이 이 선함을 위반하면 곧 악을 낳아 선한 본체가 그대로 유지할 수 없게 된다. 만약 그 악을 전복시키면 이전 그대로 선하게 된다."

| 3-25 | "人性元善, 當其惡時, 善在何處"? 曰: "善自常在不滅, 只因氣質反了這善, 便生出惡, 善之本體不得自如, 若能翻轉那惡, 依舊是善."

| 3-26 | 어떤 이가 말하였다. "사람이 태어나서 고요할 때 기가 아직 주도하지 않을 때, 그 성은 혼연하여 지극히 선하다. 그러다 외물에 감촉하여 활동하면 기가 주도할 수 있기 때문에 그 정情에 선함과 선하지 않음이 있게 된

| 3-26 | 或曰: "人生而靜, 氣未用事, 其性渾然至善; 感於物而動, 氣得用事, 故其情有善有不

다.” 말하였다. “그와 같이 말하면 체와 용이 근원을 달리하게 된다. 성이 선하면 정도 또한 선한 것이다. 고요할 때 성이 기품의 잡박함에 의해 불선의 근원을 먼저 내장하게 되기 때문에 활동할 때 물욕에 의해 오염되게 된다. 불선의 싹이 생겨 나오면 조용히 묵묵히 파악하는 가운데 존양하면서 그 불선의 뿌리를 제거하고, 한편으로 활동할 때 세밀히 살펴보면서 불선의 싹이 느껴지자마자 캐내어 제거해 가면서, 공부를 쌓아 가기를 오래 하면 본체는 혼연하여 선하고, 발용처 역시 순수하여 악이 없게 된다.”

善.” 曰: “如是則體用二原矣. 性善, 情亦善. 靜時性被氣稟夾雜, 先藏了不善之根, 故動時情被物欲汚染. 不善之萌芽纔發, 存養於靜默, 消其不善之根, 省察於動, 纔覺不善之萌芽, 便與鋤治, 積集❸久之, 本體渾然是善, 發用處亦粹然無惡矣.”

|3-27| 하나인 리理가 만 가지 일로 펼쳐져도 이 마음을 항상 보존하면 온전한 본체가 혼연하게 이 마음에 있다. 또한 일마다 정밀히 살피고 힘써 행하면 그 발용이 선명해져 각각 낙착됨이 있게 된다.

|3-27| 一理散爲萬事, 常存此心, 則全體渾然在此, 而又隨事精察力行之, 則其用燦然, 各有著落.

|3-28| 비어 있으면서 신령하여[虛靈] 주재하는 것, 이것을 마음이라고 하니, 리와 기가 막힘 없이 합일한[妙合] 것이다. 기는 형이하의 존재이므로 스스로 주재할 수 없다. 리는 저절로 그러하여 작위가 없는 존재이니 어찌 신령함이 있겠는가? 기가 침전되어 굳어진 것[渣滓]은

|3-28| 虛靈主宰, 是之謂心, 其理氣之妙合與. 氣形而下, 莫能自主宰; 理自然無爲, 豈有靈也? 氣之渣滓, 滯而爲形,

---

❸ 集: 『莊渠遺書』에는 ‘習’으로 되어 있다. 번역은 『장거유서』에 따랐다.

막혀서 형체가 되고, 순정하고 뛰어난 것이 신神이 된다. 마음이 비어서 통하고 밝아 신령하여 막힘 없이 응할 수 있는 것은 리가 주재자가 되기 때문이다. 기가 그 포괄하고 관할하는 역할을 할 수 있으면 리 또한 그로 인해 밝게 빛나 가려짐이 없고 변화함이 국한되지 않는다.

其精英爲神. 虛通靈爽能妙, 是理爲主. 氣得其統攝, 理亦因是光明不蔽, 變化無方矣.

| 3-29 | 어떤 이가 효의 절목(節目: 주요 항목)을 궁구하였다. 대답하였다. "절목도 함께 근원처에서 온다. 저녁에 자리를 펴 드리고 새벽에 문안드리는 일등의 경우, 자식으로서 낮에 항상 부모를 모시다가 저녁에 각자 취침하는데, 부모가 편안히 잠자리에 들지 못하면 자식이 어떻게 편할 수 있겠는가? 자고 일어나서 곧 부모님의 안부를 묻고자 생각하는 것은 내 마음에서 지극히 사랑하여 자연히 그렇게 안 할 수 없는 상태에서 나오는 것이다." (어떤 이가) 말하였다. "이와 같은 것을 꼭 근본상에서 힘써야 합니까?" 대답하였다. "그렇게 말하는 것이야말로 근본과 말단을 나누어 두 가지 일로 삼는 태도이다. 천리가 본래 그와 같음에도 내가 그렇게 하지 못하는 것은 사의私意에 의해 가려지고 차단되었기 때문이다. 항상 근원을 배양하고 또 절목에 나아가 근원처를 궁구하여, 그렇게 하지 못하는 것을 제거하고 응당 그렇게 해야 하는 것을 추구하면, 사의가 가리고 차단시키지 못하여 천리가 항상 유행하여

| 3-29 | 或窮孝之節目. 曰: "俱從根源處來, 只如昏定晨省, 人子晝常侍親, 而夜各就寢, 父母弗安置, 豈能自安? 旣寢而興, 便思問候父母安否, 皆出於吾心至愛, 自不容已." 曰: "如是只須就根本上用功?" 曰: "這却是分本末作兩段事. 天理合如此, 而吾不能如此, 正爲私意蔽隔. 常培根原, 又就節目上窮究到根源處, 去其不如此者, 而求其當如此者, 則私意不得蔽隔, 天理常流通矣."

통하게 된다.”

|3-30| 사람들이 각자 자신의 사사로운 것을 사적으로 다루면서 천지 사이에 커다란 덩어리의 사의(私意: 사적인 욕구)가 결성된다. 군주는 자신의 덕을 완숙하게 함양하여 몸 가득히 천지가 만물을 낳는 마음이 되고, 거기에 또 천하의 화락한 인재[愷悌]들을 찾아 서로 같이 지내면서 선왕의 인정(仁政: 어진 정치)을 실행하여, 온갖 사적인 것을 낱낱이 격파하고 응당 천하의 대공(大公: 공정함)을 위한다.

|3-30| 人各私其私, 天地間結成一大塊私意. 人君完養厥德, 盎然天地生物之心, 又求天下愷悌相與, 擧先王仁政行之, 悉破羣私, 合爲天下大公.

|3-31| 천자는 항상 상제의 마음으로 마음을 삼아야 한다. 하나의 착한 생각을 일으키면 상제가 아름답게 여기고 경사스런 상서들이 거기에 모이고, 하나의 악한 생각을 일으키면 상제가 진노하고 재앙이 거기에서 생겨난다. 감응하는 것이 밝고도 분명하다. 옛사람은 군주가 지극히 존귀하다고 생각하였기 때문에 ‘하늘’을 끌어다 군주를 두려워하게 하였으니. 도리어 큰 존재를 들어서 군주를 겁준 것으로 대개 상제의 명령을 아직 실질적으로 알지 못하였기 때문이다. 군주는 건곤의 쉽고 간명한 이치를 밝게 알아야 한다. 세상의 인재들을 하나하나 모두 알 수 있겠는가? 군주는 오직 한 사람 재상을 논할 뿐이고, 재상이 주요한 관료들을 선발하여 그들이 각자 자신의 소속 관리들

|3-31| 天子當常以上帝之心爲心, 興一善念, 上帝用休而慶祥集焉; 興一惡念, 上帝震怒而災沴生焉, 感應昭昭也. 昔人謂人君至尊, 故稱天以畏之, 却是擧一大者來嚇人君, 蓋未迪知帝命也. 人君當明乾坤易簡之理. 天下之賢才, 豈能人人而知之耶? 君惟論一相, 相簡大寮, 俾各自置其屬,

을 자체적으로 배치하게 한다. 사람들이 자신이 아는 인재를 천거하여 위에 바칠 수 있으면 남겨진 인재가 없게 될 것이다. 이른바 "건乾은 평이함으로 주관한다."[4]라고 하는 것이다. 천하의 정사를 어떻게 하나하나 직접 처리할 수 있겠는가? 군주가 위에서 자신을 공손히 하고 재상에게 맡기면, 재상은 모든 담당자에게 분담시켜 업무를 완성하도록 요구한다. 위에서 간략함을 좋아하면서 모든 일이 곡진하게 이루어진다. 이른바 "곤坤은 간명함으로 이룬다."[5]라고 하는 것이다.

人得擧其所知, 而效之於上, 則無遺賢, 所謂"乾以易知"也. 天下之政, 豈能事事而親之耶? 君恭己於上, 委任於相, 相分任於百司, 而責其成功, 上好要而百事詳, 所謂"坤以簡能"也.

「여자적[6]이 성을 논한 것에 대한 답서」

「復余子積論性書」

| 3-32 | 제가 살펴보니 존형께서 전후로 성性을 논한 것이 수십만 자를 훨씬 넘습니다. 그

| 3-32 | 竊觀尊兄前後論性, 不啻數十

---

4 건은 평이함으로 주관한다: 이 말은 『주역』「계사 상」1장에 나온다. "乾知大始, 坤作成物. 乾以易知, 坤以簡能. 易則易知, 簡則易從. 易知則有親, 易從則有功. 有親則可久, 有功則可大. 可久則賢人之德, 可大則賢人之業." 건(乾)은 6개의 양효로 이루어진 ☰괘의 이름이자 하늘을 상징한다. 곤(坤)은 6개의 음효로 이루어진 ☷괘의 이름이자 땅을 상징한다.

5 곤은 간명함으로 이룬다: 앞의 주 참조.

6 여자적(余子積): 余祐. 1465-1528. 자는 子積, 호는 認齋, 파양(鄱陽: 현재 江西省 鄱陽縣) 출신. 19세에 胡居仁에게 배웠고, 弘治 12년(1499) 진사에 급제하여 南京刑部員外郎을 지냈다. 劉瑾과 일로 어긋나 지위에서 물러났다가 유근이 처벌되자 福州知府로 기용되었고, 벼슬에서 물러나기도 하는 등 부침을 겪으며 太仆寺卿 등을 역임하였다. 저서로 『性書』 3권이 있고, 胡居仁이 강학한 어록을 정리하여 『居業錄』 8권을 편찬하였다.

러나 그 대의는 성이 리理와 기가 합하여 이루어진 것으로 기氣를 가리켜 성이라고 말할 수 없을 뿐 아니라 전적으로 리理를 가리켜 성이라고 말할 수 없다는 것입니다. 기는 나뉘고 흩어져 수만 가지로 달라지지만 리는 항상 나누어지지 않고 온전하여 똑같이 하나입니다. 사람과 사물의 성이 다른 것은 리와 기가 화합해 하나가 되어 허다한 종류를 이루기 때문입니다. 사람과 사물 사이에 본래 치우친 것과 온전한 것의 차이가 있고, 사람의 성에서도 자연히 선한 것과 악한 것이 있습니다. 리는 사물에서도 치우침이 없으니, 사람에서 또한 어찌 악함이 있겠습니까? 존형께서는 글 중간에 고금을 넘나들고 경經과 전傳을 나누고 합해 놓으면서 자체로 일가를 이루어 선유의 미비점을 보완하고 있습니다. 존형의 고심을 보기에 충분하였습니다. 총명하고 변석에 뛰어난 이가 아니라면 어떻게 이러한 논의를 쉽게 할 수 있겠습니까? 그러나 제 생각에는 타당해 보이지 않는 점이 있습니다. 지난번에는 존형께서 성을 논한 부분은 잘못이지만 리와 기를 논한 부분은 합당하다고 함부로 말한 적이 있는데, 존형께서 성을 논한 부분의 잘못이 바로 리기에 대하여 이해한 바가 여전히 참되지 않기 때문에 생긴 것이라고 최근에 비로소 생각되었습니다.

萬言, 然其大意, 不過謂性合理與氣而成, 固不可指氣爲性, 亦不可專指理爲性. 氣雖分散萬殊, 理常渾全, 同是一個. 人物之性不同, 正由理氣合和爲一, 做成許多般來. 在人在物固有偏全, 而人性亦自有善有惡. 若理則在物亦本無偏, 在人又豈有惡耶? 中間出入古今, 離合經傳, 自成一家, 以補先儒之所未備, 足以見尊兄之苦心矣. 苟非聰明才辨, 豈易能此. 然於愚意, 竊有未安. 曩嘗妄謂尊兄論性雖非, 其論理氣却是. 近始覺得尊兄論性之誤, 正坐理氣處見猶未眞耳.

| 3-33 | 리理는 천지 사이에 본래 별도로 존재하는 어떤 것이 아닙니다. 그저 기 가운데 그렇게 해야 하는 것이 곧 리입니다. 사람과 사물의 성이 또한 어디로부터 나오겠습니까? 곧 천지가 부여한 리이니, 또한 별도로 존재하는 어떤 것이 아닙니다. 각각 자신의 직분상에서 응당 그렇게 해야 하면 곧 성입니다. 일용간에서 항상 체험하는 가운데 시험해 보면, 응당 그렇게 해야 하면 곧 성이요, 그렇게 하지 말아야 하면 곧 기품이 자신을 빠뜨리는 것이요 물욕이 그 자신을 더럽히는 것임을 명료하게 절로 알 수 있습니다. 말로 설명할 필요가 없습니다. 존형께서는 리는 항상 혼륜하지만, 기는 다양하게 분별됨이 있다고 하였습니다. 제 생각으로는 리와 기가 원래 떨어질 수 없는 것이어서, 리가 혼륜하여 하나의 것이면 기도 역시 혼륜하여 하나의 것이고, 기가 나누어져 다양하게 되면 리도 역시 나누어져 다양하게 되는 것입니다. 나누어지지 않은 혼돈의 때에 리는 똑같이 하나의 것이다가 일기(一氣: 나누어지기 이전 태초의 기)를 개벽함에 이르러, 크게 나누면 음과 양이 되고, 작게 나누면 오행이 되어, 리는 기에 따라 갖추어지는데 각각 같지 않습니다. 그러므로 양에서는 강건함[健]이 되고, 음에서는 유순함[順]이 되어 사덕四德[7]이 되고 오상五常이 되는 데 이르러서도 또한 그와 같습니다. 음양과 오행이 착종하여 또 나누어

| 3-33 | 理在天地間, 本非別有一物, 只就氣中該得如此便是理. 人物之性, 又從何來? 卽天地所賦之理, 亦非別有一物, 各就他分上合當恁地便是. 試於日用間常自體驗, 合當恁地便是性, 不當恁地,❹ 便是氣稟汩他, 物欲汚他, 自然看得潔潔淨淨, 不費說辭矣. 尊兄謂理常渾淪, 氣纔有許多分別出來. 若如愚見, 則理氣元不相離, 理渾淪只是一個, 氣亦渾淪本只一個, 氣分出許多, 則理亦分出許多. 混沌之時, 理同是一個, 及至開闢一氣, 大分之則爲陰陽, 小分之則爲五行. 理隨氣具, 各各不同, 是故在陽則爲健, 在

져 만물이 되면, 이 리는 수만 가지로 달라집니다. 리는 분별됨이 다양하지만 궁극적으로 말하면 그렇게 해야 마땅한 것 한 가지일 뿐입니다. 대개 그렇게 해야 하는 이상 여기서는 곧 이렇게 해야 하고, 저기서는 저렇게 해야 하여, 총체적으로 그렇게 해야 하는 한 가지로서 천만 가지를 행함에 그렇게 해야 하는 것입니다. '소당연(所當然: 응당 그렇게 해야 하는 것)'이란 말로 설명을 다하지 못하기 때문에 다시 '소이연(所以然: 그렇게 되는 근거)'이란 말을 붙인 것입니다.

陰則爲順, 以至爲四德, 爲五常, 亦復如是. 二五錯綜, 又分而爲萬物, 則此理有萬其殊矣. 理雖分別有許多, 究竟言之, 只是一個該得如此. 蓋旣是該得如此, 則在這裏便該得如此, 在那裏又該得如彼, 總是一個該得如此, 做出千萬個該得如此底出來. 所當然字說不盡, 故更著所以然也.

리는 기의 주재자인데, 이제 "리가 기를 따라 갖추어지는데 각각 다르다."고 말하니 기가 오히려 리의 주재자가 되는 것이겠습니까? 대답하면, 이 리가 기의 주재자가 되는 방식은 변화가 일정하지 않아 큰 것은 더불어 큰 것이 되고 작은 것은 더불어 작은 것이 되어 항상 생동하게 주재하고 있기 때문에 "리는 하나이

理者氣之主, 今曰理隨氣具, 各各不同, 氣顧爲理之主耶? 曰此理所以爲氣之主也, 變化無方, 大與爲大, 小與爲小, 常活潑潑, 故

---

7 네 가지 덕[四德]: 元, 亨, 利, 貞을 말한다. 『周易』 乾卦 「文言」: "元者, 善之長也; 亨者, 嘉之會也; 利者, 義之和也; 貞者, 事之幹也."

❹ 便是性, 不當恁地: 『명유학안』에는 이 부분이 빠져 있다. 『莊渠遺書』에 의거하여 보충하였다. 『명유학안』(수정본) 상권 53쪽 주 ① 참조.

지만 나누어짐에 달라진다[理一而分殊]."라고 말하는 것입니다. 나누어져 달라진 것으로부터 보면, 강건함[健]은 유순함이 될 수 없고, 유순함 또한 강건함이 될 수 없으며, 사덕과 오상에서 만물에 이르기까지 리가 각각 서로 통할 수 없으니 이 리가 방향과 처소에 구애받는 것처럼 의심됩니다. 모르겠지만, 각각 그 나누어진 것 위에서 모두 그렇게 해야 하는 것이어서 큰 것도 남음이 없고 작은 것도 또한 모자람이 없기 때문에 있는 곳에 따라 충분하고 처한 곳에 따라 충만하여 비거나 모자란 곳이 없습니다. 만약 합해져 있어서 나눌 수 없고, 동일하여 다시 다르지 않다면, 이러한 혼륜은 하나의 죽은 부서로 반드시 항상 혼돈의 상태가 된 뒤에야 가능할 것입니다. 천지는 음양과 오행의 전체이기 때문에 다양한 도리가 고요할 때에는 아무 자취 없이 혼륜하여 체體가 낱낱이 완전히 구비되어 있지만, 활동하면 유행하여 발현해서 용用이 각각 다릅니다. 사람과 사물의 성이 모두 천지에서 나오는데 어째서 사람은 그 온전한 것을 얻고 사물은 그 치우친 것을 얻는 것이겠습니까? 대개 천지의 기는 그 침전되어 굳어진 것[渣滓]이 사물로 되면 치우쳐서 완비하지 못하고 막혀서 통하지 못하여 강건함과 유순함 그리고 오상의 덕이 더 이상 온전할 수 없습니다. 단지 형기가 미치는 바에 따라 그 자체로 하나의 리가 됩니다. 하늘을 나

曰理一而分殊. 嘗自其分殊者而觀之, 健不可以爲順, 順亦不可以爲健, 四德五常以至萬物, 理各不能相通, 此理疑若滯於方所矣. 不知各在他分上, 都是該得如此, 大固無餘, 小亦無欠, 故能隨在具足, 隨處充滿, 更無空闕之處. 若合而不可分, 同而不復異, 則是渾淪一死局, 必也常混沌而後可耳. 天地者, 陰陽五行之全體也, 故許多道理, 靜則冲漠渾淪, 體悉完具, 動則流行發見, 用各不同. 人物之性, 皆出於天地, 何故人得其全, 物得其偏? 蓋天地之氣, 其渣滓爲物, 偏而不備, 塞而不通, 健順五常之德, 不復能全, 但隨

는 것은 공중에서 날고, 물속에 있는 것은 시내에서 헤엄을 치고, 벌레들은 활동하면 스스로 꿈틀댑니다. 초목이 어찌 지각이 있겠습니까? 또한 제각기 스스로 무성해졌다가 시들 뿐, 서로 빌리거나 빼앗지 못합니다. 그러나 벌과 개미가 군신의 의리를 행하고, 호랑이와 이리가 부자의 의리를 행하고, 추우(騶虞: 성인의 덕에 감응하여 나타난다는 상상의 동물)가 어질고, 신양(神羊: 하나인 뿔로 옳고 그름을 판별한다는 전설상의 동물)이 의로운 것 등과 같이 지각이 있는 것은 기가 막힌 곳에서도 그 한 측면이 열린 것입니다. 따라서 그러한 부분을 갖춘 것이니 곧 이 한 부분들 역시 바로 리입니다.

形氣所及而自爲一理. 飛者於空, 潛者泳川, 蠢動自蠕. 草木何知, 亦各自爲榮瘁, 不相假借陵奪. 而能若蜂蟻之君臣, 虎狼之父子, 騶虞之仁, 神羊之義, 乃其塞處有這一路子開, 故只具得這些子, 卽此一些子, 亦便是理.

날짐승에 봉황이 있고, 들짐승에 기린이 있고, 물고기에는 용이 있고, 갑각류에 거북이가 있으니, 이들은 모두 천지 사이의 기에서 나온 것이지만, 결국 침전되어 굳어진 것[渣滓] 가운데 순수하고 뛰어난 것에 불과하기 때문에 끝내 사람과는 서로 비슷하지 않습니다. 사람은 음양과 오행의 순수하고 뛰어난 기를 품수받았기 때문에 여러 도리를 갖출 수 있는 것이 천지와 같습니다. 그러나 오직 성인의 경우만, 음양이 천지의 덕에 부합하여 순수하고 지극히 선하기 때문에, 그 성이 온전하지 않음이 없어 천지를 제자리에 있게 하고 만물을 양육할 수 있습니다. 크게 뛰어난 현인 이하로는 순수하고 뛰어난 기 가운데 침전되어 굳어진

鳥之有鳳, 獸之有麟, 鱗之有龍, 介之有龜, 皆天地間氣所出, 畢竟是渣滓中精英, 故終與人不相似也. 人稟二五精英之氣, 故能具得許多道理, 與天地同. 然惟聖人陰陽合德, 純粹至善, 其性無不全, 可以位天地, 育萬物. 自大賢以下, 精英中不能無渣滓, 這個性便被他蔽隔

것이 없을 수 없어, 이 성性이 곧 그 침전되어 굳어진 것[渣滓]에 의해 가려지고 차단되게 된다. 각자 자신이 타고난 침전되어 굳어진 것의 많고 적은 정도에 따라 차등이 있게 되고 지혜롭고 뛰어난 사람과 어리석고 부족한 사람의 구별이 있게 됩니다. 결국 성은 차이가 없지만 순수하고 뛰어난 기 가운데 일부 침전되어 굳어진 것을 수반하기 때문에 공부를 통해 그 기질을 변화시키면 굳어진 것은 혼연히 변화되어 성의 본체를 회복할 수 있습니다. 오랑캐의 부류는 사람과 같지만 지리적 형세가 이미 치우쳐 있어 타고나는 기도 또한 잡박하게 되고 짐승과 차이가 크지 않습니다. 성인이 중국의 제도를 이용하여 변화시켜서 또한 중국의 수준으로 진보할 수 있지만 결국 중국만큼 순수할 수는 없습니다. 새가 봉황이 될 수 없고, 짐승이 기린이 될 수 없는 것은 그 종류가 다르기 때문입니다. 물고기가 더러 용이 될 수 있는 것은 그 형태가 다르지만 기가 서로 통함이 있기 때문입니다. 사람은 성인과 본래 동일한 종류인데다 형체가 본래 같습니다. 어찌 그 마음만 유독 차이가 있을 수 있겠습니까? 그러므로 배워서 성인에 이르지 못하는 것은 모두 스스로 포기한 것입니다.

了. 各隨其所得渣滓之多寡, 以爲等差, 而有智愚賢不肖之別. 畢竟性無不同, 但精英中帶了些渣滓, 故學以變化其氣質, 則渣滓渾化, 可以復性之本體矣. 夷狄之類, 雖與人同, 地形旣偏, 受氣亦雜, 去禽獸不遠. 聖人用夏變之, 亦可進爲中國, 終不能純也. 鳥不可以爲鳳, 獸不可以爲麟, 其類異也. 鱗或有可爲龍者, 其形雖異, 而氣有相通耳. 人與聖人本同一類, 形旣本同, 其心豈容獨異? 其心同則其性亦同, 豈有不可至之理? 故學而不至於聖人, 皆自暴自棄者也.

리理가 똑같은 것은 한 가지 그렇게 해야 하는 것입니다. 무슨 연고로 순수하고 뛰어난 기는 많은 리를 갖추고, 침전되어 굳어진 기는

理同是一個該得如此, 何故精英便具得許多, 渣滓便具不

많은 리를 갖추지 못하겠습니까? 대개 리는 무위無爲여서, 그렇게 해야 하는 것이지만 리가 직접 그렇게 할 수는 없습니다. 그렇게 해야 하는 것을 베풀어 시행하고 발용하는 것은 모두 기氣입니다. 기는 비록 그렇게 할 수 있지만, 그러나 또한 반드시 다 그렇게 하는 것은 아닙니다. 왜냐하면 기는 형체가 있음으로 인해 막힘이 있어 그 운행이 또한 일정하지 못하기 때문입니다. 기에는 순수하고 뛰어난 것과 침전되어 굳어진 것이 없을 수 없습니다. 순수하고 뛰어난 것은 비어 있으면서 신령하기 때문에 이 리에 묘응할 수 있지만, 침전되어 굳어진 것은 막혀 있고 어리석기 때문에 이 리에 묘응할 수 없습니다. 그러나 리는 없는 곳이 없기 때문에 침전되어 굳어진 것에도 각각 그 자체로 리가 있습니다.

得許多? 蓋理無爲, 雖該得如此而不能如此, 其敷施發用都是氣; 氣雖能如此而又未必盡如此, 蓋氣滯於有而其運又不齊. 不能無精英渣滓. 精英則虛而靈, 故妙得這個理; 渣滓則塞而蠢, 故不能妙這個理. 然理無不在, 故渣滓上亦各自有個理.

사람의 몸은 작은 천지입니다. 단지 내 몸만 살펴보아도 곧 만물을 알 수 있습니다. 사람의 몸은 혼연히 한 덩어리의 기로 그 침전되서 굳어진 것이 결성되어 신체가 되는데, 위에 있는 것은 귀와 눈이 되고 아래에 있는 것은 손과 발 등의 부류가 됩니다. 그 순수하고 뛰어난 기는 또 결성되어 중간에 오장이 되는데, 간은 목에 속하고 폐는 금에 속하고 비장은 토에 속하고, 신장은 수에 속하여 각각 기의 한 부분을 이룹니다. 또한 신체와 차이가 없기 때문에 모두 이 리에 묘응할 수 없습니다. 마음[心]은

人身小天地, 但觀吾身, 便可見萬物. 人身渾是一團氣, 那渣滓結爲軀殼, 在上爲耳目, 在下爲手足之類; 其精英之氣, 又結爲五臟於中, 肝屬木, 肺屬金, 脾屬土, 腎屬水, 各得氣之一偏, 亦與軀殼無異, 故皆不能妙是

본래 화火에 속하고 지극히 비어 있으면서 신령합니다. 음양과 오행이 모여 결성된 것으로 곧 순수하고 뛰어난 부분 가운데 가장 순수하고 뛰어난 것입니다. 따라서 건(健: 강건함)과 순(順: 유순함) 그리고 오상五常의 덕을 모두 갖추고 있으며 모든 선행이 이로부터 나옵니다. 신체에서 논하면 각 부분이 각각 도리를 가지고 있습니다. 예컨대, 오장이 서로 상생하고 상극하는 것, 손의 용모가 공손함을 나타내는 것, 발의 용모가 진중함을 나타내는 것, 귀가 밝게 듣는 것, 그리고 눈이 명료하게 보는 것 등, 그러한 기가 있으면 곧 그렇게 해야 하는 것이 있습니다. 공자가 이른바 "하나로 관통하였다."[8]는 것입니다. 옛 말에 "사람은 천시의 마음이다."[9]라고 하였고 또 "사람은 천지를 관할하고 만물을 명령한다."[10]라고 하였는데 모두 이것을 가리킵니다.

理. 心本屬火, 至虛而靈, 二五之秀所萃, 乃精英中之最精英者, 故健順五常之德咸備, 而百行萬善皆由是而出焉. 就軀殼上論, 亦各有個道理, 若五臟之相生相克, 手容之恭, 足容之重, 耳之聰, 目之明, 有個能如此的氣, 便有個該得如此的做出來, 夫子所謂"一以貫之"也. 古語云"人者天地之心", 又曰"人官天地・命萬物", 皆謂此也.

|3-34| 존형께서는 "리理가 만물에 존재함에 각각 혼연하게 온전하다. 그 분수상에서 그렇게 해야 하는 것은 모두 한쪽으로 치우친 것에

|3-34| 尊兄謂"理在萬物, 各各渾全, 就他分上該得處皆

---

8 하나로 관통하였다: 이 말은 공자가 증자에게 한 말로 『논어』「이인」에 나온다.

9 사람은 천지의 마음이다: 이 말은 공자가 한 말로 『예기』「禮運」에 나온다: "故人者, 天地之心也, 五行之端也, 食味・別聲・被色而生者也."

10 사람은 천지를 … 만물을 명령한다: 『장자』「德充符」에 다음과 같은 말이 나온다: "況官天地, 府萬物, 直寓六骸, 象耳目, 一知之所知而心未嘗死者乎!"

가까워 리라고 할 수 없다."라고 하셨습니다. 그렇다면 이 리는 공허한 것에 빠지게 됩니다. 노자가 이른바 "형태가 없는 것이 틈이 없는 데로 들어간다."[11]는 것과 불교에서 이른바 "비유하면 달의 형상이 모든 강에 흩어져 있는 것과 같으니, 상주불변의 실상은 나눠지 않은 채 모든 곳에서 원만하다."[12]라고 하는 것과 어떻게 구별되겠습니까? 요순 이래로 결코 별개의 도리를 말한 적이 없습니다. 먼저 하나의 중(中: 알맞음)을 말하였습니다. 이른바 중中이란 하나의 충분히 알맞은 상태를 말합니다. 이 일에서 반드시 이와 같이 해야 곧 충분히 알맞을 수 있고, 저 일에서는 반드시 그와 같이 해야 충분히 알맞을 수 있습니다. 여러 가지 충분히 알맞은 것들은 모두 이 마음의 충분히 알맞은 리理가 하는 것에 달려 있습니다. 그러므로 중中에 대하여 기울거나 치우침이 없고 지나치거나 모자람이 없음을 지칭한다는 설명이 있는 것입니다. 이른바 "충분히 알맞다."는 것은 곧

近於一偏, 而不得謂之理", 則是此理淪於空虛, 其於老氏所謂"無有入無間", 釋氏所謂"譬如月影散落萬川, 定相不分, 處處皆圓"者, 何以異哉! 自堯·舜以來, 都不曾說別箇道理, 先說箇中, 所謂中, 只是一箇恰好也. 在這事上, 必須如此, 纔得恰好, 在那事上, 必須如彼, 纔得恰好, 許多恰好處, 都只在是心上一個恰好底理做出來. 故中有不偏不倚·無過不及之名, 所論❺

11 형태가 없는 … 데로 들어간다: 『노자』(왕필본) 43장에 "天下之至柔, 馳騁於天下之至堅. 無有入於無間. 吾是以知無爲之有益也. 不言之敎, 無爲之益, 天下希能及之矣."라고 하였다.

12 비유하면 달의 … 곳에서 원만하다: 『주자어류』 권139, 「論文上」에 다음의 말이 나온다: "陳幾道'存誠齋銘', 某初得之, 見其都是好義理堆積, 更看不辨. 後子細誦之, 卻見得都是湊合, 與聖賢說底全不相似. 其云'又如月影散落萬川, 定相不分, 處處皆圓.' 這物事不是如此. 若是如此, 孔孟卻隱藏著不以布施, 是何心哉! 乃知此物事不當恁地說."

❺ 論: 『莊渠遺書』에 '謂'로 되어 있다. 번역은 『莊渠遺書』에 따랐다.

“그와 같이 해야 한다.”는 것의 다른 말입니다. 어떻게 이 리를 공허한 하나의 사물로 인식할 수 있겠습니까? 옛 성현들이 성을 논할 때 당사자의 기질 안에 이 리를 갖추고 있는 것을 직접 가리켜서 말하였습니다. 그러므로 이천(伊川: 程頤)은 “성이 곧 리이다.”라고 말하였던 것입니다. 고자告子 이래로 순자荀子, 양웅揚雄, 한유韓愈 등 여러 사람이 모두 기질을 성으로 잘못 이해하고 여러 주장을 요란스럽게 펼쳐 모호함만 가중시켰습니다. 이제 존형께서 또 성은 리와 기를 합해서 성립되는 것이라고 하시니, 형이상과 형이하의 구별에 대하여 어두우신 듯합니다. 공자께서는 “한 번 음이 되고 한 번 양이 되는 것을 도道라고 한다.”[13]고 하였고 또 “역易에는 태극이 있다.”[14]고 하였으니, 모두 기에서 이 리를 직접 가리켜 말한 것입니다. 바로 리와 기가 비록 서로 떨어져 있을 수 없지만 또한 서로 섞일 수도 없기 때문입니다. 그러므로 또 “형이상자를 도라고 하고, 형이하자를 기器라고 한다.”[15]라고 말한 것입니다. 만일 성이 리와 기를 합해서 성립하는 것이라면 형이상자와 형이하자가 서로 섞일 수 있는 것이 됩니다. 리는 천지 사이에 본래

“恰好”, 卽“該得如此”之異名, 豈可認此理爲虛空一物也? 古聖賢論性, 正是直指當人氣質內各具此理而言, 故伊川曰: “性卽理也.” 告子而下, 荀・揚・韓諸人, 皆錯認氣質爲性, 翻騰出許多議論來, 轉加鶻突. 今尊兄又謂性合理與氣而成, 則恐昧於形而上・下之別. 夫子曰“一陰一陽之謂道”, 又曰“易有太極”, 皆在氣上直指此理而言, 正以理氣雖不相離, 然亦不曾相雜, 故又曰“形而上者謂之道, 形而下者謂之器.” 若性合理氣而成, 則是形而

13 한 번 … 도(道)라고 한다: 『주역』「繫辭上」에 나온다.
14 역(易)에는 태극이 있다: 『주역』「繫辭上」에 나온다.
15 형이상자를 도라고 … 기(器)라고 한다: 『주역』「繫辭上」에 나온다.

기와 섞인 적이 없는데, 어찌 유독 사람에게서만 기와 서로 섞이겠습니까? 이 부분에 대하여 존형께서 좀 더 살펴보시기 바랍니다.

上・下者可以相雜. 理在天地間, 元不曾與氣雜, 何獨在人上便與氣相雜? 更願尊兄於此加察.

|3-35| 그러나 이 말 또한 존형에게서 나온 것이 아닙니다. 선유先儒가 천지의 성이 있고 기질의 성이 있다고 하면서 둘로 나누어 설명하였습니다. 따라서 존형께서 천지의 성이면 리로 말해야 하고 문득 성이라고 말할 수 없고, 기질의 리가 바로 성性이는 이름을 얻을 수 있는 근거이니 리와 기질이 합해서 성을 이룸을 알 수 있다고 여긴 것입니다.

|3-35| 然此亦非出於尊兄, 先儒謂有天地之性, 有氣質之性, 分作兩截說了, 故尊兄謂旣是天地之性, 只當以理言, 不可遽謂之性, 氣質之理, 正是性之所以得名, 可見理與氣質合而成性也.

제가 옛 성현들이 성을 논한 것을 살펴본 적이 있는데, 두 가지 방식이 있었습니다. 그 하나는 성과 정을 상대시켜 말한 것입니다. 이것은 성의 본래 의미로, 이 리를 직접 가리켜 말한 것입니다. 어느 때는 성을 명命과 상대시켜 말하기도 하고, 성을 천도와 상대시켜 말하거나, 성을 도와 상대시켜 말하기도 하는데, 그 뜻은 같습니다. 옛날에 성과 정 두 글자 모두 심(心: 마음)과 생(生: 낳는다)을 따라 구성되었습니다. 이것은 사람이 태어나면서부터 이 리를 심心에 갖추고 있음을 의미하니 그 의미를 가리켜 성性이라고 이름을 붙인 것입니다. 그 성

竊嘗考諸古聖賢, 論性有二. 其一以性與情對言, 此是性之本義, 直指此理而言. 或以性與命對言, 性與天道對言, 性與道對言, 其義一也. 古性情字皆從心從生, 言人生而具此理於心, 名之曰性, 其動則爲情也. 此於六書屬會意, 正

이 움직이면 정이 됩니다. 이 글자의 구성은 육서六書에서 회의(會意: 의미를 모아서 글자를 이룸)에 속하니, 바로 성이 명칭을 얻게 되는 근거입니다.

是性之所以得名.

또 하나의 방식은 성을 습(習: 익혀서 습관이 됨)과 상대시켜 말한 것으로 단지 생(生: 타고난 본성)자 부분만 취해서 의미를 삼습니다. 대개 천지가 낳는 것이 성性이 되고 사람이 행하는 것은 습習이 된다고 말하는 것입니다. 성은 타고나는 것[生]을 따르기 때문에 '생生'자를 가차하여 의미를 삼습니다. "'타고나는 것을 성이라고 한다'는 말은 단지 품수받은 측면만 훈석한 것이다."[16]라고 정자가 말했던 부분입니다. 이것은 육서에서 가차(假借: 의미나 소리가 같은 부분을 빌려서 뜻을 삼음)에 속합니다. 육서의 법에 가차의 방식이 매우 많지만, 후대의 유학자들이 잘 모르고 육경을 훈석할 때 가차자에 걸려서 이리저리 세분하여 변석하는 것에 허비합니다. 존형께서 사전을 가져다 보시면 금방 알게 될 것이니, 이제 상세히 말하지 못합니다.

其一以性與習對言者, 但取生字爲義, 蓋曰天地所生爲性, 人所爲曰習耳. 性從生, 故借生字爲義, 程子所謂"生之謂性, 止訓所稟受者也." 此於六書, 自屬假借. 六書之法, 假借一類甚多, 後儒不明, 訓釋『六經』多爲所梗, 費了多少分疏, 尊兄但取字書觀之, 便自見得, 今不能詳也.

육경六經에서 성을 말한 것은 탕湯임금에서 시작합니다. 이윤伊尹이 지은 「탕고湯誥」에 "위대하신 상제께서 백성들에게 충(衷: 중정함)을 내려 주시어 항상된 본성을 지닌 것에 따른다

『六經』言性, 始於成湯, 伊尹「湯誥」: "惟皇上帝, 降衷於下民, 若有恒性." 此

16 타고나는 것을 … 훈석한 것이다: 이 말은 『二程遺書』 권24에 나온다.

."[17]라고 하였습니다. 이 말은 이 리를 바로 직접 가리켜서 말한 것입니다. 공자는 『주역』의 건괘 단전彖傳에서 "건도가 변화하니 각각 성명을 바르게 한다."라고 하였고, 또 "계속 이어가는 것은 선善이요, 갖추고 있는 것은 성性이다."[18]라고 하였습니다. 자공子貢은 "선생께서 성性과 천도天道를 말하는 것을 들을 수 없었다."[19]라고 하였습니다. 자사子思는 『중용』에서 그 뜻을 조술하여, "하늘이 명한 것을 성이라 한다."라고 말하였습니다. 맹자가 본성은 선하다고 말한 것은 사실 이 『중용』에서 나왔습니다. "그 정情으로 보면 인간은 선을 행할 수 있으니, 곧 이것이 선하다고 말하는 취지이다."라고 하고, 또 사단의 뜻을 밝히고, 또 "군자가 본성으로 여기는 것은 인의예지가 마음에 뿌리를 두고 있는 것"[20]이라고 하였으니, 이전 성현이 미처 말하지 않은 바를 확대하여 밝혀서 매우 분명해졌다고 할 만합니다.

이윤伊尹이 "습관 들인 것이 더불어 본성으로 되었다."[21]고 말하고, 『논어』에서 "타고난

正直指此理而言. 夫子『易大傳』曰: "乾道變化, 各正性命." 又曰: "繼之者善也, 成之者性也." 子貢謂"夫子之言性與天道, 不可得而聞", 子思述之於『中庸』曰: "天命之謂性." 孟子道性善, 實出於此. 其曰: "乃若其情, 則可以爲善矣. 乃所謂善也", 又發明出四端, 又謂"君子所性, 仁義禮智根於心", 可謂擴前聖所未發, 忒煞分明矣.

伊尹曰"習與性成", 『論語』曰"性相

17 위대하신 상제께서 … 것에 따른다: 『尙書』「湯誥」에 "惟皇上帝, 降衷于下民, 若有恒性, 克綏厥猷惟后."라고 하였다. 衷을 주희는 기울거나 치우침이 없는 중정함[中]의 뜻으로 풀이하였다.

18 계속 이어 … 것은 성(性)이다: 이 말은 『周易』「繫辭上」에 나온다.

19 선생께서 성(性)과 … 수 없었다: 이 말은 『論語』「公冶長」에 나온다.

20 군자가 본성으로 … 있는 것: 이 말은 『孟子』「盡心上」에 나온다.

21 습관 들인 … 본성으로 되었다: 이 말은 『尙書』「太甲上」에 나온다.

본성은 서로 비슷하지만, 익혀서 습관 들이는 바에 따라 서로 멀리 차이 난다."[22]라고 하고, 『공자가어孔子家語』에서 "어려서 버릇이 된 것은 천성과 같이 되니, 습관을 들이게 되면 저절로 그렇게 하는 것처럼 된다."[23]라고 하였으니, 이 성性이란 글자에서 선천적으로 타고난다는 뜻만 취하였음을 알 수 있다. 『중용』에서 천명을 성性이라고 한다고 설명하고서도 또 "성실함[誠]으로부터 밝게 알게 되는 것[明]을 성性이라 하고, 밝게 아는 것으로부터 성실하게 되는 것을 교(敎: 가르침)라 한다."고 하였다. 맹자는 성性이 선하다고 말하면서도, 또 "요와 순은 성(性: 타고난 본성)대로 하였고, 탕과 무왕은 노력하여 본성을 회복하였다."라고 말하였다. 이들은 모두 앞의 성性자와 뜻이 같지 않다. 비록 습관 들이는 것과 대비시켜서 말하지는 않았지만, 모두 천도天道와 인도人道로 대비하여 말하고 있어, 두 성이 원래부터 의미가 다름을 알 수 있습니다.

近也, 習相遠也", 『家語』謂"少成若天性, 習慣如自然", 可見這性字但取天生之義.『中庸』論天命之謂性, 又曰"自誠明謂之性, 自明誠謂之教", 孟子道性善, 又曰"堯·舜性之, 湯·武反之", 皆與前性字不同, 雖不與習對說, 然皆以天道·人道對言, 可見二性字元不同也.

선유(先儒: 주희를 가리킴)는 단지 "타고난 본성은 서로 비슷하다."는 한 구절에 따라 여러 언어적 분석을 가하고 이 성性자는 리와 기질을 겸하여 말한 것이라고 설명하였는데,[24] 사

先儒只因"性相近也"一句, 費了多少言語分疏, 謂此性字是兼理與氣質來說,

22 타고난 본성은 … 멀리 차이 난다: 이 말은 『論語』「陽貨」에 나온다.
23 어려서 버릇이 … 것처럼 된다: 이 말은 『孔子家語』「弟子解」에 나오며, 『漢書』「賈誼傳」에서 인용한 말이다.

람의 성性에는 어떤 것도 첨가할 수 없으며, 기질을 붙이게 되면 곧 성이라고 말할 수 없다는 것을 모르고 있는 것입니다. 순자荀子가 성이 악하다고 논하고, 양웅揚雄이 성에는 선함과 악함이 섞여 있다고 논하고, 한유韓愈가 성性에는 세 등급이 있다고 논하면서, 여러 주장들이 어지럽게 나왔는데, 반드시 여러 성인의 말을 분석하였습니다.

不知人性上不可添一物, 纔帶著氣質, 便不得謂之性矣. 荀子論性惡, 揚子論性善惡混, 韓子論性有三品, 衆言淆亂, 必析諸聖.

공자의 "타고난 본성은 서로 비슷하다."는 한마디가 성을 논할 때 이름을 가지는 근거가 된다면, 앞에서 언급한 여러 설명들은 성인과 어긋나지 않게 되고 맹자가 성은 선하다고 말한 것은 도리어 한쪽으로 치우친 논의가 됩니다. 맹자가 성은 선하다고 논한 것은 성에 대해 분명하게 이해하였기 때문에 직절하게 말한 것입니다. 다만 성이 어떤 것인지 설명해서 밝히지 않았기 때문에 순자, 양웅, 한유 등 여러 유자들이 다양한 주장을 하였던 것이지만, 이천伊川: 程頤이 한마디로 "성은 곧 리이다."[25] 라고 갈파하자 여러 설들이 모두 반박하지 않아도 저절로 격파되었습니다.

若謂夫子"性相近"一言, 正是論性之所以得名處, 則前數說皆不謬於聖人, 而孟子道性善, 卻反爲一偏之論矣. 孟子道性善, 只爲見得分明, 故說得來直截, 但不曾說破性是何物, 故荀・揚・韓諸儒又有許多議論, 伊川一言以斷之曰"性卽理也", 則諸說皆不攻自破矣.

---

24 선유는 단지 … 것이라고 설명하였는데: 관련 내용은 『論語集註』 권17 「陽貨」의 "性相近也, 習相遠也"의 주석에 나온다. 주희는 "此所謂性兼氣質而言者也, 氣質之性固有美惡之不同矣."라고 하였다.

25 성은 곧 리이다: 이 말은 『二程遺書』 권22上, 「伊川雜錄」에 나온다.

맹자가 성은 선하다고 말한 것은 이전 성현이 미처 말하지 않은 바를 확대하여 밝힌 것인데, 명도明道: 程顥는 어째서 또 "성을 논할 때 기를 논하지 않으면 완비되지 않고, 기를 논할 때 성을 논하지 않으면 명확해지지 않는다. 성과 기를 둘로 나누어 놓는 것은 옳지 않다."[26] 라고 한 것일까요? 맹자는 단지 사람의 성이 선하다고만 설명하고 사람에게 선하지 않은 구석이 있는 것은 기품이 그 사람을 가렸기 때문이라는 점은 말하지 않았습니다. 공부의 착수처에 대하여 논할 때도 본심을 보전하고 본성을 기르는 것과 그 사단을 확충할 것을 말하였을 뿐 기질을 변화시키고 사욕을 극복하고 다스리는 공부는 말하지 않았습니다. 따라서 명도가 "성을 논할 때는 반드시 기질도 설명해야 한다."라고 말한 것이니, 대개 맹자의 말과 더불어서 의미를 서로 밝혀 주는 것입니다.

孟子道性善, 是擴前聖所未發, 明道何以又謂"論性不論氣不備, 論氣不論性不明, 二之則不是"? 蓋孟子只說人性之善, 卻不曾說人有不善, 是被氣稟蔽了他, 其論下手處, 亦只是說存心養性, 擴充其四端, 不曾說變化氣質與克治底功夫, 故明道謂"論性必須說破氣質", 蓋與孟子之言相發明也.

다만 명도는 또 "선함은 본래 성이지만, 악함도 또한 성이라고 하지 않을 수 없다. '사람이 태어나서 고요하다.'라고 한 것 그 이상에 대해서는 언어적 설명을 허용하지 않는다. 성에 대해서 말로 설명하면 곧 이미 성이 아니다."[27]라고 말하였는데, 이 말은 너무 쾌단해서

但明道又謂"善固性也, 惡亦不可不謂之性, 人生而靜以上不容說, 纔說性時便已不是性也", 此則未免失之大快矣.

26 성을 논할 … 옳지 않다: 이 말은 『二程遺書』 권6에 나온다. 「二之則不是」 부분이 없는 판본도 있다.

27 선함은 본래 … 성이 아니다: 이 말은 『二程遺書』 권1에 나온다.

말하는 잘못이 없지 않습니다. 아, 사람의 성은 본래 선합니다. 어떻게 악함이 있을 수 있겠습니까? 그 악함이 있을 때, 선은 어느 곳에 있다는 말입니까? 이 부분은 정밀하게 살펴야 합니다. "하늘의 일이여, 소리도 냄새도 없구나."[28]라고 하였습니다. 우리 사람에게 있어서 성의 본체도 또한 이와 같습니다. 성에 어떠한 것도 더할 수 없으니 성이 순수하고 지선한 것이기 때문입니다. 성인이 기를 품수받음은 순후하고 청명하여 조금의 찌꺼기도 없습니다. 단지 혼연하게 한 덩어리의 리이니 장자가 "모습은 사람이지만 (비어 있는 마음은) 하늘이다." 라고 한 것, 증자가 "장강과 한수로 빨고 가을 볕에 말린 듯, 희고 깨끗함이여 더할 수 없네." 라고 한 것입니다.

噫! 人性本善, 何得有惡? 當其惡時, 善在何處? 此須著些精彩看. 上天之載, 無聲無臭, 其在吾人, 性之本體, 亦復如是. 性上添不得一物, 只爲他是純粹至善底. 聖人氣稟, 淳厚清明, 略無些渣滓, 但渾是一團理, 莊生所謂"人貌而天", 曾子所謂"江・漢以濯之, 秋陽以暴之, 皓皓乎不可尙已."

현인 이하로는 기품과 물욕이 섞이게 되고, 곧 악함을 발생시킵니다. 악은 기품과 물욕에 의해 하게 되는 것이며, 나의 성性과는 무관합니다. 따라서 가리고 가로막는 것이 심해도 성은 의연하게 때때로 발현됩니다. 다만 그것이 성이라는 것을 즉시 식별해서 취하지 못하고 또 기품과 물욕으로 매몰시키기 때문에 성이 가려짐 없이 밝게 빛나게 하지 못할 뿐입니다.

自大賢以下, 纔被些氣稟與物慾夾雜, 便生出惡來. 惡乃氣稟物慾所爲, 自與吾性無與, 故雖蔽錮之深, 依然有時發見, 但不能當下識取, 又被氣稟物慾汩

28 하늘의 일이여 … 냄새도 없구나: 이 말은 『毛詩』「大雅・文王」에 나온다. '載'를 정현은 '栽'의 뜻으로 이해하고 하늘이 만물을 낳는 것이라고 해석하였다.

사람의 성은 오직 선하다는 것이 참된 실상입니다. 일체의 악함은 모두 실재하지 않는 망령된 것으로 내 성이 본래부터 가지고 있는 것은 아닙니다. 악한 생각이 일어날 때, 그 악한 생각을 밝게 살펴서 궁구해 가면 곧 악한 생각은 모두 실재하지 않는 것이 됩니다. 공부를 하는데 성을 아는 것이 분명하지 않으면 반드시 성현이 되겠다는 뜻을 지니지 못하게 됩니다. 따라서 존형께서 성을 논하는 데 힘쓰고 있지만, 논한 것을 보면 도리어 다른 사람들이 자신을 향상시켜 가는 것을 방해할 수 있는 것입니다.

沒了他, 不能使之光明不蔽耳.

人性惟善是眞實, 一切諸惡, 盡成虛妄, 非吾性之固有. 若當惡念起時, 與他照勘, 窮來窮去, 便都成空矣. 夫學而見性不明, 則無必爲聖賢之志, 故尊兄汲汲於論性, 然觀尊兄所論, 反能沮人進修.

| 3-36 | 전에 남도(南都: 南京)에서 몇몇 동지들과 교유할 때, 모두 존형의 풍도를 즐겁게 듣고서 흠모하였습니다. 『성서性書』가 나오자 읽었습니다만, 곧바로 책을 덮고 크게 탄식하면서 존형께서 주장이 너무 강해서 결코 바꾸려 하지 않을 것이라 생각하였습니다. 순보純甫[29]가 존형을 만난다니, 정리상 가만히 있을 수 없군요. 따라서 글로 변론해서 답신을 드립

| 3-36 | 記❻曩在南都, 交游中二三同志, 咸樂聞尊兄之風而嚮往焉. 至出『性書』觀之, 便掩卷太息, 反度尊兄自主張太過, 必不肯回. 純甫面會尊兄, 情不容

29 순보(純甫): 王道의 자로 호는 順渠. 1487-1547. 山東 武城 출신. 正德 6년(1511) 진사가 되었다. 처음에는 왕수인에게 배우다 뒤에 담약수에게 배웠다.

❻ 記: 『莊渠遺書』에 '嘗謂'로 되어 있다.

니다. 제가 이기理氣를 논한 곳은 본래 착오가 없을 수 없습니다. 그러나 존형께서 어긋나고 잘못되었다고 내치시는 것은 너무 지나치십니다. 그 의심했던 부분에 대하여, 존형께서 "말재주를 피워 덕업을 이루는 것을 방해하고 문장 뜻만 가지고 도리를 추측하여 선후본말의 순서를 잃은데다, 인용한 횡거(橫渠: 張載)…"라고 말씀한 것은 모두 명확하고 통쾌하였습니다. 존형께서는 바로 곁에 두고 보아야 하는데 도리어 잊고 살펴보지 않았다고 하였습니다. 그러나 어찌 말이 마음에 거슬려서 존형께서 기꺼이 도에서 옳은 것을 찾으려고 하지 않는 것이겠습니까? 예전에 장수경張秀卿[30]이 존형과 편지로 논변한 적이 있는데, 그의 말이 모호한 점에서 잘못된 것을 존형께서 편지로 극렬하게 비판하여 마치 사람을 천시하고 꾸짖는 것과 한가지였습니다. 이와 같은 기상은 바로 눈앞에서 도리에 먼저 차질이 생겨 자신이 강의하는 것이 무엇인지도 모르게 될까 염려됩니다. 장차 크게 쓰였을 때, 천하의 말들을 다 수용하여 쓸 수 있겠습니까? 간절히 바라건대, 존형께서는 마음을 비우고 기를 평순하게 하여 순임금이 "묻기를 좋아하고 비근한 말을 살피기를 좋아하였던 것",[31] 안자(顏子: 안연)가

已, 故復具書論辨. 其說理氣處, 固不能無差, 但尊兄斥之以爲悖謬, 則太過矣. 至其所疑尊兄以言語妨進修, 以文義占道理, 失本末先後之序, 所引橫渠云云者, 則皆明白痛快. 尊兄謂宜置之坐隅, 却乃忽而不省, 豈言逆於心, 故尊兄未必肯求諸道邪? 因記昔年張秀卿曾有書辨尊兄, 其言失之儱侗, 而尊兄來書極肆攻詆, 如與人厮罵一般. 似此氣象, 恐於眼面前道理先自蹉過, 不知所講是個甚底, 將來大用, 豈能盡用天下之言? 切願尊兄虛心平氣, 以舜之"好問而好察邇

30 장수경(張秀卿): 미상.

"잘하면서도 잘하지 못하는 사람에게 묻고 많이 알고 있으면서도 적게 알고 있는 사람에게 묻고 있으면서도 없는 듯이 하고 충실하면서도 허술한 것처럼 자신을 처신하였던 것"[32]을 모델로 삼으십시오. 외람되게 알아주시고 아껴 주시기에 제가 천 번 생각해서 한 번 맞을까 말까 하는 어리석은 소견을 감히 올립니다. 존형께서 판단해 주시기 바랍니다.

言"·顏子之"能問於不能, 以多問於寡, 有若無, 實若虛"爲法, 校辱知愛, 敢獻其一得之愚, 而尊兄擇焉.

| 3-37 | 나무에는 반드시 뿌리가 있은 뒤에 수많은 가지와 잎새가 의지해서 설 수 있다. 물은 반드시 발원지가 있은 뒤에 천 갈래 만 갈래 물길이 무궁하게 흐른다. 나라에는 반드시 군주가 있고, 집안에는 반드시 주인이 있은 뒤에 모든 일이 제 자리를 얻어 바르게 될 수 있다. 하늘이 우리 사람을 낳을 때 본래 이 도리를 부여하였다. 날마다 행하는 일들에서 흩어져 나타나지만, 총체적으로 내 마음에 갖추어져 있다. 반드시 이 마음을 먼저 항상 깨어 있게 하여 일들에 나아가서 그 이치를 하나하나 궁구하고 힘써 행해야 한다. 근본이 확립되면, 중간에 절목이 많다고 해도 모두 순서에 맞게 행해진다. 만일 마음에서 힘쓰지 않고 그

| 3-37 | 木必有根, 然後千枝萬葉有所依而立; 水必有源, 然後千流萬派其出無窮; 國必有君, 家必有主, 然後萬事可得而正. 天生吾人, 合下付這道理, 散見於日用事物, 而總具於吾心, 必先常常提省此心, 就逐事上一一窮究其理而力行之. 根本旣立, 則中間節目雖多, 皆可次

---

31 묻기를 좋아하고 … 좋아하였던 것: 이 말은 『중용』에 나온다.

32 잘하면서도 … 처신하였던 것: 이 말은 『논어』「泰伯」에 나온다.

저 널리 만물의 이치를 살피려고만 하면 막연해서 착수할 곳을 가지지 못할 것이다. 이 마음이 보존되지 않으면, 한 몸은 이미 주재하는 것이 없으니 다시 무슨 도리를 탐색하여 연구하겠는가? 탐색하고 연구한다고 해도 또한 스스로 안착할 곳을 가지지 못한다. 따라서 어려서부터 공부하지만 늙어서도 이룬 것이 없게 된다.

第而擧. 若不於心地上用功, 而徒欲泛然以觀萬物之理, 正恐茫無下手處. 此心不存, 一身已無個主宰, 更探討甚道理? 縱使探討得來, 亦自無處可安頓, 故有童而習之, 皓首而無成者.

옛 사람은 도리를 아는 것[知]과 도리를 행하는 것[行]이 한 가지 일이어서 도리를 알고자 추구하는 처음부터, 바로 힘써 행하는 바탕으로 삼고자 하기 때문에, 도리를 알게 되면 곧 실행하여 감히 늦추지 않는다. 오늘날 사람들은 도리를 행하는 것에서 한 걸음 느슨하고 관대하여, 도리를 알고자 할 뿐이고, 도리를 안 뒤에도 또한 반드시 착실하게 실천하지는 않는다. 따라서 무한한 도리를 잘도 설명하지만 기질은 여전히 전과 같은 사람이다. 성현의 글은 모두 내 마음이 본래부터 지니고 있던 것을 설명해 주는 것들이다. 미혹으로 인해 모르고 있기 때문에 성현이 가리켜서 보여 주는 것이다. 비유하면, 어떤 사람이 해와 달을 모르고 있을 때, 눈이 밝은 자가 손으로 가리켜서 해와 달을 보면 곧 분명해지는 것과 같다. 지금 사람들은 해와 달은 보지 않고 단지 가리키는 손가

古人知行只是一事, 方其求知之始, 正欲以爲力行之資, 及其旣知, 則遂行之而不敢緩. 今人於行且放寬一步, 只管去求知, 旣知得來, 又未必著實去踐履, 故有能說無限道理, 而氣質依然只是舊人者. 聖賢之書, 都只是說吾心所固有底, 只因迷而不知, 故聖賢爲之指示. 譬如有人不識日月, 得明者以手指之, 只看日月, 便是了然.

락에서 찾을 뿐이니, 찾고 또 계속 찾은들 분명해지는 때가 언제 있겠는가? 어찌 해와 달만 모를 뿐이겠는가? 가리키는 손가락조차 모르게 된다. 성현의 글을 읽으면 응당 자신에게서 그 도리를 찾아서 스스로 이 도리를 자상하게 체득해야 한다. 만일 책에서만 연구하면 이 마음 전체가 오직 책에서만 전념하게 된다. 맹자가 말하였다. "학문의 방법은 다른 데 있지 않다. 잃어버린 마음을 찾는 것일 뿐이다."[33] 이제 학문하는 것으로 인해 마음을 잃어버리고도 찾을 줄 모르는 지경에 이르니 어찌 거듭 슬프지 않을 수 있겠는가?

今不去看日月, 却只管來指上看, 看來看去, 有甚了期! 豈惟不識日月, 連指亦不識矣. 讀聖賢之書, 正宜反求諸身, 自家體貼得這道理去做, 若只管鑽研紙上, 此心全體都奔在書冊上. 孟子曰: "學問之道無他, 求其放心而已矣." 今因學問至於放其心而不知求, 豈不重可哀哉!

|3-38| 이상 말씀드린 것은 근래 속학의 공통적 폐단입니다. 존형께서는 경재敬齋: 胡居仁의 문하에서 직접 배웠으니 결코 착오를 범하는 데에 이르지는 않았을 것입니다. 다만 의혹되는 바가 있어 제 생각을 감히 다 말씀드리지 않을 수 없습니다. 망령되고 무지한 생각을 경솔히 함부로 말씀드렸으니 허술하고 잘못된 것이 없으리라 보장하지 못합니다. 존형께서 내치지 마시고 끝까지 가르쳐 주신다면, 고명

|3-38| 已上所言, 皆近世俗學之通弊, 尊兄親受業於敬齋之門, 必不至於有差, 但有所疑, 不敢不自竭耳. 狂瞽之見, 率爾妄言, 不能保無紕繆, 尊兄不棄而終教之, 不有益於

33 학문의 방법은 … 것일 뿐이다: 이 말은 『孟子』「告子上」에 나온다.

하신 존형께는 이익되는 바가 없다 해도 반드시 비루한 저에게는 도움이 되는 바가 있을 것입니다.

高明, 則必有益於淺陋矣.

「학문을 논하는 서신」[34]

「論學書」

| 3-39 | 존양存養과 성찰省察 공부는 본래 학문의 근본이지만 또한 크게 분발하는 마음을 내야만 비로소 성취를 이룰 수 있습니다. 만일 분발하지 않고 평소대로 해 가려고만 하면, 이루지 못함을 알 수 있다.[35]

| 3-39 | 存養省察工夫, 固學問根本, 亦須發大勇猛心, 方做得成就, 若不曾發憤, 只欲平做將去, 可知是做不成也.

| 3-40 | 공자의 문하에서 안자(顏子: 顏淵)만이 중행(中行: 중용의 도리에 맞게 행동함)에 해당할 수 있었다. 증자 이래 자사와 맹자는 기질이 모두 강고함[剛]에 치우쳐 있다. 그러나 그들이 성인의 도를 전할 수 있었던 것은 모두 강고하고 굳센 것[剛毅]의 힘을 얻었기 때문이다. 문공(文公: 朱熹)은 "세상이 퇴락하고 도가 쇠미해져 인욕이 횡행할 때는 강고하고 굳센 사람이 아니면 또한 의지를 확고하게 세우지 못한다."[36]

| 3-40 | 孔門唯顏子可當中行, 自曾子以至子思·孟子, 氣質皆偏於剛, 然其所以傳聖人之道, 則皆得剛毅之力也. 文公謂世衰道微, 人欲橫流, 不是剛毅的人, 亦立腳不住.

---

34 학문을 논하는 글: 이 부분은 『莊渠遺書』에 서간 가운데에서 황종희가 임의로 발췌한 것으로 보인다.

35 존양과 성찰 … 수 있다: 『莊渠遺書』 권3 「與王純甫」에 나온다.

36 세상이 퇴락하고 … 세우지 못한다: 『주자어류』 권43, 「논어 · 자로」에 "到曾子, 【道

라고 하였다.[37]

| 3-41 | 지금 사대부는 한 계단의 반 계단만 얻어도 기뻐하고 반 계단만 잃어도 걱정한다. 비유하면 새가 새장 안에서 바닥에서 수직으로 날아올라 정상에 이르기까지 큰 세계이지만, 결국 새장을 벗어나는 날이 없는 것과 같다.[38]

| 3-41 | 今之士大夫, 得一階半級則以爲喜, 失一階半級則以爲憂. 譬如鳥在籠中, 縱令底下直飛至頂上, 許大世界, 終無出日.

| 3-42 | 이천(伊川: 程頤)은 말하기를, "마음이 잠시라도 화평하지 않고 즐겁지 않으면, 비루하고 기만하는 마음이 들어간다. 이것은 '경敬을 견지하여 내면을 곧게 하는 것'[39]과 같은 이치이다. 경敬을 견지하는 것을 화평하고 즐거운 것이라고 하면 물론 안 되지만 경을 견지함이 화평하고 즐거워야만 마음 가운데 일이 없게 된다."[40]라고 하였다.[41]

| 3-42 | 伊川言: "中心斯須不和不樂, 則鄙詐之心入之矣. 此與敬以直內同理, 謂敬爲和樂, 固不可, 然敬須和樂, 只是心中無事也."

| 3-43 | 사람이 하루 동안에도 희로애락(喜怒哀樂: 기뻐하고 분노하고 슬퍼하고 즐거워하는 것)이

| 3-43 | 人一日間喜怒哀樂, 不知發了

夫錄有『氣質』字.】便過於剛, 與孟子相似. 世衰道微, 人欲橫流, 若不是剛介有脚跟底人, 定立不住."라고 하였고, 권93「樂古今」에 "孔門只一箇顔子合下天資純粹. 到曾子便過於剛, 與孟子相似. 世衰道微, 人欲橫流, 不是剛勁有脚跟底人, 定立不住."라고 하였다.

37 공자의 문하에서 … 라고 하였다:『莊渠遺書』권3「與裴大典」에 나온다.

38 지금 사대부는 … 것과 같다:『莊渠遺書』권3「寄李立卿一」에 나온다.

39 경(敬)을 견지하여 … 하는 것: 이 말은『周易』「坤卦」「文言」에 나온다.

40 마음 가운데 … 없게 된다: 이 말은『이정유서』권2상에 나온다.

41 이천은 말하기를 … 라고 하였다:『莊渠遺書』권3「與胡永淸」에 나온다.

얼마나 많이 일어나는지 모른다. 그러나 절도에 맞는 것은 항상 적고 맞지 않은 것은 항상 많다. 비록 희로애락이 일어나지 않는 때에도 희로애락의 뿌리는 이미 자체로 그 사이에 미리 잠복해 있다.[42]

多少, 其中節也常少, 不中節也常多, 雖無所喜怒哀樂時, 而喜怒哀樂之根, 已自先伏於其間.

| 3-44 | 연말에 한 친구가 나에게 들러 쌓인 먼지가 방에 가득한 가운데 담박하게 지내는 것을 보고 탄식하여 말하였다. "내가 거처하는 곳은 반드시 청소하여 깨끗하다. 마음을 비우고 지내며 세간의 분잡한 일들이 섞이지 않으니 천지의 맑은 기와 서로 통한다. 처소 앞에 꽃과 나무를 이리저리 심어 놓고 때로 만물의 생의生意를 바라본다. 한밤중에 혼자 앉아서 더러 사립문을 열어 달빛이 스며들게 하고, 새벽에 이르면 항상 천지만물의 맑은 기가 멀리서부터 이르고 이 마음이 서로 통하여 막힘이 없음을 느낀다. 이제 방 안에 더러운 먼지들은 치우지 않지만 마음에 지장을 주지 않으니 외물을 완롱하는 것보다 뛰어남이 현격하다. 다만 정신을 맑게 하는 데에는 꼭 도움이 되지는 않을 듯하다."[43]

| 3-44 | 歲莫一友過我, 見某凝塵滿室, 泊然處之, 歎曰: "吾所居, 必灑掃涓潔. 虛室以居, 塵囂不雜, 則與乾坤清氣相通. 齋前雜樹花木, 時觀萬物生意. 深夜獨坐, 或啓扉以漏月光, 至昧爽, 恒覺天地萬物清氣自遠而屆, 此心與相流通, 更無窒礙. 今室中蕪穢不治, 弗以累心, 賢於玩物遠矣. 但恐於神爽未必有助也."

42 사람이 하루 … 잠복해 있다: 『莊渠遺書』 권3 「與余子積」에 나온다.
43 연말에 한 … 않을 듯하다: 『莊渠遺書』 권3 「與余子積」에 나온다.

| 3-45 | 내가 집에서 지내는 것은 소탈하면서도 중후하여 사물로 마음을 움직이지 않는다. 친구는 말한다. "사람의 마음은 치밀해야 하며 한 가지 일도 놓쳐서는 안 된다. 공부하는 데 일마다 노력하지 않으면 성기고 새는 곳이 반드시 많게 되어 일에 응대할 때 반드시 도리를 빠뜨리게 된다. 내가 보건대, 맑고 고결하며 마음을 비워 고요한 선비가 오래되면 무너지지 않는 경우가 없었다. 한 번 음이 되고 한 번 양이 되는 것을 도라고 한다. 이제 고요한 것을 좋아하고 움직이는 것을 싫어하는 것은 음만 있고 양이 없으면 변화가 이루어지지 않는 것과 같다." 내가 말을 듣고 섬찟 두려웠다.[44]

| 3-45 | 某居家簡重, 不以事物經心. 友人曰: "人心須完密, 一事不可放過. 學而不事事, 則疏漏處必多, 應事時必缺陷了道理. 吾見清高虛靜之士, 久之未有不墮落者. 一陰一陽之謂道, 今喜靜厭動, 正如有陰無陽, 不成化矣." 某聞言聳然.

| 3-46 | 사람의 마음은 혀를 통해서 소통된다. 그러므로 말을 잘하고 말이 많은 사람은 이 마음이 밖으로 내달려 말을 하지 않아도 혀는 항상 움직일 생각을 가진다. 그러므로 축적되는 것이 항상 얕고 응대하여 운용하는 것에서는 쉽게 소루해진다. 다만 밖에서 통제하는 것은 안에서 수렴하여 방심하고 수렴하는 사이에 확인해 가면서 마음의 존망이 달린 곳에서 응당 자연스럽게 힘쓸 곳을 가지는 것보다

| 3-46 | 人心通竅於舌, 是以能言多言之人, 此心奔迸外出, 未言, 舌常有動意, 故其蓄聚恒淺, 應用易疏. 但與其箝制於外, 不若收斂於中, 驗之放去收轉之間, 而心之存亡攸

44 내가 말을 … 섬찟 두려웠다: 『莊渠遺書』 권3 「與余子積」에 나온다.

못하다.[45]

| 3-47 | 천하의 일은 세상에 대하여 분개하고 사악함을 미워하는 것에서 시작하면 엄혹하게 처리하는 데 치우친다. 반드시 태화(太和: 화목함) 가운데에서 시작하면 사시의 기운이 모두 갖추어진 가운데 봄의 생기가 항상 주인이 되어 덕에 부합하면서 변화를 이룰 수 있다.[46]

| 3-48 | 마음은 내 몸의 주재자이다. 천하의 일로부터 이 마음에 이르면 이미 귀결되는 곳이지만 마음에서 도리어 두 길이 나와 선함과 악함이 갈라진다. 성의誠意는 관할하여 돌아가는 유일한 길이다. 선함과 악함은 각각 나오는 길이 있다. 선함은 심체가 밝은 곳에서 나오고, 악함은 그 어두운 곳을 따라 나온다. 치지(致知: 앎을 극진히 함)는 밝음을 미루어 어두움을 깨뜨리는 것이다. 마음과 외물이 접할 때 마음이 주인이 되어 나를 기준으로 외물을 헤아리면 어두운 것이 통하게 되지만, 자신을 버리고 외물을 좇으면 외물이 도리어 주인이 되어 밝은 것은 막힐 수 있다. 따라서 공부의 시작은 그 대체를 먼저 확립하는 것에 있다.[47]

繫, 當自有著力處也.

| 3-47 | 天下之事, 若從憤世嫉邪起端, 未免偏於肅殺. 必也從太和中發出, 則四時之氣咸備, 而春生常爲之主, 乃可合德造化也.

| 3-48 | 心乃我身主宰, 從天下至此, 已是盡頭處, 而心却發出兩路, 善惡岐焉, 誠意是管歸一路也. 善惡各有來路, 善是從心體明處發來, 惡便是從暗處發來, 致知是要推明破暗也. 心與物交, 若心做得主, 以我度物, 則暗者可通. 若舍己逐物, 物反做主, 明者可塞. 故功

---

45 사람의 마음은 … 것보다 못하다: 『莊渠遺書』 권3 「答李立卿」에 나온다.

46 천하의 일은 … 수 있다: 『莊渠遺書』 권3 「與霍渭先」에 나온다.

47 마음은 내 … 것에 있다: 『莊渠遺書』 권3 「與顧惟賢」에 나온다.

夫起頭, 只在先立乎其大者.

| 3-49 | 이헌길李獻吉[48]이 만년에 나와 학문에 대하여 논하였는데, 스스로 도를 이해하는 것이 밝지 못함을 후회하면서 말하였다. "옛날 내가 사장詞章에 빠졌었지만 이제는 싫증이 납니다. 고요한 가운데 어렴풋이 깨닫는 것이 있는데 그 의경意境의 맛이 탁월하게 달라서 기록해 두었습니다." 내가 말하였다. "기록한 뒤에는 의경의 맛이 어떠하였습니까?" 헌길이 한참 묵묵히 있다가 놀라서 물었다. "나도 사실 모르는 사이에 기록해 두자마자 의경의 맛이 점차 분산되고 처음만 못하였습니다. 왜 그렇습니까?" 내가 이어서 천근天根의 공부는 배양을 깊게 하고 누설하는 것을 절대 기피해야 한다고 그에게 힘주어 말하였다. 그는 이어서 평소 자신의 큰 병통이 어디에 있는지 물었다. 내가 말하였다. "공의 재주는 매우 높은데 다만 헛된 뜻과 교만한 기색이 도를 해침이 심한 것입니다." 헌길이 말하였다. "하늘이 나에게 20년만 일찍 선생을 만나게 해 주었다면, 어찌 이

| 3-49 | 李獻吉晚而與某論學, 自悔見道不明, 曰: "昔吾汨於詞章, 今而厭矣. 靜中恍有見, 意味迥然不同, 則從而錄之." 某曰: "錄後意味何如?" 獻吉默然良久, 驚而問曰: "吾實不自知, 纔劄記後, 意味漸散, 不能如初, 何也?" 某因與之極言天根之學, 須培養深沉, 切忌漏洩, 因問平生大病安在. 曰: "公才甚高, 但虛志與驕氣, 此害道之甚者也." 獻吉曰: "天使吾早見二

---

48 이헌길(李獻吉): 李夢陽. 1472-1529. "獻吉"은 다른 이름이다. 자는 恩賜, 호는 空同子이다. 선조는 河南 부구陝西 慶陽(현재는 甘肅에 속함) 출신. 弘治5年(1493) 進士에 오르고, 戶部主事, 郎中 등을 역임함. 인물됨이 강직하고 권세를 두려워하지 않았다. 弘治18년 壽寧侯 張鶴齡을 탄핵하였다가 도리어 錦衣獄에 하옥된 적이 있고, 환관 宦官 劉瑾을 탄핵하였다가 山西布政司로 좌천되기도 하였다. 뒤에 선조들이 살았던 河南 扶溝로 돌아가 만년을 보냈다. 저서에 『空同集』이 있다.

와 같겠습니까?"[49]

十年, 詎若是哉!"

|3-50| 사람의 한 마음이 백 가지 천 가지 일을 관통하고 있다. 만일 주재자를 확립하지 못하면 종일 쉼 없이 일들을 좇으면서 모든 일에 통섭하는 바가 전혀 없어 어디로부터 힘을 써서 노력해야 할지 모른다. 또한 정좌하여 잃어버린 마음을 거두어들이고 일이 다가와도 관심을 두지 않는 것 이것은 스스로 도리를 끊는 것이니 어떻게 관통하겠는가? 내 입장에서는 일상에서 일이 있고 없고를 따지지 않고 항상 이 마음을 견지하여 여기(마음)에 주재하는 것을 지니고 있다. 일이 다가오면 곧 이 일 가운데 노력하여 곧바로 도리에 따라 행하면서 사욕에 의해 가려지고 얽매임이 없게 한다. 이와 같이 하면 관통할 수 있다.[50]

|3-50| 人之一心, 貫串千事百事, 若不立個主宰, 則終日營營, 凡事都無統攝, 不知從何處用功. 又有兀坐以收放心, 事至不管, 是自隔絕道理, 如何貫串得來? 如愚見, 日用間, 不問有事無事, 常存此心, 有個主宰在此, 事來, 就此事上用功, 直截依著道理行, 莫要被私欲遮障纏繞, 如此纔能貫串得過.

|3-51| 희로애락의 마음이 아직 일어나지 않았을 때 성性은 본래 비어 있고[空], 희로애락의 마음이 일어나도 모두 절도에 맞아 사물에 응대함 역시 비어 있지 않음이 없는 것은 성인이 체에서나 용에서나 모두 근원을 같이하는 모

|3-51| 喜怒哀樂未發, 性本空也, 發而皆中節, 其應亦未嘗不空, 聖人體用一原也. 世人不無潛

49 이헌길이 만년에 … 이와 같겠습니까: 『莊渠遺書』 권4 「與霍渭先」 「別紙」에 나온다.
50 사람의 한 … 수 있다: 『莊渠遺書』 권4 「答王直夫」에 나온다.

습이다. 세상 사람들은 잠복되어 있는 것이 없지 않기 때문에 당장 이미 허상[前塵]을 가지고 있고, 망령되게 움직이기 때문에 상황에 의한 허상[緣影]을 가진다. 그러므로 경계하고 두려워하는 마음이 없으면 안 된다. 석씨(불교)는 인욕의 허상을 싫어하면서 마음에서는 이해할 수 없는 천성(天性: 본성)까지 없애려고 하여 어린아이가 우물에 빠지는 것을 보고 놀라고 가슴 아파하는 참된 마음을 교제를 맺고 명예를 탐하고 나쁘게 소문나는 것을 싫어하는 망령된 마음[51]과 똑같이 허상[塵影]이라고 말한다. 따라서 성현의 학문과는 하늘과 땅 차이가 난다.[52]

伏故有前塵, 妄動故有緣影, 是故不可無戒懼之心. 釋氏厭人欲之幻, 并與天性不可解於心者而欲滅之, 將乍見孺子入井怵惕眞心, 與內交要譽惡其聲之妄心, 同謂塵影, 則與聖賢之學霄壤矣.

|3-52| 대장부는 얼어 죽게 되면 얼어 죽고, 굶어 죽게 되면 굶어 죽기 때문에 비로소 천지간에 당당하게 설 수 있다. 만일 입만 열면 다른 사람에게 자신의 가난을 말하고 다른 사람에게 자신을 동정해 줄 것을 요구하여 조그만 혜택을 얻어서 자신의 생명을 부지한다면 천장부가 아니겠는가?[53]

|3-52| 大丈夫凍死則凍死, 餓死則餓死, 方能堂堂立天地間. 若開口告人貧, 要人憐我, 以小惠呴沫我, 得無爲賤丈夫乎!

---

51 교제를 맺고 … 망령된 마음: 관련 내용은 『맹자』 「公孫丑上」에 나온다. 맹자는 어린아이가 우물에 빠지는 것을 보았을 때 놀라고 안타까워하는 마음에 대하여 "非所以內交於孺子之父母也, 非所以要譽於鄕黨朋友也, 非惡其聲而然也."라고 하였다.

52 희로애락의 마음이 … 차이가 난다: 『莊渠遺書』 권4 「答王純甫」에 나온다.

53 대장부는 얼어 … 천장부가 아니겠는가: 『莊渠遺書』 권4 「與邵子存」에 나온다.

| 3-53 | 마음의 원신元神은 밝게 깨어 있어, 수렴하고 배양하기를 참된 기미[眞機]에 따라 하면서 이끌어 펼치고 유형대로 확대하면, 자연히 막힘이 없는 묘응이 있다. 만일 마음 안에만 전일하고 외물을 염두에 두지 않으면서, 일상에서 근본과 말단을 두 가지 별개의 사안으로 분별한다면, 그렇게 하는 것들은 여전히 본령이 얻지 못하고 번쇄한 것이 된다.[54]

| 3-53 | 人心元神, 昭昭靈靈, 收斂停畜, 因其眞機, 引而伸之, 觸類而長之, 自有無窮之妙. 若專內遺外, 日用間分本末作兩段事, 如此仍是支離也.

| 3-54 | 근래에 『대학』을 체인하면서 성학聖學의 핵심이 지극히 쉽고 간명한데, 설명하는 사람들이 스스로 번거롭고 어려움을 만드는 것임을 자못 파악하였다. 양명(陽明: 王守仁)은 대개 격동함이 있는 사람이다. 그러므로 선학의 공안을 뒤집어 불교의 주장을 미루어서 유교에 부가하였다. 그가 매우 통쾌하게 설명하여 사람들을 쉽게 격동시키는 탓에, 오늘날 그의 학문을 하는 사람들은 기본적으로 이 마음을 높이 내세우고 본래의 자리에 있지 않다 그래서 의(義: 정의)와 리(利: 이해)의 커다란 경계에서는 도리어 주저하는 사람이 많다.[55]

| 3-54 | 近體『大學』, 頗窺聖學之樞機, 至易至簡, 說者自生煩難. 陽明蓋有激者也, 故翻禪學公案, 推佛而附於儒. 被他說得太快, 易聳動人, 今爲其學者, 大抵高擡此心, 不在本位,❼ 而於義利大界限反多依違.

| 3-55 | 우리가 성인을 배우고자 하면서도,

| 3-55 | 吾輩欲學

---

54 마음의 원신(元神)은 … 것이 된다: 『莊渠遺書』 권4 「答唐應德」에 나온다.

55 근래에 『대학』을 … 사람이 많다: 『莊渠遺書』 권4 「復沈一之」에 나온다.

❼ 不在: 『莊渠遺書』에는 '不復在'로 되어 있다.

'사람이 태어나서 고요한 것'에서 찾지 않고 단지 '어린아이가 인지함이 있는 것'에 나아가서 설명하고, '본성이 바라는 것'과 '물욕'을 살피지 않는다면, 이것은 끊임없이 옮겨 가는 생각들을 가지고 주인으로 삼는 것이다.[56]

聖人, 不求諸人生而靜, 祇就孩提有知識後說起, 又不察性之欲與物欲, 則是以念念流轉者爲主.

| 3-56 | 진원성陳元誠[57]이 나의 근래 학문이 불교와 도가를 성인과 같은 것으로 이해한다고 의심하여 나를 위해서 크게 염려하였다.[58]

| 3-56 | 陳元誠疑吾近日學問, 見得佛·老與聖人同, 大爲吾懼.

| 3-57 | 진원성이 정靜을 논하여 말하였다. "하나의 생각도 일어나지 않고, 붙잡고 있지도 않고, 가려 있거나 어둡지도 않다. 이 세 가지 중 하나라도 범하면 곧 옳지 않다."[59]

| 3-57 | 元誠論靜云: "一念不生, 旣不執持, 又不蒙昧, 三件犯著一件, 便不是."

| 3-58 | 도道에 중심과 주변이 없음을 알면서도 마음이 중심이 됨을 알지 못하면 막연하여 공부의 착수처를 가지지 못한다. 마음이 중심이 되는 것을 알면서도 도에 중심과 주변이 없다는 것을 모르면, 공부가 좁아진다. 그러므로 "이것이 심학心學의 온전한 공부이다."라고 말하는 것이다.[60]

| 3-58 | 知道無中邊, 而不知內爲主, 則茫無下手處; 知內爲主, 而不知道無中邊, 則隘, 故曰: "此心學之全功也."

---

56 우리가 성인을 … 삼는 것이다: 『莊渠遺書』 권4 「答甘欽采」에 나온다.
57 진원성(陳元誠): 미상. 『莊渠遺書』 권3-4에 진원성과 주고받은 편지들이 있다.
58 진원성이 나의 … 크게 염려하였다: 『莊渠遺書』 권4 「答陳元誠」에 나온다.
59 진원성이 정(靜)을 … 옳지 않다: 『莊渠遺書』 권4 「答陳元誠」에 나온다.

| 3-59 | 천구天球상에서는 좌우와 앞이 모두 움직이는데, 오직 북신北辰은 움직이지 않는다. 사람의 몸에서는 등이 또한 그와 같다. 그러므로 "천근天根의 학문은 『주역』의 '등에 머무른다.'[61]는 뜻에 근본을 둔다."라고 말하는 것이다.[62]

| 3-59 | 天文左右前皆動也, 惟北辰不動. 人身背亦如之. 故曰: "天根之學, 本『易』艮背之旨."

| 3-60 | 오봉(五峰: 胡紘)의 학문은 본원을 함양하는 것에 힘쓰지 않고 발현하는 한 단예에 집착하여 곧 작용(作用: 본심의 활동)을 과장한다. 그러므로 급박하고 조장하는 병통이 있다.[63]

| 3-60 | 五峰之學, 不務涵養本原, 只要執發見一端, 便張皇作用, 故有急迫助長之病.

| 3-61 | 마음의 신명神明은 특정한 곳에 있지 않지만 없는 곳이 없고, 없는 곳이 없지만 특정한 곳에 존재함이 있다. 고요하면 기의 본원[氣母]은 뿌리로 돌아가고 움직이면 신명의 기미[神機]가 발현한다. 그러므로 저기에 있는 것으로 생각하고, 신명이 사실 마음에 있으며, 마음에 존재해도 자취가 없다는 것을 모른

| 3-61 | 心之神明, 無乎在而無乎不在也, 無乎不在而有在也. 靜則氣母歸根, 動則神機發見, 故疑其在彼而不知實在於心, 雖有在也, 而

---

60 도(道)에 중심과 … 말하는 것이다: 『莊渠遺書』 권4 「答陳元誠」 「別紙」에 나온다.

61 등에 머무른다: 『주역』 艮卦 卦辭, 「艮其背, 不获其身」을 가리킨다. 주희는 『周易本義』에서 "蓋身動物也, 唯背爲止. 艮其背, 則止於所當止也. 止於所當止, 則不隨身而動矣, 是不有其身也."라고 하였다.

62 천구(天球)상에서는 좌우와 … 말하는 것이다: 『莊渠遺書』 권4 「答陳元誠」 「別紙」에 나온다.

63 오봉(五峯)의 학문은 … 병통이 있다: 『莊渠遺書』 권4 「答陳元誠」 「別紙」에 나온다.

다.[64]

無迹也.

|3-62| 사람의 마음은 주재하는 것[極]을 세우면, 비록 끊어질 때가 있더라도 역시 잘 이어진다. 그렇지 않으면 종일 공부하여도 산만하고 통서가 없게 된다.[65]

|3-62| 人心立極, 雖有間斷處, 亦好接頭; 否則, 終日向學, 不免散而無統也.

|3-63| 근래에 한 사람과 이기理氣를 논하면서 이어서 내가 물었다. "사람이 애통할 때, 온몸이 찢어지는 것 같고, 콧물과 눈물이 교대로 흐른다. 이것이 측은히 여기는 마음이다. 부끄럽고 수치스러울 때, 얼굴이 발개지고 땀이 몸에 흐른다. 이것이 부끄러워하고 미워하는 마음이다. 이제 또 어느 것이 리이고 어느 것이 기라고 분별하겠는가?" 그 사람이 그렇다고 하였다. 내가 말하였다. "아니다. 애통해하고 부끄러워하는 것도 본래 발동하여 절도에 맞지 않는 때가 있다. 더구나 눈물이 흐르고 땀이 흐르는 것이 어찌 리理가 하는 것이겠는가?" 그 사람은 이해하지 못하였다. 내가 말하였다. "리는 따로 존재하는 어떤 것이 아니다. 단지 기에 나아가 그렇게 해야 하면 곧 그것이 리이다. 리는 본래 그와 같이 해야 하는 것이지만,

|3-63| 近與一人論理氣, 因問之曰: "人當哀痛時, 滿體如割, 涕淚交流, 此惻隱之心也; 當羞愧時, 面爲發赤, 汗流被體, 此羞惡之心也. 今且分別誰是理耶, 誰是氣耶?"其人唯唯. 曰: "未也. 哀痛羞愧固有發不中節時, 亦復涕汗流出, 豈亦理之爲耶?" 其人不能自解. 某曰: "理非別有一物, 只就氣該得如此便

64 마음의 신명(神明)은 … 것을 모른다: 『莊渠遺書』 권4 「答陳元誠」에 나온다.
65 사람의 마음은 … 없게 된다: 『莊渠遺書』 권4 「答林烈」에 나온다.

그러나 도리어 실제로 그렇게 하는 것이 없다. 실제로 능히 그렇게 하는 곳에서는 모두 기가 하는 것이다. 그러나 기의 운행은 한결같지 않아서 완전히 그렇게 하지 못하는 경우가 있다. 리와 기가 합일하면, 리가 곧 기이고 기가 곧 리여서 분리되지 않음이 분명하니, 맹자가 '짝한다[配]'[66]라고 말한 것이 그것이다. 기와 리가 어긋나면 나뉘어져 둘이 되니, 공자가 이른바 '안회는 그 마음이 삼 개월 동안 인에서 어긋나지 않았다.'[67]라고 하고, 또 '사람이 도를 넓히는 것이지, 도가 사람을 넓히는 것이 아니다.'[68]라고 한 것이 모두 그 뜻이다. 이제 시험삼아 내 마음이 일상에서 활동하는 사이에 나아가서 확인해 보면 어떤 때에는 그렇게 해야 한다는 것을 명확히 알면서도 내가 그렇게 하지 못하고 두 쪽이 되어 버린다. 만일 기가 곧 리이다라고 말하면 겨우 선한 한쪽만 말하고, 저 악한 한쪽은 말하지 않는 것이다."[69]

是理. 理本該得如此, 然却無爲, 其能如此處, 皆氣爲之也. 然氣運不齊, 有不能盡如此處. 理氣合一, 則理卽是氣, 氣卽是理, 昭乎不分, 孟子所謂'配'也. 氣與理違, 則判而二矣, 夫子所謂'回也, 其心三月不違仁', 又謂'人能弘道, 非道弘人', 皆此意也. 今試就吾心日用間體驗, 有時分明見得理該如此, 而吾不能如此, 打成兩片. 若謂氣卽是理, 只好說善底一邊, 那惡一邊, 便說不去矣."

66 짝한다[配]: 『맹자』「公孫丑上」에 浩然之氣를 설명하면서 「其爲氣也, 配義與道, 無是, 餒也.」라고 하였다.

67 안회는 그 … 어긋나지 않았다: 이 말은 『논어』「雍也」에 나온다.

68 사람이 도를 … 것이 아니다: 이 말은 『논어』「衛靈公」에 나온다.

69 근래에 한 … 않는 것이다: 『莊渠遺書』 권11 「拾遺」「與王純甫」에 나온다.

| 3-64 | 대성악大成樂[70]의 악보는 하나의 음이 하나의 글자와 화음을 이룬다. 오늘날 고시古詩를 악보로 표현할 때 반드시 산성散聲[71]이 있어야 자연적인 묘응에 부합한다. 이전에 진원성陳元誠이 고시를 노래하는데 산성이 여럿이 었고, 모두 자연적으로 나온 것이어서 안배할 수 없었다. 반드시 악보로 표현한 뒤에야 남들이 배울 수 있었다.[72]

| 3-64 | 大成樂譜, 但以一聲協一字, 今譜古詩, 須有散聲, 方合天然之妙. 向見陳元誠歌古詩, 散聲多少, 皆出天然, 安排不得, 必須譜出來, 然後人可學耳.

| 3-65 | 상산(象山: 陸九淵)은 타고난 자질이 매우 높고 학문을 논하는 것이 매우 바르다. 무릇 보여 주는 바가 평탄하여 큰길을 따라 가는 것과 같다. 다만 기질이 아직 거칠고 아직 순수한 상태로 단련되지 않아 즐겨 강경하고 기세를 부리는데다 재단하는 말을 지나치게 하는 바람에 도리어 남의 의심을 사기를 면치 못하였다. 예전에 그가 선학禪學에 가깝다고 논하였던 것은 내가 비루하였던 탓이다.[73]

| 3-65 | 象山天資甚高, 論學甚正, 凡所指示, 坦然如由大道而行. 但氣質尙粗, 鍛鍊未粹, 不免好剛使氣, 過爲抑揚之詞, 反使人疑. 昔議其近於禪學, 此某之陋也.

---

70 대성악(大成樂): 대성전에서 공자에게 제사를 올릴 때 연주하는 악곡. 북송 徽宗이 大晟府에 作曲시켜 반포하였다고 한다.

71 산성(散聲): 거문고 · 해금 따위의 현악기를 연주할 때, 왼쪽 손가락으로 줄을 누르지 않고 그대로 내는 저음의 소리를 말한다.

72 대성악(大成樂)의 악보는 … 수 있었다: 『莊渠遺書』 권11 「拾遺」 「與王純甫」(其三) 「別紙」에 나온다.

73 상산(象山)은 타고난 … 비루하였던 탓이다: 『莊渠遺書』 권11, 「拾遺」 「復邵思抑」(其三)에 나온다.

| 3-66 | 대체로 사람은 일에 응대하기 이전과 응대할 때부터 일이 지나갈 때까지 모두 이 마음이 또한 한 걸음 더 나아간다. 생각을 아직 하기 전과 생각을 할 때부터 생각이 그칠 때에 이르기까지도 또한 이와 같다. 힘써 노력하기를 잘하면 하나로 관통하고, 그렇지 못하면 끊어지고 틈이 생긴다. 내가 근본을 확립한다[立本]고 말하는 것은 힘써 노력하는 것을 동정에 관통하는 것이다. "연기(研幾: 기미를 연마한다)"라고 말한 것은 단지 일에 응대해서 생각을 할 때에 더욱 정밀하게 하는 것이다.[74]

| 3-66 | 大抵人自未應事, 及乎應事, 以至事過, 總是此心又進一步. 自未起念時, 及乎起念, 以至念息, 亦猶是也. 善用功則貫串做一個, 否則間隔矣. 吾所謂立本, 是貫串動靜工夫; 研幾云者, 只就應事起念時, 更著精彩也.

| 3-67 | 도체道體는 넓고 넓어 무궁하지만, 우리들은 기질에 구속되어 안주한다. 만일 단지 자신이 본 것에 의거해서 고수하면 물론 자신은 만족하겠지만 결국 규모가 좁아지고 단조롭고 고단해질 것이니, 어찌 확충해 갈 수 있겠는가? 옛 사람이 스승을 가까이하고 친구를 택하면서 강학에 절실히 힘썼던 것은 일부러 외물에 대한 지식을 널리 추구한 것이 아니다. 단지 천하의 의리를 널리 찾아 자신에게 돌이켜서 천하의 장점을 모아 자신의 장점으로 삼고 천하의 선함을 모아 자신의 선함으로 삼으면서 규모가 트이고 커져 기질이 제한할 수 없

| 3-67 | 道體浩浩無窮, 吾輩既爲氣質拘住, 若欲止據己見持守, 固亦自好, 終恐規模窄狹, 枯燥孤單, 豈能展拓得去. 古人所以親師取友, 汲汲於講學者, 非故汎濫於外也, 止欲廣求天下義理, 而反之於身, 合天下之長. 以爲一己之長, 集天

74 대체로 사람은 … 하는 것이다: 『莊渠遺書』 권12, 「拾遺」 「答曾太平」에 나온다.

게 하고자 한 것이다.[75]

下之善, 以爲一己之善, 庶幾規模闊大, 氣質不得而限之.

75 도체(道體)는 넓고 … 한 것이다: 『장거유서(莊渠遺書)』 권14 「拾遺」 「與周充之」에 나온다.

시랑 인재 여우 선생

侍郎余訒齋先生祐

|3-68| 여우余祐 선생은 자가 자적子積이고, 별호는 인재訒齋이다. 파양鄱陽 출신이다. 19세에 경재(敬齋: 胡居仁)에게 가서 스승으로 삼았다. 경재가 그에게 여식을 시집보냈다. 홍치弘治 기미(己未: 1499)년에 진사 시험에 급제하여, 남경형부주사南京刑部主事에 임명되었다. 역적 유근劉瑾과 어긋나 벼슬에서 낙마하였다. 유근이 처벌되자 지복주知福州로 기용되었다가, 산동부사山東副使로 승진하였고, 서주徐州의 병비부사兵備副使[1]를 맡았다. 환관의 재산을 몰수한 것으로 인해 하옥되었다. 남녕부동지南寧府同知로 좌천되었다가 얼마 뒤 소주지부韶州知府로

|3-68| 余祐, 字子積, 別號訒齋, 鄱陽人. 年十九, 往師胡敬齋. 敬齋以女妻之. 登弘治己未進士第, 授南京刑部主事. 忤逆瑾, 落職. 瑾誅, 起知福州, 晉山東副使, 兵備徐州. 以沒入中官貨, 逮詔獄. 謫南寧府同知, 稍遷韶州知

1 병비부사(兵備副使): 정칙병비도(整飭兵備道)를 가리키며, 줄여서 병비도(兵備道), 병비부사라고 부른다. 明代 변경과 각성의 요충지에 설치한 군사업무 관련 관직. 보통 안찰사의 副使나 僉事가 담당한다. 지방의 군대와 병마, 재정과 둔전, 그리고 치안 업무 등을 담당한다. 『明史』 권282, 「列傳」 第170 儒林列傳, 胡居仁 항목에 余祐가 서주의 병비부사를 지낸 것으로 기록되어 있어 병비부사로 번역하였다.

옮겼는데, 자신을 탄핵하는 소를 올리고 벼슬에서 물러났다. 가정제嘉靖帝로 바뀌자 하남안찰사河南按察使로 기용되었고, 광서廣西 지역을 다스렸고, 두 차례에 걸쳐 옮겨서 운남좌포정사雲南左布政使에 올랐다. 태복경太僕卿으로 징소되었다가 이부우시랑吏部右侍郎으로 옮겨 발령되었는데, 운남을 떠나기 전에 별세하니, 무자(戊子: 1528)년으로 64세였다.

府, 投劾去. 嘉靖改元, 起河南按察使, 調廣西, 兩遷至雲南左布政. 以太僕卿召, 轉吏部右侍郎, 未離滇而卒, 戊子歲也, 年六十四.

|3-69| 선생의 학문은 경재(敬齋: 胡居仁)를 묵수하였다. 옥중에서 『성서性書』 3권을 지었는데, 그 내용은 이렇다. '이정과 주자가 사람들을 가르칠 때 절실히 성경誠敬으로 입문처를 삼았으니, 배우는 이가 어찌 말을 많이 할 필요가 있겠는가? 오직 생각 가운데 성실하지 않고 공경하지 않는 것을 제거하여 마음의 바탕이 밝고 독실하게 하고 사사롭고 치우치고 속이는 생각이 그 사이에 남아 있지 않게 하면 옛사람에 이르지 못하는 것을 걱정하지 않을 것이다.' 당시 문성(文成: 王守仁의 시호)의 「주자만년정론朱子晩年定論」이 처음 나와 주자가 도달한 곳을 존양存養에 귀속시켰는데, 선생께서 이르기를 "문공(文公: 주자의 시호)이 심학을 논하면서 전체 세 차례 변하였다. 예컨대, 「존재기存齋記」에서 말한 것은 '마음이란 것이 형체로 찾아도 안 되고 보고 듣는 지식으로 찾아도 안 되고, 오직 보존하기를 오래하면 일상 가운데

|3-69| 先生之學, 墨守敬齋. 在獄中著『性書』三卷, 其言程·朱教人, 拳拳以誠敬爲入門, 學者豈必多言, 惟去其念慮之不誠不敬者, 使心地光明篤實, 邪僻詭譎之意勿留其間, 不患不至於古人矣. 時文成「朱子晚年定論」初出, 以朱子到底歸於存養, 先生謂: "文公論心學, 凡三變. 如「存齋記」所言, 心之爲物, 不可以形體求, 不可以聞見得, 惟存之之久,

파악함이 있는 듯하다.'라고 하는 것이다. 이것은 젊었을 때 선을 배워서 마음을 항상 밝게 깨어 있게 한다는 의미를 파악한 것이다. 연평(延平: 李侗)을 만나자 그 잘못된 점을 모두 깨달았다. 그리고 다시 남헌(南軒: 張栻)을 만나서 비로소 오봉(五峰: 胡宏)의 학문을 듣고 단예(端倪: 본심의 싹)를 찰식(察識: 정밀히 살펴서 파지함)하는 것으로 공부의 첫 착수처로 삼았는데, 평상시 함양하는 한 가지 공부를 빠뜨리는 잘못을 면치 못하였다. 「남헌과 작별하는 시」에서 '오직 외물과 수작하는 곳에서 근본을 투철하게 파악하네.'라고 하였다. 「하숙경何叔京, 何鎬에게 답하는 편지」 말미에 '남헌은 착수하는 곳이 정밀하고 절실하다.'라고 한 것은 모두 이것을 가리킨다. 뒤에 스스로 그 잘못을 깨닫고 이발과 미발에 대한 견해를 개정하였다. 그런 뒤에 체용에 치우치지 않고 동정에 교대로 그 힘을 다하여 공부가 비로소 혼연히 온전함을 얻었다. 이것이 그의 만년 정견이다. 어떻게 주자가 입문할 때 공부방식을 가지고 만년의 견해라고 할 수 있겠는가?"[2]라고 하였다.

則日用之間, 若有見焉. 此則少年學禪, 見得昭昭靈靈意思. 及見延平, 盡悟其失. 復會南軒, 始聞五峰之學, 以察識端倪, 爲最初下手處, 未免闕却平時涵養一節工夫. 「別南軒詩」: '惟應酬酢處, 特達見本根.' 「答叔京書」尾, 謂'南軒入處精切', 皆謂此也.❺ 後來自悟其失, 改定已發未發之論, 然後體用不偏, 動靜交致其力, 工夫方得渾全. 此其終身定見也, 安得以其入門工夫謂之晚年哉!"

---

2 문공(文公)이 심학을 … 수 있겠는가: 이 말은 『莊渠遺書』 권3 「與余子積」에 魏校의 말로 나온다.

❺ 『莊渠遺書』 권3 「與余子積」에는 이 뒤에 「『中和舊說』論此尤詳」이 더 들어 있다.『中和舊說』은『中和舊說序』를 가리키는 듯하다.

|3-70| 황종희의 소견. 이것은 여 선생이 사문의 통서를 얻은 점을 변정해 준다. 『거업록居業錄』에 "옛 사람은 단지 함양涵養을 말하고 조존操存을 말하였다. 어찌 본체를 파악하기를 구한다고 말한 적이 있던가?"라고 하였다. 본체를 파악하기를 구한 것은 주자가 젊었을 때의 견해이다. 『거업록』에 또 "조존과 함양은 고요할 때의 공부이고, 사색思索과 성찰省察은 움직일 때의 공부이다. 동動과 정靜 양쪽의 때는 경계가 분명하고 공부를 행하는 것에 각각 합당한 바가 있어 뒤섞을 수 없다."라고 하였다. 이것은 곧 주자가 동과 정에 번갈아 자신의 힘을 다하여 비로소 혼연하게 온전함을 얻었고, 함양만 단독으로 제시하는 것을 온전한 공부가 아니라고 여겼던 것이다. 그렇지만 동動과 정靜은 특정한 시간이다. 내 마음의 체는 특정한 시간에서 드러나지 않는다. 공부를 동과 정으로 나누면 정은 동에 해당할 수 없고 동은 정을 포섭할 수 없다. 어찌 폐단이 없을 수 있겠는가? "『성서性書』를 지어 리와 기를 겸해서 성을 논하였는데, '성이 곧 리이다.'라는 입장을 깊이 열었다."[3]는 말은 대개 리는 리이고 기는 기인 것으로 자른 듯이 둘로 나누어

|3-70| 愚按: 此辨正先生之得統於師門處.『居業錄』云: "古人只言涵養, 言操存, 曷嘗言求見本體?" 是卽文公少年之見也. 又云: "操存涵養, 是靜中工夫, 思索省察, 是動上工夫, 動靜二端時節, 界限甚明, 工夫所施, 各有所當, 不可混雜." 是卽文公動靜交致其力, 方得渾全, 而以單提涵養者爲不全也. 雖然, 動靜者時也, 吾心之體不著於時者也, 分工夫爲兩節, 則靜不能該動, 動不能攝靜, 豈得爲無弊哉! 其"『性書』之作, 兼理氣論性, 深闢『性

3 『성서(性書)』를 지어 … 깊이 열었다: 이 말은 夏尙樸의 『東巖集』 권4 「答余子積書」와 『明儒學案』 권4 「崇仁學案」 「太僕夏東巖先生尙樸」에도 인용되어 있다.

놓아서 주자의 뜻까지도 잃어버렸다. "기가 일찍이 리의 아름다움을 보완할 수 있었는데, 리가 어찌 기의 쇠퇴를 구제하지 못하겠는가?"라고 한 적이 있는데, 정암(整菴: 羅欽順)이 "리와 기가 서로 그와 같이 하사해 주는 것인 줄은 생각하지 못하였다."[4]라고 비판하였다.

卽理也』"之言, 蓋分理是理, 氣是氣, 截然爲二, 幷朱子之意而失之. 有云: "氣嘗能輔理之美矣, 理豈不救氣之衰乎?" 整菴非之, 曰: "不謂理氣交相爲賜如此."

4 리와 기가 … 생각하지 못하였다: 이 말은『困知記』卷下에 나온다.

명유학안 권4,
숭인학안 4

明儒學案　卷四,
崇仁學案四

태복 동암 하상박 선생

太僕夏東巖先生尚朴

|4-1| 하상박夏尚朴[1]의 자는 돈부敦夫이고, 별호는 동암東巖이다. 영풍(永豊: 현재 江西 吉安市 永豊縣) 출신이다. 일재一齋 누량婁諒에게 배웠다. 정덕正德 신미1511년에 진사시에 급제하였다. 육부六部의 속관, 혜주부지부惠州府知府, 산동제학부사山東提學副使 등을 역임하고, 남경태복소경南京太僕少卿에 이르렀다. 유근劉瑾이 정사를 전횡하자 귀향하였다. 왕문성(王文成: 王守仁)이 전별한 시에 "슬瑟을 내려놓고 봄바람 쐬는 것이네."라는 구절이 있었는데, 하 선생이 "공자 학단이 기수沂水에서 봄바람을 쐬는 풍경은 순의 조정에서 공경하고 삼가던 정리情理에서 떠나 있지 않다."[2]라고 답하였다. 선생은

|4-1| 夏尚朴字敦夫, 別號東巖, 永豐人. 從學於婁一齋諒. 登正德辛未進士第. 歷部屬・守惠州・山東提學道, 至南京太僕少卿. 逆瑾擅政, 遂歸. 王文成贈詩, 有"舍瑟春風"之句, 先生答曰: "孔門沂水春風景, 不出虞廷敬畏情." 先生傳主敬

---

1 하상박(夏尚朴): 1466-1538. 『明史』, 『明儒言行錄』 등에는 '朴'이 '樸'으로 된 곳도 있다.

2 슬(瑟)을 … 않다: 『논어』 「先秦」 마지막 장에 제자들이 공자에게 자신들의 포부를 말하는 장면이 나온다. 子路, 冉有, 公西華 등이 출사하여 국정에 종사하는 것을 포부로

경敬을 중시하는 학문을 전하였는데, "마음을 깨어 있게 하면 곧 천리이고 마음을 놓아 버리면 곧 인욕이다."라고 하였다. 장거莊渠 위교魏校가 지극히 타당한 말이라고 찬탄하였다. 그러나 "상산(象山: 陸九淵)의 학문은 정신을 수렴하는 것을 위주로 삼는데, 우리 유자가 정신을 수렴하는 것은 여러 도리를 밝게 알아 응대하려는 것이지, 단순히 수렴만 하는 것이 아니다."라고 비판하였다. 이 말대로라면, 결국 마음을 깨어 있게 하는 것 또한 반드시 천리인 것은 아니게 되니, 스스로 자신의 설과 어긋나지 않는가? 대개 선생은 심心과 리理를 다른 것으로 여겨서 심心은 리理를 궁구하는 것이고, 리를 다 행하기에는 부족하다고 여겼다. 따라서 양명이 "마음이 곧 리이다."라는 한마디를 내놓았을 때, 심오한 말로 여기지 않았으니 어찌 이상하겠는가?

之學, 謂"纔提起便是天理, 纔放下便是人欲." 魏莊渠歎爲至言. 然而訾"象山之學, 以收斂精神爲主, 吾儒收斂精神, 要照管許多道理, 不是徒收斂也", 信如玆言, 則總然提起, 亦未必便是天理, 無乃自背其說乎! 蓋先生認心與理爲二, 謂心所以窮理, 不足以盡理, 陽明點出"心卽理也"一言, 何怪不視爲河・漢乎!

밝혔을 때, 曾晳이 켜던 瑟을 내려놓고 "늦은 봄날 봄옷이 완성되면 성인 대여섯명 어린아이 예닐곱명과 함께 기수에서 목욕하고 무에서 바람을 쏘이고 시를 읊으면서 돌아오겠습니다.[莫春者, 春服旣成, 冠者五六人, 童子六七人, 浴乎沂, 風乎舞雩, 詠而歸.]"라고 하였다. 이후 曾晳의 말은 출사하지 않고 자신의 뜻에 맞게 사는 취지로 인용된다. 『尙書』「大禹謨」에 순이 우에게 "人心은 위태롭고 道心은 은미하니 오직 정밀하게 살피고 전일하게 하면, 진실로 그 중도를 견지할 것이다[人心惟危, 道心惟微, 惟精惟一, 允執厥中.]"이라고 하였다. 주희는 「中庸章句序」에서 이 말이 유교 심법의 종지가 된다고 말하였다.

『하동암문집』

|4-2| 우뚝하게 이 마음을 확립하면 곧 천지가 운행하는 기상이 있다.

|4-3| 배우는 이가 이 마음을 함양하는 것은 물고기가 물에서 헤엄을 치듯이 해야만 된다.

|4-4| 마음을 깨어 있게 하면 곧 천리이고, 마음을 놓아 버리면 곧 인욕이다.

|4-5| 군자의 마음은 조그만 악함도 허용하지 않으니 사람의 눈에 조그만 티끌도 붙어 있게 할 수 없는 것과 같다.

|4-6| 배우는 이는 정신을 수렴해야 한다. 비유하면 화로의 불을 하나로 모아, 모이면 빛이 사방으로 퍼지고, 흩어서 분산시키면 곧 어두워지는 것과 같다.

|4-7| 평소 "증점과 같이 하겠다."는 장을 읽고 가슴이 시원해지는 것이 곧 요와 순의 기상이라고 말하였는데, 근래에 「요전」과 「순전」, 그리고 「대우모」, 「고요모」와 「익직」을 읽고서 비로소 조심하고 경계하는 것이 요와 순의 기상임을 알았다. 일찍이 이 말을 쌍문雙門과 첨

『夏東巖文集』

|4-2| 卓然豎起此心, 便有天旋地轉氣象.

|4-3| 學者涵養此心, 須如魚之游泳於水始得.

|4-4| 纔提起便是天理, 纔放下便是人欲.

|4-5| 君子之心, 纖惡不容, 如人眼中著不得一些塵埃.

|4-6| 學者須收斂精神, 譬如一爐火, 聚則光燄四出, 纔撥開便昏黑了.

|4-7| 尋常讀"與點"一章, 只說胸次脫灑是堯·舜氣象; 近讀「二典」·「三謨」, 方知兢兢業業是堯·舜氣象. 嘗

곤부詹困夫[3]에게 해 주었는데, 곤부는 "이 말이 매우 좋다. 선형 복재復齋[4]께서는 시詩에 '비록 증점이 요와 순을 닮은 듯이 하지만 남은 기풍이 노장으로 빠질까 염려하네.'라는 구절이 있다."라고 하였다. 선배들이 총명하여 또한 이러한 점을 간파하였음을 곧 알게 된다.

以此語雙門・詹困夫, 困夫云: "此言甚善. 先兄復齋有詩云: '便如曾點象堯・舜, 怕有餘風入老・莊.'" 乃知先輩聰明, 亦嘗看到此.

|4-8| 주자는 "안자(顔子: 顔淵)의 즐거움은 평순하고 담담하며, 증점의 즐거움은 야단스럽다."[5]라고 하였다. 근래에 『이천격양집伊川擊壤集』[6]을 보니, 요부(堯夫: 邵雍)의 즐거움은 증점의 즐거움에 비하여 더 번잡스러웠다. 정자程子가 "경을 견지하면 자연 화평하고 즐겁다."[7]라고 하였다. 화평하고 즐거움은 마음 가운데 일삼는 바가 없는 것이니 공자와 안자가 즐겼던 경지이다.

|4-8| 朱子云: "顔子之樂平淡, 曾點之樂勞攘." 近觀『擊壤集』, 堯夫之樂比之曾點尤勞攘, 程子云: "敬則自然和樂." 和樂只是心中無事, 方是孔・顔樂處.

|4-9| 도리는 달콤한 것이다. 주자의 「훈몽시(訓蒙詩: 아동을 깨우치는 시)」[8]에 "행동하는 곳에서 마음이 편하고 생각하는 곳에서 도리를

|4-9| 道理是個甜的物事. 朱子「訓蒙詩」云: "行處心安

3 첨곤부(詹困夫): ?? 미상.
4 복재(復齋): 형 夏尙安을 가리키는 듯하다.
5 안자의 … 야단스럽다: 이 말은 『주자어류』 권31에 나온다.
6 『이천격양집(伊川擊壤集)』: 북송 邵雍(1012-1077)이 지은 시집.
7 경을 … 즐겁다: 이 말은 『晦菴集』 권45 「答廖子晦(德明)」과 권64 「答或人(一云與余正甫)」에 나온다. 주자가 정자의 말로 인용한 것이다.
8 「훈몽시(訓蒙詩)」: 편자 미상.

얻으면, 남는 달콤함이 입안에서 넘치네."라고 하였는데, 비유로 말한 것이 아니다.

思處得, 餘甘嘗溢齒牙中." 非譬喻也.

|4-10| 이 마음이 고요한가 고요하지 못한가를 묻지 않고, 이 마음이 경을 견지하고 있는가 아닌가를 묻는다. 경을 견지하면 마음은 저절로 고요하다. 비유하면 통을 두른 테를 풀어버리면 통에 든 것이 사방으로 흩어지는 것과 같다.

|4-10| 不問此心靜與不靜, 只問此心敬與不敬, 敬則心自靜矣. 譬如桶, 箍纔放下, 便八散了.

|4-11| 백사(白沙: 陳獻章)는 "이 리理에 대해서는 송대 유학자들이 말한 것에 설명이 잘 갖추어져 있지만, 나는 일찍이 그 말들이 지나치게 엄격한 것을 싫어하였다."[9]라고 하였다. 이것은 동파(東坡: 蘇軾)가 이천(伊川: 程頤)에게 경敬자를 깨 버리라고 요구한 것과 같은 맥락이다. 대개 동파는 불교를 공부하였고 백사의 학문은 선학禪學에 가깝기 때문에 그렇게 말한 것이다. 그러나 일찍이 살펴본 적이 있는데, 정자는 "간파하고 있으면 정신은 생동하게 깨어있고, 간파하지 못하면 정신을 희롱하는 것일 뿐이다."[10]라고 하였다. 또 말하였다: "안을 옳은 것으로 여기고 외물을 그릇된 것으로 여기

|4-11| 白沙云: "斯理也, 宋儒言之備矣, 吾嘗惡其太嚴也." 此與東坡要與伊川打破敬字意思一般, 蓋東坡學佛, 而白沙之學近禪, 故云爾. 然嘗觀之, 程子云: "會得底, 活潑潑地; 不會得底, 只是弄精神." 又曰: "與其是內而非外, 不若內外之兩忘, 兩

9 이 … 싫어하였다: 이 말은 『白沙集』 권2 「復張東白內翰」에 나온다.

10 간파하고 … 뿐이다: 이 말은 『二程遺書』 권3 「謝顯道記憶平日語」에 나온다. 『二程遺書』에는 '底'가 '時'로 되어 있다.

는 것은 안과 밖을 모두 잊는 것만 못하다. 양쪽을 모두 잊으면 정신이 맑아져 일삼는 것이 없게 된다."[11] 또 말하였다: "반드시 일삼는 것이 있지만 미리 획정하지 않고, 잊지도 않으면서 조그만 힘도 들이지 않는다. 이것이 마음을 보존하는 방법이다."[12] 주자가 말하였다: "마음이 끊어짐을 느끼면 곧 다시 이어진 것이다."[13] 어찌 엄격한 것에 지나침이 있었던가? 발용하는 곳에 이르러 잠시라도 틈을 용납하지 않고 자세히 살피고 극복하는 노력을 가함에 조그만 늦춤도 허용하지 않는다. 「요전堯典」과 「순전舜典」, 「대우모大禹謨」와 「고요모皐陶謨」 그리고 「익직益稷」을 살펴보면 군주와 신하가 서로 경계시키는 것이 삼대에 비하여 더욱 엄하였다. 싫어할 수 있겠는가?

忘則澄然無事矣." 又曰: "必有事焉而勿正, 心勿忘, 未嘗致纖毫之力, 此其存之之道也." 朱子云: "纔覺得間斷, 便已接續了." 曷嘗過於嚴乎? 至於發用處, 天理人欲, 間不容髮, 省察克治, 不容少緩, 看「二典」·「三謨」, 君臣互相戒敕, 視三代爲尤嚴, 其亦可惡乎?

| 4-12 | 이연평(李延平: 李侗)이 말하였다: "사람이 낮 동안에 질곡시켜 상실하는 데 이르지 않으면, 밤 동안의 맑은 기는 더욱 맑아진다. 밤의 기가 맑으면 새벽 사물들과 아직 접촉하지 않은 때에 맑고 비어 있으면서 밝은 기상을

| 4-12 | 李延平云: "人於旦晝之間, 不至牿亡, 則夜氣愈清; 夜氣清, 則平旦未與物接之時, 湛然

---

11 안을 … 된다: 이 말은 『二程粹言』 권하에 나온다. 『二程粹言』에는 "與其是內而非外"가 "與其非外而是內"로 되어 있다.

12 반드시 … 방법이다: 이 말은 『二程遺書』 권2상에 나온다.

13 마음이 … 것이다: 이 말은 『주자어류』 권12-127에 나온다. 『주자어류』에는 "覺得間斷, 便已接續"으로 되어 있다.

자연히 볼 수 있을 것이다."[14] 이것이 희로애락의 정이 아직 발동하기 이전의 기상이다.

虛明氣象, 自可見矣." 此是喜怒哀樂未發氣象.

|4-13| 우리 유학의 학문은 고요한 가운데에도 반드시 (활동하는) 무엇이 있다. 비유하면 과일의 씨는 아직 싹이 나지 않았더라도 그 속에 자연 일단의 생의生意가 있다. 석씨와 노씨가 말하는 고요함은 단지 허무(虛無: 완전히 비어 버림)와 적멸(寂滅: 완전히 꺼져 버림)의 상태일 뿐이다. 마른 나무나 꺼진 재와 같은 것에 어찌 (활동하는) 무엇이 있겠는가?

|4-13| 吾儒之學, 靜中須有物, 譬如果核, 雖未萌芽, 然其中自有一點生意. 釋·老所謂靜, 特虛無寂滅而已, 如枯木死灰, 安有物乎?

|4-14| 경敬은 외부의 것을 꾸미는 것이 아니고 응당 그러해야 하는 내 마음이 그러하지 않을 수 없음이 있는 것이다. 늘상 경험하지만, 경에 있으면 마음이 곧 편안하지만, 방심하면 이 마음이 곧 불안해진다. 이른바 경이라는 것은 그저 세속에서 "항상 정신 차리고 있다."라고 하는 말 같은 경우가 그것이다.

|4-14| 敬則不是裝點外事, 乃是吾心之當然有不容不然者. 尋常驗之, 敬則心便安, 纔放下則此心便不安矣. 所謂敬者, 只如俗說"常打起精采"是也.

|4-15| 리와 기가 합치되면 그것이 호연지기(浩然之氣: 걸림이 없고 당당한 기상)이다. 리理와 어긋나면 곧 객기客氣이다.

|4-15| 理與氣合, 是浩然之氣; 纔與理違, 是客氣.

---

14 사람이 … 것이다: 이 말은 『延平答問』에 나온다. 『延平答問』에는 "若於旦晝間, 不至梏亡, 則夜氣存矣. 夜氣存, 則平旦之氣未與物接之時, 湛然虛明氣象, 自可見"으로 되어 있다.

|4-16| 의(義: 올바름)가 마음에서 나오는 것은 예리한 칼과 도끼로 단숨에 거침없이 잘라 버리는 것과 같다. 일마다 올바름에 부합하게 해 가는 것이 집의(集義: 올바름을 쌓음)이다. 만일 꾸며서 외물을 따르면 곧 의습(義襲: 올바름을 덧붙임)[15]이 된다. 습襲은 갖옷을 껴입는다고 할 때의 껴입는다는 뜻과 같다.

|4-16| 義由中出, 猶快刀利斧劈將去, 使事事合宜, 是集義; 若務矯飾徇外, 卽是義襲. 襲, 猶襲裘之襲.

|4-17| "성인은 중정(中正: 치우침이 없고 바름)과 인의仁義로 확립하면서 정(靜: 고요함/동요가 없음)을 위주로 하고, 인극(人極: 도리의 표준)을 세웠다."[16]라고 하였다. 주돈이는 스스로 주해를 붙여 "사욕이 없기 때문에 고요하다."라고 하였다. 대개 중정과 인의는 리理이고 고요함을 위주로 하는 것은 심心이다. 오직 그 마음에 사욕이 없어 고요하면, 이 리는 자연히 동정動靜 가운데 두루 유행하여 쉼이 없다. 『통서通書』를 살펴보건대, "사욕이 없으면 고요할 때에는 비어 있고 활동할 때에는 곧음"[17]을 알 수 있다.

|4-17| "聖人定之以中正·仁義而主靜, 立人極焉." 自註云: "無欲故靜." 蓋中正·仁義是理, 主靜是心, 惟其心無欲而靜, 則此理自然動靜周流不息矣. 觀『通書』, "無欲則靜虛動直"可見矣. "主靜"之靜, 不與動

15 의습(義襲): 『맹자』「公孫丑上·浩然之氣章」에 "이것(호연지기)는 집의(集義)로 생겨나는 것이지 의습(義襲)으로 얻는 것이 아니다.[是集義所生者, 非義襲而取之也.]"라고 하였다. 주희는 襲을 습격하다 또는 덮쳐서 취한다[掩襲]의 뜻으로 풀이하였다. 곧 호연지기는 "단지 한 가지 일을 행한 것이 의(義)와 우연히 합할 때 밖으로부터 덮쳐서 취할 수 있어서 얻는 것이 아니다.[非由只行一事偶合於義便可掩襲於外而得之也.]"라고 하였다. 그러나 夏尙朴은 襲을 겉에 갖옷을 껴입는다[襲裘]고 할 때 껴입는다는 뜻으로 해석하였다. 곧 호연지기는 밖에서 부가하고 덧붙여서 생기는 것이 아니라는 뜻이 된다.

16 성인은 … 세웠다: 이 말은 주돈이의 「태극도설」에 나온다.

"고요함을 위주로 한다."고 할 때의 "고요함"은 동(動: 활동)과 상대되지 않고, 곧 『대학』의 "정향이 있은 뒤에 고요해진다."[18]할 때의 고요함이다. 『대학장구』의 집주에서 "고요함은 마음이 망령되게 움직이지 않음을 가리킨다."라고 한 것이 그것이다.

字對, 乃『大學』"定靜"之靜. 『集註』云: "靜, 謂心不妄動." 是也.

|4-18| 공부를 할 때에는 본래 고요할 때에는 마음을 보존하고 활동할 때에는 정의 발용을 잘 살펴야 한다. 이 마음에 사욕이 없게 하지 못하면 비록 존양存養과 성찰省察을 하고 싶어도 착수할 곳이 없게 된다. 응당 이 마음이 담백해서 사욕이 없어야만 고요할 때 자연스럽게 비고 활동할 때는 자연히 곧게 되니, 어찌 번거롭게 인위적인 노력으로 하겠는가? 정자는 말하였다: "이 리理를 알고 성(誠: 진실함)과 경(敬: 전일함)으로 보존하면 막고 검속할 필요가 없고 궁구하고 찾아낼 필요가 없다. 마음이 해이해지면 막는 활동이 있게 된다. 마음에 해이함이 없으면 어찌 막는 일이 있겠는가? 리理에 대해 밝게 알지 못함이 있기 때문에 반드시 궁구하고 찾는 것이다. 보존하는 것이 오래되면 자연히 밝아진다. 어찌 궁구하고 찾는 일

|4-18| 爲學固要靜存動察. 使此心未能無欲, 雖欲存養省察, 無下手處. 直須使此心澹然無欲, 則靜自然虛, 動自然直, 何煩人力之爲耶? 程子云: "識得此理, 以誠敬存之, 不須防檢, 不須窮索. 心懈則有防, 心苟不懈, 何防之有? 理有未明, 故須窮索, 存久自明, 安待窮索?" 與『通書』之言相表裏.

---

17 사욕이 … 곧음: 이 말은 『通書』「聖學」에 나온다.

18 정향이 … 고요해진다: 원문 "定靜"은 『대학』의 "定而后能靜"이라고 한 부분을 가리킨다. 따라서 『대학』의 구절에 따라 "定靜"을 번역하였다.

이 필요하겠는가?”[19] 이 말은 『통서』의 말과 서로 일체가 된다.

|4-19| 천지는 만물을 낳는 것으로 마음을 삼는다. 사람이 남을 구제하고 만물을 이롭게 해 주는 것으로 능히 마음을 삼으면 천지의 마음과 서로 부합하여 응당 하늘로부터 복을 받을 것이다. 그러므로 “길이 천명과 짝하니,복이 많기를 자신에게서 구하네.”[20]라고 한 것이다.

|4-19| 天地以生物爲心, 人能以濟人利物爲心, 則與天地之心相契, 宜其受福於天也. 故曰: “永言配命, 自求多福.”

|4-20| 『주자어류朱子語類』에서 “돈후하게 하여 예를 높인다.”에 대하여 해석하기를, “사람 중에는 돈후함이 있으면서 예를 높이지 않는 사람이 있는가 하면, 예의 문식에는 주도면밀하면서 돈후하지 않은 사람도 있다.”[21]라고 하였다. 이 해석이 『중용장구中庸章句』의 해석[22]보다 낫다. 이로부터 보면 이 한 구절은 그

|4-20| 『朱子語類』解“敦厚以崇禮”云: “人有敦厚而不崇禮者, 亦有禮文周密而不敦厚者, 故敦厚又要崇禮.” 此解勝『集註』. 由是推之, 此

19 이 … 필요하겠는가: 이 말은 『二程遺書』 권2상에 나온다. 『이정유서』에는 “識得此理, 以誠敬存之而已, 不須防檢, 不須窮索. 若心懈, 則有防, 心苟不懈, 何防之有? 理有未得, 故須窮索. 存久自明, 安待窮索?”으로 되어 있다.

20 길이 … 구하네: 이 말은 『詩』「大雅」「文王」에 나온다.

21 사람 … 있다: 이 말은 현행본 『주자어류』에 보이지 않는다. 출처 미상.

22 『중용장구』의 해석: 주희는 “尊德性而道問學, 致廣大而盡精微, 極高明而道中庸, 温故而知新, 敦厚以崇禮” 부분 주석에서 “덕성을 높이는 것은 본심을 보존하여 도체의 기본을 다하기 위함이요, 묻고 배움을 행하는 것은 지식을 극대화하면서 도체의 세밀한 것을 다하기 위함이다. … 대개 본심을 보존하는 것이 아니면 지식을 극대화할 수 없고, 본심을 보존하는 것 또한 지식을 극대화하지 않으면 안 된다.[尊德性, 所以存心而極乎道體之大也; 道問學, 所以致知而盡乎道體之細也. 二者修徳凝道之大端也 … 蓋非存心無以致知, 而存心者又不可以不致知, 故此五句大小相資首尾相應.]”라고 하여, 존

자체로 한 뜻을 이룬다. 존심(存心: 본심을 보존하는 것)과 치지(致知: 지식을 극대화하는 것)로 구태여 나누어 배속할 필요가 없다.

一節, 當一句自爲一義, 不必分屬存心·致知.

대개 덕성을 높이면서도 묻고 배우는 것을 행하지 않는 이도 있고, 또한 묻고 배우는 공부는 하지만 덕성을 높이지 않는 이도 있다. 그러므로 덕성을 높이는 것은 묻고 배우는 공부가 필요하다. 유하혜柳下惠 같은 이는 넓고 큰 것을 다하였다고 할 수 있지만 정치하고 은미한 것에는 더러 미진한 바가 있다. 백이伯夷는 높고 밝은 것을 다하였다고 할 수 있지만,[23]

蓋有尊德性而不道問學者, 亦有道問學而不尊德性者, 故尊德性又要道問學. 如柳下惠可謂致廣大矣, 而精微或未盡; 伯夷可謂極高明矣, 稽之中庸或未

심(存心: 본심을 보존하는 것)과 치지(致知: 지식을 극대화하는 것)을 상보적으로 병행하는 것으로 경문을 해석하였다.

23 유하혜(柳下惠) … 있지만: 『맹자』「公孫丑上」에 백이와 유하혜를 다음과 같이 비교하였다. "백이는 그 마땅한 군주가 아니면 섬기지 않았고, 그 마땅한 친구가 아니면 벗으로 사귀지 않았고, 악인의 조정에 참여하지 않았고, 악인과 말을 함께하지 않았다. 악인의 조정에 참여하고 악인과 더불어 말하는 것을 관복을 입고 진흙탕이나 시커먼 재 속에 빠진 듯이 여겼고, 악을 미워하는 마음을 미루어 향인과 더불어 서서 그 관이 바르지 않다고 생각되면 돌아보지 않고 떠나기를 마치 장차 더러워질 듯이 하였다. 그러므로 제후가 비록 사령(辭令)을 잘 갖추어 보내오는 일이 있어도 받지 않았다. 응낙하지 않았던 것 이것은 또한 벼슬에 나아가는 것에 안달해 하지 않은 것이다. 유하혜는 부패한 군주를 부끄럽게 여기고 작은 관직을 비루하게 여기지 않고 벼슬에 나아가서는 자신의 재주를 감추지 않으면서도 반드시 도리에 맞는 것으로 처신하였고, 벼슬을 잃어도 원망하지 않고 어렵고 궁색한 처지에 있어도 번민하지 않았다. 그러므로 '너는 너고 나는 나다. 비록 곁에서 어깨를 드러내고 몸을 드러내며 무례하게 굴더라도 네가 어떻게 나를 더럽힐 수 있겠는가?'라고 하였다. 그러므로 거리낌없이 함께하면서도 자신을 잃지 않았고, 끌어당겨서 머물게 하면 머물렀던 것, 이것은 또한 떠나는 것에 안달해하지 않은 것이다. … 백이는 좁고 유하혜는 공손하지 않았다. 좁고 공손하지 않은 것을 군자는 따르지 않는다.[伯夷, 非其君不事, 非其友不友, 不立於惡人之朝, 不與惡人言, 立於惡人之朝, 與惡人言, 如以朝衣朝冠, 坐於塗炭, 推惡惡之心, 思與鄕人立, 其冠不正, 望望然去之, 若將浼焉, 是故諸侯雖有善其辭命而至者, 不受也, 不

중용中庸에 의거해 보면 더러 부합하지 않는다. 또한 『중용장구』의 주에서 덕성을 높이는 것을 본심을 보존하여 도체의 기본을 다하는 것으로 삼고, 묻고 배우는 것에 의거하는 것을 지식을 극대화하여 도체의 상세한 것까지 다하는 것을 삼았는데, 아마도 그렇지 않은 듯하다. 내가 생각건대, 두 가지는 모두 기본적인 것과 세부적인 것이 있다. 예컨대, 본원을 함양하는 것은 기본적인 것이고, 말과 행동 하나하나에서 삼가는 것은 세부적인 것이다. 도리의 큰 본원을 궁구하는 것은 기본적인 것이고 풀 한 포기 나무 한 그루에서 또한 반드시 궁구하는 것은 세부적인 것이다. 일찍이 이것을 가지고 위자재魏子才: 魏校에게 질정하였는데, 자재는 그렇다고 인정하였다.

合. 又『集註』以尊德性爲存心以極道體之大, 道學問爲致知以極道體之細, 恐亦未然. 竊謂二者皆有大小, 如涵養本原是大, 謹於一言一行處是小; 窮究道理大本大原處是大, 一草一木亦必窮究是小. 嘗以此質之魏子才, 子才以爲然.

|4-21| 인仁은 마음의 덕德으로 복숭아씨나 살구씨와 같다. 만일 조그만한 사사로움이라도 있게 되면 안은 곧 망가진다. 어떻게 생의生意가 일어나 밖으로 이를 수 있겠는가? 말을 교묘하게 하고 안색을 아름답게 하는 것은 많은 꾸밈이 필요없다. 단지 터럭만큼이라도 다른

|4-21| 仁是心之德, 如桃仁杏仁一般, 若有分毫私, 裏面便壞了, 如何得生意發達於外. 巧言令色, 不必十分裝

受也者, 是亦不屑就已. 柳下惠, 不羞汚君, 不卑小官, 進不隱賢, 必以其道, 遺佚而不怨, 阨窮而不憫, 故曰'爾爲爾, 我爲我, 雖袒裼裸裎於我側, 爾焉能浼我哉?' 故由由然與之偕而不自失焉, 援而止之而止, 援而止之而止者, 是亦不屑去已 … 伯夷隘, 柳下惠不恭, 隘與不恭, 君子不由也.]"

사람이 기뻐하기를 바라는 의도가 들어가면 곧 교묘하고 아름답게 꾸미는 것이 된다. 이것을 알아서 삼가는 것이 인을 실천하는 방법이다. 그러므로 "말을 교묘하게 하고 안색을 아름답게 꾸미는 것이 인仁이 아님을 알면 곧 인仁을 아는 것이다."[24]라고 한 것이다.

飾, 但有一毫取悅於人意思, 卽是巧令. 知此而謹之, 卽是爲仁之方. 故曰: "知巧言令色之非仁, 則知仁矣."

|4-22| 남이 알아주지 않는 것에 대하여 조금이라도 불평하는 마음이 있으면 곧 찌꺼기가 아직 혼융하게 변화되지 않은 것이다. 어떻게 덕을 이룬 사람이 되겠는가? 일재一齋: 婁諒는 일찍이 시를 지어서 "공부를 하는데 남이 알아주기를 바란다면 무엇이 되겠는가, 기르는 것이 두텁고 쌓이는 것이 많아야 하네. 군자의 단일한 마음은 정지한 물과 같으니, 조금의 동요 미세한 물결이 일게 해서는 안 되네."라고 하였다.

|4-22| 人不知而有一毫不平之意, 卽是渣滓未渾化, 如何爲成德! 一齋嘗有詩云"爲學要人知做甚, 養之須厚積須多. 君子一心如止水, 不教些子動微波."

|4-23| 배우는 이는 먼저 이 리理를 알아야 한다. 오곡에 비유해 보자. 그 종자를 모르면, 가라지를 오곡으로 오인하지 않을 수 있겠는가? 비록 힘을 다해서 북돋아 길러도 가라지가 될 뿐이다. 근세의 유자 가운데에는 평생의 힘

|4-23| 學者須先識此理. 譬之五穀, 不知其種, 得不誤認稊稗爲五穀耶? 雖極力培壅, 止成稊稗

24 말을 … 것이다: 이 말은 『주자어류』 권20 『논어』 "巧言令色"章에 대한 풀이에서 정이(程頤)의 말로 인용되어 나온다.

을 다해서 노력하지만 결국 이단의 학문에 빠져든 줄 모르는 이가 있다. 바로 이 리를 미처 알지 못하고 공부한 잘못 때문이다.

耳. 近世儒者有用盡平生之力, 卒流入異學而不自知者, 正坐未識其理耳.

|4-24| 상산(象山: 陸九淵)의 학문은 정신을 수렴하는 것을 위주로 삼아 '정신은 한 번 어지러우면 곧 흩어진다.'고 말한다. 양자호(楊慈湖: 楊簡)가 학문을 논한 것은 단지 "마음의 정신을 본성이라고 한다."는 한 구절인데, 이것이 선禪에 가까워진 이유이다. 주자가 말하였다. "정신이 여기에 있게 수렴해야 비로소 도리를 남김 없이 볼 수 있다. 도리를 남김 없이 보지 못하는 것은 정신이 전일하지 않기 때문이다." 이렇게 말해야 비로소 병통이 없다.

|4-24| 象山之學, 以收斂精神爲主, 曰精神一霍便散了. 楊慈湖論學, 只是"心之精神謂之性"一句, 此其所以近禪. 朱子云: "收斂得精神在此, 方看得道理盡. 看道理不盡, 只是不專一." 如此說方無病.

|4-25| 우리 유자는 깨운다고 말한다. 석씨도 또한 깨운다고 말한다. 다만 우리 유자가 이 마음을 깨우는 것은 여러 도리를 알고 관리하기 위해서다. 석씨는 마음을 깨우는 것이 공空에 있다.

|4-25| 吾儒曰喚醒, 釋氏亦曰喚醒, 但吾儒喚醒此心, 要照管許多道理, 釋氏則喚醒在空.

|4-26| 정밀하게 살피고 전일하게 하여 중中을 견지하는 것은 사태에서 말하는 것이다. 보통 사태를 만나면 양쪽 갈래가 있어서 온갖 의

|4-26| 精一執中, 就事上說. 尋常遇事有兩岐❶處, 羣疑

❶ 兩岐: 사고전서본에는 "不恰"으로, 『東巖集』에는 "難處"로 되어 있다.

문이 함께 일어나 이렇게 하고 싶다가도 또 저렇게 하고 싶기도 하다. 그런 때에 사사로운 생각을 일으키면 어느 쪽이 인심人心이고 어느 쪽이 도심道心인지 모른다. 그러므로 반드시 정밀하게 살펴서 인심과 도심 두 가지의 경계가 분명하게 해야 한다. 또한 정신을 전일하게 하는 것으로 지켜서 사욕에 빼앗기지 않게 해야 한다. 이와 같이 하면 곧 "진실로 그 중中을 견지하는 것"이 된다. 대개 지나치거나 모자라는 것은 모두 인심이다. 오직 도심이라야 중中의 상태가 된다.

並興, 卽欲如此, 又欲如彼. 當是時也, 盡把私意閣著了, 不知那個是人心,❷ 那個是道心, 故必精以察之, 使二者界限分明. 又須一以守之, 使不爲私欲所奪, 如此便是「允執厥中」. 蓋過與不及, 皆是人心, 惟道心方是中.

|4-27| 요의 학문은 "공경[欽]"을 위주로 하고, "중정한 상태를 견지하는 것[執中]"을 용(用: 방법)으로 삼는다. 이것은 모든 시대 심학의 원천이다. 순이 우에게 고하기를, "오직 마음을 정밀히 살피고 전일하게 하여 진실로 그 중정함을 견지하라."라고 하였고, 또한 "공경할지어다. 너의 지위를 삼가 조심하고, 그 선한 것을 공경히 닦아야 한다."[25]라고 하였다. "공경한다.", "중정함", "공경한다."는 말이 모두 요에 근본을 두고 말한 것이다. 자신의 마음을 정밀히 살피고 전일하게 하여 중정함을 견지

|4-27| 堯之學以"欽"爲主, 以"執中"爲用, 此萬古心學之源也. 舜告禹曰: "惟精惟一, 允執厥中." 又曰: "欽哉, 愼乃有位, 敬修其可願." 曰欽・曰中・曰敬, 皆本於堯而發之. 且精一執中之外, 又欲考古稽衆,

25 오직 마음을 … 닦아야 한다: 『尙書』「大禹謨」.

❷ 盡把私意閣著了, 不知那個是人心: 『東巖集』에는 "盡把私意閣起, 竟不知那個是人心"으로 되어 있다.

하는 것 이외에, 옛 사례를 상고하고 대중을 살피기를 바랐으니, 요에 비하여 더욱 자세하게 말한 것이다. 대개 반드시 이와 한 뒤에 도리가 충분해져 중정함을 견지할 수 있다. 근세에 학문을 논하는 이들은 곧바로 내 마음의 양지로 충분하다고 여기고 외우고 익히고 연구하는 것을 지리支離하다고 말한다. 멋대로 생각하고 행동하면서 무릇 거친 마음과 들뜬 기운에서 나온 것을 모두 양지의 본래 모습이라고 여긴다. 그 설이 널리 퍼져 이미 세상에 해를 끼치는 것이 되었다. 그 연유를 살펴보면 대개 백사(白沙: 陳獻章)의 설에서 시작되었다. 【중정함을 견지하는 것은 일에서 말하는 것이기 때문에 용用으로 삼았으니, 매우 잘못된 것이다.】

視堯加詳焉. 蓋必如此, 然後道理浹洽, 庶幾中可得以執矣. 近世論學, 直欲取足吾心之良知, 而謂誦習講說爲支離. 率意徑行, 指凡發於粗心浮氣者, 皆爲良知之本然. 其說蔓延, 已爲天下害. 揆厥所由, 蓋由白沙之說倡之耳. 【執中從事上說, 故以爲用, 謬甚.】

| 4-28 | "도는 대로와 같다. 어찌 알기 어렵겠는가?" 등 몇 마디 말은 사람들에게 공부를 착수할 곳을 알게 해 준다. 대개 일상에서, 부모를 섬길 때 이렇게 하고, 연장자를 섬길 때 이렇게 하고, 말은 이렇게 하고, 행동은 이렇게 하고, 다른 사람을 대하고 외물에 응대할 때 이렇게 하는 등 각각에서 방식들이 있는 것이 정말 대로와 같다. 단지 사람들이 일을 만났을 때 제멋대로 하여 잘못을 저지르는 것이다. 만일 매사 숙고하면, 마음 가운데 자연히 하나의 합당한 원칙이 생길 것이다. 어찌 밖에서 찾고자 애쓰겠는가? 그러므로 "당신이 돌아가 찾으

| 4-28 | "夫道若大路然, 豈難知哉"數語, 令人有下手處. 蓋日用間事親如此, 事長如此, 言如此, 行如此, 待人接物如此, 各各有個路數, 眞如大路然, 只是人遇事時, 胡亂打過了. 若每事肯入思慮, 則心中自有一個當然之則, 何事外

면 얼마든지 스승이 있을 것이다."라고 한 것이다. 설사 조교曹交가 문하에 머물러 있었다고 해도 가르치는 것이 이와 같은 뿐이다. 『맹자집주』에서 효제孝弟로 가르치고 문하에서 수학하는 것을 허용하지 않았다고 하였지만, 옳지 않다.[26] 【이 단락은 또한 내 마음의 양지로 충분하다고 여긴다는 것과 같은데, 그 말에 차이가 있는 것은 무슨 이유인가?】

求? 故曰: "子歸而求之, 有餘師." 假使曹交在門, 教之不過如此.『集註』乃謂教之孝弟, 不容受業於門. 未然.【此段又與取足於吾心之良知者同, 何其言之出入耶?】

|4-29| 이른바 '잃어버린 마음을 찾는다[求放心].'는 것은 마음으로 마음을 잡는 것이 아니다. 대개 이 마음이 의리에서 발동하면 곧 진심眞心으로 그 마음을 미루어 행해야 한다. 만일 마음의 발동이 바르지 않거나, 바르게 발동하였더라도 때에 맞지 않거나, 범범하게 생각하는 것 등은 마음을 잃어버리는 것이 된다. 잃어버리는 그때 즉시 마음을 끌어당겨 바꾸면 문제가 없다. 이천(伊川: 程頤)은 "마음은 본래 선한데, 빠져들어서 악행을 행하면 곧 잃어버리게 된다."[27]라고 하였는데, 이 말이 여러 유학자의 말에 비해서 가장 정밀하다. 【빠져들

|4-29| 所謂求放心者, 非是以心捉心之謂. 蓋此心發於義理者, 即是眞心, 便當推行. 若發不以正, 與雖正發不以時, 及泛泛思慮, 方是放心, 要就那放時即提轉來, 便無事. 伊川曰: "心本善, 流而爲惡, 乃放也." 此語視諸儒爲最精.

26 도는 대로와 … 옳지 않다: 이 장의 인용문과 주희의 말은 『孟子』「告子下」와 『孟子集註』에 나온다. 曹交는 曹나라 군주의 아우로 맹자에게 요순과 같이 되는 법을 묻자 맹자는 요순의 도는 효제라고 대답하였다. 문하에 머물러 배우겠다고 하자 맹자는 道가 대로처럼 알기 쉬우니 돌아가 찾으면 얼마든지 스승이 있을 것이라고 대답하였다.

27 마음은 본래 … 잃어버리게 된다: 『주자어류』 권59-160, 「孟子 · 告子上」 '仁人心也'장에 인용되어 있다.

면 곧 악이다.】

【纔流便是惡.】

|4-30| 사람의 생각은 같은 부류와 접촉하면 생겨나서 편안히 쉴 때가 없다. 이른바 "붕우가 너의 생각을 따른다[朋從爾思]."는 것이다. "붕우[朋]"는 같은 부류이다. 시험 삼아 생각하는 곳에 나아가 어떻게 그것을 생각하게 되었는지 살펴보면서, 거꾸로 거슬러 올라가보면 곧 알게 된다. 선가禪家에서는 갈등[「葛藤: 지견(知見)이 얽어매서 깨달음을 방해함]이라고 하는데, 오래 존속한 것은 깨침의 과정을 오래 해야 하는 이유이다. 깨닫기만 하면 곧 생각은 끊어진다.

|4-30| 人之思慮, 多是觸類而生, 無有寧息時節, 所謂"朋從爾思"也. "朋", 類也. 試就思處思量如何思到此, 逆推上去, 便自見得. 禪家謂之葛藤, 所以要長存長覺, 纔覺得便斷了.

|4-31| 근래 여러 공들의 논의가 심히 고원하지만, 그 성취를 살펴보면 사람들의 기대에 차지 못한 경우가 많다. 풍산(楓山: 章懋) 선생의 인품은 한결같이 순수하고 진실하여, 다른 사람에게 비하면 많은 기력을 들이지 않았지 않았지만, 이미 모든 이를 고무시키고 있다. 이로써 충직하고 신실함으로 얻고 교만하고 방자함으로 잃는다는 말[28]이 맛이 있음을 안다.

|4-31| 近來諸公議論太高, 稽其所就, 多不滿人意. 如楓山先生爲人, 只一味純誠, 比之他人, 省了多少氣力, 已是風動海內, 乃知忠信驕泰得失之言爲有味.

|4-32| 부귀를 탐하고 빈천을 싫어하면, 부귀를 얻고 못 얻고를 떠나서 곧 이 탐하고 싫

|4-32| 若貪富貴, 厭貧賤, 未論得與不

28 충직하고 신실함으로 … 잃는다는 말: 『대학』에 나온다.

어하는 마음 자체가 이미 인仁과 떨어지게 된다. 어떻게 이어서 존양存養 등 세밀한 공부로 나아갈 수 있겠는가? 무욕을 요체로 삼는 이유이다.

得, 卽此貪之厭之之心, 已自與仁離了, 如何做得下面存養細密工夫? 所以以無欲爲要.

4-33 마음을 다스리는 요령은 마음을 씀이 있는 것이다. 일상에서 모두 의리에 마음을 써서 편안하면 곧 마음이 보존된다. 어찌 종일토록 눈을 감고 가부좌를 틀고 앉아 막연히 마음을 쓰는 바가 없은 뒤에 마음이 보존되겠는가?

4-33 心要有所用. 日用間都安在義理上, 卽是心存. 豈俟終日瞑目趺坐, 漠然無所用心, 然後爲存耶?

4-34 일찍이 강자(腔子: 몸)가 신명이 머무는 곳이 아닌 것은 세속에서 이른바 "광당眶當"[29]이라고 할 때 "광(眶: 눈자위)"이 리理를 의미하는 것과 같다고 의심한 적이 있다. 이 마음은 항상 리理 가운데 있어야 하며, 조금이라도 리와 어긋나면 곧 광당眶當 밖으로 나가게 된다고 생각하였기 때문이다. 그러나 이렇게 말하면, 몸에 가득한 것이 측은히 여기는 마음이라는 말은 성립이 안 되어, 구설을 따르는 것이 더 좋은 것만 못하다. 대개 마음은 문의 지도리와 같다. 문의 지도리가 통을 벗어나면 문은 움직이지 못한다. 이 마음이 몸을 벗어나

4-34 嘗疑腔子不是神明之舍, 猶世俗所謂眶當之眶指理而言, 謂此心要常在理中, 稍與理違, 則出眶當外矣. 然如此說, 則滿腔子是惻隱之心, 便說不去, 不若照舊說爲善. 蓋心猶戶樞, 戶樞稍出臼外, 便推移不動, 此心若出軀殼

29 광당(眶當): 의미 미상. 眶의 문자적 의미는 눈자위, 눈언저리를 의미한다. 『夏東巖集』에는 "眶"이 "眶"으로 되어 있다. 眶當은 문맥상 합당함 또는 합당한 자리를 의미하는 것으로 생각된다.

신명이 머무르는 곳에 있지 않으면 사물과 응접하는 모든 때에 주재하는 바가 없게 된다.

之外, 不在神明之舍, 則凡應事接物無所主矣.

|4-35| 귀가 밝아도 겨우 수백 보에 그친다. 눈이 밝아도 겨우 수십 리에 그친다. 오직 마음으로 생각하는 것은 틈이 없는 곳에도 들어가고 천만리 밖이라도 천만년 이전이라도 한 번 생각하면 곧 거기에 있으니, 거기에 나아가는 것이 신(神, 정신)이다.

|4-35| 耳之聰, 止於數百步外; 目之明, 止於數十里外; 惟心之思, 則入於無間, 雖千萬里之外, 與數千萬年之上, 一擧念卽在於此, 卽此是神.

|4-36| 상산(象山: 陸九淵)의 학문은 존덕성(尊德性: 덕성을 높이는 것)을 위주로 삼지만, 도문학(道問學: 묻고 배우는 공부에 의거하는 것)을 하지 않은 적이 없다. 다만 존덕성과 도문학의 방식이 성현과 다를 뿐이다. 정자가 인을 논하면서, "이 리理를 알아 성(誠: 진실함)과 경(敬: 전일함)으로 보존할 뿐이다."라고 하였고, 또 "인仁의 체體를 알아 자신에게 실제로 지니고 있으면, 의리로 배양하면 된다."[30]라고 하였다. 대개 말로 아는 것이 실행하기 이전에 있다는 말이다. 반드시 먼저 그 리理를 안 뒤에 착수처가 있게 된다. 상산은 정신을 수렴하여 여기에 있게 할

|4-36| 象山之學, 雖主於尊德性, 然亦未嘗不道問學, 但其所以尊德性·道問學, 與聖賢不同. 程子論仁, 謂"識得此理, 以誠敬存之而已." 又謂"識得仁體, 實有諸己, 只要義理栽培." 蓋言識在所行之先, 必先識其理, 然後有下手

30 이 리(理)를 … 배양하면 된다: 『二程遺書』 권2상. 두 인용문은 모두 정호(程顥)의 말이다.

수 있으면 측은히 여길 때를 만나면 자연히 측은히 여기고, 부끄러워하고 미워할 상황을 만나면 자연히 부끄러워하고 미워하여, 다시 확충擴充할 필요가 없다고 말한다. 【인의예지는 본체가 자연히 광대하여 원래부터 확충이 필요 없다. 이른바 확충한다는 것은 대개 계속 이어서 끊어지지 않게 하는 것이다.】 이 상산의 방식은 고자告子가 성性이 리理에 속하는 것임을 모르고 이른바 기氣에 해당시켜 비록 굳세게 버티면서 힘으로 억제하여 부동심(不動心: 외물에 동요되지 않는 상태)에 속히 이르렀던 방식과 더불어 그저 마음을 해치는 것이 되기에 족할 뿐이다. 주자가 말하였다: "천하의 리로 천하의 일에 대처한다. 성현의 마음으로 성현의 글을 읽는다."[31] 상산이 끌어들인 여러 글들은 성현의 말을 몰아다 자신의 뜻에 맞춘 것이 많아서 성현이 말로 제시하였던 뜻이 아닌 것이 많다. 예를 들면, 상산은 "안자(顏子: 顏回)의 사람됨은 가장 정신이 뛰어나지만 힘써 노력하는 것은 가장 어려운 것이었다. 중궁仲弓의 정신은 안자에 못 미치지만 힘써 노력하는 것은 도리어 쉬운

處. 象山謂能收斂精神在此, 當惻隱自惻隱, 當羞惡自羞惡, 更無待於擴充. 【仁義禮智, 本體自廣大, 原不待於擴充, 所謂擴充者, 蓋言接續之使不息耳.】 此與告子不知性之爲理, 而以所謂氣者當之, 雖能堅持力制, 至於不動心之速, 適足爲心害也. 朱子曰: "以天下之理, 處天下之事; 以聖賢之心, 觀聖賢之書." 象山所引諸書, 多是驅率聖賢之言以就己意, 多非聖賢立言之意. 如謂"顏子爲人最有精神, 用力最難; 仲

31 천하의 리로 … 글을 읽는다: 『朱子語類』 9-78에 "성현의 뜻으로 성현의 글을 읽고, 천하의 리(理)로 천하의 일을 살핀다. 사람들은 사적인 견해로 리(理)를 궁구하는 경우가 많은데, 단지 자신의 견해에 불과하고 성현의 마음과는 오히려 멀다.(以聖賢之意, 觀聖賢之書; 以天下之理, 觀天下之事. 人多以私見自去窮理, 只是你自家所見, 去聖賢之心尙遠在.)"라고 하였다.

것이었다."[32]라고 한다. 그 말은 정자가 "바탕이 아름다운 사람은 완전히 밝아서 찌꺼기[渣滓][33]가 곧 혼연하게 변화한다. 그다음 가는 이는 장중하고 공경하는 자세로 견지하고 함양하는데, 지극해지는 데 이르면 마찬가지이다."[34] 라고 하였던 것과는 다르다. 어찌 단지 문의文義의 차이일 뿐이겠는가?

弓精神不及顏子, 然用力却易", 其與程子所謂"質美者, 明得盡, 渣滓便渾化, 其次惟莊敬以持養之, 及其至則一也"不同, 豈直文義之差而已哉?

|4-37| 내가 예전에 학문에 뜻을 두었을 때 마음을 잡는 요령을 알지 못해 단단히 잡으려는 마음이 지나쳤다. 그래서 항상 마음에 한 가지 물건이 막혀 걸려 있음을 느끼면서도 잊으려고 해도 잊을 수가 없었다. 남감(南監: 南京太僕少卿)에 있을 때, 하루는 동화문東華門 아래를 지나는데 고서를 파는 사람이 있었다. 내가 무심코 『사가어록四家語錄』[35]을 넘겨 보니 그 안에 황벽희운黃蘗希運이 배휴裴休에게 "지금 그대로의 마음이 곧 불성이다. 생각을 내면 불성이 아니다."라고 한 구절이 있었다. 우두커니

|4-37| 予昔有志於學, 而不知操心之要, 未免過於把捉, 常覺有一物梗在胸中, 雖欲忘之而不可得. 在南監時, 一日過東華門牆下, 有賣古書者, 予偶檢得『四家語』, 內有黃蘗對裴休云: "當下卽是, 動念則非."

---

32 안자의 사람됨은 … 쉬운 것이었다: 『象山語錄』 권1. 『상산어록』에는 "最難"이 "甚難"으로 되어 있다.

33 찌꺼기[渣滓]: 『주자어류』 45-16에 "渣滓"를 私意로 풀이하였다. "완전히 밝아 찌꺼기가 혼연히 변화된다[明得盡, 渣滓便渾化]"는 사의가 완전히 없어진 상태를 말한다.

34 바탕이 아름다운 … 이르면 마찬가지이다: 『論孟精義』 권10상, 『近思錄集註』(江永撰) 권2 등에 程顥의 말로 인용되어 있고, 『주자어류』42-28에는 程頤의 말로 인용되어 있다.

35 『사가어록(四家語錄)』: 마조도일(馬祖道一), 백장회해(百丈懷海), 황벽희운(黃蘗希運), 임제의현(臨濟義玄) 등 네 선승의 어록을 묶은 책.

서 있는데 곧 가슴 속에서 돌덩어리가 깨져 나가고 더는 막힌 것이 없음을 느꼈다. 그런 뒤 선학禪學에도 진실로 사람을 변화시키는 곳이 있음을 알았다. 이후 정자와 주자의 글을 읽으니 말한 것들이 너무 분명하고 명백하였다. 단지 읽는 사람이 이해를 잘 하느냐에 달려 있을 뿐이었다. 그러므로 말한다: "우리 도로 충분하다. 어찌 옆길에서 찾겠는가?"

佇立之頃, 遂覺胸中如有石頭磕然而下, 無復累墜, 乃知禪學誠有動人處. 於後看程朱書, 說得下手十分明白痛快, 但在人能領略耳. 故曰: "吾道自足, 何事旁求."

|4-38| 성현의 가르침은 명백하고 간절하여 사람들이 통투하게 이해하기를 바라지 않음이 없다. 백사(白沙: 陳獻章)의 시는 은미하고 심오한 말을 잘 사용한다. 학문을 논하는 곳에서는 모습을 감추고 있어 철저하게 따질 수 없다. 감천(甘泉: 湛若水)의 주석은 완곡하게 비호하여 은미한 말을 헤아리는 것 같지만 그러나 또한 백사의 의도가 아닌 것이 많다. 시는 한漢과 위진魏晉 시기 이래 당唐과 송宋에 이르기까지 여러 대가들은 모두 법칙이 있다. 백사에 이르러, 스스로 창의적 방법을 내서 새롭고 기이한 말을 거리낌 없이 내놓기를 잘하여 사람들이 따라갈 수 없게 하였다. 그것은 대개 장정산(莊定山: 莊昶)에게 근원한 것이고, 정산은 유정수(劉靜修: 劉因)[36]에게 근원한 것으로 체제와

|4-38| 聖賢之訓, 明白懇切, 無不欲人通曉. 白沙之詩, 好爲隱奧之語, 至其論學處, 藏形匿影, 不可致詰. 而甘泉之註, 曲爲回互, 類若商度隱語, 然又多非白沙之意. 詩自漢·魏以來, 至唐·宋諸大家, 皆有典則. 至白沙自出機軸, 好爲跌宕新奇之語, 使人不可追逐, 蓋本之莊定山, 定山本之劉靜

36 劉靜修: 劉因. 1249-1293. 자는 夢吉, 호는 靜修. 원대 이학자이자 시인이다. 선친과

의기(意氣: 생각과 취향)가 서로 매우 비슷하다. 시학詩學이 그 때문에 크게 변질되었다. 다만 「고선화도古選和陶」 등 여러 작품은 법도를 갖춘 시에 가깝다.

修, 規模意氣絕相類, 詩學爲之大變. 獨「古選和陶」諸作近之.

4-39 주자(周子: 周敦頤)는 "하나가 요체가 되는데, 하나는 욕심을 지니지 않는 것[無欲]이다. 욕심이 없으면 일이 없을 때는 비어 있고 활동할 때는 곧다."라고 하였다. 또 "줄이고 줄인다. 줄여서 없는 상태에 이르면 진실함이 세워지고 밝음이 두루 통한다."라고 하였다. "사욕을 이기고 예로 돌아가는 것[克己復禮]"과 뜻이 같다.

4-39 周子云: "一爲要, 一者無欲也, 無欲則靜虛動直." 又云: "寡之又寡, 寡之而至於無, 則誠立明通." 與克己復禮意同.

4-40 이제 이 마음이 주인이 되게 다잡고서 보고 듣고 말하고 움직이는 곳에 나아가 노력하여, 욕심을 줄이고 허정(虛靜: 비어 있고 동요하지 않음)의 상태에 이르기를 점진적으로 구하지 않고, 단지 눈을 감고 가부좌를 한 채 이 마음을 아무 일도 없는 상태에 두기를 바란다면, 사의私意의 뿌리를 어떻게 제거하며, 마음의 본

4-40 今不提起此心做主, 就視聽言動上下工夫, 漸漸求造寡欲虛靜之地, 直欲瞑目趺坐, 置此心於無物之處, 則私根何由以去, 本體何由

조부 모두 金에서 벼슬하였다. 1282년(元19) 징소에 응하여 承德郎, 右贊善大夫 등을 지내다가 사직하고 다시 출사하지 않았다. 원나라 초기 북방의 대표적 理學者로 활동하였다. 生生不息의 變化를 기의 본래적 활동[氣機]으로 파악하고, 주체와 객체를 모두 잊는 것으로 정(靜)을 추구하였다. 『四書精要』, 『易繫辭說』, 『靜修集』, 『劉靜修詩集』 등이 전한다.

체가 어떻게 비어 있게 할 수 있겠는가? 정자는 "좌망(坐忘: 외물과 자신을 잊고 도와 하나가 됨)은 도리어 곧 좌치(坐馳: 몸은 앉아 있지만 마음이 밖으로 내달림)이다."[37]라고 하였고, 주자는 "막으려고 하지만 그럴수록 막지 못하고, 안정되려고 하지만 그럴수록 안정되지 못한다."[38]라고 하였다. 주자는 또 "예컨대 독서를 통해 의리를 찾고, 사물과 응대하면서 리理에 합당하기를 찾는데, 곧 그 찾는 마음이 바로 내 (보존하려는) 마음이다. 어찌 흙덩이처럼 홀로 정좌한 이후에 마음이 보존되는 것에 종사하겠는가?"[39] 심체의 맥락을 꿰뚫어 아는 사람이 아니라면 어떻게 여기에 이르겠는가?

以虛乎? 程子云: "坐忘却是坐馳." 朱子云: "要閒越不閒, 要靜越不靜." 又云: "如讀書以求義理, 應事接物以求當理, 卽所求者便是吾心, 何事塊然獨坐而後, 爲存耶!" 非洞見心體之妙, 安能及此.

|4-41| 선사 일재(一齋: 婁諒)께서 집에 계실 때, 풍속을 바로잡는 것으로 자신의 소임을 삼았다. 무릇 이웃에서 연극을 상연하고 귀신을 영접하고 뱃놀이를 하는 등의 유희가 있으면 반드시 깨우쳐 주고 경계시켰다. 매번 이런 일로 남에게 미움을 샀지만 신경쓰지 않았다.

|4-41| 先師一齋家居, 以正風俗爲己任, 凡鄰里搬戲迎神及划船之類, 必加曉諭禁戒, 每每以此得罪於人, 有所不恤.

---

37 좌망은 도리어 곧 좌치이다: 『二程遺書』 권3: 「未有不能體道而能無思者, 故坐忘卽是坐馳, 有忘之心乃思也.」

38 막으려고 하지만 … 안정되지 못한다: 출처 미상.

39 예컨대 독서를 … 것에 종사하겠는가: 『주자어류』 115-13에 다음과 같은 관련 내용이 나온다. 「問: 『向見先生敎童蜚卿於心上著工夫. 數日來專一靜坐, 澄治此心.』 曰: 『若如此塊然都無所事, 卻如浮屠氏矣. 所謂「存心」者或讀書以求義理, 或分別是非以求至當之歸. 只那所求之心, 便是已存之心, 何俟塊然以處而後爲存耶?』」

4-42 세상 사람들은 이익이 되는 것만 알아 말이 인의에 미치면 반드시 조롱하고 비웃으며 세상 물정 모른다고 말하는데, 이익 속에 곧 해가 있어 오직 인의만 이익을 찾지 않아도 자연히 이롭지 않음이 없음을 전혀 모르는 것이다. 비유하면 단것은 먹고 나면 시고, 쓴것은 먹고 나면 달다. 가장이 이익을 추구하여 일가족이 모두 이익을 추구하지 않음이 없게 유도하면, 그로부터 부자와 형제 사이에 서로 빼앗고 서로 해쳐서 몰락한 이후에 끝나게 된다. 만일 가장이 의로움을 추구하여 일가족이 모두 의로움을 추구하게 유도하면, 그로부터 부모가 자식에게 자애롭게 대하고 자식이 부모에게 효도하며 형은 동생에게 우애하고 동생은 형을 공경하여, 가운이 어떨지는 말하지 않더라도 당장 집안에 이미 한 자락 봄의 온화한 광경이 있으니, 어느 이익이 그것만 하겠는가?

4-42 世人只知有利, 語及仁義, 必將譏笑, 以爲迂闊, 殊不知利中卽有害, 惟仁義則不求利, 自無不利. 譬之甜的物事, 喫過則酸, 苦的物事, 喫過方甜. 如人家長尙利, 惹得一家莫不尙利, 由是父子兄弟交相攘奪, 相劘相刃, 必至傾覆而後已. 若家長尙義, 惹得一家莫不尙義, 由是父慈其子, 子孝其父, 兄友其弟, 弟恭其兄, 莫說到門祚如何, 只據眼前家庭之間, 已自有一段春和景象, 何利如之?

4-43 맑게 비어 밝은 것이 마음의 본체로서 본래 보존하거나 잃어버리거나 나가거나 들어오거나 하는 등의 말을 할 만한 것이 없다. 마음이 보존되거나 잃어버리거나 나가거나 들어오거나 하는 것은 단지 견지하기를 공경히 하는가 아니면 멋대로 하는가에 달려 있다.

4-43 湛然虛明者, 心之本體, 本無存亡出入之可言. 其有存亡出入者, 特在操持敬肆之間耳.

|4-44| 잘 묻고 잘 살피면서 반드시 그 중도를 사용하고, 시를 외우고 독서하면서 반드시 그 시대를 논하면, 천하고금의 총명을 모두 합쳐서 자신의 총명함으로 삼게 되니 그 지혜가 크다. 근래 여러 공이 학문을 논할 때 내 마음의 양지로 충분하다고 만족하면서 이정과 주자가 격물(格物: 사물에 나아가 이치를 궁구함)과 박문(博文: 학문을 널리 배움)을 말한 것을 지리支離하다고 여기려고 하는데, 어떻게 사람의 식견을 개발하여 내 마음의 양지와 양능의 본연함을 확충할 수 있겠는가? 이것은 문으로 들어가는 조항인데, 여기에서 이미 잘못되니 이는 들어가기를 바라면서 문을 닫는 것과 같다.

|4-44| 好問好察而必用其中, 誦詩讀書而必論其世, 則合天下古今之聰明以爲聰明, 其知大矣. 近時諸公論學, 乃欲取足吾心之良知, 而議程·朱格物博文之論爲支離, 謂可以❸開發人之知見, 擴吾心良知良能之本然? 此乃入門欵, 於此旣差, 是猶欲其入而閉之門也.

백사(白沙: 陳獻章)가 동백(東白: 張元禎)에게 보낸 공부를 논한 시를 읽음[40]

讀白沙與東白論學詩

|4-45| "고인은 조박(糟粕: 찌꺼기, 육경을 말함)

|4-45| "古人棄糟

---

40 백사가 동백에게 … 시를 읽음: 『陳白沙集』(四庫全書本) 권5; 『陳獻章集』(中華書局本) 권4 「五言古詩」, "내한(內翰) 장정상(張廷祥: 張元禎)에게 답한 편지를 정리하여 시로 엮어서 제학(提學) 호희인(胡希仁: 胡居仁?)에게 드림(「答張內翰廷祥書」, 括而成詩, 呈胡希仁提學)". "내한(內翰) 장정상(張廷祥: 張元禎)에게 답한 편지(答張內翰廷祥書)"는 『陳白沙集』 권2; 『陳獻章集』 권2, 「復張東白內翰」(1475)을 가리킨다. 『東巖集』 권1에 "讀白沙與東白論學詩敬疏數語于下以俟有道正焉"으로 되어 있다. 이하 45-48항까지 모두 백사의 시구를 한 구절씩 인용한 다음 하상박 자신의 소견을 적고 있다.

❸ 謂可: 사고전서본 『明儒學案』과 『東巖集』에는 "其何"로 되어 있다.

을 버렸다. 조박은 전승의 참된 내용 아니기에." 내가 생각건대, 육경六經은 도를 실은 글로 성현이 전수한 심법心法이 거기에 있다. 그런데 조박은 전승의 참된 내용이 아니라고 한 것은 왜인가?

粕, 糟粕非眞傳." 愚謂『六經』載道之文, 聖賢傳授心法在焉, 而謂糟粕非眞傳, 何耶?

|4-46| "미미한 한 국자 물, 쌓고 쌓으면 큰 강을 이루지. 또한 쌓고 쌓는 것이 아닌 부분 있으니, 근원이 있는 샘 저절로 솟고 솟는구나." 천하의 일에 쌓지 않고 이루는 것이 없다. 공자가 학문에 뜻을 두어 (계속 쌓아서) 종심從心의 경지에 이르렀고,[41] 맹자는 선(善: 바랄 만함)과 신(信: 신실함)의 상태에서 성(聖: 변화함)과 신(神: 측정하지 못함)의 상태에 이르렀다.[42] 주자는 "내 학문은 대개 조금씩 쌓아서 획득한 것이다."[43]라고, 또 "내가 61세가 되어 비로소 이해하였다. 만일 작년에 죽었더라도 잘못되었을 것이다."[44]라고 하였다. 이제 쌓지 않고 이

|4-46| "渺哉一勺水, 積累成大川. 亦有非積累, 源泉自涓涓." 天下之事, 未有不由積累而成者. 孔子志學以至從心, 孟子善信以至聖神. 朱子曰: "予學蓋❹由銖累寸積得之." 又云: "予六十一歲方理會得, 若去年死也枉了." 今謂不由

---

41 공자가 학문에 … 경지에 이르렀고: 從心은 "마음이 하고싶은 대로 해도 법도를 넘지 않았다[從心所欲不踰矩]"는 말의 줄임이다. 『論語』「爲政」: "吾十有五而志于學; 三十而立; 四十而不惑; 五十而知天命; 六十而耳順; 七十而從心所欲, 不踰矩."

42 맹자는 선(善)과 … 상태에 이르렀다: 『孟子』「盡心下」: "可欲之謂善, 有諸己之謂信, 充實之謂美, 充實而有光輝之謂大, 大而化之之謂聖, 聖而不可知之之謂神."

43 내 학문은 … 획득한 것이다: 『朱子語類』 104-41: "某自十四五歲時, 便覺得這物事是好底物事, 心便愛了. 某不敢自昧, 實以銖累寸積而得之."

44 내가 61세가 … 잘못되었을 것이다: 『朱子語類』 104-46: "讀書須是虛心, 方得. 他聖人說一字是一字, 自家只平著心去秤停他, 都不使得一毫杜撰, 只順他去. 某向時也杜撰說得, 終不濟事. 如今方見得分明, 方見得聖人一言一字不吾欺. 只今六十一歲, 方理會得

룬다고 하는데 석씨가 말하는 "단번에 곧바로 여래지如來地로 들어간다."는 것이 아니겠는가?

積累而成, 得非釋氏所謂"一超直入如來地"耶?

|4-47| "지극한 무無에 지극한 움직임이 있고, 지극히 비근한 곳에 지극히 신묘함 있네. 발용하면 막힘이 없고, 감추면 깊이를 지극히 하네." 『중용』에 "희로애락이 발동하기 이전을 중(中: 치우침이 없이 중정함)이라 하고, 발동하여 모두 절도에 맞는 것을 화(和: 지나치거나 모자람이 없이 합당함)라고 한다. 중은 천하의 큰 근본이고, 화는 천하의 두루 통용되는 도이다."라고 하였다. 도의 체와 용이 불과 이와 같으니 명백하다고 말할 수 있다. 그런데 이제 현묘함을 논하며 도리어 배우는 이의 의혹을 키우니 어느 곳으로부터 공부를 착수하겠는가?

|4-47| "至無有至動, 至近至神焉. 發用玆不窮, 緘藏極淵泉."『中庸』云, "喜怒哀樂之未發謂之中, 發而皆中節謂之和. 中也者, 天下之大本也; 和也者, 天下之達道也." 道之體用, 不過如此, 可謂明白. 今乃說玄說妙, 反滋學者之疑, 從何處下手耶?

|4-48| "나는 그 기미를 파악할 수 있거늘, 어찌 꼭 옛 서적을 엿보리오. 배움의 근심은 마음을 쓰지 않는 것이지만, 마음을 쓰면 더욱 얽매이네. 본래 비어 있어 드러나면 충실하고, 근본을 세움은 자연(自然: 저절로 그러함)을 귀하게 여기네. 경계하고 삼가는 것[戒愼]과 염려하고 두려워하는 것[恐懼], 유교의 가르침에선 치

|4-48| "我能握其機, 何必窺陳編. 學患不用心, 用心滋牽纏. 本虛形乃實, 立本貴自然. 戒愼與恐懼, 斯語未云偏. 後儒不省事, 差失毫

恁地. 若或去年死, 也則枉了. 自今夏來, 覺見得纔是聖人說話, 也不少一箇字, 也不多一箇字, 恰恰地好, 都不用一些穿鑿."

❹ 蓋: 『東巖集』에는 "實"로 되어 있다.

우쳐 말하지 않네. 후대의 유학자들 일을 줄이지 못하는 것, 미세한 곳에서 어긋난 것이네." 사마온공(司馬溫公: 司馬光), 여여숙(呂與叔: 呂大臨), 장천기(張天祺: 張戩) 등은 사려가 어지러운 것을 걱정하였으니, 모두 어떻게 해볼 수 없음은 정말로 백사공이 말한 대로이다. 이정과 주자에게 이르면 어찌 이런 병통이 있겠는가? 정자는 "안을 옳고 밖을 그르다고 여기는 것은 안과 밖을 모두 잊는 것만 못하다. 양쪽을 모두 잊으면 맑아서 일삼을 것이 없다."[45]라고 하였다. 또 "반드시 종사하고 있지만 미리 획정하지도 잊지도 조장하지도 않아 털끝만 한 힘도 들이지 않는 것 이것이 마음을 보존하는 도리이다."[46]라고 하였다. 주자는 "중단됨을 깨닫자마자 곧 이미 이은 것이다."[47]라고 하였다. 이들에는 모두 그 자연에 맡기고 조금도 개입하고 안배하는 병통이 없다. 심학의 신묘함이 여기에 이르러 남김 없이 발휘되었다. 경계하고 삼가는 것과 염려하고 두려워하는 것은 경敬이다. 경敬에 무슨 형상이 있는가? 단지 이 마음이 머물고 주재하는 곳에서 정신을 차

鑵間." 司馬溫公·呂與叔·張天祺輩, 患思慮紛擾, 皆無如之何, 誠如公論. 至於程·朱, 寧有此病? 程子云: "與其是內而非外, 不若內外之兩忘, 兩忘則澄然無事矣." 又云: "必有事焉而勿正, 心勿忘, 勿助長, 未嘗致纖毫之力, 此其存之之道也." 朱子云: "纔覺得間斷, 便已接續了." 此皆任其天然, 了無一毫將迎安排之病, 心學之妙, 至此無餘蘊矣. 戒愼恐懼, 敬也, 敬有甚形影? 只是此心存主處, 纔提起,

45 안을 옳고 … 것이 없다: 『二程文集』 권3, 「明道文集」 3, 「答橫渠先生定性書」.

46 반드시 종사하고 … 보존하는 도리이다: 『二程遺書』 권2상.

47 중단됨을 깨닫자마자 … 이은 것이다: 『晦菴集』 권56, 「答方賓王」: "所喻涵養本原之功, 誠易間斷. 然纔覺得間斷, 便是相續處, 只要常自提撕分寸積累將去, 久之自然接續打成一片耳."

리고 있으면 편안하고, 방심하면 마음은 편안하지 못하다. 이것은 마음의 당연한 것으로 그렇지 않을 수 없는 것이 있다. 이를 모르고 외적인 일을 꾸미거나 지나치게 부여잡는 것으로 경敬을 삼으면 마음의 병이 된다. 그러므로 이르기를 "이익이 없다고 버려두는 이는 김을 매지 않는 자요, 조장하는 자는 싹을 뽑는 자이다. 이익 됨이 없을 뿐 아니라 해치는 것이다."[48]라고 하였다.

心便安, 纔放下, 心便無安頓處. 是乃人心之當然, 有不容不然者. 若不知此, 而以裝點外事・矜持太過爲敬, 則爲此心之病矣. 故曰: "以爲無益而舍之者, 不芸苗者也; 助之長者, 揠苗者也, 非徒無益而又害之."

|4-49| "마음을 이해한 사람에게 전하니, 소금(素琴: 문식이 없는 금)은 본래 현이 없다네."[49] 이것은 (하늘이 하는 일은) 소리도 없고 냄새도 없다는 것으로 『중용』에서 천명에서부터 말을 시작하여 모두 설명한 뒤에 (마지막 장에 이르러) 비로소 이것을 말하였다. 따라서 정자는 "하학(下學: 아래로 인사를 익힘)을 통해 상달(上達: 위로 천리에 통달함)에 이르는 것이 곧 배움의 요령이다."[50]라고 하였다. 이제 학문을 논하면서 하학 공부를 말하지 않고 갑자기 상달의 신묘함에 이르고자 하니 이단의 학문에 빠지면서도 자

|4-49| "寄語了心人, 素琴本無絃." 此是無聲無臭處,『中庸』從天命說起, 都說盡了, 方說到此. 所以程子云: "下學而上達, 乃學之要." 今論學不說下學之功, 遽及上達之妙, 宜其流入異學而不自知也. 此詩清新

48 이익이 없다고 … 해치는 것이다:『孟子』「公孫丑上」.

49 마음을 이해한 … 현이 없다네: 이 구절은『陳白沙集』권5,「答張內翰廷祥書括而成詩呈胡希仁提學」에 나온다.

50 『二程遺書』권2상: "伯淳言: '學者須守下學上達之語, 乃學之要.'" 伯淳은 程顥의 字이다.

각하지 못하는 것이 당연하다. 백사의 이 시는 신선하고 아름다워서 읽는 사람들이 다투어 외우면서도 시가 도리와 어긋남이 있음을 모르고 있어, 내가 부득이 변석하지 않을 수 없었다.

華妙, 見者爭誦之, 而不知其有悖於道, 予不得以不辨.

|4-50| 풍산(楓山: 章懋)이 나에게 말하였다: "백사(白沙: 陳獻章)가 초빙에 응해서 서울(남경)에 왔을 때, 나는 남경대리시평사南京大理寺評事로 있어서 찾아가 배웠다.[51] 백사는 '나는 남을 가르칠 것이 없다. 단지 배우는 이에게 "증점과 함께하겠다."[52]는 한 장을 보게 한다.'라고 하였다. 내가 '이 방식으로 가르치는 것은 좋지만, 주자는 "증점과 함께하겠다."는 장의 취지에만 주의하면 선禪에 빠질 염려가 있다고 하였습니다.[53]'라고 말하였다. 백사는 '그때는

|4-50| 章楓山謂予曰: "白沙應聘來京師, 予在大理往候而問學焉. 白沙云: '我無以教人, 但令學者看"與點"一章.' 予云: '以此教人, 善矣. 但朱子謂專理會"與點"意思, 恐入於禪.'白沙云: '彼一

---

51 백사가 초빙에 … 찾아가 배웠다: 1469년 봄 陳獻章(42세)은 會試에 응시하였다가 낙방하였다. 3월 북경을 출발하여 5월에 南京에 도착하여 머물렀는데 이때 章懋는 南京大理寺評事로 재직하고 있으면서 진헌장을 방문하였다. 『陳獻章年譜』(黎業明 著, 上海古籍, 2015), 26-31쪽.

52 "증점과 함께하겠다.": 『論語』「先進」 마지막 장을 가리킨다. 點은 曾皙의 字이다. 공자가 제자들에게 각자의 소원을 말해 보게 하였을 때, 仲由, 冉求, 公西赤 등은 국정에 참여하여 자신의 정치적 포부를 펼치는 것으로 답하였으나, 曾皙은 "늦은 봄 봄옷이 준비되면 성인 5-6인, 어린이 6-7인과 함께 沂水에서 목욕하고 舞雩에서 바람을 쐬고 시를 읊다가 돌아오겠다[莫春者, 春服旣成, 冠者五六人, 童子六七人, 浴乎沂, 風乎舞雩, 詠而歸]."라고 답하였다. 공자는 증석의 말을 듣고 감탄하면서 "나는 증점과 함께하겠다[吾與點也]."라고 말하였다.

53 주자는 "증점과 … 있다고 하였습니다: 『주자어류』 117-43에 다음과 같은 내용이 나온다. 「學者固是要見總會處, 而今只管說箇總會處, 如『與點』之類, 只恐孤單沒合殺,

그때이고, 지금은 또 다른 시대이다. 주자의 시기에는 사람들이 이단에 빠진 사람이 많았기 때문에 이런 방식으로 구제하였다. 지금은 이록利祿의 학문에 빠져 있어, 반드시 이 취지를 안 뒤에야 진보하는 것이 있다.'라고 답하였다. 나는 그 말을 듣고 어렴풋이 깨달은 것이 있었다." 【「욕기정기浴沂亭記」】

時也, 此一時也. 朱子時, 人多流於異學, 故以此救之; 今人溺於利祿之學深矣, 必知此意, 然後有進步處耳.' 予聞其言, 恍若有悟." 【「浴沂亭記」】

|4-51| 『성서性書』[54]는 리와 기를 함께 포함시켜 성을 논하고, '성즉리(性卽理: 성은 곧 리이다)'라는 말을 깊이 배척하고 있어, 정자와 주자에게 죄를 얻고, 경재(敬齋: 吳與弼)에게 죄를 얻을까 거듭 염려되어 반복해서 말하지 않을 수가 없다. 사람은 천지의 기를 얻어 형상을 이루고 기의 정상(精爽: 정수)으로 심心을 이룬다. 심은 허령(虛靈: 비어 있으면서 지각함)하고 통철(洞徹: 맑고 통달함)하여 리理가 거기에 존재하는데 이것을 성性이라고 부른다. 성性자는 심心과 생生을 따라 글자를 이루고 있으니 곧 심의 낳는 리理이다. 그러므로 주자는 "지각하는 것이 심이고, 충만해 있는 것이 성이다. 성은 리이고 심은 저장하고 싣고 시행하고 운용하는 것이다."[55]라고 하였다. 리가 마음 속에서는 혼

|4-51| 『性書』之作, 兼理氣論性, 深闢性卽理也之言, 重恐得罪於程·朱, 得罪於敬齋, 不敢不以復也. 人得天地之氣以成形, 氣之精爽以爲心. 心之爲物, 虛靈洞徹, 有理存焉, 是之謂性. 性字從心·從生, 乃心之生理也. 故朱子謂"靈底是心, 實底是性. 性是理, 心是盛貯該載·敷施發用

下梢流入釋老去, 如何會有『詠而歸』底意思?」

54 『성서(性書)』: 余祐의 저술. 권3 「숭인학안」 69조 참조.

55 지각하는 것이 … 운용하는 것이다: 관련 내용은 『주자어류』 16-51에 나온다. "劉圻父

연(渾然: 일체의 상태로 개별화되지 않음)하여 비록 하나의 리이지만, 그러나 각각 구분됨이 있고 모호한 것이 아니다. 그러므로 감촉에 따라 응대할 때 각각 조리(條理: 개별화된 질서)가 있다. 정자가 "텅 비어 아무 조짐이 없지만 모든 형상이 빼곡하게 이미 갖추어져 있다. 응대하기 이전이라고 해서 먼저인 것도 아니고, 응대한 이후라고 해서 나중인 것도 아니다."[56]라고 한 말이 바로 그것이다.

底", 渾然在中, 雖是一理, 然各有界分, 不是儱侗之物, 故隨感而應, 各有條理. 程子謂"冲漠無朕, 萬象森然已具, 未應不是先, 已應不是後"者, 此也.

맹자는 인간의 본성이 본래 선한데 선하지 않은 것은 인심이 물욕에 빠져 있기 때문이라고 말하여 기질氣質이라는 한 측면을 빠뜨렸다.[57] 때문에 순자, 양웅, 한유의 분분한 논의를 야기하였다. 이정二程과 장자(張子: 張載), 주자에 이르러 비로소 기질을 밝혀 이 이치에 미진함이 없어졌다. 대체로 인간의 본성은 리理로 본래 선하지 않음이 없는데, 선하거나 불선함이 생기는 것은 기질의 치우침 때문이지 오

孟子言人性本善, 而所以不善者, 由人心陷溺於物欲而然, 缺却氣質一邊, 故啟荀・揚・韓子紛紛之論, 至程・張・朱子, 方發明一個氣質出來, 此理無餘蘊矣. 蓋言人性是理,

---

說: '「人心之靈, 莫不有知; 而天下之物, 莫不有理.」 恐明明德便是性.' 曰: "不是如此. 心與性自有分別. 靈底是心, 實底是性. 靈便是那知覺底. 如向父母則有那孝出來, 向君則有那忠出來, 這便是性. 如知道事親要孝, 事君要忠, 這便是心. 張子曰: '心, 統性情者也.' 此說得最精密." 次日, 圻父復說過. 先生曰: '性便是那理, 心便是盛貯該載・敷施發用底.'"

56 텅 비어 … 것도 아니다: 『二程遺書』 권15.

57 맹자는 인간의 … 측면을 빠뜨렸다: 『맹자』 「告子上」에 "人性之善也, 猶水之就下也. 人無有不善, 水無有不下. 今夫水, 搏而躍之, 可使過顙, 激而行之, 可使在山. 是豈水之性哉? 其勢則然也. 人之可使爲不善, 其性亦猶是也."라고 하였고, 또 "乃若其情, 則可以爲善矣, 乃所謂善也. 若夫爲不善, 非才其罪也."라고 하였다.

로지 사람의 마음이 물욕에 빠져 그런 것이 아님을 말한다. "천지의 성"이라고 하는 것은 곧 기를 품수받은 것에 나아가 본래 그러한 리를 가리켜 말하는 것으로, 맹자의 말이 그것이다. 기질지성(氣質之性, 기를 품수받은 가운데의 성)은 곧 리와 기를 합하여 말하는 것으로, 순자, 양웅, 한유 등이 말한 것이 그것이다.

本無不善, 而所以有善不善者, 氣質之偏耳, 非專由陷溺而然也. 其曰天地之性者, 直就氣稟中指出本然之理而言, 孟子之言是也. 氣稟之性, 乃是合理與氣而言, 荀·揚·韓子之言是也.

이정과 주자의 말은 명백하고 밝게 통하는데 당신의 마음을 설복시키기에 부족하니, 자재子才와 순보純甫의 말이 당신에게 받아들여지지 않는 것은 당연하다. 그러니 내가 한 말은 더구나 어떠하겠는가? 그러나 생각해 보니 천하에 성性을 벗어나 있는 것은 없어 성은 없는 곳이 없다. 일상에서 각종으로 발현되는 것들이 이 성의 발용[用]이 아님이 없다. 이제 성이 리인지 기인지 아니면 리와 기를 겸한 것인지를 묻지 말고, 다만 성이 발현하는 지점에 나아가 파악하여 리이면 곧 행하고 리가 아니면 그만두면서 기질이 치우쳐 있는 것과 물욕에 가려지는 것을 극복해 내는 데 힘쓴다. 그러다가 나중에 공부가 깊어지고 이해력이 성숙하여 명료하게 알게 되는 때가 오면 리인지 기인지 아니면 리와 기를 겸한 것인지는 응당 변석하지 않아도 절로 명백해질 것이다. 【「여자적

程·朱之言, 明白洞達, 旣不足服執事之心, 則子才·純甫之言, 宜其不見取於執事也, 又況區區之言哉? 然嘗思之, 天下無性外之物, 而性無不在, 日用之間, 種種發見, 莫非此性之用. 今且莫問性是理, 是氣, 是理與氣兼, 但就發處認得是理卽行, 不是理處卽止, 務求克去氣質之偏·物欲之蔽, 俟他日功深力到, 豁然有見處, 然後是理

(余子積: 余祐)에게 답하는 편지」.】

|4-52| 이 도는 넓고 크면서도 정치하고 자세해서 급한 마음으로 구해서는 안 된다. 반드시 도로 들어가는 길이 명확함을 이해하고, 그 길에 여유롭게 푹 젖어 들어야 점차 안착되는 것이 있다. 【「위자재(魏子才: 魏校)에게 답하는 편지」.】

|4-53| 사람의 마음은 본래 허령虛靈하여 고요한 때에는 생각하고 논의하기 어렵고, 사려가 있는 때에 이르면 도리어 활동할 때의 일에 속하네. 사마광 선생 같은 현자도 잠 못 드는 것을 밤새 괴로워하여 열심히 중中 한 글자를 외웠으니 염불하는 것과 무엇이 다르랴.[58] 모르겠지만 이 지점에서는 한 글자도 가할 수 없으니, 잊지도 않고 조장하지도 않는 사이에 마음이 홀로 계합하는 것에 비결이 있네. 통투함은 파도가 멈춘 듯 융화됨은 봄이 이른 듯하니, 선禪과 같이 보지 마시라. 여기에 나아가는

耶, 是氣耶, 是理與氣兼耶, 當不待辯而自明矣. 【「答余子積書」.】

|4-52| 此道廣大精微, 不可以急迫之心求之, 須是認得路頭端的, 而從容涵泳於其間, 漸有湊泊處耳. 【「復魏子才書」.】

|4-53| 人心本虛靈, 靜處難思議, 及其有思時, 却屬動邊事. 賢如司馬公, 徹夜苦不寐, 殷勤念一中, 與念佛何異. 不知此上頭, 著不得一字, 勿忘勿助間, 妙在心獨契. 澄徹似波停, 融液如春至, 莫作禪樣看, 卽此是

---

58 사마광 선생 … 무엇이 다르랴: 관련 내용은 『이정유서』 권2상에 나온다. "君實嘗患思慮紛亂, 有時中夜而作, 達旦不寐, 可謂良自苦. 人都[那]來多少血氣? 若此, 則幾何而不摧殘以盡也. 其後告人曰: '近得一術, 常以中爲念.' 則又是爲中所亂. 中又何形? 如何念得佗? 只是於名言之中, 揀得一箇好字. 與其爲中所亂, 却不如與一串數珠. 及與佗數珠, 佗又不受. 殊不知中之無益於治心, 不如數珠之愈也. 夜以安身, 睡則合眼, 不知苦苦思量箇甚? 只是不與心爲主."

것 야기(夜氣: 고요할 때 드러나는 본래의 선함)가 있어서라네. 살펴보면 일상 가운데 도리가 평탄하게 펼쳐져 있으니, 큰길처럼 평탄하면서도 각각에 구분이 있네. 안배하느라 허비할 필요 없이 단지 사의私意를 버리면 되니, 떠도는 사려가 싹트면 그 사려는 근본이 없는 것임을 깨닫네. 마음을 가지고 마음을 찾으면 곧 번거로움만 더하는 것이 됨을 깨닫게 되니, 토론은 정밀하고 상세해야 하고 선별은 순수함을 다해야 하네. 이렇게 노력을 가하면 체와 용이 거의 갖추어지리니, 그대가 돌아가는 것 금방이어서 함께 모이는 것 오래 할 수 없다네, 시험삼아 구두선을 외워 보시게 그대는 응당 체회하리니. 【유사봉劉士鳳[59]이 잠 못 드는 것을 밤마다 괴로워하였는데, 내가 마음을 다잡는 것이 너무 지나칠까 염려하여 이것을 부賦로 지어서 전별하는 글로 주었다.】

夜氣. 諦觀日用間, 道理平鋪是, 坦如大路然, 各各有界至. 不必費安排, 只要去私意, 泛泛思慮萌, 覺得無根蒂. 將心去覓心, 便覺添累墜, 討論要精詳, 淘汰極純粹. 如此用工夫, 庶幾體用備, 君歸在旦夕, 不得長相聚, 試誦口頭禪, 君宜體會去. 【劉士鳳夜苦不寐, 予恐其把捉太過, 賦此贈之.】

|4-54| 근세에 학문을 논하는 이들은 온공(溫公: 司馬光), 여여숙(呂與叔: 呂大臨) 그리고 장천기張天祺 등이 모두 이 마음을 어떻게 하지 못한 것만 보고, 선문에 의탁해 화두를 얻어 이 마음에 붙잡기를 기다리지 않아도 마음 스스로 보전하는 도리가 있음을 깨달으면서 드

|4-54| 近世論學者, 徒見先正如溫公及呂與叔·張天祺, 皆無奈此心何, 偶於禪門得些話頭, 悟得此心有不待操而自

59 유사봉(劉士鳳): 『동암집(東巖集)』에 권6에 「祭劉士鳳文」이 보인다.

디어 지극히 현묘하여 천고에 합당하다고 말한다. 이것을 도道로 삼으면, 이른바 "지금 그대로의 마음이 곧 불성이다. 생각을 내면 불성이 아니다."[60] "사대(四大: 몸을 구성하는 地, 水, 火, 風의 네 요소)를 놓아 버리고 잡지 마라. 불성이 속에서 마시고 먹는다."[61] "너는 잠시 마음을 쉬어라. 선이든 악이든 모두 생각하지 마라."[62]라는 말이 모두 도로 삼기에 충분한 것이 된다. 이것은 근본이 하나인 것이 되기에는 어렵지 않지만 발용이 각기 다른 것이 되기에는 어렵다. 일상의 생활에서 천만 가지 맥락이 있어 발용이 각기 같지 않다. 이 마음을 함양하여 도리를 선명히 드러내서 명징하게 의심이 없게 하지 않으면 헤아리고 논의하는 동안 홀연히 지나치고 모자라는 잘못에 빠지면서도 알아차리지 못하게 된다. 어떻게 크고 지극한 중정(中正: 치우침이 없고 바름)의 법도를 얻겠는가? 배우는 이는 여기에서 통렬히 노력을 가하여 주경主敬과 궁리窮理 공부를 함께 수행하면서 오랜 시간 쌓아 나가면 점차로 안착하는 것

存的道理, 遂謂至玄至妙, 千了萬當. 以此爲道, 則禪家所謂"當下卽是, 動念則非", 所謂"放四大, 莫把捉, 寂寞性中隨飮啄", 所謂"汝暫息心, 善惡都莫思量", 皆足以爲道. 殊不知不難於一本, 而難於萬殊. 日用之間, 千頭萬緖, 用各不同, 苟非涵養此心, 而剔刮道理出來, 使之洞然無疑, 則擬議之間, 忽已墮於過與不及而不自知矣, 其何以得大中至正之矩哉? 學者於此, 正須痛下功夫, 主敬窮

60 지금 그대로의 … 불성이 아니다: 위 37항 참조.

61 사대를 놓아 버리고 … 마시고 먹는다: 唐 永嘉玄覺의 「證道歌」에 나오는 구절. 「證道歌」에는 '寂寞'이 '寂滅'로 되어 있다. 寂滅性은 번뇌가 소멸한 본래의 성품 곧 불성을 의미한다.

62 너는 잠시 … 생각하지 마라: 이 말은 재가신자 裴休가 정리 편찬한 『黃檗山斷際禪師傳心法要』 줄여서 『傳心法要』라고 불리는 黃蘗希運의 어록에 육조혜능의 말로 인용되어 나온다.

을 가질 것이다. 그렇지 않으면 금새 이교에 빠질 것임은 의심할 여지가 없다. 【「조원묵趙元默에게 드리는 학문을 논하는 편지」. 원묵元默은 백사(白沙: 陳獻章)의 문인이다.】

理, 交修並進, 而積之以歲月之久, 庶幾漸有湊泊處耳. 不然, 決入異教無疑也. 【「與趙元默論學」. 元默, 白沙門人.】

|4-55| 꽃은 찬란하게 빛나는 것으로, 기의 정화精華이다. 천지의 기가 날마다 뿌리와 줄기를 타고 올라가 가지 끝에 이르러 더 나아가지 못하면, 기의 정화가 드디어 꽃봉오리로 맺어지고, 오래되어 더 이상 감싸고 있지 못하면 홀연히 개화하여 빛나고 찬란한 것이 그와 같다. 사람이 의리에 푹 젖어 들어[涵泳] 이 마음에 주입해서 넉넉해지고 포만한 가운데 얻어지는 바가 있게 되면, 말에서 드러나고 행하는 일에서 시행되는 것이 자연히 멈출 수 없는 것이 있게 된다. 이른바 "화순함이 안에서 쌓여 찬란한 아름다움이 밖으로 드러난다."[63]는 말이 그것이다. 『중용』에 이르기를 "진실하면 형상이 있게 되고, 형상이 있으면 드러나고, 드러나면 밝아진다."라고 하였고, 또 "지극히 진실함은 쉼이 없다. 쉬지 않으면 오래 하고, 오래 하면 징험이 되니", "이와 같은 이는 드러내지 않아도 드러나고 감동시키지 않아도 변하

|4-55| 花者華也, 氣之精華也. 天地之氣, 日循根幹而升, 到枝頭去不得了, 氣之精華, 遂結爲蓓蕾, 久則包畜不住, 忽然迸開, 光明燦爛如此. 人能涵泳義理, 澆灌此心, 優游厭飫而有得焉, 則其發之言論, 措之行事, 自有不容已者, 所謂"和順積中, 英華發外"是也.『中庸』云: "誠則形, 形則著, 著則明." 又云: "故至誠無息. 不息則久, 久則徵."

63 화순함이 안에서 … 밖으로 드러난다:『禮記』「樂記」.

고 함이 없어도 이루어진다."라고 하였다. 이러한 말을 보건대, 정자가 "외물과 나는 하나의 리이다. 저쪽을 밝히면 곧 이쪽을 환히 아는 것, 이것이 안과 밖을 합치시키는 도리이다."라고 한 말이 더욱 신뢰가 간다. 어떤 사람은 풀 한 포기 나무 한 그루까지 모두 궁구할 필요는 없다고 하는데 미처 깊이 생각하지 않는 듯싶다.

"如此者, 不見而章, 不動而變, 無爲而成." 觀此, 尤信程子云: "物我一理, 纔明彼, 卽曉此, 此合內外之道也." 或謂一草一木不必窮究, 恐未之深思耳.

|4-56| 고요한 가운데에도 반드시 존재하는 것이 있음을 알려면 도리어 활동 속에서 돌이켜 살핀다. 맑은 일기(一氣: 태초의 기)가 비어 있으면서 밝은 곳에서 어떻게 공부가 말로 설명하는 데 들어갈 수 있겠는가?

|4-56| 要識靜中須有物, 却從動處反而觀. 湛然一氣虛明地, 安得工夫入語言.

광문[5] 옥재 반윤 선생

廣文潘玉齋先生潤

|4-57| 반윤潘潤은 자가 덕부德夫이고, 호는 옥재玉齋이며 신주信州 영풍永豊 사람이다. 누일재(婁一齋: 婁諒)를 사사하였다. 일재는 엄격하고 굳세면서 재주가 뛰어나, 분연히 사도(師道: 스승의 도리)를 자신이 사명으로 삼았다. 일찍이 반윤 선생에게 이르기를, "예禮를 지극히 행하여 몸을 다스리는데 외모에 잠시라도 엄숙하고 공경하지 않으면 거만하고 경시하는 마음이 들어온다. 악樂을 지극히 행하여 마음을 다스리는데 마음이 잠시라도 화목하고 즐겁지 않으면 비루하고 속이는 마음이 들어온다. 이것(엄숙하고 공경하는 것과 화목하고 즐거운 것)이 예와 악이 근본이요 몸과 마음의 학문이다."라고 하였다. 반윤선생은 그 가르침을 삼가 실천하면서 매일 그리고 평생 동안 집에서나 밖에

|4-57| 潘潤字德夫, 號玉齋, 信之永豐人. 師事婁一齋. 一齋嚴毅英邁, 慨然以師道自任, 嘗謂先生曰: "致禮以治躬, 外貌斯須不莊不敬, 而慢易之心入之矣. 致樂以治心, 中心斯須不和不樂, 而鄙詐之心入之矣. 此禮樂之本, 身心之學也." 先生謹佩其教, 終日終身出入準繩規矩. 李空同督學

5 광문: 유학 교관의 별칭.

서나 법도에 맞게 하였다. 이공동(李空同: 李夢陽)[6]이 강우江右에서 학정學政을 지내고 있을 때 인재가 누구인지 묻자 제생들이 모두 반윤선생을 추천하였다. 공동이 예를 다하여 만나고자 하였으나, 당시 반윤 선생은 상중이어서 상복차림으로 대문 밖에서 인사하고 끝내 만나지 않으려 하였다. 공동은 그가 예를 알고 처신하는 것에 탄복하였다. 향을 피우고 정좌하면서 때로 마음에 얻은 바를 읊조리고 노래하였다. 성도成都의 교관으로 일생을 마쳤다.

江右, 以人才爲問, 諸生僉擧先生. 空同致禮欲見之. 時先生居憂, 以衰服拜於門外, 終不肯見. 空同歎其知禮. 焚香靜坐, 時以所得者發爲吟詠. 終成都教諭.

6 이몽양(李夢陽): 1473-1530. 자는 獻吉, 호는 空同이다. 顔眞卿 서법에 뛰어났고, 명대 중기 복고파 문학운동을 주도한 前七子의 영수로 "문장은 진한을 본받고 시는 성당을 본받아야 한다[文必秦漢, 詩必盛唐]."는 주장을 제시하였다. 명대 말기에 袁宗道, 袁宏道, 袁中道 세 형제에 의해 대표되는 公安派로부터 비판을 받았다. 저작에 『樂府古詩』 36권, 『疏書碑志序集文』 27권, 『空同集』 8권 등이 전한다.

인명 · 개념어 · 서명/편명 색인

인명 색인

개념어 색인

서명/편명 색인

저자

황종희(黃宗羲, 1610~1695)

중국 명말청초(明末清初)의 학자이다. 자는 태충(太沖), 호는 남뢰(南雷) 또는 이주(梨洲)이며, 절강성(浙江省) 여요(餘姚) 사람으로 동림파(東林派) 관료였던 황존소(黃尊素)의 아들이다.
청년 시절 동림의 후예이자 복사(復社)의 명사로서 활약하며 정치 운동에도 참가하였고, 청(清)나라 군대가 남하하자 의용군을 조직하여 저항하였다. 명조(明朝) 회복의 희망이 사라진 뒤에는 학문과 저술에 전념하며 청조(清朝)의 부름을 거절하고 명(明)의 유로(遺老)로서 일생을 마쳤다.
스승인 유종주(劉宗周)를 통해 양명학(陽明學)의 온건한 측면을 계승하고 관념적인 심학(心學)의 횡류(橫流)를 비판하였으며, 경세(經世)를 위한 경학(經學)과 사학(史學)을 제창하여 청대 고증학의 형성에 기여하였다. 저술로는 『명이대방록(明夷待訪錄)』, 『명유학안(明儒學案)』, 『역학상수론(易學象數論)』 등 다수가 있다.

역주자

윤상수(尹相洙)

연세대학교 철학과를 졸업하고 일본 도쿄대학(東京大學)에서 박사학위를 받았다. 현재는 인하대학교에서 강사로 재직하고 있으며, 송대(宋代) 이후의 유학사에 관심을 갖고 연구를 진행하고 있다. 논문으로 「科挙の学から経史の学へ―黄宗羲からみた明末清初の学術転換の一様相―」(박사논문, 2011), 「거업(擧業)을 통해 본 명말(明末)의 과거와 학문」(2011), 「청대 고증학의 개조 황종희」(2012), 「『명유학안(明儒學案)』의 양명학관(陽明學觀) 재고」(2012), 「전후 일본의 송명유학 연구에 대하여」(2017) 등이 있다.

강경현(姜卿顯)

연세대학교 철학과에서 박사학위를 취득하고, 현재 성균관대학교 유학·동양학과 조교수로 재직 중이다. 주요 연구 분야는 한국유가철학이다. 논문으로 「퇴계 이황의 리(理)에 대한 해석의 갈래」(2017), 「조선시대 『명유학안』 독해 양상과 그 성격」(2017), 「조선시대 經筵에서 『尙書』 강독의 의미」(2022) 등이 있고, 저서로 『퇴계 이황의 리(理) 철학: 지선(至善) 실현과 자기완성』(2022)이 있다.

이봉규(李俸珪)

서울대학교 대학원 철학과에서 박사학위를 취득하고, 현재 인하대학교 철학과 교수로 재직 중이다. 주요 연구 분야는 조선시대 성리학, 예학, 실학이다. 논문으로 「조선시대 유학연구 재독」(2003), 「실학의 유교사적 맥락과 유교 연구 탐색」(2015), 「이황의 『가례』 연구와 전승」(2020), 「발전사의 시야에서 본 이이의 이(理)개념」(2021) 등이 있고, 공저로 『조선시대 충청지역의 예학과 교육』(2001), 『다산 정약용 연구』(2012), 『풍석 서유구 연구 하』(2015), 『서학의 충격과 접변』(2019), 『밀암 이재 문파 연구』(2021) 등이 있다. 역서로 『정체전중변』(공역)(1995), 『역주시경강의』(공역)(2010), 『의례역주8』(공역)(2015), 『역주예기천견록5』(2021), 『상서고훈』(공역)(2021) 등이 있다.

명유학안 역주

An Annotated Translation of
"Records of the Ming Scholars"